AS BIFURCAÇÕES DA ORDEM
REVOLUÇÃO, CIDADE, CAMPO E INDIGNAÇÃO

EDITORA AFILIADA

Volumes publicados pela

Coleção
SOCIOLOGIA CRÍTICA DO DIREITO

1 **O Direito dos Oprimidos**

2 **A Justiça Popular em Cabo Verde**

Dados Internacionais de Catalogação na Publicação (CIP)
(Câmara Brasileira do Livro, SP, Brasil)

Santos, Boaventura de Sousa
As bifurcações da ordem : revolução, cidade, campo e
indignação / Boaventura de Sousa Santos. — São Paulo :
Cortez, 2016. — (Sociologia crítica do direito ; v. 3)

ISBN 978-85-249-2501-6

1. Capitalismo 2. Direito - Aspectos sociais 3. Direito -
Portugal 4. Justiça 5. Socialismo 6. Sociologia I. Título.
II. Série.

16-07173 CDD-34:301

Índices para catálogo sistemático:
1. Sociologia do direito   34:301

BOAVENTURA DE SOUSA SANTOS

AS BIFURCAÇÕES DA ORDEM
REVOLUÇÃO, CIDADE, CAMPO E INDIGNAÇÃO

Sociologia Crítica do Direito **3**

AS BIFURCAÇÕES DA ORDEM: revolução, cidade, campo e indignação
Boaventura de Sousa Santos

Capa: de Sign Arte Visual sobre ilustração fornecida por
   Mário Vitória – Aquele que se lança em movimento
Preparação de originais: Solange Martins
Revisão: Nair Kayo; Solange Martins
Composição: Linea Editora Ltda.
Editora-assistente: Priscila F. Augusto
Coordenação editorial: Danilo A. Q. Morales

Nenhuma parte desta obra pode ser reproduzida ou duplicada sem autorização expressa do autor e do editor.

© 2016 by Boaventura de Sousa Santos

Direitos para esta edição
CORTEZ EDITORA
Rua Monte Alegre, 1074 – Perdizes
05014-001 – São Paulo – SP
Tel.: (55 11) 3864-0111   Fax: (55 11) 3864-4290
e-mail: cortez@cortezeditora.com.br
www.cortezeditora.com.br

Impresso no Brasil – outubro de 2016

SUMÁRIO

PREFÁCIO... 9

INTRODUÇÃO
Pode o Direito ser Emancipatório?................................. 17

Introdução... 17

A questão no seu contexto... 19

O prisma ocidental e a plausibilidade da questão......... 24

A morte do contrato social e a ascensão do fascismo social....... 30

Do cosmopolitismo subalterno e insurgente................. 30

O cosmopolitismo subalterno e o direito: condições para a legalidade cosmopolita... 60

A legalidade cosmopolita em ação................................. 71

Conclusão... 109

PARTE 1
O Direito e a Crise Revolucionária

CAPÍTULO 1
Justiça Popular, Dualidade de Poderes e Estratégia Socialista.... 115

Direito, revolução e dualidade de poderes 115

Dualidade de poderes e transformação política 122

Conclusão 137

CAPÍTULO 2
A Crise e a Reconstituição do Estado em Portugal 139

A crise final do Estado Novo 139

Do golpe de Estado à crise revolucionária 152

A dualidade de impotências 154

A crise de hegemonia (1975-1985) 160

CAPÍTULO 3
Os Casos de Justiça Popular em Portugal durante a Crise
Revolucionária de 1974-1975 167

Introdução 167

As experiências da justiça popular 168

A luta pela redefinição da justiça criminal 169

O caso José Diogo 171

A luta pelo direito a uma habitação condigna 182

O caso de Maria Rodrigues 185

Justiça popular no contexto da revolução portuguesa 187

Avaliação da justiça popular no processo revolucionário 198

Reflexões inconclusivas 207

PARTE 2
O Direito dos Pequenos Passos

CAPÍTULO 4
A Cidade Capitalista e a Renda Fundiária Urbana.......................... 213

O processo histórico de urbanização e o modo de produção capitalista.. 213

A propriedade fundiária, a renda fundiária e o capital............... 218

A renda fundiária em Marx 219

Da renda fundiária agrícola à renda fundiária urbana 226

A renda fundiária e o processo de valorização do capital.
As diferentes formas de propriedade fundiária 236

A questão urbana e o Estado: a política fundiária, a política habitacional e as lutas urbanas... 253

CAPÍTULO 5
Lutas Urbanas no Recife... 271

Questões teóricas e metodológicas 271

Os conflitos urbanos... 283

O caso da Vila das Crianças.. 283

O caso do Skylab... 285

O caso da Vila Camponesa 287

A economia estrutural e interacional dos conflitos...................... 289

Ocupantes/moradores 290

Os proprietários 297

O Estado.. 300

CAPÍTULO 6
O Movimento dos Trabalhadores Rurais Sem Terra e as suas
Estratégias Jurídico-Políticas de Acesso ao Direito e à Justiça
no Brasil — *com Flávia Carlet* 305

Introdução 305

A questão da terra: resistência e luta pelo acesso ao direito e
à justiça 308

A luta dos trabalhadores rurais 313

A luta do Movimento dos Trabalhadores Rurais Sem Terra
pela reforma agrária no Brasil 315

Estratégias jurídicas: o papel dos "advogados populares" 320

Conclusões 338

PARTE 3
O Direito da Indignação

CAPÍTULO 7
Para uma Teoria Sociojurídica da Indignação: É possível ocupar
o direito? 343

As revoltas da indignação 344

O Direito e as revoltas da indignação 356

Direito configurativo: a dualidade abissal do direito 358

O funcionamento do direito dual 362

Duas ilegalidades 363

O legal, o ilegal, e o alegal 365

Direito internacional e relações internacionais 366

Direito prefigurativo 368

Direito reconfigurativo: pode o direito ser emancipatório? 369

Conclusão 372

REFERÊNCIAS 375

PREFÁCIO

Este livro constitui o terceiro volume de um conjunto de cinco sobre a sociologia crítica do direito. Uma visão geral deste conjunto ou coleção pode ler-se no prefácio geral que foi publicado com o primeiro volume, *O direito dos oprimidos*, São Paulo, Cortez Editora, 2014. O segundo volume, *A justiça popular em Cabo Verde*, foi publicado em 2015, também pela Cortez Editora.

Tal como os anteriores, este livro publica-se sem atualização de dados ou de bibliografia e sem intervenção nas análises feitas ao tempo em que os textos foram escritos. Mas ao contrário dos anteriores, que foram escritos num curto espaço de tempo, este livro contém textos escritos entre 1979[1] e 2016 e é, por isso, mais revelador da minha trajetória científica na área da sociologia crítica do direito. Essa trajetória ficará ainda mais clara quando se publicarem os restantes dois volumes. Boa parte deste livro é composto por capítulos inéditos em língua portuguesa e profundamente

---

1. O capítulo 1 deste volume foi publicado originalmente em 1979, em Fine, Bob *et al.* (orgs.), *Capitalism and the Rule of Law,* Londres: Hutchinson.

retrabalhados em relação às versões originais. Refiro-me em concreto aos capítulos 3,[2] 5,[3] 6[4] e 7.[5]

Neste livro, analiso, em contextos temporais e espaciais muito distintos, os diferentes e complexos modos como a ordem jurídica, o direito e os tribunais refletem os processos de transformação social e simultaneamente os influenciam. Para dar coerência teórica e analítica a tal diversidade e complexidade, analiso, numa longa introdução, as condições dentro das quais o direito pode ser mobilizado para melhorar as condições de vida dos grupos e classes sociais mais vulneráveis, diminuir a injustiça social, a desigualdade e a discriminação. Trata-se de condições muito exigentes e a experiência social e política dos anos mais recentes faz prever que tais condições sejam cada vez mais difíceis de obter e que, consequentemente, o direito sirva cada vez mais incondicionalmente aos interesses das classes dominantes e das forças conservadoras, tanto no plano social como nos planos político e cultural. No entanto, a tensão entre usos hegemônicos e usos contra-hegemônicos que defendo na Introdução permanece, como alguns dos estudos incluídos neste livro revelarão.

Os processos de transformação social têm orientações políticas e graus de intensidade muito diferentes e geram turbulências

---

2. Publicado originalmente em 1982, numa versão muito sucinta, em Abel (org.), *The Politics of Informal Justice*, Nova York: Academic Press.

3. Este capítulo resulta de um trabalho de reinterpretação e reordenação de duas publicações: O Estado, o direito e a questão urbana, *Revista Crítica de Ciências Sociais*, n. 9, p. 9-86, 1982, e Os conflitos urbanos no Recife: o caso do "Skylab", *Revista Crítica de Ciências Sociais*, n. 11, p. 9-59, 1983.

4. Publicado em 2010, em coautoria com Flávia Carlet, com o título, The movement of landless rural workers in Brazil and their struggles for access to law and justice, in Ghai, Yash and Cottrell, Jill (org.), *Marginalized Communities and Access to Justice*, Abingdon: Routledge, p. 60-82.

5. Uma primeira versão deste texto foi apresentada no *World Congress of Sociology of Law*, Toulouse, 3 de setembro de 2013. sendo posteriormente retrabalhado e publicado em 2015, em Baxi, Upendra; McCrudden, Christopher; Paliwala, Abdul (orgs.), *Law's Ethical, Global and Theoretical Contexts. Essays in Honour of William Twining*. Cambridge: Cambridge University Press. O capítulo 7 deste volume, embora tendo como ponto de partida os trabalhos anteriores, apresenta uma versão muito distinta de ambos.

institucionais também muito distintas. Os modos como são "vividos" pelo sistema jurídico, tanto pelo impacto que têm nele como no impacto que recebem dele, dependem de tantos fatores e variam tanto segundo os contextos históricos, econômicos, sociais, políticos e culturais em que ocorrem que tornam inviável, mesmo se desejável, uma qualquer teoria geral sobre o direito da ou na transformação social. Por esta razão, tenho privilegiado no meu trabalho de investigação o estudo de casos, situações e contextos que considero particularmente reveladores de algumas facetas específicas da relação entre o direito e a transformação social.

Subjacentes a esta investigação, como, de resto, à que esteve presente nos dois livros anteriores e certamente estará presente nos livros seguintes, estão duas orientações principais, uma teórica e outra metodológica. A orientação teórica consiste em analisar o direito na interface entre condicionantes estruturais e práticas sociais, ações individuais e coletivas que tanto dão vida a tais condicionantes como as subvertem. A dimensão fenomenológica das representações e percepções do direito torna-se assim muito relevante sem, no entanto, cair no interacionismo que recusa a ideia de qualquer determinação que exceda as vontades presentes, expressas ou implícitas, na ação e na interação. O direito em ação, como qualquer outra instituição em ação, é sempre um misto de determinação e de indeterminação. As expectativas sociais que subjazem à mobilização do direito representam quase sempre a leveza da indeterminação enquanto as frustrações a que muitas vezes conduzem representam o peso da determinação.

Esta orientação teórica tem uma outra dimensão, a concepção do direito que melhor se adequa ao tipo de análise do direito *em* sociedade (*versus* direito *e* sociedade) que pretendo realizar. Esta concepção, exposta em detalhe no capítulo 1 do primeiro livro desta coleção, *O direito dos oprimidos*, assenta numa dupla ideia. Por um lado, o direito socialmente relevante não se reduz ao direito oficial, estatal. No mesmo espaço geopolítico, circulam outros direitos que coexistem com o direito estatal e que conformam as práticas sociais, ora complementando ora contradizendo o direito estatal. Ainda que nas sociedades contemporâneas o direito oficial estatal seja, em geral, socialmente o mais relevante, a sua relevância nas práticas e representações sociais implica quase sempre a copresença de outros direitos. Designo esta concepção de *pluralismo jurídico externo*.

Por outro lado, o próprio direito oficial estatal em ação apresenta, sobretudo em processos de transformação social intensa, uma grande diversidade e heterogeneidade internas no modo como é aplicado ou interpretado. Em contextos de grande turbulência política e social esta diversidade e heterogeneidade internas podem ser de tal ordem que a ideia de unidade da ordem jurídica deixa de fazer sentido. As fraturas que essa situação causa nas representações que os cidadãos têm do direito refletem-se no interior das profissões e das instituições jurídicas. Designo tal diversidade e heterogeneidade de *pluralismo jurídico interno*. No próximo volume analiso o Estado heterogêneo à luz da investigação realizada em Moçambique.

A orientação metodológica que subjaz à minha investigação consiste no *método do caso alargado* a que tenho vindo a recorrer desde o meu primeiro estudo sobre o direito de Pasárgada (ver também o capítulo 5 deste livro). Para a construção deste método inspirei-me no trabalho do antropólogo van Velsen.[6] Este método pressupõe a distinção entre representatividade qualitativa e representatividade quantitativa, sendo que esta última é a concepção dominante de representatividade nas ciências sociais. O método do caso alargado consiste na análise densa de casos que são representativos pela sua exemplaridade, ou seja, por serem únicos ou pouco comuns e não por serem os mais comuns e, nessa medida, normais. A representatividade do caso reside no modo como ele revela as condições e contradições sociais, políticas e culturais que estão para além dele,

---

6. Ver Van Velsen, Jaap. The Extended-case Method and Situational Analysis, in Epstein (org.), *The Craft of Social Anthropology*. Londres: Tavistock, 1967, p. 129-49.

mas que têm um impacto decisivo nas interações e práticas que o constituem. Tais condições e contradições vigoram de modo furtivo à superfície das práticas sociais sobretudo em contextos que são vividos como expressando a normalidade das relações sociais e dos modos de vida. A análise é, assim, orientada para o que designo hoje como ecologia de escalas, para que o local e o nacional e global se fundam, na medida do possível, numa transescala.[7]

Os vários processos de transformação social presentes neste livro têm características muito diferentes. A primeira parte (capítulos 1, 2 e 3) refere-se à crise revolucionária que ocorreu em Portugal entre 1974 e 1975 no seguimento da Revolução dos Cravos em 25 de Abril de 1974. Centro-me na análise de alguns casos de justiça popular que ocorreram nesse período (capítulo 3) e para a contextualizar avanço com algumas propostas analíticas sobre o direito (capítulo 1) e sobre o Estado (capítulo 2) em contextos revolucionários.

Na segunda parte, analiso dois casos de mobilização jurídico--política em dois contextos de transformação social gradual, ambos no Brasil. O primeiro é o contexto da transição pactuada da ditadura para a democracia no início da década de 1980. O caso em análise são as lutas urbanas no Recife (capítulo 5). O material empírico sobre estes casos foi coligido em colaboração com a minha colega e amiga Alexandrina Sobreira de Moura no âmbito de um projeto de pesquisa dirigido pelo meu colega e amigo Joaquim Falcão.[8] Em boa medida, este caso inspirou a ideia da articulação entre lutas jurídicas e lutas políticas tratada em detalhe na Introdução. O grande responsável por essa articulação era Dom Helder Câmara, arcebispo de Olinda e Recife e teólogo da libertação, uma personalidade notável que me ensinou a conceber a sociedade como um campo de possi-

---

7. Mais recentemente, Michael Burawoy formulou uma outra versão do método do caso alargado. Ver Burawoy, Michael, *The Extended Case Method*. Berkeley: University of California Press, 2009.

8. Os resultados deste projeto foram objeto de uma publicação, ver Falcão, Joaquim de Arruda (org.), *Conflito de direito de propriedade. Invasões urbanas*. Rio de Janeiro: Forense, 1984.

bilidades de luta emancipatória mesmo nas condições mais hostis. Para contextualizar essas condições que não eram apenas as da ditadura, eram também as da valorização capitalista da terra, tanto no campo como na cidade, dediquei o capítulo 4 à análise marxista da renda fundiária urbana. Talvez hoje não concorde totalmente com esta análise, sobretudo tendo em vista as novas formas de valorização e de concentração da terra que vieram a surgir a partir dos anos 1990: a compra e o roubo de terra e a consequente expulsão dos camponeses e povos indígenas dos seus territórios ancestrais com vista a abrir caminho para a agricultura industrial, a exploração dos recursos naturais e os megaprojetos. De todo o modo, mantenho a análise da renda fundiária por ser representativa do meu pensamento ao tempo da pesquisa.

O segundo contexto de transformação social é o do avanço das lutas dos movimentos sociais no Brasil a partir do fim da ditadura em meados da década de 1980 e sobretudo a partir da década de 2000. Dedico o capítulo 6 a analisar a mobilização do direito e dos tribunais por parte de um dos mais notáveis movimentos sociais da América Latina, o Movimento dos Trabalhadores Rurais sem Terra (MST). Na preparação deste capítulo contei com a colaboração da Flávia Carlet, uma dedicada ativista e advogada popular, de quem tenho hoje o gosto de ser orientador do seu doutoramento na Universidade Coimbra.

Por último, na terceira parte analiso os processos de forte contestação social que ocorreram em diferentes partes do mundo entre 2011 e 2013, da Primavera Árabe ao movimento *Occupy* dos EUA, do movimento dos indignados no sul da Europa aos protestos de 2013 no Brasil. Apesar de estar bem consciente das diferenças significativas entre eles, atribuo a todos estes processos a designação geral de revoltas da indignação. No capítulo 7 centro-me na análise das concepções do direito que parecem subjazer a alguns destes protestos que caracterizo em geral como presenças coletivas no espaço público e não como movimentos sociais. Alguns destes protestos parecem ter implícita uma concepção de mobilização do direito e da justiça relativamente coincidente com a que defendo na Introdução. Outros parecem contradizê-la radicalmente. Por esta razão, dedico particular atenção a estes últimos.

Escrito ao longo de mais de três décadas, este livro contou com a contribuição de muitos colaboradores e colaboradoras. Seria impossível agradecer a todos e todas. Não obstante alguns são especialmente devidos. Já referi a Alexandrina Sobreira de Moura, o Joaquim Falcão e a Flávia Carlet. Agradeço também a colaboração especial da minha colega Maria Paula Meneses, da minha assistente, Margarida Gomes, que preparou o manuscrito para publicação, e da minha colaboradora de sempre, Lassalete Simões, sem a qual eu teria muito menos tempo para escrever os meus livros. À Maria Irene Ramalho não saberia o que agradecer dado que lhe devo quase tudo.

Devo ainda um agradecimento muito especial ao pintor Mário Vitória, autor dos magníficos motivos de arte das capas de todos os livros da coleção *Sociologia Crítica do Direito*. A sua arte sublinha e amplia a minha narrativa em insondáveis direções.

INTRODUÇÃO

Pode o Direito ser Emancipatório?

Introdução

Vivemos numa época avassalada pela questão da sua própria relatividade. O ritmo, a escala, a natureza e o alcance das transformações sociais são de tal ordem que os momentos de destruição e os momentos de criação se sucedem uns aos outros numa cadência frenética, sem deixar tempo nem espaço para momentos de estabilização e de consolidação. É precisamente por isso que caracterizo o período atual como sendo um período de transição.[1]

Os períodos de transição caracterizam-se pela natureza da transição ser definida pelo fato de as questões complexas por ela suscitadas não encontrarem um ambiente sociocultural conducente às respectivas respostas. De um lado, aqueles que lideram as sequências de destruição e criação social — normalmente pequenos grupos sociais dominantes — estão tão absorvidos no automatismo da sequência que a pergunta pelo que fazem será, na melhor das hipóteses, irrelevante e, no pior dos casos, ameaçadora e perigosa. Do outro lado, a

---

1. Ver Santos, 2003.

esmagadora maioria da população que sofre as consequências da intensa destruição e da intensa criação social está demasiado ocupada ou atarefada com adaptar-se, resistir ou simplesmente subsistir, para sequer ser capaz de perguntar, quanto mais de responder a questões complexas acerca do que fazem e por quê. Ao contrário do que pretendem alguns autores (Beck, Giddens e Lash, 1994), este não é um tempo propício à autorreflexão. É provável que esta seja exclusiva dos que gozam do privilégio de a delegar nos outros.

Trata-se de um período complexo de analisar. Paradoxalmente, contudo, não será através de perguntas complexas, mas sim de perguntas simples, que encontraremos o significado dessa complexidade enquanto orientação para a ação.[2] Uma pergunta simples e elementar é aquela que logra atingir, com a transparência técnica de uma funda, o magma mais profundo da nossa perplexidade individual e coletiva — que não é mais do que a nossa complexidade por explorar. Num período não muito diferente do nosso, Rousseau, no seu *Discurso sobre as ciências e as artes* (1750), formulou uma pergunta muito simples, que, em seu entender, resumia a complexidade da transição em curso, e deu-lhe resposta. A pergunta era esta: será que o progresso das ciências e das artes contribui para a pureza ou para a corrupção dos costumes? Ou, numa formulação ainda mais simples: haverá uma relação entre a ciência e a virtude? Após uma argumentação complexa, Rousseau acaba por responder de uma maneira igualmente simples: com um retumbante "não". Nesta introdução, procurarei responder a uma pergunta igualmente simples: poderá o direito ser emancipatório? Ou: será que existe uma relação entre o direito e a demanda por uma sociedade boa? Ao invés de Rousseau, porém, não creio ser capaz de responder com um simples não ou com um mero sim.

Na primeira parte desta Introdução fornecerei o pano de fundo histórico-político da questão a que me proponho dar resposta. Na

---

2. Ver Santos e Meneses, 2010, p. 519-62.

segunda, analisarei a situação em que nos encontramos presentemente. Finalmente, na terceira e quarta partes, deter-me-ei nas condições em que se torna possível responder à pergunta formulada com um sim bastante relativado. Especificarei então algumas das áreas em que uma relação entre o direito e a emancipação social se afigura mais urgentemente necessária e possível.

A questão no seu contexto

Assim que o Estado liberal assumiu o monopólio da criação e da adjudicação do direito — e este ficou, assim, reduzido ao direito estatal —, a tensão entre a regulação social e a emancipação social passou a ser um objeto mais da regulação jurídica. Nos termos da distinção entre emancipação social legal e ilegal — desde então, uma categoria política e jurídica essencial —, só seriam permitidos os objetivos e práticas emancipatórios sancionados pelo Estado e, por conseguinte, conformes aos interesses dos grupos sociais que lhes estivessem, por assim dizer, por trás. Esta dialética regulada transformou-se gradualmente numa não-dialética regulada, em que a emancipação social deixou de ser o outro da regulação social para passar a ser o seu duplo. Por outras palavras, em vez de ser uma alternativa radical à regulação social tal como existe hoje, a emancipação social passou a ser o nome da regulação social no processo de autorrevisão ou de autotransformação.

Com o triunfo do liberalismo em 1848, a preocupação primeira do Estado liberal deixou de ser lutar contra o *Ancien Régime* para passar a ser opor-se às reivindicações emancipatórias das "classes perigosas", as quais, apesar de derrotadas na Revolução de 1848, continuaram a pressionar o novo regime político com exigências crescentes de democracia (Wallerstein, 1999, p. 90). A partir de então, os combates pela emancipação social passaram a exprimir-se na linguagem do contrato social, como combates contra a exclusão do contrato social e pela inclusão nele. As estratégias diferiram, havendo, por um lado, os que procuraram combater dentro dos limites do Estado liberal — os demoliberais e, mais tarde, os demossocialistas — e, por outro lado, aqueles para quem tais limites pareciam frustrar qualquer combate emancipatório digno desse nome e tinham, portanto, que ser eliminados — o que foi o caso de vários tipos de socialistas radicais.

Esta dualidade viria a caracterizar a política da esquerda ao longo dos últimos 150 anos: de um lado, uma política emancipatória obtida por meios parlamentares legais através de um reformismo gradual; do outro, uma política emancipatória conduzida por meios extraparlamentares ilegais conducentes a rupturas revolucionárias. A primeira estratégia, que viria a ser dominante na Europa Ocidental e no Atlântico Norte, assumiu a forma do Estado de direito e traduziu-se num vasto programa de concessões liberais com vista a expandir tanto o alcance como a qualidade da inclusão do contrato social, sem com isso ameaçar a estrutura basilar do sistema político-econômico vigente — quer dizer, do capitalismo e da democracia liberal. Esta estratégia teve como resultado o alargamento da cidadania política — sufrágio universal, direitos cívicos e políticos — e da cidadania social — Estado-providência, direitos sociais e econômicos. A segunda estratégia, inspirada na Revolução Russa, e que viria a ser dominante na periferia do sistema-mundo, assumiu a forma de confrontação ilegal, violenta ou não, com o Estado liberal, com o Estado colonial ou pós-colonial e com a economia capitalista, conduzindo à criação de Estados socialistas de diferentes tipos. A Revolução Russa foi a primeira revolução moderna levada a efeito, não contra o direito, mas em nome do direito.

Ambas as estratégias apresentavam, internamente, uma grande diversidade. Já referi que a estratégia revolucionária, apesar de predominantemente presa a uma determinada teoria política, o marxismo, abrangia diferentes políticas portadoras de diferentes significados e objetivos, sendo a competição entre estas muitas vezes feroz e mesmo abertamente violenta. De igual modo, o campo legal-reformista dividia-se entre os que punham a liberdade acima da igualdade e eram a favor do mínimo de concessões possível (o demoliberalismo) e os que recusavam estabelecer uma hierarquia entre liberdade e igualdade e eram a favor do máximo de concessões possível (demossocialismo). Ambas as modalidades de política legítima lutavam contra o conservadorismo, que mantinha uma oposição inflexível a quaisquer concessões aos excluídos do contrato social. Apesar de estribadas, todas elas, no quadro do Estado liberal, estas diferentes estratégias políticas acabaram por conduzir a diferentes políticas do direito, que, por sua vez, estiveram na origem de transformações do Estado liberal em diversas direções — Estados-providência fortes na Europa, Estados-providência fracos na América do Norte e, em particular, nos EUA etc.

Nos últimos vinte anos, este paradigma político entrou numa crise que teve impactos tanto sobre a estratégia reformista como sobre a estratégia revolucionária. A crise do reformismo, que, nos países centrais, assumiu a forma de crise do Estado-providência e, nos países periféricos e semiperiféricos, tomou a forma de crise do Estado desenvolvimentista — através de ajustamentos estruturais e de cortes drásticos nas já de si incipientes despesas sociais do Estado —, significou, em termos políticos, o ressurgimento do conservadorismo e o levantamento de uma maré ideológica contra a agenda da inclusão gradual e crescente no contrato social, a qual, embora de modos diversos, era comum ao demoliberalismo e ao demossocialismo. Deste modo, parecia (e parece) bloqueada a via legal para a emancipação social. Apesar de estruturalmente limitada, essa via — uma promessa emancipatória regulada pelo Estado capitalista e, por conseguinte, conciliável com as necessidades incessantes e intrinsecamente polarizadoras de acumulação do capitalismo — foi, nos países centrais, a explicação, ao longo de muitas décadas, para a compatibilidade existente entre o capitalismo —

sempre hostil à redistribuição social — e a democracia, fosse ela baseada em políticas de redistribuição demoliberais ou demossocialistas. O colapso desta estratégia levou à desintegração da tensão, já muito atenuada, entre a regulação social e a emancipação social. Mas, uma vez que a tensão habitava o modelo político no seu todo, a desintegração da emancipação social acarretou consigo a desintegração da regulação social. Daí a dupla crise de regulação e de emancipação em que nos encontramos hoje, uma crise em que o conservadorismo floresce sob o nome enganador de neoliberalismo. O neoliberalismo não é uma versão nova do liberalismo, mas antes uma versão velha do conservadorismo. Mas o que é intrigante é o fato de o colapso das estratégias políticas que no passado asseguravam a compatibilidade entre o capitalismo e a democracia, longe de conduzir à incompatibilidade entre ambos, parece ter reforçado essa compatibilidade, alargando-a, inclusivamente, para além dos países centrais a que no passado ela se confinava no fundamental.

A via revolucionária para a emancipação social entrou, mais ou menos pela mesma altura, numa crise igualmente séria, à medida que foram ruindo os Estados-nação saídos do êxito das lutas contra o colonialismo e o capitalismo. É claro que, a exemplo do que sucedera com a estratégia reformista, a "qualidade" da emancipação social gerada pela estratégia revolucionária há muito já que havia sido posta em causa. Não obstante as diferenças cruciais entre uns e outros, tanto os Estados liberais como os Estados socialistas haviam projetado uma tensão — uma tensão promovida pelo próprio Estado e fortemente regulada — entre a emancipação social e a regulação social através da qual as exclusões estruturais (de tipo político, econômico ou social) cristalizavam ou inclusivamente se cavavam ainda mais.

Este modo de pensar a transformação social — quer dizer, nos termos de uma tensão entre a regulação social e a emancipação social — é algo de moderno. Numa situação como a nossa, em que vivemos simultaneamente uma crise da regulação social e da emancipação social, podemos perguntar-nos se não devemos simplesmente abandonar essa formulação, já que ela não consegue captar em termos positivos nenhum aspecto da nossa experiência de vida. Se nem tudo está errado com as nossas experiências de vida, algo está errado com uma concepção que as veicula em termos incondicionalmente negativos. Da mesma maneira, se as duas grandes estratégias para a criação da moderna transformação social — o reformismo jurídico e a revolução — se encontram em crise — o direito abunda, mas, pelo visto, não para fins de reforma social, enquanto a revolução pura e simplesmente desapareceu —, é legítimo perguntar se não devemos procurar novas concepções para que a transformação social faça sentido, se é que esta vai continuar a servir-nos como modo de descrever as grandes mudanças da nossa vivência individual e coletiva.

Como tenho vindo a afirmar, encontramo-nos num período de transição que pode ser descrito da seguinte maneira: vivemos num período em que enfrentamos problemas modernos para os quais não existem soluções modernas. Continuamos obcecados pelas ideias de uma ordem e de uma sociedade boas, quanto mais não seja devido à natureza da (des)ordem que reina nestas nossas sociedades em que são cada vez maiores a desigualdade e a exclusão — exatamente num momento da história em que pareceria que os avanços tecnológicos existem para que as nossas sociedades sejam diferentes e melhores. O abandono completo da tensão entre a regulação social e a emancipação social, ou da própria ideia de transformação social — que é a proposta dos que tenho designado por pós-modernistas celebratórios —, parece ser, por conseguinte, uma proposta politicamente arriscada, não só porque coincide com a agenda conservadora, mas também porque não se perfilam no horizonte concepções novas com potencial para captar as aspirações políticas condensadas nos conceitos modernos. Reinventar a tensão entre regulação social e emancipação social afigura-se, por isso, uma proposta melhor, ou mais prudente, do que atirá-la simplesmente para a lata de lixo da história.

O mesmo se aplica às estratégias políticas que, no passado, corporizaram a tensão entre a regulação social e a emancipação social: o direito e a revolução. Reinventar, neste caso, revela-se tarefa especialmente complexa, porquanto, se a revolução parece uma possibilidade definitivamente descartada, já o direito se acha mais difuso do que nunca, preenchendo mesmo os espaços sociais e políticos abertos pelo colapso da revolução. Para os conservadores, não há aqui nada a reinventar, excetuando talvez modos cada vez mais sutis (e não tão sutis como isso) de desmantelar os mecanismos através dos quais liberais e demossocialistas transformaram o direito em instrumento da mudança social. A tarefa científica e política que se nos coloca pela frente pode ser formulada da seguinte maneira: como reinventar o direito para lá do modelo liberal e demossocialista e sem cair na agenda conservadora — e, mais ainda, como fazê-lo de modo a combater esta última de uma maneira mais eficaz.

O prisma ocidental e a plausibilidade da questão

Antes de tentar responder a esta questão, impõe-se que perguntemos se ela equaciona corretamente os problemas que se colocam a uma política progressista e a uma prática jurídica no início do novo milênio. Porque, se a resposta for negativa, a questão da reinvenção do direito terá que ser reformulada antes de prosseguirmos. A narrativa atrás esboçada é uma narrativa ocidental que começou com uma questão quintessencialmente ocidental: poderá o direito ser emancipatório? Esta questão, aparentemente abrangente, parte de um conjunto de pressupostos que são próprios da cultura e da política ocidental. Pressupõe que existe uma entidade social chamada direito, suscetível de ser definida nos seus próprios termos e de funcionar de uma maneira autônoma. Parte também do princípio de que existe um conceito genérico de emancipação social, diferente e à parte daquilo que é a emancipação individual e de projetos emancipatórios particulares de grupos sociais diferentes, ocorridos em contextos históricos diferentes. Além disso, dá por adquirido que existem expectativas sociais que estão acima e para lá das atuais experiências sociais, e que o fosso entre as experiências e as expectativas pode e deve ser vencido.

Todos estes pressupostos se afiguram bastante problemáticos quando encarados a partir de fora das fronteiras da modernidade ocidental. Ao cabo de quinhentos anos de expansão europeia e de uma geografia de zonas de contato[3] extremamente diversificada, onde houve lugar a uma miríade de formas de hibridização e de crioulização, continua a ser problemático, em muitas culturas e sociedades não europeias, identificar o direito como um campo social distinto e, mais ainda, como um campo social autônomo e homogêneo. Em vez disso, para além do direito estatal — que tem algumas afinidades formais com o conceito liberal de direito do Ocidente — existe um vasto leque de estruturas normativas ancoradas em entidades e agenciamentos não estatais. Estas estruturas acham-se incrustadas em conjuntos de práticas sociais que, em rigor, não podem ser descritas como constituindo campos jurídicos, políticos, econômicos ou religiosos, uma vez que parecem ser tudo isso ao mesmo tempo. Além disso, apesar de nestas sociedades as elites político-culturais entenderem o fosso entre as experiências sociais e as expectativas sociais como um problema a ser superado através da emancipação social, a verdade é que não há uma memória coletiva de luta ou de movimentos empreendidos em nome da "emancipação social". As mais das vezes, a única memória coletiva que se aproxima desta ideia prende-se com as lutas anticoloniais. A ideia da boa ordem e da boa sociedade reveste muitas vezes formas religiosas, tendo mais a ver com o direito religioso do que com o direito secular, ou seja, mais com a revelação do que com a revolução.

---

3. Ver a propósito Santos, 2013a e 2014a.

Se a questão que coloco é, na formulação acima deixada, uma questão distintamente ocidental, o mesmo pode dizer-se a propósito da narrativa histórica do destino da tensão entre a regulação social e o papel nela desempenhado pelo direito. A recepção do direito romano no século XII assinala a primeira presença moderna do direito na tensão entre a regulação social e a emancipação social, o desenvolvimento de uma forma jurídica adequada aos interesses progressistas da classe mercantil emergente. Temos aqui, como é óbvio, uma narrativa ocidental. No século XII e, de fato, muito antes disso, havia já prósperos mercadores a percorrer as rotas comerciais que uniam a China e a Índia ao Mediterrâneo, e muitas outras ao longo da África Oriental e Ocidental e da África do Norte, mas a sua história jurídica nada tem a ver com a história das classes mercantis urbanas que na Europa medieval combatiam os senhores feudais com as armas intelectuais fornecidas pelo direito romano. Acresce que, a seguir a 1848, o mundo ficou muito maior do que o limitado espaço geográfico ocupado pelos Estados liberais da Europa Ocidental. Havia Estados antigos, que iam desde o Egito e da Etiópia até à China e ao Japão, passando pela África Central e pela Pérsia. Havia colônias europeias na África e na Ásia, estando prestes a começar a segunda vaga colonialista. Havia, na América Latina, Estados pós-coloniais servidos por constituições liberais mas com práticas políticas que, entre outras coisas, apoiavam a escravatura e intensificavam o genocídio dos povos nativos. Ao longo do século XIX e do século XX, estes Estados oscilaram entre períodos de governação minimamente democrática e períodos de ditadura, como foi efetivamente o caso de alguns Estados da Europa Ocidental como Portugal, Espanha e Grécia. A compatibilidade entre democracia e capitalismo, tentada tanto pelo demoliberalismo como pelo demossocialismo, foi de fato exclusivo de alguns países apenas — e, mesmo na Europa, teve que ceder: cedeu ao fascismo na Itália, ao nazismo na Alemanha, ao franquismo na Espanha, ao salazarismo em Portugal etc. As formas inclusivas de cidadania político-social (os Estados-providência) têm sido mais a exceção do que a regra. Do mesmo modo, e a uma escala global, o direito, entendido como direito estatal, desempenhou um papel mínimo na gestão da tensão entre regulação e emancipação. Fosse como estratégia política de oposição ou como forma de um Estado não liberal, a revolução desempenharia, ao longo de todo o século XX, um papel bem mais importante.

A peculiaridade histórica da minha pergunta — uma pergunta e uma indagação aparentemente tão exaustiva — já deve, neste momento, ter-se tornado clara. Por que, então, prosseguir? E a fazê-lo, como o devo fazer? Primeiro, o porquê. Penso que a história da minha pergunta é talvez mais ocidental do que o seu futuro. Nos últimos vinte anos, e cada qual a seu modo, a globalização hegemônica neoliberal[4] e o desabamento do bloco socialista vieram interromper as histórias político-jurídicas tanto ocidentais como não ocidentais, criando desse modo um vazio institucional hoje em vias de ser globalmente preenchido por uma versão específica da política ocidental — o conservadorismo. Quer o reformismo legal quer a revolução social se viram desacreditados, o mesmo sucedendo com outras formas político-legais exteriores à Europa Ocidental e à região do Atlântico Norte. Além disso, todas as tentativas de articular alternativas ao consenso hegemônico foram rápida e eficazmente suprimidas. Tal consenso é, de fato, composto por quatro consensos setoriais relacionados entre si: o consenso econômico neoliberal, o consenso do Estado fraco, o consenso democrático-liberal, e o consenso do Estado de direito e da reforma judicial.

Para poder desenvolver aqui a minha argumentação — ou seja, para responder à questão de por que prosseguir com a presente pergunta sobre se o direito é emancipatório —, é importante ter em mente que a globalização jurídica neoliberal em curso está a substituir a tensão altamente politizada entre regulação e emancipação

---

4. Ver Santos (org.) 2002a, p. 25-94.

por uma concepção despolitizada da mudança social cujo único critério é o Estado de direito e a adjudicação judicial a um sistema judicial honesto, independente, previsível e eficaz. O direito que vigora neste modelo não é o direito reformista, seja em versão demoliberal ou em versão demossocialista. O direito conservador neoliberal não faz mais do que fixar o quadro em que uma sociedade civil baseada no mercado funciona e floresce, cabendo ao poder judiciário garantir que o Estado de direito seja amplamente aceito e aplicado com eficácia. Afinal, as necessidades jurídicas e judiciais do modelo de desenvolvimento assente no mercado são bastante simples: há que baixar os custos das transações, definir com clareza e defender os direitos de propriedade, fazer aplicar as obrigações contratuais, e instituir um quadro jurídico minimalista.

Em resumo, a globalização hegemônica neoliberal atingiu um paradigma jurídico e político que tem um âmbito global. Inspirado numa visão altamente seletiva da tradição ocidental, este está em vias de ser imposto em todo o sistema-mundo. Isso quer dizer que a questão da relação entre o direito e a emancipação social, não obstante ser, historicamente, uma questão ocidental, pode agora vir a transformar-se numa questão global — uma questão, enfim, que encaixa bem na agenda política e científica quer dos países ocidentais, quer dos países não ocidentais, quer ainda dos países centrais, semiperiféricos e periféricos.

É claro que, para tal acontecer, nos é necessário sair dos confins da globalização neoliberal. Enquanto o Estado de direito e a reforma judicial são, hoje em dia, tópicos de debate em todo o sistema-mundo, já toda e qualquer discussão acerca da emancipação social se vê suprimida pela globalização neoliberal, uma vez que, segundo esta, a ordem e a sociedade boas já estão conosco, carecendo apenas de consolidação. A questão do papel do direito na busca da emancipação social é, atualmente, uma questão contra-hegemônica que deve preocupar todos quantos, um pouco por todo o sistema-mundo, lutam contra a globalização hegemônica neoliberal. Com efeito, se é certo que esta propagou por todo o globo o mesmo sistema de dominação e de exclusão, não é menos verdade que criou as condições para que forças, organizações e movimentos contra-hegemônicos localizados nas mais diversas partes do mundo se apercebessem da existência de interesses comuns nas próprias diferenças e para além das diferenças que há a separá-los, e que convergissem em combates contra-hegemônicos consubstanciadores de projetos sociais emancipatórios distintos mas relacionados entre si.

Uma vez que a minha indagação tem por premissa exatamente a distinção entre, por um lado, uma globalização neoliberal hegemônica, ou globalização a partir de cima, e por outro lado uma globalização contra-hegemônica, ou globalização a partir de baixo, creio que a questão do potencial emancipatório do direito poderá ser corretamente tratada olhando para a dimensão jurídica dessas lutas globais de tipo contra-hegemônico. É essa a tarefa que levarei a cabo na última parte desta introdução. A questão é, portanto, plausível, e a resposta a ela pode revelar-se uma forma promissora de repensar o potencial emancipatório do direito sob as condições da globalização.

Resta ver, contudo, como se há de responder à pergunta. Neste ponto, é também crucial para o meu argumento distinguir entre formas hegemônicas e contra-hegemônicas de globalização jurídica. Para formular a questão de maneira a ela não frustrar a possibilidade de uma globalização jurídica contra-hegemônica, impõe-se desocidentalizar a concepção de direito que conduzirá a nossa indagação. Isso implica o radical "des-pensar" do direito — quer dizer, o re-inventar do direito por forma a adequar-se às reivindicações normativas dos grupos sociais subalternos e dos seus movimentos, bem como das organizações que lutam por alternativas à globalização neoliberal.

Como mostrarei adiante, essa reinvenção do direito implica que se proceda a uma busca de concepções e de práticas subalternas, de que distingo três tipos: 1) concepções e práticas que, não obstante pertencerem à tradição ocidental e terem-se desenvolvido nos países do Ocidente, foram suprimidas ou marginalizadas pelas concepções liberais que se tornaram dominantes; 2) concepções que se desenvolveram fora do Ocidente, principalmente nas colônias e, mais tarde, nos Estados pós-coloniais; 3) concepções e práticas hoje em dia propostas por organizações e movimentos especialmente ativos no esforço de propor formas de globalização contra-hegemônica. Num período, em suma, de transição paradigmática que nos afasta da modernidade dominante, a modernidade subalterna fornece-nos alguns dos instrumentos que nos hão de permitir fazer a passagem rumo a um futuro progressista, que o mesmo é dizer, na direção de uma ordem e de uma sociedade boas, que ainda estão para vir.

Para aquilatar cabalmente do potencial dessas práticas cosmopolitas subalternas e dos obstáculos que se deparam à sua consolidação, é necessário considerar sucintamente o contexto social, político e econômico que a globalização neoliberal gera e em que as práticas subalternas têm que ser desenvolvidas. Essa é uma análise de que me ocuparei na seção que se segue.

A morte do contrato social e a ascensão do fascismo social

A exclusão social e a crise do moderno contrato social

O contrato social — com os seus critérios de inclusão e exclusão e os seus princípios metacontratuais — presidiu à organização da vida econômica, política e cultural das sociedades modernas. Nestes últimos vinte anos, esse paradigma social, político e cultural tem vindo a sofrer um período de grande turbulência que afeta não só os seus dispositivos operativos como também os pressupostos em que assenta. De fato, essa turbulência é tão intensa que gerou uma verdadeira crise do contrato social. Essa crise, por sua vez, constitui um dos traços mais característicos da transição paradigmática.

Conforme sustento noutro lugar (Santos, 1998a), o contrato social assenta em três pressupostos: um regime geral de valores, um sistema geral de medidas, e um tempo-espaço privilegiado. Ora, a crise do contrato social é detectável em cada um destes pressupostos. *O regime geral de valores* baseia-se na ideia de bem comum e de vontade geral, que são princípios segundo os quais se processa a agregação das sociabilidades individuais e das práticas sociais. Deste modo, torna-se possível chamar "sociedade" ao universo de interações autônomas e contratuais entre sujeitos livres e iguais.

Este regime parece ser hoje incapaz de resistir à crescente fragmentação da sociedade, dividida como está em muitos *apartheids* e polarizada segundo eixos econômicos, sociais, políticos e culturais. A luta pelo bem comum parece estar a perder sentido, o mesmo sucedendo, consequentemente, à luta por definições alternativas de bem comum. A vontade geral parece ter-se tornado uma proposta absurda. Nestas circunstâncias, alguns autores falam mesmo do fim da sociedade. Vivemos num mundo pós-foucaultiano e, olhando para trás, damo-nos conta, de repente, de quão organizado era o mundo de Foucault. Segundo Foucault, coexistem nas sociedades modernas dois modos principais de poder social: por um lado, o poder disciplinar, dominante, centrado nas ciências, e, por outro lado, o poder jurídico, centrado no Estado e no direito, e a conhecer um processo de declínio. Presentemente estes poderes coexistem com muitos outros, os quais se encontram eles próprios fragmentados e desorganizados. O poder disciplinar é, cada vez mais, um poder não disciplinar, a ponto de as ciências estarem a perder a sua confiança epistemológica e verem-se obrigadas a partilhar o campo do conhecimento com saberes rivais — como sejam os saberes indígenas, no caso das lutas contemporâneas em torno da biodiversidade —, por sua vez capazes, eles também, de produzir tipos diferentes de poder e de resistência. Por outro lado, à medida que o Estado vai perdendo a centralidade como regulador da sociedade, o seu direito torna-se labiríntico. O direito estatal desorganiza-se, ao ser obrigado a coexistir com o direito não oficial dos múltiplos legisladores não estatais *de fato*, os quais, por força do poder político que detêm, transformam a faticidade em norma, competindo com o Estado pelo monopólio da violência e do direito. A proliferação aparentemente caótica de poderes dificulta a identificação dos inimigos, quando não mesmo a identificação das próprias vítimas.

Além disso, os valores da modernidade — liberdade, igualdade, autonomia, subjetividade, justiça, solidariedade — e as antinomias neles contidas mantêm-se, mas estão sujeitos a uma crescente sobrecarga simbólica, na medida em que significam coisas cada vez mais díspares para diferentes pessoas ou diferentes grupos sociais, com o resultado de que o excesso de significado gera trivialização e, consequentemente, naturalização.

A turbulência atual é especialmente notória no segundo pressuposto do contrato social, o *sistema comum de medidas*. O *sistema comum de medidas* baseia-se numa concepção de tempo e espaço como sendo entidades homogêneas, neutras e lineares que funcionam como menores denominadores comuns para a definição do que sejam diferenças relevantes. Partindo desta concepção, é possível, por um lado, separar o natural do social e, por outro lado, estabelecer um meio quantitativo de comparação entre interações sociais gerais e interações altamente diferenciadas. As diferenças qualitativas entre umas e outras ou são ignoradas ou reduzidas aos indicadores quantitativos que conseguem explicá-las de forma aproximada. O dinheiro e as mercadorias são as concretizações mais puras do sistema comum de medidas. Através deles, o trabalho, os salários, os riscos e os danos tornam-se facilmente mensuráveis e comparáveis.

Mas o sistema comum de medidas vai muito para além do dinheiro e das mercadorias. Devido às homogeneidades que gera, o sistema comum de medidas permite até estabelecer correspondências entre valores antinômicos. Entre a liberdade e a igualdade, por exemplo, é possível definir critérios de justiça social, de retribuição e de solidariedade. O pressuposto, aqui, consiste em fazer com que as medidas sejam comuns e funcionem por correspondência e por homogeneidade. É por isso que a solidariedade só é possível entre iguais, sendo a solidariedade entre trabalhadores a sua concretização mais perfeita.

Há muito que o tempo e o espaço neutros, lineares e homogêneos desapareceram das ciências, mas só agora é que o seu desaparecimento começou a fazer notar-se no quotidiano e nas relações sociais. É nítida a turbulência que hoje afeta as escalas em que estamos habituados a ver e a identificar os fenômenos, os conflitos e as relações.[5] Dado que cada um deles é produto da escala em que os observamos, a turbulência das escalas produz estranheza, desfamiliarização, surpresa, perplexidade e invisibilidade. Exemplo claro da turbulência das escalas, a meu ver, é o fenômeno da violência urbana no Brasil, de resto presente também noutras partes do mundo (Santos, 1998b). Quando um menino da rua vai à procura de abrigo para passar a noite e, em consequência disso, é morto por um policial, ou quando alguém que é abordado na rua por um pedinte recusa dar-lhe esmola e em consequência disso é morto pelo pedinte, o que aí temos é uma explosão imprevista da escala do conflito: um fenômeno aparentemente trivial sofre uma escalada repentina, passando a um outro nível e assumindo contornos de fenômeno dramático com consequências fatais. Esta mudança de escala dos fenômenos, abrupta e imprevisível, verifica-se hoje em dia nos domínios mais diversos da prática social. Concordo com Prigogine (Prigogine, 1980; 1997) quando este afirma que as nossas sociedades estão a viver um período de bifurcação, quer dizer, uma situação de instabilidade sistêmica em que uma mudança menor pode, de uma maneira imprevisível e caótica, dar origem a transformações qualitativas. A turbulência das escalas destrói sequências e meios de

---

5. Sobre o conceito de turbulência das escalas ver Santos, 2006a, p. 51-91.

comparação, reduzindo assim as alternativas, criando impotência e promovendo a passividade.

A estabilidade das escalas parece confinada ao mercado e ao consumo — e mesmo aí, com radicais mutações de ritmo e de âmbito que impõem aos atos de comércio constantes mudanças de perspectiva. A hipervisibilidade e a grande velocidade que caracterizam as mercadorias, por norma já intensamente publicitadas, transformam a intersubjetividade exigida aos consumidores em interobjetualidade entre atos de consumo. Dizendo de outro modo, os consumidores transformam-se em apoios nômades das mercadorias. Idêntica transformação constante da perspectiva está a ocorrer na informação e nas tecnologias de telecomunicações, onde, de fato, a turbulência da escala é simultaneamente ato gerador e condição da funcionalidade. Neste caso, a crescente interatividade das tecnologias dispensa cada vez mais a inventiva dos utentes, o que leva a que a interatividade vá sub-repticiamente dando lugar à passividade. O *zapping* é talvez um exemplo eloquente de passividade disfarçada de interatividade.

Por fim, o tempo-espaço do Estado nacional está a perder o seu primado devido à importância crescente dos tempo-espaços globais e locais, que com ele agora competem. Esta desestruturação do tempo-espaço do Estado nacional dá-se também relativamente aos ritmos, às durações e às temporalidades. O tempo-espaço do Estado nacional é feito de quadros temporais diferentes mas compatíveis e articulados entre si: o quadro temporal das eleições, o quadro temporal da negociação coletiva, o quadro temporal dos tribunais, o quadro temporal da burocracia da segurança social, o quadro temporal da memória histórica nacional etc. É a coerência entre estas temporalidades que dá ao tempo-espaço do Estado nacional a sua configuração própria. Acontece que esta coerência se está a tornar cada vez mais problemática, uma vez que o impacto gerado pelo tempo-espaço global e local varia de um quadro temporal para outro. Assim, por exemplo, o quadro temporal dos tribunais tende a ser menos afetado pelo tempo-espaço global do que o quadro temporal da negociação coletiva. Por outro lado, nos EUA — devido à recente "devolução" das funções de segurança social aos estados e às comunidades locais — o tempo-espaço local está a afetar mais o quadro temporal com que o sistema de segurança social funciona do que o da política eleitoral, enquanto na Europa se está a dar o inverso — como se vê pelas novas iniciativas de democracia local levadas a cabo na Espanha, França ou Alemanha.

Além disso, quadros temporais ou ritmos totalmente incompatíveis com a temporalidade do Estado nacional no seu todo estão a tornar-se cada vez mais importantes. Dois deles merecem uma referência especial. O tempo-instante do ciber-espaço, por um lado, e, por outro, o tempo glacial da degradação ecológica, da questão indígena e da biodiversidade. Cada uma destas temporalidades colide frontalmente com a temporalidade política e burocrática do Estado. O tempo-instante dos mercados financeiros elimina à partida qualquer deliberação ou regulação da parte do Estado. O abrandamento desta temporalidade só se consegue ao nível da escala em que ocorre, a escala global, e, portanto, só através de ações de âmbito internacional.[6] Por outro lado, o tempo glacial é demasiado lento para poder ser compatível com qualquer um dos quadros temporais do Estado nacional e, em especial, com os dos tribunais e da política eleitoral. Na verdade, as recentes sobreposições entre o tempo do Estado e o tempo glacial não têm sido mais do que tentativas, da parte do tempo do Estado, de canibalizar e descaracterizar o tempo glacial. Basta ver o modo como a questão indígena tem sido tratada em muitos países[7] ou a recente onda de leis nacionais sobre patentes e sobre o direito à propriedade intelectual com impacto na questão da biodiversidade.

---

6. Com vista ao objetivo específico de abrandar o tempo-instante dos mercados financeiros de maneira a dar tempo para as deliberações democráticas, é que os movimentos sociais da globalização contra-hegemônica têm vindo a propor a adoção da taxa Tobin.

7. Ver a propósito o capítulo 7; também Santos, 2009.

Por ter sido, até agora, o tempo-espaço hegemônico, o tempo--espaço do Estado nacional configura, não apenas a ação do Estado, mas também as práticas sociais em geral, onde se reflete a competição entre o tempo-instante e o tempo glacial. Assim, por exemplo, a volatilidade dos mercados financeiros e o aquecimento global deram origem a crises que produzem impacto sobre a política e a legitimidade do Estado exatamente devido à inadequação das respostas dadas por este. Tal como sucede no caso da turbulência das escalas, o tempo-instante e o tempo glacial convergem, de várias formas, de maneira a reduzir as alternativas, gerar impotência, e produzir passividade. O tempo-instante faz colapsar as sequências e redu-las a um presente infinito que trivializa as alternativas por via da sua multiplicação tecnolúdica, fundindo-as em variações do sempre igual. O tempo glacial, pelo contrário, cria uma tal distância entre as alternativas reais — desde modelos alternativos de desenvolvimento a alternativas ao desenvolvimento — que estas deixam de ser comensuráveis e susceptíveis de ser contrabalançadas e acabam por se perder em sistemas de referência incomensuráveis.[8] A mesma confrontação entre tempo glacial e tempo do Estado nacional cria a necessidade urgente de uma alternativa global ao desenvolvimento capitalista do mesmo passo que torna impossível conceber essa alternativa, e muito menos adotá-la.

É, no entanto, em relação aos dispositivos funcionais do contrato social que os sinais da crise deste paradigma são mais visíveis. Não obstante esse fato, à primeira vista a situação atual, longe de prefigurar uma crise do contratualismo social, caracteriza-se antes por uma consolidação inaudita deste. Nunca se falou tanto da contratualização das relações sociais, das relações laborais, das relações no âmbito da segurança social, e da parceria entre o Estado e as organizações sociais. Mas esta nova contratualização pouco tem a

---

8. Sobre este tema em geral, e sobre as possibilidades de imaginar um desenvolvimento alternativo e alternativas ao desenvolvimento, ver Santos e Rodríguez-Garavito, 2002.

ver com a contratualização fundada na ideia moderna do contrato social. Em primeiro lugar, ao contrário do contrato social, os novos vínculos contratuais não possuem qualquer estabilidade, podendo ser quebrados em qualquer altura e por qualquer uma das partes. Não se trata de uma opção radical, mas sim de uma opção trivial. O "bloco histórico" outrora necessário para servir de base às condições e aos objetivos do contrato social vê-se, agora, posto de parte, substituído por uma profusão de contratos cujas condições e objetivos permanecem matéria privada. Em segundo lugar, a contratualização neoliberal não reconhece o conflito e a luta como elementos estruturais do pacto social. Pelo contrário, fá-los substituir pelo assentimento passivo a condições supostamente universais e incontornáveis. Veja-se o chamado consenso de Washington. Se é, de fato, de um contrato social que se trata, ele existe apenas entre os países centrais. Para todas as restantes sociedades nacionais, ele surge como um conjunto de condições inexoráveis, destinadas a uma aceitação acrítica sob pena de uma exclusão implacável. O que depois fica a servir de base aos contratos individuais do direito civil são, precisamente, estas condições globais insuperáveis e não contratualizadas.

Por todos estes motivos, a nova contratualização é um falso contrato, uma mera aparência de um compromisso constituído por condições tão custosas quanto inescapáveis, e impostas sem discussão à parte mais fraca. Sob a capa de um contrato, a nova contratualização prefigura o ressurgimento do *status*, isto é, dos princípios da ordem hierárquica pré-moderna, em que as condições das relações sociais estavam diretamente ligadas à posição das partes na hierarquia social. Mas o retorno ao passado está fora de causa. Com efeito, o *status é* hoje em dia simples consequência da tremenda desigualdade de poder econômico existente entre as partes — sejam elas Estados ou indivíduos — no contrato individual, bem como a faculdade que essa desigualdade atribui à parte mais forte — na ausência da regulação corretiva do Estado — de impor sem discussão as condições que lhe sejam mais favoráveis. O novo contratualismo reproduz-se, assim, através de termos contratuais profundamente injustos.

A crise da contratualização moderna consiste no predomínio estrutural dos processos de exclusão sobre os processos de inclusão. Estes últimos continuam em vigor, assumindo mesmo formas avançadas que vão permitindo a reconciliação dos valores da modernidade, contudo confinam-se a grupos cada vez mais restritos, que impõem formas abismais de exclusão a grupos muito mais vastos. O predomínio dos processos de exclusão assume duas formas aparentemente contraditórias: o pós-contratualismo e o pré-contratualismo. O pós-contratualismo é o processo por meio do qual grupos e interesses sociais até aqui incluídos no contrato social se veem excluídos deste sem qualquer perspectiva de regresso. Os direitos de cidadania, até agora considerados inalienáveis, são confiscados e, sem eles, os excluídos passam de cidadãos a servos. É esse o caso, por exemplo, dos excluídos dos sistemas de segurança social — hoje em vias de retração — dos países centrais. Quanto ao pré-contratualismo, consiste em impedir o acesso à cidadania a grupos que anteriormente se consideravam candidatos à cidadania e tinham razoáveis expectativas de a ela aceder. É esse o caso, por exemplo, das classes populares da semiperiferia e da periferia.

As exclusões assim geradas pelo pós-contratualismo e pelo pré-contratualismo são indissociáveis, a ponto de aqueles que as sofrem, não obstante serem cidadãos do ponto de vista formal, se verem efetivamente excluídos da sociedade civil e atirados para um novo estado natural. Na sociedade pós-moderna e neste início de século, o estado natural traduz-se numa permanente angústia relativamente ao presente e ao futuro, na perda iminente do controle sobre as expectativas, e no permanente caos no que se refere aos mais simples atos de sobrevivência e de convivialidade.

Seja pela via do pós-contratualismo ou do pré-contratualismo, o aprofundamento da lógica da exclusão cria novos estados naturais. É a precariedade da vida e a servidão geradas pela permanente angústia dos trabalhadores no que toca à quantidade e continuidade do trabalho; pela angústia dos desempregados à procura de emprego, ou pela daqueles que nem sequer reúnem condições para procurar emprego; pela angústia dos trabalhadores por conta própria no que toca à continuidade do mercado — que eles mesmos têm que gerar diariamente, para garantirem a continuidade do rendimento; e, finalmente, pela angústia dos trabalhadores migrantes sem documentos, desprovidos de quaisquer direitos sociais. A estabilidade referida pelo consenso neoliberal é sempre a estabilidade das expectativas do mercado e dos investimentos, nunca a das expectativas do povo trabalhador. Com efeito, a estabilidade dos mercados e dos investimentos só é possível à custa da instabilidade das expectativas das pessoas.

Por todos estes motivos, cada vez mais o trabalho vai deixando de servir de suporte à cidadania, e vice-versa, ou seja, cada vez mais a cidadania vai deixando de servir de suporte ao trabalho. Ao perder o estatuto político que detinha enquanto produto e produtor de cidadania, o trabalho fica reduzido à dor da existência, quer quando o há — sob a forma de trabalho desgastante —, quer quando o não há — sob a forma de desemprego, e não menos desgastante. É por isso que o trabalho, apesar de dominar cada vez mais as vidas das pessoas, está a desaparecer das referências éticas que dão suporte à autonomia e à autoestima dos sujeitos.

Em termos sociais, o efeito cumulativo do pré-contratualismo e do pós-contratualismo é o surgimento de uma subclasse de excluídos, que será menor ou maior consoante a posição central ou periférica de uma dada sociedade no contexto do sistema-mundo. Esta subclasse é constituída quer por grupos sociais apanhados numa mobilidade social descendente — trabalhadores não qualificados, operários migrantes, minorias étnicas —, quer por grupos sociais para os quais a possiblidade de trabalho deixou de ser uma expectativa realista, se é que alguma vez o foi — por exemplo, os desempregados crônicos, os jovens que não conseguem entrar no mercado de trabalho, os deficientes, bem como um grande número de agricultores pobres da América Latina, África e Ásia.

Nos países centrais, esta classe de excluídos assume a forma de um Terceiro Mundo interior. É o chamado terço inferior da sociedade dos dois terços. Na Europa existem 18 milhões de desempregados e mais de 52 milhões de pessoas a viver abaixo da linha de pobreza; 10% da população possui incapacidade física ou mental, o que torna a sua integração social muito difícil. Nos Estados Unidos da América, a tese da subclasse tem vindo a ser utilizada por William Julius Wilson (1987) para caracterizar os afro-americanos dos guetos urbanos, afetados pelo declínio da indústria e pela desertificação econômica dos centros das cidades. Wilson define a subclasse através de seis traços principais: residência em espaços socialmente isolados das outras classes; falta de um emprego de longo prazo; famílias monoparentais encabeçadas por mulheres; falta de qualificação ou de aprendizagem profissional; períodos prolongados de pobreza e de dependência da segurança social; e tendência para cair na atividade criminosa, por exemplo, crimes de rua. Esta classe conheceu uma expansão considerável até aos anos 1980, e o que é trágico é que ela é, cada vez mais, constituída por gente nova. A percentagem de pobres com menos de 18 anos subiu de 15% em 1970 para 20% em 1987, sendo especialmente dramático o aumento do número de crianças em situação de pobreza. O caráter estrutural da exclusão — e, portanto, dos obstáculos à inclusão — a que esta classe é sujeita pode ser avaliado pelo fato de, não obstante os afro-americanos revelarem uma notável melhoria intergeracional no que respeita à instrução, tal conquista não se ter traduzido em empregos regulares e a tempo inteiro. Segundo Lash e Urry, são três os fatores principais responsáveis por esta situação: o declínio dos empregos industriais no conjunto da economia; a fuga dos empregos sobejantes dos centros das cidades para os subúrbios; e a redistribuição dos empregos de acordo com diferentes tipos de áreas metropolitanas (1996, p. 151). Na periferia e na semiperiferia, a classe dos excluídos ascende a mais de metade da população dos países, sendo as causas da exclusão ainda mais persistentes: tirando uma pequena elite com raízes cada vez mais débeis a prendê-la aos respectivos países, os únicos que são poupados à quebra das expectativas são aqueles não têm expectativas nenhumas.

O crescimento estrutural da exclusão social — seja por via pré--contratualista ou pós-contratualista — e o consequente alastramento do estado natural, que impede a demissão tanto individual como coletiva, sinalizam uma crise paradigmática e epocal a que alguns chamam desmodernização ou contramodernização. A situação encerra, por isso, muitos riscos. Foi esse fenômeno, efetivamente, que Beck designou como ascensão da "sociedade do risco" (1999) ou "brasilização do mundo" (2000). A questão está em saber se tal situação oferece a oportunidade de substituir o velho contrato social da modernidade por um outro, menos vulnerável à proliferação da lógica da exclusão.

A emergência do fascismo social

Consideremos primeiramente os riscos. Em verdade, penso que estes podem ser resumidos a um só: *a emergência do fascismo social*. Não quero dizer com isto um regresso ao fascismo das décadas de 1930 e 1940. Ao contrário daquele que o precedeu, o fascismo de hoje não é um regime político, mas antes um regime social e civilizacional. Em vez de sacrificar a democracia às exigências do capitalismo, ele trivializa a democracia a ponto de se tornar desnecessário, ou sequer vantajoso, sacrificá-la para promover o capitalismo. É um tipo de fascismo pluralista, produzido pela sociedade e não pelo Estado. Este comporta-se, aqui, como mera testemunha complacente, se não mesmo como culpado ativo. Estamos a entrar num período em que os Estados democráticos coexistem com sociedades fascizantes. Trata-se, por conseguinte, de uma forma inaudita de fascismo.

Existem, a meu ver, quatro formas principais de fascismo social. A primeira é o *fascismo do apartheid social*. Quero com isto significar a segregação social dos excluídos mediante a divisão das cidades em zonas selvagens e zonas civilizadas. As zonas selvagens são as zonas do estado natural hobbesiano. As zonas civilizadas são as zonas do contrato social, encontrando-se sob a ameaça permanente das zonas selvagens. Para se defenderem, as zonas civilizadas transformam-se em castelos neofeudais, enclaves fortificados característicos das novas formas de segregação urbana — cidades privadas, condomínios fechados, comunidades muradas. A divisão em zonas selvagens e zonas civilizadas observável em cidades um pouco por todo o mundo — inclusivamente em "cidades globais" como Nova York ou Londres, que, como mostra Sassen (1991), são os nódulos da economia global — está a tornar-se um critério geral de sociabilidade, um novo tempo-espaço hegemônico que atravessa todas as relações sociais, econômicas, políticas e culturais e que é, por isso mesmo, comum à ação estatal e não estatal. No que ao Estado diz respeito, a divisão consubstancia-se num duplo padrão da ação estatal nas zonas selvagens e civilizadas. Nas zonas civilizadas, o Estado atua de forma democrática, comportando-se como um Estado protetor, ainda que muitas vezes ineficaz e não fiável. Nas zonas selvagens, ele atua de uma forma fascizante, comportando-se como um Estado predador, sem a menor consideração, nem sequer na aparência, pelo Estado de direito.[9]

A segunda forma de fascismo social é o fascismo paraestatal. Tem a ver com a usurpação das prerrogativas estatais (como sejam a coerção e a regulação social) por parte de atores sociais bastante poderosos, os quais — frequentemente com a cumplicidade do

---

9. Uma boa ilustração desta dinâmica é o estudo de Caldeira sobre as clivagens geográficas e sociais existentes em São Paulo (Caldeira, 2000).

próprio Estado — ora neutralizam, ora complementam o controle social produzido pelo Estado. O fascismo paraestatal comporta duas dimensões: o fascismo contratual e o fascismo territorial.

O *fascismo contratual* verifica-se em situações (já descritas) em que a discrepância de poderes entre as partes envolvidas no contrato civil é de tal ordem que a parte mais fraca, vulnerabilizada pela circunstância de não dispor de alternativas, aceita as condições impostas pela parte mais forte, por mais duras e despóticas que elas sejam. O projeto neoliberal de transformar o contrato de trabalho num contrato de direito civil igual a qualquer outro prenuncia uma situação de fascismo contratual. Esta forma de fascismo ocorre hoje em dia com muita frequência nas políticas que visam a "flexibilização" dos mercados de trabalho ou a privatização dos serviços públicos. Nesses casos, o contrato social que no Estado-providência e no Estado desenvolvimentista presidia à produção de serviços públicos fica reduzido ao contrato individual entre consumidores e prestadores de serviços privatizados. Tal redução implica que sejam eliminados do âmbito contratual aspectos decisivos da proteção aos consumidores, que, por essa razão, passam a ser extracontratuais. Estas são as situações em que a conivência entre o Estado democrático e o fascismo paraestatal se torna mais clara. Ao reivindicarem prerrogativas extracontratuais, as agências fascistas paraestatais chamam a si funções de regulação social antes desempenhadas pelo Estado. De forma implícita ou explícita, o Estado subcontrata as agências paraestatais para o desempenho dessas funções e, ao fazê-lo sem participação ou controle dos cidadãos, torna-se cúmplice da produção de fascismo social paraestatal.

A segunda dimensão do fascismo paraestatal é o *fascismo territorial*. Este ocorre sempre que atores sociais dotados de quantias de capital extremamente avultadas disputam o controle do Estado sobre os territórios em que atuam ou neutralizam esse controle cooptando ou coagindo as instituições estatais e exercendo a regulação social sobre os habitantes desse território, sem a sua participação e contra os seus interesses. Trata-se de novos territórios coloniais, situados dentro de Estados que são, muitas vezes, Estados pós-coloniais. Alguns desses territórios são reinvenções do velho fenômeno do *coronelismo* e do *caciquismo*, enquanto outros são novos enclaves territoriais fechados a uma intervenção estatal autônoma e governados por pactos firmados entre atores sociais armados.[10]

A terceira forma de fascismo social é o *fascismo da insegurança*. Consiste na manipulação discricionária do sentimento de insegurança das pessoas e dos grupos sociais vulnerabilizados pela precaridade de emprego ou por acidentes ou acontecimentos desestabilizadores. Daqui advém uma angústia crônica em relação ao presente e ao futuro para um grande número de pessoas, que assim reduzem radicalmente as suas expectativas e se dispõem a suportar fardos enormes em troca da obtenção de um decréscimo mínimo do risco e da insegurança. No que a esta forma de fascismo diz respeito, o *Lebensraum* — o "espaço vital" reclamado por Hitler para o povo alemão e que seria a justificação das suas anexações — dos novos *Führers* é a intimidade das pessoas e a sua angústia e incerteza relativamente ao presente e ao futuro. Funciona colocando em ação o jogo duplo das ilusões retrospectivas e prospectivas, e é hoje em dia especialmente óbvio no domínio da privatização dos serviços sociais, como sejam os setores da saúde, segurança social, educação e habitação. As ilusões retrospectivas consistem em salientar a memória da insegurança neste domínio e a ineficiência da burocracia estatal no que toca à prestação de serviços de segurança social. Por seu turno, as expectativas prospectivas visam criar expectativas de segurança e bem-estar produzidas no âmbito do setor privado e inflacionadas por via da ocultação de alguns dos riscos e das condições inerentes à prestação desse tipo de serviços. As ilusões prospectivas

---

10. É esse o caso, por exemplo, das milícias populares de Medellín, na Colômbia, e dos grupos de mineiros de esmeraldas na região ocidental de Boyacá, também naquele país (Gutiérrez e Jaramillo, 2003).

em causa proliferam, hoje em dia, sob a forma de seguros de saúde e de fundos de pensões privados.

A quarta forma de fascismo social é o *fascismo financeiro*. É, provavelmente, a forma mais pérfida de sociabilidade fascista, exigindo por isso uma análise mais pormenorizada. É o tipo de fascismo que controla os mercados financeiros e a sua economia de cassino. É o mais pluralista de todos, na medida em que os fluxos de capital resultam das decisões de investidores individuais ou institucionais espalhados pelo mundo inteiro, que nada têm em comum para além do desejo de maximizar os seus ativos. Justamente por ser a mais pluralista, esta é também a forma mais pérfida de fascismo, porquanto o seu tempo-espaço é, de todos, o mais adverso a qualquer tipo de deliberação e de intervenção democrática. Muito significativa, a este propósito, é a réplica do corretor a quem perguntaram o que considerava ser o longo prazo: "para mim, o longo prazo são os próximos dez minutos". Este tempo-espaço global e virtualmente instantâneo, aliado à subjacente lógica especulativa do lucro, confere ao capital financeiro um poder discricionário imenso, suficientemente forte para ser capaz de, em segundos apenas, abalar a economia real ou a estabilidade política de qualquer país. O exercício do poder financeiro é totalmente discricionário, e as consequências para quem é afetado — às vezes, nações inteiras — podem ser avassaladoras.

A perfídia do fascismo financeiro reside em que este se tornou o modelo e critério operativo das instituições da regulação global.[11] Referirei apenas uma: as agências de *rating*, internacionalmente credenciadas para procederem à avaliação da situação financeira dos diferentes Estados e os riscos e oportunidades que estes podem oferecer aos investidores estrangeiros. As classificações atribuídas — que, no caso da Moody's,[12] podem ir de Aaa até C, com dezenove

---

11. Como ilustração do poder discricionário destas agências, ver Santos, 2012.

12. A Moody's é uma das agências de *rating* credenciadas pela *Securities and Exchange Commission*; as outras são: Standard and Poor's, Fitch Ratings, Duff and Phelps.

níveis de permeio — são decisivas para definir as condições sob as quais um dado país ou uma empresa desse país ficam habilitados a receber crédito internacional. Quanto mais alta a classificação atribuída, melhores as condições. Estas empresas detêm um poder extraordinário. Segundo Thoms Friedman, "o mundo pós-Guerra Fria tem duas superpotências, os Estados Unidos e a Moody's". Friedman justifica a sua afirmação acrescentando: "se é certo que os Estados Unidos da América conseguem aniquilar um seu inimigo utilizando o arsenal militar de que dispõem, também é verdade que a agência de *rating* financeiro Moody's dispõe do poder de estrangular financeiramente um país conferindo-lhe uma classificação baixa" (Warde, 1997, p. 101). O poder discricionário destas agências é tanto maior quanto elas detêm a prerrogativa de proceder a avaliações não solicitadas pelos países ou empresas em questão.

Em qualquer uma das formas de que se reveste, o fascismo social é um regime caracterizado por relações sociais e experiências de vida vividos debaixo de relações de poder e de troca extremamente desiguais, que conduzem a formas de exclusão particularmente severas e potencialmente irreversíveis. As formas de exclusão referidas existem tanto no interior das sociedades nacionais (o Sul interior) como nas relações entre países (o Sul global). A qualidade das sociabilidades que as sociedades permitem aos seus membros depende do peso relativo do fascismo social na constelação dos diferentes regimes sociais nelas presentes, o mesmo podendo dizer-se das relações entre países.

O fascismo social e a produção de uma sociedade civil estratificada

Como enfrentar o fascismo social? Quais as estratégias político-jurídicas mais eficazes para a sua eliminação? Antes de me debruçar sobre estas questões, irei caracterizar brevemente o impacto do fascismo social sobre a dicotomia liberal que opõe o Estado à sociedade civil, uma vez que, como resultará claro mais adiante, essa dicotomia está subjacente aos problemas dos fascismos sociais e às potenciais soluções para eles. Noutro local (Santos, 2002b), avancei com a proposta de uma alternativa conceptual abrangente e de longo prazo para a dicotomia Estado/sociedade civil. Nesta introdução, em que a minha argumentação tem um enfoque mais restrito e de mais curto prazo, e visa fornecer orientações políticas concretas, recorrerei por momentos ao quadro conceptual dominante, dele me desviando, no entanto, de modos significativos. Distinguirei três tipos de sociedade civil: a sociedade civil íntima, a sociedade civil estranha e a sociedade civil incivil. Se, meramente a título de ilustração gráfica, localizarmos o Estado no centro de uma dada sociedade, a *sociedade civil íntima* será o círculo interior feito à volta do Estado. Consiste em indivíduos e grupos sociais caracterizados pela hiperinclusão, ou seja, que gozam de um nível elevado de inclusão social. Partindo do princípio de que está correta a ideia das três gerações de direitos humanos — direitos político-civis, direitos socioeconômicos, e direitos culturais —, aqueles que estão incluídos na sociedade civil íntima desfrutam do leque completo de direitos. Eles pertencem à comunidade dominante que mantém vínculos estreitos com o mercado e com as forças econômicas que o governam. De fato, o seu grau de intimidade com o Estado é tal que os membros pertencentes a esta camada da sociedade civil têm acesso a recursos estatais ou públicos muito para além do que será possível obter por qualquer política de direitos. Pode descrever-se esta relação da sociedade civil com o Estado como uma privatização do Estado.

A *sociedade civil estranha* é o círculo intermédio em redor do Estado. As experiências de vida das classes ou grupos sociais nela incluídos são um misto de inclusão e exclusão social. A inclusão social tem uma qualidade baixa ou moderada, da mesma forma que a exclusão é atenuada por algumas redes de segurança e não é considerada irreversível. Em termos das três gerações de direitos humanos, pode afirmar-se que quem integra a sociedade civil estranha pode exercer de uma maneira mais ou menos livre os seus direitos cívicos e políticos, mas tem um acesso escasso aos direitos sociais e econômicos, para já não falar dos direitos culturais ou "pós-materialistas".

Por fim, a *sociedade civil incivil* corresponde ao círculo exterior habitado pelos totalmente excluídos. Socialmente, são quase por completo invisíveis. Este é o círculo do fascismo social, e em rigor os que o habitam não pertencem à sociedade civil, uma vez que são atirados para o novo estado natural. Não possuem expectativas estabilizadas, já que, na prática, não têm quaisquer direitos.

Esta estratificação múltipla da sociedade civil sempre caracterizou as sociedades modernas. Estas distinguiram-se sempre (e distinguem-se ainda) pelo tamanho relativo dos diferentes círculos das sociedades civis. Enquanto nos países centrais a tendência é no sentido de que o círculo mais largo seja o círculo intermédio (a sociedade civil estranha), que tem sido ocupado pelas classes média e média-baixa, nos países periféricos a tendência é no sentido de que o círculo exterior (a sociedade civil incivil) abranja a maioria da população. Nos últimos vinte anos, a globalização hegemônica neoliberal produziu um duplo impacto decisivo na dinâmica da sociedade civil com todos os estratos que a compõem. Por um lado, o círculo intermédio — a sociedade civil estranha — tem vindo a estreitar-se cada vez mais em todo o sistema-mundo, dado que alguns dos que nele viviam ascenderam ao círculo interior, enquanto a grande maioria desceu ou considera encontrar-se no processo de passagem do círculo intermédio para o círculo exterior, isto é, para a sociedade civil incivil. Em resultado dessa evolução, tanto os países centrais como os periféricos e semiperiféricos, independentemente das muitas diferenças existentes entre si, se foram polarizando cada vez mais, com formas de hiperinclusão social a coexistir com formas de hiperexclusão. Por outro lado, à medida que o modelo neoliberal de desenvolvimento vai sendo imposto em todo o sistema-mundo, a dinâmica subjacente à hiperinclusão e à hiperexclusão vai-se impondo, cada vez mais, como uma dinâmica global. A exclusão dos dias de hoje está talvez mais diretamente ligada a políticas originárias dos países centrais do Ocidente (assim como a políticas por estes cerceadas) do que sucedeu no tempo do colonialismo e do imperialismo. A intervenção operada pela globalização neoliberal sobre as economias e sobre os sistemas políticos dos países periféricos e semiperiféricos não tem qualquer precedente no que se refere à escala e à intensidade a que ocorre e também no que concerne à ampla coligação hegemônica que a controla. Este fato explica por que motivo é que a visão de raiz ocidental da realidade sociopolítica — uma visão nascida no Ocidente e exportada como localismo globalizado para todo o globo — surge como uma visão cada vez mais "correta" das estruturas de poder dominantes nos diferentes países. No entanto, e como sustento adiante, isso significa que é mais fácil ao Ocidente subalterno aliar-se ao "resto". Só com alianças desse tipo será possível superar a hierarquia "Ocidente/resto".

A tipologia das sociedades civis atrás referida permite mostrar que, não obstante a retórica ideológica de sinal inverso, os discursos e as práticas político-jurídicas permitidos pela globalização neoliberal revelam-se incapazes de enfrentar o fascismo social e, por conseguinte, de dar resposta à "questão social" que é o crescimento dramático da sociedade civil incivil. Com efeito, e como demonstrei na primeira seção, o ressurgimento agressivo do conservadorismo tem tido um impacto decisivo nas duas outras ideologias sancionadas pelo Estado liberal: o liberalismo e o demossocialismo. Essa evolução levou à fusão dos dois, sob a égide do liberalismo. A doutrina que expressa essa hibridação política é aquilo que designo por demoliberalismo. A expressão mais cabal de um híbrido desse tipo é a chamada Terceira Via, tal como é propugnada pelo Partido Trabalhista Britânico e teorizada por Anthony Giddens (1998). De fato, embora apresentada como sendo a renovação da social-democracia, a Terceira Via vem recuperar a maior parte da agenda liberal, abandonando a maior parte da agenda demossocialista.

Tal como defendo na seção seguinte, para confrontar com êxito o fascismo social e dar resposta às necessidades da sociedade civil incivil é preciso um outro direito e uma outra política: o direito e a política da globalização contra-hegemônica e do cosmopolitismo subalterno.

Do cosmopolitismo subalterno e insurgente

Apesar de ser a forma hegemônica de globalização, a globalização neoliberal não é a única que existe. Por todo o mundo se assiste a grupos sociais, redes, iniciativas, organizações e movimentos de tipo local, nacional e transnacional, que se têm mostrado ativos no esforço de enfrentar a globalização neoliberal e de lhe contrapor alternativas. Pondo de parte combates que originariamente já são de âmbito transnacional, incluo neste vasto conjunto de políticas de tipo confrontacional lutas sociais que, não obstante terem uma incidência local ou nacional, revelam estar conectadas de diferentes modos com lutas paralelas travadas noutros lugares. Em conjunto, elas constituem aquilo a que chamo globalização contra-hegemônica.

São contra-hegemônicas não apenas porque combatem as sequelas econômicas, sociais e políticas da globalização hegemônica, mas também porque desafiam a concepção de interesse geral que lhe está subjacente e propõem uma concepção alternativa. Para a globalização hegemônica, a expansão desenfreada do capitalismo global é o interesse geral, estando, como tal, legitimada para produzir formas de exclusão social amplas, inevitáveis e, em última análise, positivas (porque visam promover o crescimento). Pelo contrário, os movimentos e as organizações contra-hegemônicos defendem que uma exclusão maciça a esse ponto é a prova clara de que os interesses do capital, longe de serem o interesse geral, são na verdade inimigos deste, porquanto a exclusão social — e, em particular, o fascismo social, que é a sua forma mais extrema — negam a dignidade humana básica e o respeito a uma grande parte da população mundial. A humanidade — e alguns defendem que a natureza também — merece ser tratada com dignidade e respeito. Como tal, a ideia de interesse geral implica a inclusão social, não podendo pactuar com processos de transformação social assentes na premissa da inevitabilidade da exclusão social.

A globalização contra-hegemônica centra-se, por isso, no combate contra a exclusão social, um combate que, nos seus termos mais latos, inclui não só as populações excluídas mas também a natureza. A erradicação do fascismo social constitui, desse modo, o objetivo número um, e daí que a sociedade civil incivil surja como a base social privilegiada dos combates contra-hegemônicos. A partir daí, estes visam estender-se àquilo que designei por sociedade civil estranha, onde vigoram formas de exclusão social menos extremas.

A exclusão é sempre produto de relações de poder desiguais, que o mesmo é dizer, de trocas desiguais. E uma vez que na sociedade circulam formas várias de poder, será tão inviável produzir uma teoria da exclusão social única e monolítica como o será acolher sob uma só bandeira todas as lutas que se lhe opõem. A globalização contra-hegemônica é, por isso, um projeto plural, nisso residindo simultaneamente a sua força e a sua fraqueza. Tal pluralidade e diversidade não eliminam a possibilidade de comunicação, de compreensão mútua e de cooperação entre as diferentes lutas. De fato, o potencial e a viabilidade da globalização contra-hegemônica giram, exatamente, à volta dessa possibilidade. No entanto, tudo o que for conseguido graças à colaboração entre movimentos e organizações progressistas será menos o resultado de um ponto de partida comum do que de um comum ponto de chegada. A este feixe de projetos e lutas chamo cosmopolitismo subalterno ou cosmopolitismo dos oprimidos.

Os debates atuais em torno do cosmopolitismo não me interessam neste momento.[13] Ao longo da sua história, a palavra já significou

---

13. Ver Santos, 2006a, p. 433-70.

universalismo, tolerância, patriotismo, o estatuto de cidadão do mundo, comunidade dos seres humanos à escala mundial, cultura global etc. As mais das vezes, sempre que o conceito foi utilizado — quer como ferramenta científica para descrever a realidade, quer como instrumento dos combates políticos —, o incondicional caráter inclusivo da sua formulação abstrata foi usado para defender os interesses exclusivistas de um qualquer grupo específico. Em certo sentido, o cosmopolitismo foi sempre um privilégio apenas ao alcance de alguns.

Há duas maneiras de revisitar o conceito: uma é perguntar quem é que pode dar-se ao luxo de o ter, outra é perguntar quem é que dele precisa. A primeira pergunta prende-se com a prática social, e leva-nos a destacar aqueles grupos sociais que lograram reproduzir a sua hegemonia usando em proveito próprio conceitos que, como o cosmopolitismo, poderiam parecer ir contra a própria ideia de proveito grupal. Esta pergunta assume, portanto, uma atitude crítica, desconstrutiva. Quanto à segunda pergunta, prende-se com expectativas sociais e implica a identificação de grupos cujas aspirações são negadas ou tornadas invisíveis pelo uso hegemônico do conceito e podem ser servidas por um uso alternativo deste. É essa a pergunta que aqui formulo.

Parafraseando Stuart Hall (1996), que formulou uma pergunta semelhante em relação ao conceito de identidade,[14] eu pergunto: mas quem é que precisa do cosmopolitismo? A resposta é simples: quem quer que seja vítima de intolerância e de discriminação precisa de tolerância; quem quer que veja ser-lhe negada a dignidade humana essencial precisa de uma comunidade de seres humanos; quem quer que seja não-cidadão precisa de cidadania mundial, seja em que comunidade ou nação for. Em suma, os socialmente excluídos, vítimas da concepção hegemônica de cosmopolitismo, precisam de

---

14. Sobre as diferentes concepções de cosmopolitismo, ver Breckenridge *et al.* (orgs.), 2002.

um novo tipo de cosmopolitismo. O cosmopolitismo subalterno é, portanto, uma variedade opositiva. Do mesmo modo que a globalização neoliberal não reconhece qualquer forma alternativa de globalização, assim também o cosmopolitismo sem adjetivos nega o seu próprio particularismo. O cosmopolitismo subalterno e insurgente é a forma político-cultural da globalização contra-hegemônica. É, numa palavra, o nome dos projetos emancipatórios cujas reivindicações e critérios de inclusão social se projetam para além dos horizontes do capitalismo global.

Dado que a todos estes projetos não subjaz uma teoria unificada, e muito menos uma estratégia una, a melhor maneira de expressar o que é o cosmopolitismo subalterno e insurgente será através da referência àqueles projetos que nos fornecem ilustrações especialmente convincentes e exemplares da luta contra a exclusão social em nome da globalização alternativa. Penso que o movimento zapatista é um desses projetos. Passo, assim, a identificar os traços principais do cosmopolitismo subalterno com base numa reconstrução teórica do movimento zapatista. A reconstrução teórica que proponho transcende em muito os próprios zapatistas, e julgo que a sua relevância resistirá às vicissitudes que sobrevierem aos seus protagonistas de hoje.

O que mais impressiona, no caso dos zapatistas, é a sua proposta de basear a luta contra a exclusão num novo horizonte civilizacional. Ao centrarem-se nas ideias de humanidade, dignidade e respeito, estão a ir para além do legado político progressista que herdamos dos séculos XIX e XX. O seu contributo para o pensamento e para as lutas subalternas traz consigo, a meu ver, uma quádrupla novidade.

A primeira novidade diz respeito ao conceito de poder e de opressão. Mais do que uma versão particular do modo de produção capitalista, o neoliberalismo é um modelo civilizacional assente no aumento dramático da desigualdade nas relações sociais. Essa desigualdade, por sua vez, assume múltiplas formas, que não passam de outras tantas faces da opressão. A opressão dos trabalhadores é uma delas, porém existem muitas outras espécies de opressão, como as que afetam as mulheres, as minorias étnicas, os povos indígenas, os agricultores, os desempregados, os imigrantes, as subclasses dos guetos, os homossexuais e as lésbicas, os jovens e as crianças.

Todos estes tipos de opressão geram exclusão, e por isso é que no cerne do combate zapatista estão, não os explorados, mas os excluídos; não a classe, mas sim a humanidade: "Atrás dos nossos 'pasamontañas' [...] está a gente simples e comum, todos os homens e mulheres sem importância, invisíveis, sem nome, sem futuro".[15] A natureza emancipatória dos combates sociais reside em todos eles no seu conjunto e não em qualquer um em particular. A prioridade a atribuir a um ou a outro não deriva de uma qualquer teoria, mas antes das condições concretas de cada país ou região num dado momento histórico. O combate a que, em tais condições, é dada prioridade, assume a tarefa de abrir espaço político para os combates restantes. Assim, por exemplo, as condições concretas do México neste momento dão a precedência à luta indígena. Mas não foi coincidência que o líder zapatista que se dirigiu ao Congresso mexicano em 28 de março de 2001 fosse a comandante Esther. Graças ao discurso impressionante desta dirigente, o movimento zapatista selou a sua aliança com o movimento de libertação das mulheres.

A segunda novidade diz respeito à equivalência entre os princípios da igualdade e da diferença. Vivemos hoje em sociedades obscenamente desiguais e, no entanto, a igualdade não se impõe como ideal emancipatório. A igualdade, entendida como equivalência entre iguais, acaba por excluir o que é diferente. Tudo o que é homogêneo a princípio tende a transformar-se em violência exclusivista. Daí que as diferenças, por carregarem consigo visões alternativas de emancipação social, devam ser respeitadas. Compete

---

15. Subcomandante insurgente Marcos, citado por Ceceña, 1999, p. 102.

àqueles que as reivindicam decidir até que ponto se desejam hibridar ou indiferenciar. Esta articulação entre o princípio da igualdade e o princípio da diferença exige um novo radicalismo nas lutas pelos direitos humanos. Não obstante as concessões que fez aos trabalhadores e, posteriormente, a outros excluídos do contrato social, o liberalismo político neutralizou o potencial radicalmente democrático dos direitos humanos ao impor a todo o mundo uma realidade histórica europeia de tipo muito restritivo. Em termos político-jurídicos, este fato é consubstanciado no conceito de diferentes gerações de direitos humanos e na ideia de que a primeira geração (direitos cívicos) tem prevalência sobre a segunda (direitos políticos) e que ambas prevalecem sobre a terceira (direitos sociais e direitos econômicos). A novidade radical da proposta zapatista a este respeito está em formular as suas reivindicações — que, no geral, têm a ver com os direitos humanos — em termos tais que evitam a armadilha das gerações. Consideradas separadamente, as onze reivindicações zapatistas estão longe de ser desbravadoras ou revolucionárias: trabalho, terra, habitação, alimentação, saúde, educação, independência, liberdade, democracia, justiça, paz. Juntas, formam um "mundo novo", um projeto civilizador que oferece uma alternativa relativamente ao liberalismo.

A terceira novidade diz respeito à democracia e à conquista do poder. Se as formas do poder são muitas, e se a sociedade não é globalmente transformada no sentido da proteção da dignidade e do respeito, é inútil tomar o poder: "A tomada do poder? Não, apenas algo muito mais difícil: um mundo novo."[16]

A tônica não vai para a destruição daquilo que existe, mas sim para a criação de alternativas. Tal como são muitos os rostos da opressão, assim também são variadas as lutas e as propostas de resistência. Tão variadas elas são, de fato, que nenhuma vanguarda as unificará: "Não desejamos nem podemos ocupar o lugar que

---

16. Subcomandante Insurgente Marcos, citado por Ceceña, 1999, p. 103.

muitos esperam que ocupemos, o lugar de onde emanam todas as opiniões, todas as respostas e todas as verdades. Não o faremos."[17]

A rebelião tem de se encontrar a si própria a partir de baixo, da participação de todos. A violência não é alternativa — na verdade, a violência organizada é "prerrogativa" das classes ou grupos sociais dominantes —, e a democracia representativa só fracassa porque é corrupta e porque se recusa a aceitar os desafios da democracia participativa.

O que está em causa é a constituição de uma globalização contra-hegemônica capaz de abarcar vários mundos, vários tipos de organizações e de movimentos sociais, e várias concepções de emancipação social. A obrigação política que há de unir toda essa diversidade há de ser uma obrigação política horizontal com suporte na substituição das relações de poder por relações de autoridade partilhada. Mas a existência de uma obrigação assim é tão fundamental nas relações entre organizações ou movimentos como o é no interior de cada um destes. A regra de ouro é a democracia interna, a não confundir com o centralismo democrático de feição leninista, o qual apenas teve justificação, se é que a teve, no contexto das lutas clandestinas contra as ditaduras — podendo apontar-se, entre os exemplos mais recentes, o caso da luta do ANC (Congresso Nacional Africano) contra o *apartheid*, na África do Sul.

As democracias de baixa intensidade em que presentemente vivemos acham-se tolhidas pelos espaços de ação política que abrem e que não conseguem preencher. Preencher esses espaços é tarefa para as forças contra-hegemônicas. Estas têm aqui a oportunidade de mostrar que a democracia, quando levada a sério, tem pouco que ver com a caricatura em que que o liberalismo — já para não falar do neoliberalismo — a transformou. O que é essencial é compreender que, ao contrário do que pretendiam as vanguardas modernistas, "temos que caminhar ao lado dos que andam mais devagar" (Ceceña,

---

17. Subcomandante Insurgente Marcos, citado por Ceceña, 1998, p. 145.

2001, p. 28). Uma vez que não há um fim, mas antes um horizonte, o que importa é que caminhemos juntos. O papel estratégico da comunicação e da informação consiste em mostrar que não se está sozinho neste combate.

A quarta novidade do contributo dos zapatistas para o cosmopolitismo subalterno e insurgente é que a questão crucial passa a ser a rebelião e não a revolução. Uma vez que conquistar o poder do Estado não constitui um objetivo imediato, as ações rebeldes têm um amplo campo social para operar — o vasto conjunto de interações sociais estruturado pelas desigualdades de poder. Movimentos diferentes ou diferentes combates podem ter interesse em bater-se com diferentes interações sociais, sendo então a luta conduzida à luz das condições concretas verificadas nesse campo social específico e nessa particular conjuntura histórica. Isso significa que uma velha máxima canônica do marxismo revolucionário do século XX, a que Althusser deu a expressão mais eloquente — "os marxistas sabem que não há tática que não assente numa estratégia, nem estratégia que não assente numa teoria" — se vê, assim, abandonada ou completamente subvertida (Debray, 1967, p. 27). No zapatismo, aquilo que é tática para um movimento pode ser estratégia para outro, além de que os próprios termos podem significar coisas diferentes para lutas diferentes travadas em diferentes partes do mundo, e nalgumas podem até não ter significado absolutamente nenhum. Acresce que nenhuma teoria unificada poderá alguma vez traduzir, de uma maneira coerente, o imenso mosaico de movimentos, lutas e iniciativas. À luz do paradigma revolucionário moderno, a crença numa teoria unificada entranhou-se de tal modo que os diversos movimentos revolucionários se viram obrigados a perfilhar as descrições mais simplistas da respectiva realidade empírica por forma a que estas coubessem nos requisitos da teoria.[18]

---

18. A manifestação de maior destaque — e nem por isso menos brilhante — de todo este trabalho teórico foi a análise da revolução social de vários países da América Latina feita por Régis Debray na década de 1960 (1967). Sobre os zapatistas, ver Holloway e Peláez (orgs.) 1998.

Do ponto de vista do cosmopolitismo subalterno, um tal esforço não é só risível como também perigoso. Qualquer que seja o seu valor, a teoria virá sempre por último, não em primeiro lugar. Em vez de uma teoria que unifique a variedade imensa de lutas e movimentos, do que precisamos é de uma teoria da tradução — ou seja, uma teoria que, mais do que tentar criar outra realidade (teórica) por sobre os movimentos e à margem deles, procure promover entre eles uma compreensão mútua, uma inteligibilidade mútua, para que todos eles possam beneficiar das experiências dos demais e com eles colaborar. Os procedimentos da tradução dispensam as nossas descrições rarefeitas, baseando-se antes em descrições espessas. Na verdade, a especificidade dos relatos de dois ou mais movimentos ou lutas nunca é tanta que garanta uma tradução não problemática entre elas.

Outra velha ideia da política revolucionária do século XX aqui posta de parte é a ideia dos estádios da luta — quer dizer, a ideia da passagem da fase das coligações com as forças democráticas à fase da assunção socialista —, que tanto tempo e energias consumiu da parte dos revolucionários e que tanta responsabilidade teve nas suas cisões e embates fratricidas. Atendendo ao mosaico de movimentos cosmopolitas subalternos a ocorrer em condições tão diversas por todo o planeta, não faz qualquer sentido falar de estádios, não só porque não há uma meta ou uma fase derradeira, mas também porque não existe um definição geral do que seriam as condições iniciais responsáveis pelo primeiro estádio. Em vez de seguirem o paradigma modernista de tipo evolucionista, as lutas cosmopolitas — de que o zapatismo serve de ilustração — guiam-se por um princípio pragmático baseado num conhecimento que não vem da teoria mas sim do senso comum: tornar o mundo um lugar cada vez menos cômodo para o capital global. A ideia de estádio dá, assim, lugar à ideia de potencial desestabilizador, um potencial que, independentemente da escala dos movimentos, se reforça quando estes se articulam entre si e operam em rede. Um determinado combate de incidência local pode bem ser o "motorzinho" que vai ajudar ao arranque do motor maior de um movimento global. Da mesma maneira, um movimento global pode também vir a ser o pequeno motor que ajuda o motor grande de um combate local a arrancar.

Finalmente, há que dizer que no cosmopolitismo subalterno a questão da compatibilidade de uma dada luta ou movimento com o capitalismo global — questão que no passado conduziu a acaloradas discussões — não se põe. Uma vez que a conquista do poder não constitui um objetivo privilegiado e que não existe uma organização que unifique sob a mesma bandeira o vasto mosaico de movimentos contra-hegemônicos, permite-se que todas as iniciativas cosmopolitas se defrontem, sem justificações nem cerimônia, com as suas raízes concretas e com a sua realidade empírica própria. Vivendo, como vivem, num mundo largamente governado pelo capital global, eles são, por definição, compatíveis com este, e sempre que representarem um corte mais radical com um dado estado de coisas poderão facilmente ser minimizados como sendo uma ilha de diferença, como um microcosmo de inovação social, igualmente fácil de "encaixar" no quadro global da governação hegemônica. A questão da compatibilidade resume-se, por conseguinte, a saber se o mundo vai ficando cada vez menos cômodo para o capitalismo global por força das práticas subalternas rebeldes, ou se, pelo contrário, o capitalismo global conseguiu cooptar aquelas práticas e transformá-las em meios da sua própria reprodução.

A questão da compatibilidade é substituída, na prática, pela questão da direção política dos processos cumulativos de mútua aprendizagem e de recíproca adaptação e transformação entre práticas sociais hegemônicas dominantes e práticas subalternas. Trata-se, efetivamente, de uma questão crucial, uma vez que da resposta a ela depende o futuro das globalizações em disputa. A forma de globalização que conseguir aprender mais e mais depressa, conseguirá vantagem no confronto. Se a história se repetisse, seria mais de prever uma situação em que a globalização hegemônica iria provavelmente aprender mais e mais rapidamente do que a globalização contra-hegemônica do que o cenário inverso. Com efeito, não obstante a diferença de contextos, de épocas e dos interesses em presença, será útil recordar o aviso feito por Debray (1967) quando afirmou que os EUA e a sua estratégia contrarrevolucionária na América Latina aprenderam mais depressa com a Revolução Cubana do que os outros grupos revolucionários então ativos em outras partes do continente — Venezuela, Brasil, Bolívia, Argentina, Peru etc.

As características do novo paradigma de um cosmopolitismo subalterno e insurgente tal como aqui se reconstrói teoricamente com base no movimento zapatista abrem caminho a um manancial de criatividade política por parte de movimentos e organizações. A avaliação dessa criatividade deverá orientar-se pelo mesmo princípio pragmático que veio substituir-se à ideia dos estádios da luta. A pergunta a fazer, portanto, é se uma tal criatividade tornou o mundo menos cômodo para o capitalismo global ou não. Como sucede com qualquer outro paradigma, os traços do novo paradigma político não são inteiramente novos. Eles são, acima de tudo, bastante vagos. Por isso, terão que ser objeto de reflexão, de ponderação minuciosa, e de uma eventual adaptação às realidades históricas de cada país ou lugar por parte das diferentes organizações e movimentos interessados. Só assim poderão contribuir efetivamente para alargar as vias da globalização contra-hegemônica.

O cosmopolitismo subalterno e o direito: condições para a legalidade cosmopolita

Tal como é entendido aqui, o cosmopolitismo subalterno é um projeto cultural, político e social de que apenas existem manifestações embrionárias. Em conformidade com isto, qualquer indagação sobre o lugar do direito no cosmopolitismo subalterno e sobre as práticas nascentes que podem consubstanciar uma legalidade cosmopolita subalterna terá que ser empreendida num espírito prospectivo e prescritivo. É esse o espírito que anima o resto da presente introdução, que visa delinear — e não tanto particularizar — uma agenda de investigação sobre a teoria e a prática jurídica do cosmopolitismo subalterno, e cartografar alguns dos lugares chave em que essa teoria e essa prática vêm hoje sendo ensaiadas.[19]

Para tanto, a abordagem que aqui adoto consiste — como refiro noutro local (Santos, 2000b; 2014a) — numa sociologia das emergências, o que implica interpretar de maneira expansiva as iniciativas, movimentos ou organizações que se mostram resistentes à globalização neoliberal e à exclusão social e que lhe contrapõem alternativas. As características das lutas são ampliadas e desenvolvidas de maneira a tornar visível e credível o potencial implícito ou escondido por detrás das ações contra-hegemônicas concretas. O alargamento simbólico gerado pela sociologia das emergências visa analisar as tendências ou possibilidades inscritas numa dada prática, experiência ou forma de conhecimento. Atua ao mesmo tempo sobre as possibilidades e sobre as capacidades. Identifica sinais, pistas, ou rastros de possibilidades futuras naquilo que existe. Uma tal abordagem permite-nos identificar qualidades e entidades emergentes numa altura e num contexto em que estas se arriscam a ser facilmente descartadas como sendo desprovidas de um devir, insignificantes, ou até retrógradas. A abordagem corresponde, na análise prospectiva, ao método de caso alargado utilizado pela análise sociológica.

---

19. Para a apresentação da agenda de investigação e do mapa dos lugares da legalidade cosmopolita subalterna, baseio-me em grande parte nos resultados do projeto de investigação coletivo "Reinventar a Emancipação Social", o qual — sob a minha direção e com a participação de mais de sessenta acadêmicos e ativistas da Índia, Brasil, Portugal, África do Sul, Moçambique e Colômbia — analisou as formas de globalização contra-hegemônica do Sul. Os estudos de caso e os resultados gerais do projeto, realizado entre 1999 e 2002, encontram-se publicados em português em Santos (org.), 2002b, 2002c, 2003a, 2005a, 2005b, 2009; em espanhol, em Santos (org.), 2004, 2011; em inglês, Santos (org.), 2005a, 2006, 2007, 2010; e em italiano, Santos (org.), 2003b, 2005b.

Tendo em vista a minha preocupação com o direito no presente trabalho, não me debruçarei sobre todo o espectro de iniciativas ou movimentos, mas apenas sobre aqueles cujas práticas jurídicas se afiguram mais proeminentes. Irei, mais propriamente, debruçar-me sobre as estratégias legais — quer dizer, sobre o cosmopolitismo subalterno (a legalidade cosmopolita, em suma). A legalidade cosmopolita aprofunda a globalização contra-hegemônica. E uma vez que, nas nossas condições atuais, esta é uma condição necessária para a emancipação social, a reflexão em torno da legalidade cosmopolita é o meu modo de responder à questão com que comecei: poderá o direito ser emancipatório?

Começarei por apresentar, sob a forma de teses acompanhadas por breves notas explicativas, as condições ou pressupostos da legalidade cosmopolita subalterna.[20] Trata-se, em versão condensada, dos resultados principais da sociologia das emergências. No seu conjunto, formam uma imagem típica ideal do que é a legalidade cosmopolita. Passarei então, na seção seguinte, a oferecer alguns exemplos de casos de luta contra a globalização neoliberal em que o direito foi um componente significativo. Deverá resultar claro que as ilustrações concretas representam graus diferentes de aproximação à legalidade cosmopolita.

No que diz respeito às condições da legalidade cosmopolita, estas podem resumir-se nas oito teses seguintes:

1. Uma coisa é utilizar um instrumento hegemônico num dado combate político. Outra coisa é utilizá-lo de uma maneira hegemônica.

Isto aplica-se tanto ao direito como à política dos direitos. De acordo com o cosmopolitismo subalterno, e como demonstrarei

---

20. Há décadas que estudiosos dos EUA vêm discutindo a questão de saber se as estratégias dos direitos facilitam a "mudança social de sentido progressista" ou se legitimam e reforçam as desigualdades sociais. Para um balanço geral desse debate, ver Levitsky, 2001. Nos termos estreitos em que tem sido tratada — como um debate no interior do demoliberalismo —, a questão não é passível de resposta. Nesta introdução, avanço com uma alternativa analítica e política.

adiante, nem o direito se resume ao direito estatal, nem os direitos se resumem aos direitos individuais. Isso não significa, contudo, que o direito estatal e os direitos individuais devam ser excluídos das práticas jurídicas cosmopolitas. Pelo contrário, eles podem ser usados, ainda que integrados em lutas mais vastas, que os retirem do molde hegemônico. Esse molde, em essência, é a ideia de autonomia e a ideia de que os direitos são, ao mesmo tempo, meios e fins da prática social. Desta perspectiva, o direito e os direitos são autônomos porque a sua validade não depende das condições da respectiva eficácia social. São autônomos também porque operam através de conjuntos específicos de instituições estatais criadas para esse efeito — tribunais, legislaturas etc. Além disso, acha-se que o direito e os direitos esvaziam, à partida, o uso de qualquer outra ferramenta social. As leis são padrões normativos de ação social dotados de autoridade e produzidos pelo Estado, ao passo que os direitos são regalias individuais dotadas de autoridade, garantidas pelo Estado e criadas a partir das leis. Concebidos desta maneira, o direito e os direitos determinam os seus próprios limites, para além dos quais nada pode ser reivindicado nem como lei nem como um direito. Por ser quem produz e garante, o Estado detém o monopólio sobre a declaração de legalidade ou ilegalidade, do certo (direito) ou do errado (não-direito).

Em contraposição a esta concepção, o cosmopolitismo faz duas asserções: primeiro, é possível utilizar estas ferramentas hegemônicas para objetivos não hegemônicos; e, segundo, há concepções não hegemônicas e alternativas destas ferramentas. É disso que falo na tese seguinte.

2. Um uso não hegemônico de ferramentas jurídicas hegemônicas parte da possibilidade de as integrar em mobilizações políticas mais amplas, que podem incluir ações tanto legais como ilegais.

Ao contrário do que acontece com o movimento dos estudos críticos do direito, a legalidade cosmopolita perfilha uma visão não-

-essencialista do direito estatal e dos direitos. O que faz com que estes sejam hegemônicos é o uso específico que as classes e grupos dominantes lhes dão. Usados como instrumentos de ação social exclusivos e autônomos, eles fazem, de fato, parte daquilo que é a política de cima para baixo. São instáveis, contingentes, manipuláveis, e confirmam as estruturas de poder que deveriam alterar. Em suma: se concebidos e utilizados desta forma, eles não têm qualquer préstimo para a legalidade cosmopolita.

Existe, no entanto, a possibilidade de o direito e os direitos serem usados como não autônomos e não exclusivos. Tal possibilidade assenta no pressuposto da "integração" do direito e dos direitos em mobilizações políticas de âmbito mais vasto, que permitam que as lutas sejam politizadas antes de serem legalizadas. Havendo recurso ao direito e aos direitos, há também que intensificar a mobilização política, por forma a impedir a despolitização da luta — despolitização que o direito e os direitos, se abandonados a si próprios, serão propensos a causar. Uma política de direito e direitos forte é aquela que não fica dependente apenas do direito ou dos direitos. Uma maneira de mostrar uma atitude de desafio pelo direito e pelos direitos, paradoxalmente, é lutando por um direito e direitos cada vez mais inclusivos. A disponibilidade para a manipulação, a contingência, e a instabilidade procedentes de baixo são a maneira mais eficaz de contrariar a disponibilidade para a manipulação, a contingência, e a instabilidade procedentes de cima. Uma política de direitos forte é uma política de caráter dual, assente na gestão dual de ferramentas jurídicas e políticas sob a égide destas últimas.

É provável que os momentos mais intensos da legalidade cosmopolita envolvam ação direta, desobediência civil, greves, manifestações de rua, encenações dirigidas à mídia etc. Algumas destas atividades serão ilegais, outras terão lugar em esferas não reguladas pelo direito estatal. A ilegalidade subalterna pode ser usada para efeitos de confronto, quer com a legalidade dominante, quer com a ilegalidade dominante. Esta última é especialmente difusa e agressiva no caso do Estado paralelo a que atrás aludi. Nas sociedades com alguma experiência histórica de legalidade demoliberal, o direito estatal e os direitos, outrora percepcionados a partir das margens — da posição dos oprimidos e dos excluídos —, são, contraditoriamente, lugares ao mesmo tempo de exclusão e de inclusão. A natureza e a direção imprimidas às lutas políticas determinam qual irá prevalecer. Nas sociedades com pouca ou nenhuma experiência histórica de legalidade demoliberal, é muito improvável as leis e os direitos hegemônicos receberem um tipo de uso não hegemônico.

3. As formas não hegemônicas de direito não favorecem nem promovem necessariamente o cosmopolitismo subalterno.

A questão da não-hegemonia no domínio do direito é, hoje, uma questão bastante complexa. A legalidade demoliberal tem sido tradicionalmente entendida como direito estatal ou sancionado pelo Estado, sendo esse também o conceito hegemônico de direito. Há hoje, neste nosso tempo de globalizações e localizações intensas, múltiplas fontes do direito, e nem de todas pode dizer-se que são sancionadas pelo Estado. As formas não hegemônicas de direito não são, necessariamente, contra-hegemônicas. Pelo contrário, podem até estar ao serviço do direito hegemônico, contribuindo para a sua reprodução sob novas condições e acentuando até os seus traços exclusivistas. As novas formas de legalidade global "vindas de cima", produzidas por poderosos atores transnacionais — de que é exemplo a nova *lex mercatoria* —, ilustram bem este aspecto, já que se aliam ou articulam com a legalidade do Estado numa espécie de cogestão jurídica que reforça a globalização neoliberal e aprofunda a exclusão social.

Há igualmente muita legalidade que é gerada a partir de baixo — o direito tradicional, o direito indígena, o direito comunitário, o direito popular etc. A exemplo do que sucede com a legalidade não estatal provinda de cima, esta legalidade não hegemônica não é, necessariamente, contra-hegemônica, porquanto pode ser utilizada em conjugação com o direito estatal para fins exclusivistas.

No entanto, ela também pode ser utilizada para efeitos de confrontação com a legalidade estatal demoliberal, bem como de luta pela inclusão social e contra a globalização neoliberal, assumindo então um papel político contra-hegemônico. Neste caso, as legalidades não hegemônicas provindas de baixo fazem parte integrante da legalidade cosmopolita.

O pluralismo jurídico desempenha um papel fulcral na legalidade cosmopolita, contudo, deve ser sempre sujeito a uma espécie de teste de Litmus, para ver quais as formas de pluralismo jurídico que conduzem à legalidade cosmopolita e quais as que o não permitem.[21] O teste consiste em avaliar se o pluralismo jurídico contribui para a redução da desigualdade nas relações de poder, assim reduzindo a exclusão social ou elevando a qualidade da inclusão, ou se, pelo contrário, torna ainda mais rígidas as trocas desiguais e reproduz a exclusão. A verificar-se a primeira hipótese, estaremos perante a pluralidade jurídica cosmopolita.

4. A legalidade cosmopolita é voraz relativamente às escalas de legalidade.

A legalidade cosmopolita leva a sério a ideia de que o direito é um mapa e como tal interpreta mal a realidade, mas fá-lo segundo procedimentos sistemáticos e previsíveis (escala, projeção e simbolização).[22] Deste modo, para a legalidade cosmopolita, as formas de mobilização política e os seus objetivos concretos é que hão de determinar qual a escala (local, nacional, global) a privilegiar. A preferência atribuída a uma dada escala não quer dizer que outras escalas não venham a ser mobilizadas. Pelo contrário, a legalidade cosmopolita tende a combinar diferentes escalas de legalidade e até a subvertê-las, no sentido de que visa atingir o global no local e o local no global. É, pois, uma legalidade transescalar.

---

21. Ver a propósito Santos e Van-Dúnem (orgs.), 2012a; Santos e Exeni (orgs.), 2012b, e Santos e Grijalva (orgs.), 2012c.

22. Sobre o direito como mapa, ver Santos, 2000.

5. A legalidade cosmopolita é uma legalidade subalterna apontada à sociedade civil incivil e à sociedade civil estranha.

A legalidade cosmopolita visa antes de mais a sociedade civil incivil, visto que procura erradicar a exclusão, especialmente na sua forma mais extrema — o fascismo social. No entanto, ela chega também aos estratos mais baixos da sociedade civil estranha, onde muitas vezes é fortíssima a exclusão social. Ao combater a exclusão, a legalidade cosmopolita tem consciência do perigo que é estar desse modo a confirmar e legitimar o contrato social liberal moderno e, consequentemente, também a exclusão sistemática por ele gerada, como sucede com a legalidade demoliberal e com as concessões seletivas feitas por esta a determinados grupos de excluídos. Para o evitar, a legalidade cosmopolita procura atacar os danos de incidência sistemática e não só a relação vítima/agressor, como sucede no caso da legalidade demoliberal. Isto explica por que a mobilização política e os momentos de confrontação e rebelião não são complementos, mas antes componentes intrínsecos, da legalidade cosmopolita. Responder ao dano sistemático implica reivindicar um contrato social novo e radicalmente mais inclusivo. Impõe-se, por isso, substituir a justiça restauradora — que é a concepção de justiça demoliberal por excelência — por uma justiça transformadora, quer dizer, por um projeto de justiça social que vá além do horizonte do capitalismo global. É nisto que reside o caráter opositivo e contra-hegemônico da legalidade cosmopolita.

6. Enquanto forma subalterna de legalidade, o cosmopolitismo submete os três princípios modernos da regulação a uma hermenêutica de suspeição.

Ao invés da legalidade demoliberal, a legalidade cosmopolita vê as relações de poder como algo não restringido pelo Estado, como algo que "habita" o mercado e a comunidade. Em conformidade com essa visão, ela faz uma distinção entre mercado dominante e mercado subalterno, entre comunidade dominante e comunidade subalterna. O objetivo da legalidade cosmopolita consiste em capacitar os mercados e as comunidades subalternos. Juntos, estes formam os tijolos das esferas públicas subalternas.

7. O fosso entre o excesso de sentido e o déficit de desempenho é inerente a uma política da legalidade. A legalidade cosmopolita vive perseguida por este fosso.

Apesar de a legalidade cosmopolita, sempre que recorre ao direito, o fazer no contexto de uma estratégia contra-hegemônica, a verdade é que o fosso entre o excesso de sentido (expansão simbólica através de promessas abstratas) e o déficit de desempenho (a estreiteza das conquistas concretas) pode acabar por desacreditar as lutas cosmopolitas no seu conjunto. A crise do contrato social moderno reside na inversão da discrepância entre a experiência social e a expectativa social. Após um longo período de expectativas positivas quanto ao futuro, pelo menos nos países centrais e semiperiféricos, entramos num período de expectativas negativas para amplos setores das populações de todo o planeta. O projeto cosmopolita consiste exatamente em restaurar a discrepância moderna entre experiências sociais e expectativas sociais, ainda que por meio de práticas de oposição pós-modernas e apontando para transformações políticas radicais. Tendo em vista tudo isto, no entanto, pode gerar-se uma tensão entre o cosmopolitismo no seu todo e a legalidade cosmopolita. Com efeito, num período em que as expectativas sociais são negativas quando comparadas com as experiências sociais do quotidiano, a legalidade cosmopolita pode achar-se na situação de ser mais eficaz ao defender o *status quo* jurídico, isto é, a aplicação efetiva das leis tal como elas vêm nos livros. O dilema, para o cosmopolitismo, está em ter de lutar, ao mesmo tempo, por uma transformação social profunda e pelo *status quo*. Mais uma vez, a saída reside numa forte mobilização política do direito que use o excesso de sentido do direito para transformar uma luta pelo *status quo* numa luta por mudanças sociais profundas, e o seu déficit de desempenho para transformar uma luta por mudanças sociais numa luta pelo *status quo*.

8. Não obstante as diferenças profundas entre a legalidade demoliberal e a legalidade cosmopolita, as relações entre ambas são dinâmicas e complexas.

A legalidade demoliberal faz um uso hegemônico das concepções de direito e de direitos. Não tolera infrações políticas à autonomia do direito, e muito menos ações ilegais. Visa tanto a sociedade civil íntima como a sociedade civil estranha, e as concessões que faz aos severamente excluídos (a sociedade civil incivil) fá-las de modo a confirmar e a legitimar o contrato social e as suas exclusões sistêmicas. Recebe os seus recursos reguladores do Estado — onde considera que residem todas as relações de poder relevantes —, bem como do mercado e da comunidade dominantes. Finalmente, uma vez que não aspira a qualquer mudança social estrutural profunda, aperfeiçoa-se no que diz respeito à justiça restauradora e usa o fosso entre o excesso de sentido e o déficit de desempenho para avançar com manipulações adaptativas do *status quo*.

Isto mostra até que ponto a legalidade cosmopolita difere da legalidade demoliberal. Apesar destas diferenças, contudo, as lutas cosmopolitas podem aliar com proveito estratégias jurídicas cosmopolitas a estratégias demoliberais, originando assim híbridos político-jurídicos de vários tipos. As lutas pelos direitos humanos prestam-se a este tipo de hibridização jurídica. Os projetos emancipatórios, orientados por princípios de boa ordem e da boa sociedade, combinam sempre diferentes conjuntos de objetivos, alguns dos quais se torna possível perseguir através de estratégias demoliberais, dentro de certos limites e desde que estas se encontrem disponíveis. Pode igualmente acontecer que o contexto político, cultural e social em que as lutas cosmopolitas se travam obrigue a que estas sejam formuladas em termos demoliberais. Isto tem maiores probabilidades de se dar em duas situações contrastantes, e em que as lutas mais radicais poderão ter que confrontar-se com uma repressão especialmente eficaz: nas sociedades em que uma cultura demoliberal forte do ponto de vista político-jurídico coexiste com grandes ideologias conservadoras, como é sobretudo o caso dos EUA; e nos regimes ditatoriais ou quase-ditatoriais e, de uma forma mais geral, em situações de democracia de densidade extremamente baixa, como é o caso de muitos países periféricos e de alguns países semiperiféricos. Em ambas as situações, serão muitas vezes necessárias coligações e uma advocacia de âmbito transnacional para manter a legalidade cosmopolita.

Mas a hibridação jurídica entre cosmopolitismo e demoliberalismo tem uma origem mais profunda, derivada do próprio conceito de emancipação social. Os conceitos substantivos de emancipação social são sempre contextuais e incrustados. É possível, todavia, definir, em cada contexto dado, graus de emancipação social. Proponho uma distinção entre conceitos de emancipação social finos e espessos, de acordo com o grau e a qualidade de libertação ou de inclusão social que encerram. Por exemplo, a concepção fina de emancipação social está subjacente às lutas através das quais as formas de opressão ou de exclusão mais duras e extremas são substituídas por formas de opressão mais brandas ou por formas de exclusão social de tipo não fascista. A mera sobrevivência física e a proteção contra a violência arbitrária podem bem ser o único e ao mesmo tempo o mais desejado objetivo emancipatório a alcançar, como nos mostra o caso de San José de Apartadó, na Colômbia.[23] Por outro lado, a concepção espessa de emancipação implica não apenas a sobrevivência humana mas também uma prosperidade — no dizer de Agnes Heller — guiada por necessidades radicais. Segundo esta autora, as necessidades radicais são de tipo qualitativo e permanecem inquantificáveis; não podem ser satisfeitas num mundo baseado na subordinação e na sobreordenação; e impelem as pessoas para ideias e práticas que abolem a subordinação e a sobreordenação (Heller, 1976, 1993). Em-

---

23. Ver Uribe (2002b).

bora a distinção entre concepções de emancipação social finas e espessas se possa fazer em termos genéricos, os tipos de objetivos abrangidos por um ou outro dos dois termos da distinção só podem ser determinados em contextos específicos. Pode perfeitamente dar-se a circunstância de aquilo que funciona como concepção de emancipação fina para uma determinada luta cosmopolita numa dada sociedade e num dado momento histórico funcionar como concepção de emancipação espessa para uma outra luta cosmopolita noutro contexto geográfico-temporal.

À luz desta distinção, pode afirmar-se que existe uma probabilidade maior de as estratégias jurídicas cosmopolitas e demoliberais virem a aliar-se sempre que as concepções de emancipação social finas tenderem a dominar os projetos emancipatórios dos grupos e das lutas cosmopolitas. Será o caso, por exemplo, dos grupos cosmopolitas que se batem por direitos políticos e cívicos básicos, sem os quais não terão a mínima capacidade de se mobilizar ou organizar.

A legalidade cosmopolita em ação

Em seguida, deter-me-ei brevemente em alguns exemplos em que as práticas e reivindicações jurídicas são componentes constitutivas das lutas cosmopolitas contra a globalização neoliberal e contra o fascismo social. Como já referi, mais do que fazer a análise exaustiva do enorme número de manifestações de práticas cosmopolitas jurídicas a ocorrer por todo o mundo, pretendo traçar o mapa de alguns dos mais notórios e promissores desses combates, como forma de delinear uma agenda de investigação sobre a legalidade cosmopolita e de detectar o eventual potencial de elos de ligação entre lutas aparentemente díspares.[24] Mais concretamente, abordarei

---

24. Como já referi atrás, esta minha tentativa de traçar o mapa das práticas jurídicas cosmopolitas é fortemente informada pelo projeto de investigação "Reinvenção da Emanci-

cinco tipologias de legalidades cosmopolitas: o direito nas zonas de contato, o direito e a redescoberta democrática do trabalho, o direito e a produção não capitalista, o direito para os não-cidadãos e o direito estatal como novíssimo movimento social.

O direito nas zonas de contato

As zonas de contato são campos sociais em que diferentes mundos da vida normativos se encontram e defrontam.[25] As lutas cosmopolitas travam-se, muitas vezes, em campos sociais deste tipo. Para além de fornecerem padrões de experiências e de expectativas político-econômicas legítimas ou autorizadas, os mundos da vida normativos apelam a postulados culturais de tipo expansivo e, por isso, os conflitos que existem entre eles tendem a envolver questões e a mobilizar recursos e energias que extravasam em muito aquilo que pareceria estar em jogo na versão manifesta dos conflitos. As zonas de contato de que aqui me ocupo são aquelas em que diferentes culturas jurídicas se defrontam de modos altamente assimétricos, quer dizer, em embates que mobilizam trocas de poder mui-

---

pação Social". Não obstante o projeto não evidenciar uma dimensão sociojurídica explícita, muitos dos estudos de caso levados a cabo pelos participantes — oriundos do Brasil, Índia, Colômbia, Moçambique, África do Sul e Portugal — documentam lutas subalternas travadas nesses países nas quais se verifica o recurso a estratégias jurídicas internacionais.

25. Mary Louise Pratt (1992: 4) define zonas de contato como "espaços sociais em que culturas díspares se encontram, enfrentam e entrechocam, muitas vezes em relações de dominação e subordinação altamente assimétricas — como no caso do colonialismo, da escravatura ou das respectivas sequelas tal como são hoje vividas em toda a face do planeta". Nesta formulação, as zonas de contato parecem implicar recontros entre totalidades culturais, mas, de fato, não tem que ser assim. Com efeito, a zona de contato pode envolver diferenças culturais seletivas e parciais, precisamente aquelas que num dado tempo-espaço competem entre si para conferir sentido a uma determinada linha de ação. Além disso, as trocas desiguais estendem-se hoje em dia muito para lá do colonialismo e das suas sequelas, ainda que — como os estudos pós-coloniais vieram revelar — aquele continue a desempenhar um papel muito mais importante do que gostaríamos de admitir. Ver também Mignolo, 2000.

to desiguais. Assim, por exemplo, os povos indígenas envolvem-se em conflitos assimétricos com culturas nacionais dominantes, tal como sucede com os imigrantes ilegais ou os refugiados que vão em busca da sobrevivência em países estrangeiros.

As zonas de contato são, portanto, zonas em que ideias, saberes, formas de poder, universos simbólicos e agências normativos e rivais se encontram em condições desiguais e mutuamente se repelem, rejeitam, assimilam, imitam e subvertem, de modo a dar origem a constelações político-jurídicas de natureza híbrida em que é possível detectar o rasto da desigualdade das trocas. Os híbridos jurídicos são fenômenos político-jurídicos onde se misturam entidades heterogêneas que funcionam por desintegração das formas e por recolha dos fragmentos, de modo a dar origem a novas constelações de significado político e jurídico. Em resultado das interações que ocorrem na zona de contato, tanto a natureza dos diferentes poderes envolvidos como as diferenças de poder existentes entre eles são afetadas. Estas últimas podem intensificar-se ou atenuar-se como resultado do encontro.

A complexidade é intrínseca à definição da própria zona de contato. Quem é que define quem — ou que coisa — pertence à zona de contato? A quem pertence a linha que delimita, interna e externamente, a zona de contato? Na verdade, o combate pela apropriação dessa linha é o metacombate pela legalidade cosmopolita na zona de contato. Outra fonte de complexidade reside na circunstância de as diferenças entre as culturas ou os mundos da vida normativos presentes na zona de contato poderem ser tão largas que se tornam incomensuráveis. A primeira tarefa consistirá, portanto, em aproximar o universo cultural e o universo normativo, trazendo-os até uma distância que permita, por assim dizer, o "contato visual", para que entre ambos possa ter início a tradução. Paradoxalmente, devido à multiplicidade dos códigos culturais em presença, a zona de contato pode dizer-se relativamente não codificada — ou abaixo do padrão —, enfim, uma zona propícia à experimentação e à inovação cultural e normativa.

Para as lutas cosmopolitas, com os grupos subalternos a bater-se pela igualdade e pelo reconhecimento e os grupos dominantes a opor-se-lhes, a questão do poder afigura-se central. A legalidade cosmopolita é, então, a componente jurídica das lutas que recusam aceitar o *status quo* do poder bem como o mal sistemático por ele gerado, e que os combatem em nome de legitimidades normativas e culturais de tipo alternativo. A legalidade cosmopolita da zona de contato é antimonopolista na medida em que reconhece reivindicações rivais e organiza a luta em torno da competição entre elas. A pluralidade jurídica é, assim, inerente à zona de contato.

O que está em jogo na zona de contato nunca é uma determinação simples no sentido da igualdade ou da desigualdade, uma vez que no conflito estão presentes conceitos alternativos de igualdade. Dito de outro modo, nas zonas de contato o direito da igualdade não funciona separado do direito do reconhecimento da diferença. O combate jurídico cosmopolita travado na zona de contato é uma luta pluralista pela igualdade transcultural ou intercultural das diferenças. Nesta igualdade das diferenças está incluído o direito igual transcultural, que cada grupo envolvido na zona de contato tem, de decidir entre continuar a ser diferente ou misturar-se com os outros e formar híbridos.

As lutas jurídicas cosmopolitas da zona de contato são particularmente complexas, e as constelações jurídicas que daí emergem tendem a ser instáveis, provisórias e reversíveis. Mas é evidente que a luta jurídica cosmopolita não é o único tipo de luta jurídica que pode intervir na zona de contato.

O contraste entre a legalidade demoliberal e a legalidade cosmopolita resulta especialmente nítido se olharmos para os tipos de sociabilidade das zonas de contato que cada um dos paradigmas jurídicos tende a privilegiar ou sancionar. Na minha visão do problema, existem quatro tipos de sociabilidade: a violência, a coexistência, a reconciliação e a convivialidade. A *violência* é o tipo de encontro em que a cultura dominante ou o mundo da vida normativo assumem o controle total da zona de contato, sentindo-se por isso legitimados para suprimir, marginalizar ou até destruir a cultura subalterna ou o mundo da vida normativo. A *coexistência* é a sociabilidade típica do *apartheid* cultural, em que se permite que diferentes culturas evolucionem em separado e em que os contatos, interpenetrações ou hibridações são grandemente desincentivados, quando não mesmo proibidos. A *reconciliação* é o tipo de sociabilidade baseada na justiça restauradora, no sanar de antigas ofensas e agravos. Trata-se de uma sociabilidade mais voltada para o passado do que para o futuro. Por esse motivo, deixa-se que os desequilíbrios de poder herdados do passado continuem a reproduzir-se sob novas capas. Por fim, a *convivialidade*, que em certo sentido é uma reconciliação voltada para o futuro. Os agravos do passado são resolvidos de maneira a viabilizar sociabilidades alicerçadas em trocas tendencialmente iguais e na autoridade partilhada.

Cada uma destas sociabilidades é a um tempo produtor e produto de uma constelação jurídica específica. Uma constelação jurídica dominada pelo demoliberalismo tenderá a favorecer a reconciliação e, sempre que possível, a coexistência e até a violência, ao passo que uma constelação jurídica dominada pelo cosmopolitismo tenderá a favorecer a convivialidade.

De seguida, identifico os principais casos em que, hoje em dia, as estratégias jurídicas cosmopolitas intervêm nas zonas de contato. Na maior parte deles, tais intervenções ocorrem por meio de estratégias juridicamente híbridas, em que cosmopolitismo e demoliberalismo se combinam. Como ficou dito atrás, dependendo do rumo que a mobilização política assumir, assim estas estratégias poderão acabar por propiciar resultados de pendor cosmopolita ou demoliberal.

Direitos humanos multiculturais

A crise da modernidade ocidental veio mostrar que o fracasso dos projetos progressistas relativos à melhoria das oportunidades e das condições de vida dos grupos subordinados tanto dentro como fora do mundo ocidental se deveu, em parte, à falta de legitimidade cultural. Isso mesmo sucede com os direitos humanos e com os movimentos que lhes dão voz, pela razão de que a universalidade dos direitos humanos não é algo que possa ser dado como adquirido. A ideia de dignidade humana pode ser formulada em muitas "línguas". Em vez de serem suprimidas em nome de universalismos postulados, essas diferenças têm de se tornar mutuamente inteligíveis através de um esforço de tradução e daquilo a que chamei uma hermenêutica diatópica.[26]

A questão dos direitos humanos transcende o direito na zona de contato. Nesta, o que está em jogo é o encontro entre direitos humanos enquanto específica concepção cultural da dignidade humana e outras concepções alternativas que com ela rivalizam. Enquanto a legalidade demoliberal defenderá, quando muito, uma sociabilidade de reconciliação assente no pressuposto da superioridade da cultura de direitos humanos do Ocidente, a legalidade cosmopolita irá procurar construir, através da hermenêutica diatópica, uma sociabilidade de convivialidade assente numa hibridação virtuosa entre as mais abrangentes e emancipatórias concepções de dignidade humana, nomeadamente as concepções perfilhadas pela tradição dos direitos humanos e pelas restantes tradições de dignidade humana presentes na zona de contato.

Uma tal reconstrução transcultural tem por premissa uma política de reconhecimento da diferença capaz de estabelecer ligações entre, por um lado, as incrustações locais e a importância e capacidade organizativa das iniciativas vindas da base, e por outro lado a inteligibilidade translocal e a emancipação. Uma dessas interligações reside na questão dos direitos dos grupos, ou dos direitos coletivos,

---

26. Não me deterei, neste momento, na questão dos direitos humanos e do multiculturalismo, que trato detalhadamente em Santos, 2006a, p. 433-71, e Santos, 2013c. Sobre o conceito de dignidade dos zapatistas, ver Holloway e Peláez (orgs.), 1998. Sobre a tradução e a hermenêutica diatópica, ver Santos, 2014a, p. 212-35.

problema que na legalidade demoliberal é suprimido ou trivializado. A legalidade cosmopolita propõe uma política de direitos em que os direitos individuais e coletivos se reforçam mutuamente em vez de se canibalizarem. A exemplo do que acontece em todos os outros casos de legalidade cosmopolita, deverão os direitos humanos cosmopolitas da zona de contato ser defendidos e levados por diante pela mão de atores locais, nacionais e globais, capazes de integrar os direitos humanos em projetos emancipatórios cosmopolitas de âmbito mais abrangente.

O tradicional e o moderno: As outras modernidades dos povos indígenas e das autoridades tradicionais

Esta é outra zona de contato em que a política da legalidade desempenha um papel importante e em que o demoliberalismo e o cosmopolitismo oferecem concepções alternativas.

A política da legalidade desta zona de contato expressa-se através de concepções alternativas de pluralidade jurídica. Conforme já referi, a primeira e talvez principal questão relativa à zona de contato é a de saber quem lhe define as fronteiras externa e interna e com que critérios. Essa é uma questão particularmente candente nesta zona de contato, dado que, ao longo dos últimos duzentos anos, a modernidade ocidental se arrogou, na prática, o direito de definir o que é moderno e o que é tradicional. Mais do que qualquer outra, esta zona de contato foi criação de uma das formações culturais que nela se defrontam e entrechocam, pelo que o tradicional é tão moderno como a própria modernidade. Assim construída, esta dicotomia foi um dos princípios organizadores mais importantes da dominação colonial, tendo perdurado sob diferentes formas durante o período pós-colonial. A exemplo de outras dicotomias empíricas, também esta foi frequentemente objeto de apropriação pelos grupos subordinados para resistir à opressão colonial e pós-colonial, tendo, também ela, dado lugar a diferentes tipos de híbridos jurídicos.

Partindo da investigação de campo que eu próprio levei a efeito, identifico dois casos em que a dicotomia tradicional/moderno se traduz em estratégias jurídicas. O primeiro tem a ver com o papel das autoridades africanas no presente.[27] Em Moçambique, por exemplo, durante o período revolucionário que se seguiu à independência (1975-1989), as autoridades tradicionais eram vistas como resquícios do colonialismo e, como tal, marginalizadas. No período subsequente, a adoção da democracia liberal e a imposição de ajustamentos estruturais por parte do FMI convergiram no sentido de abrir espaço para um novo papel das autoridades tradicionais. As transformações internas que estas então viveram para responder às novas tarefas e adaptar-se aos novos papéis, como, por exemplo, a participação na gestão da terra, dão bem o testemunho das possibilidades que a invenção da tradição encerra. O segundo exemplo de evolução da dicotomia tradicional/moderno através de estratégias jurídicas é o da luta dos povos indígenas da América Latina pelo reconhecimento dos seus sistemas político-jurídicos ancestrais.[28]

Quer num caso, quer no outro, apesar das difíceis condições em que as lutas se desenrolam, existe espaço para o cosmopolitismo. Quer num caso quer no outro, e ainda que de modos diversos, o tradicional tornou-se uma maneira — e uma maneira compensadora — de reivindicar a modernidade, uma outra modernidade. Debaixo do violento impacto da globalização neoliberal e à luz do colapso do Estado, ele passou a simbolizar aquilo que não pode ser globalizado. À sua maneira, ele é uma forma de globalização que se apresenta como resistência à globalização.

Reinventada desta forma, a dicotomia entre o tradicional e o moderno afigura-se, hoje, mais crucial do que nunca. Este é um

---

27. Ver Santos e Trindade (orgs.), 2002.

28. Ver Santos e García-Villegas (orgs.), 2001; Santos e Exeni (orgs.), 2012b, e Santos e Grijalva (orgs.), 2012c.

campo privilegiado para o surgimento de híbridos jurídicos. Esses híbridos apresentam traços diferentes de região para região. Assim, e por exemplo, os híbridos jurídicos moldados pelas autoridades tradicionais africanas diferem dos que resultam da interação entre as leis do Estado nacional e os sistemas jurídicos indígenas da América Latina, Canadá, Índia, Nova Zelândia e Austrália. De fato, na América Latina o crescimento do constitucionalismo multicultural tornou-se um terreno privilegiado para as disputas travadas na zona de contato entre o demoliberalismo e o cosmopolitismo.

Cidadania cultural

Trata-se de uma zona de contato de grande importância, em que várias estratégias político-jurídicas disputam ferozmente os termos do conflito e da negociação entre os princípios da igualdade (cidadania) e os princípios da diferença (identidade cultural). Embora, até aqui, tenha sido teorizado a partir da experiência dos latinos, em geral, e dos mexicanos, em particular, na luta que travam nos Estados Unidos pelo direito à inclusão sem abdicarem da identidade cultural, o conceito é muito mais vasto e aplica-se a lutas semelhante na Europa e em todos os continentes.

Nos Estados Unidos, o volume crescente de literatura na área dos estudos latinos — a "LatCrit" — articulou de forma convincente as questões fundamentais da cidadania cultural relacionadas com os imigrantes latinos e os seus descendentes. Tema central desta literatura são os conflitos jurídicos que surgem na intersecção — de fato, a "interseccionalidade" é um conceito chave em toda a literatura desta área — das experiências de vida e das culturas latina e norte-americana ligadas à imigração, à educação e à língua.[29] Na

---

29. Stefanic, 1998, oferece uma útil panorâmica destes e de outros temas no contexto do debate sobre a "LatCrit".

Europa, como mostrou Sassen (1999), questões como a regulamentação e os conflitos jurídicos relacionados com a imigração e a cidadania cultural já não são tratadas exclusivamente no plano nacional. Na verdade "a efetiva transnacionalização da criação de políticas da imigração" resultante da globalização, por um lado, e por outro a "expansão de uma vasta rede de decisões judiciais e de direitos" significa que a cidadania cultural é cada vez mais um lugar de conflitos jurídicos à escala regional (Sassen, 1999, p. 156).

Este lugar de legalidade cosmopolita implica, assim, um processo político-cultural que leva os oprimidos, os excluídos e marginalizados a criar esferas públicas subalternas ou sociedades civis insubmissas a partir da sociedade civil incivil para onde foram atirados pelas estruturas do poder dominante. É aqui que reside o caráter opositivo desta procura de cidadania cultural, cujo êxito depende da capacidade que os grupos subalternos tiverem para mobilizar estratégias político-jurídicas cosmopolitas. O objetivo é fomentar sociabilidades de convivialidade entre diferentes identidades culturais sempre que se encontrarem e disputarem um terreno de inclusão e pertença potencialmente comum. Através da sociabilidade, o terreno comum torna-se simultaneamente mais inclusivo e menos comum, ou seja, menos homogeneamente comum a todos os que afirmam pertencer-lhe.

Direitos de propriedade intelectual, biodiversidade e saúde humana

A discussão sobre a definição de direitos de propriedade intelectual é atualmente o epicentro de um debate sobre as raízes do conhecimento moderno. Ao converter uma das muitas concepções do mundo numa concepção global e hegemônica, a ciência ocidental localizou e condensou as restantes formas de sabedoria e chamou-lhes "as outras". Assim, essas outras formas tornaram-se indígenas — porque diferentes — e específicas — porque situadas. De acordo com este paradigma, conhecimento e tecnologia são coisas, objetos a que se atribui valor e passíveis de ser transacionados. Para que possa haver transação e atribuição de valor, o conhecimento e a tecnologia têm que ser vistos como propriedade, e os direitos ortodoxos de propriedade intelectual são os princípios que regem a posse desta forma de propriedade.

Este tema é presentemente campo de batalha de um dos mais sérios conflitos entre o Norte e o Sul.[30] Abrange inúmeros problemas, cada um deles com variadíssimas implicações político-jurídicas. Nesta seção, iremos analisar unicamente as que dizem respeito à referida zona de contato, que aqui é constituída pelo tempo-espaço do encontro de saberes alternativos e rivais: de um lado, a tecnologia e a ciência moderna de origem ocidental e, do outro, os saberes rurais, indígenas e de base comunitária que têm sido os guardiões da biodiversidade. Esta zona de contato não é nova, mas adquiriu grande relevo nos últimos anos, graças à revolução dos microprocessadores e da biotecnologia. Esta inovação científica permitiu desenvolver, em pouco tempo, novos produtos farmacêuticos a partir de plantas que se sabia curarem certas doenças. Quase sempre fora do alcance das indústrias farmacêuticas e biotecnológicas, o conhecimento relativo à capacidade terapêutica das plantas encontra-se não

---

30. É vasta a bibliografia relativa a estes temas. Ver, por exemplo, Brush e Stablinsky (org.), 1996; Shiva, 1997; Visvanathan, 1997; Posey (org.), 1999. Para uma apresentação de diversos estudos de caso de conflitos e possíveis diálogos entre saberes, ver os resultados do projeto "Reinvenção da Emancipação Social", citados na nota 19. Presentemente dirijo o projeto "ALICE, Espelhos Estranhos, Lições imprevistas: Conduzindo a Europa a uma nova forma de partilhar experiências" (O projeto ALICE recebe fundos do Conselho Europeu de Investigação, 7.º Programa Quadro da União Europeia (FP/2007-2013) / ERC Grant Agreement n. [269807]), que se constitui como herdeiro do anterior pretendendo levar um passo mais adiante a reflexão sobre o esgotamento da capacidade das ciências sociais para renovarem e inovarem. O projeto ALICE visa repensar e renovar o conhecimento científico-social à luz das Epistemologias do Sul (Santos, 2014a), com o objetivo de desenvolver novos paradigmas teóricos e políticos de transformação social. ALICE assenta na aposta de que a transformação social, política e institucional pode se beneficiar amplamente das inovações que têm lugar em países e regiões do Sul Global. Trata-se, no entanto, de uma aposta exigente que pressupõe a disponibilidade para o conhecimento recíproco, a compreensão intercultural, a busca de convergências políticas e ideológicas, respeitando a identidade e celebrando a diversidade.

mãos de *shamans, mamos, taitas, tinyanga, vanyamusòro* e outros curandeiros tradicionais. Em resumo, trata-se de um conhecimento não ocidental, que, por não ser produzido de acordo com as normas e critérios do moderno conhecimento científico, é entendido como tradicional. A pergunta que aqui se impõe é, pois, a seguinte: se as empresas farmacêuticas e de biotecnologia reinvindicam direitos de propriedade intelectual relativos aos processos de obtenção do princípio ativo das plantas, poderão os detentores dos conhecimentos tradicionais proteger igualmente o seu saber relativo às propriedades curativas das plantas, sem os quais a biodiversidade não pode ser útil à indústria?

Nesta zona de contato, o confronto é duplo, ou seja, entre conhecimentos diferentes e entre concepções de propriedade rivais. A dicotomia tradicional/moderno tem uma forte presença nesta zona de contato. O que há de "tradicional" no conhecimento tradicional não é o fato de ser antigo, mas a forma como é adquirido e utilizado, isto é, o processo social de aprendizagem e partilha de conhecimentos que é específico de cada cultura local. Muito desse saber é até, por vezes, bem recente, mas no seu significado social e na sua natureza jurídica ele difere totalmente do conhecimento que os povos indígenas receberam dos colonizadores e das sociedades industrializadas.

A zona de contato entre o conhecimento tradicional relativo às plantas e o moderno conhecimento científico relativo à biodiversidade é um campo social de batalhas político-jurídicas renhidas. Pelo fato de a biodiversidade existir sobretudo no Sul, e sobretudo também nos territórios de povos indígenas, o problema político-jurídico que se levanta é saber em que condições é que pode conceder-se o acesso à biodiversidade e que contrapartidas devem oferecer-se a esses Estados ou comunidades em troca do seu saber, tendo em conta os lucros colossais que as empresas farmacêuticas e de biotecnologia obtêm com a exploração da biodiversidade. Mesmo aceitando que o conhecimento tradicional deve ser protegido, quem o protege e de que forma? E quais os meios de controle dos mecanismos de proteção?

AS BIFURCAÇÕES DA ORDEM

O crescente recurso à biotecnologia na produção de bens para exportação e a aprovação, em 1995, do Acordo sobre os Aspectos dos Direitos de Propriedade Intelectual Relacionados com o Comércio, da OMC, aumentaram espetacularmente os riscos para as comunidades locais e indígenas.[31] Estes dois fatores criaram um enorme mercado potencial para os conhecimentos e recursos das comunidades locais e indígenas, suscitando fortes receios quanto à sua apropriação indevida. Em consequência desta situação, é cada vez maior a atenção internacional dedicada aos saberes locais e indígenas, por estarem relacionados quer com as lutas das comunidades locais e indígenas pela autodeterminação e pelos direitos grupais, quer com o conflito entre conhecimento tradicional e ciência moderna. Os célebres casos recentes da *ayahuasca* (uma planta tradicionalmente usada como remédio e alucinógeno) da América do Sul, da curcuma da Índia e das sapindáceas da África, por exemplo, concitaram a atenção internacional e colocaram este tema na agenda dos movimentos sociais e organizações cosmopolitas do mundo inteiro (Khotari, 1999).

A resolução do conflito vai depender do tipo de paradigma jurídico que acabar por prevalecer, dando origem a uma determinada sociabilidade na zona de contato. O demoliberalismo, paradigma dominante até agora, tem gerado uma sociabilidade de violência que, neste caso, assume a forma de biopirataria (Shiva, 1997) ou, quando muito, de reconciliação. Alguns dirigentes indígenas sugeriram uma coexistência — nomeadamente a concessão do acesso ao saber indígena sob determinadas condições fixadas pelos próprios povos —, uma proposta que, salvo raras exceções, parece pouco realista atendendo à pressão, de ambos os lados, para a existência de sociabilidades híbridas que, nestes casos, se traduzem frequentemente em acordos informais facilmente manipulados pela parte mais forte. Quando se opta pela reconciliação, chega-se a um acordo

---

31. Ver Correa, 2000; The Crucible Group, 1994.

voltado para o passado e que, por meio de contrapartidas (monetárias ou outras), faz algumas concessões ao saber indígena/tradicional sem deixar de confirmar os interesses prevalecentes do conhecimento biotecnológico.

A agenda cosmopolita subalterna e insurgente preconiza uma convivialidade regida simultaneamente pelo princípio da igualdade e pelo princípio da diferença. Nessas condições, a integridade cultural do conhecimento não ocidental devia ser totalmente respeitada através do reconhecimento, em pé de igualdade, dos dois conhecimentos rivais e das concepções de propriedade em jogo. Os movimentos indígenas e os movimentos sociais transnacionais seus aliados contestam esta zona de contato e as forças que a constituem, lutando pela criação de outras zonas de contato de tipo não imperial, onde as relações entre as diferentes formas de conhecimento sejam de tipo mais horizontal, conferindo assim mais força à ideia da tradução entre conhecimento tradicional e conhecimento biomédico. Em conformidade com isto, caberia às comunidades indígenas/tradicionais estabelecer as condições em que um eventual acesso à esfera da economia capitalista moderna pudesse vir a beneficiar os interesses das comunidades no futuro. Nestas e noutras lutas semelhantes[32] levadas a cabo pelos movimentos que se opõem à ortodoxia global dos direitos de propriedade intelectual e do monopólio do conhecimento científico moderno, a legalidade cosmopolita subalterna tem um papel fundamental a desempenhar.

Refira-se, por fim, um outro exemplo de legalidade cosmopolita no campo dos direitos de propriedade intelectual que surgiu nos últimos anos. Aqui, a zona de contato não é visível, embora o seja o choque entre diferentes concepções de propriedade e de

---

32. Podem encontrar-se estudos de caso sobre lutas como estas em Posey (org.), 1999; Meneses, 2005a; Xaba, 2005a; Escobar e Pardo, 2005a; Flórez Alonso, 2005a; Coelho, 2005a; Laymert Garcia dos Santos, 2005a; Randeria, 2003a.

saúde. Trata-se da pandemia mundial da Aids e do HIV. Segundo Klug, os ativistas dos movimentos ligados aos problemas da Aids/HIV e as organizações não governamentais como os Médicos sem Fronteiras e a Oxfam, consideram que a proteção das patentes é uma das principais causas do elevado preço dos medicamentos, o que impede que se salvem milhões de vidas nos países em desenvolvimento. É por isso que, agora, as suas campanhas têm como alvo os medicamentos, recentemente patenteados, contra as infecções oportunistas, e os medicamentos com retrovírus que, nos países desenvolvidos, fizeram que a Aids/HIV passasse a ser uma doença crônica, e já não uma sentença de morte (Klug, 2001a, 2001b). Parece que a formação de associações anti-hegemônicas mundiais contra os direitos de propriedade intelectual, neste domínio, está a dar alguns frutos. Klug (2002a) refere que dois importantes processos relacionados com a Aids foram retirados: um que fora instaurado contra a África do Sul por uma empresa farmacêutica, num tribunal sul-africano, e outro, na comissão de resolução de conflitos da OMC, instaurado pelos Estados Unidos contra o Brasil. Além disso, devido a pressões internacionais, a OMC, na reunião anual realizada em Doha, no Catar (novembro de 2001), concluiu que o Acordo sobre os Aspectos dos Direitos de Propriedade Intelectual Relacionados com o Comércio (TRIPS) "[...] não impede nem deve impedir que os países membros tomem medidas para proteger a saúde pública [e] que o acordo pode e deve ser interpretado e aplicado de forma a apoiar os direitos dos países membros da OMC de protegerem a saúde publica e, em especial, de promoverem o acesso generalizado aos medicamentos". Perante isto, Klug conclui que "o reconhecimento de que o direito econômico internacional, e o TRIPS em particular, podem ter implicações profundas para o plano de saúde pública de um país reabriu o debate sobre as consequências que as normas do comércio têm nos direitos humanos e nas políticas públicas relacionadas com a pobreza, a desigualdade e a saúde" (2001a, p. 4).

O direito e a redescoberta democrática do mundo do trabalho

A redescoberta democrática do mundo do trabalho é um fator crucial para a construção das sociabilidades cosmopolitas. Por esse motivo, o trabalho é um dos campos sociais em que os choques entre o demoliberalismo e o cosmopolitismo se revelam mais violentos nos planos local, nacional e global. A partir do momento em que o econômico se desvincula do social, em consequência da globalização neoliberal que reduz o trabalho a mero fator de produção, este vê também ser-lhe amputada a possibilidade de servir de suporte e de veículo dos direitos de cidadania, mesmo nos países centrais. Tal evolução passou por uma intervenção maciça da legalidade neoconservadora contra as leis e os direitos do trabalho, que o liberalismo e o demossocialismo haviam promovido por força da pressão dos movimentos laborais.

Nesta área mais do que noutras, o demoliberalismo tem-se revelado, nos últimos anos, incapaz ou indisponível para fazer frente à maré neoconservadora. De fato, pode dizer-se até que, em grande medida, se lhe rendeu, sobretudo através de mudanças drásticas relativamente às escalas relevantes da intervenção político-jurídica. A globalização neoliberal conseguiu deslocar o sistema nervoso da regulação do trabalho para a escala global, deixando essa regulação entregue à realidade da legalidade e da política neoconservadoras. Ao ficar-se por uma política e uma legalidade de âmbito nacional, o demoliberalismo tem visto a sua credibilidade desgastar-se à medida que a escala nacional da regulação laboral tem vindo a dar lugar a uma escala global. Estamos, por isso, perante um campo em que o confronto, nos próximos anos, será muito provavelmente entre cosmopolitismo e demoliberalismo conservador.

Ao contrário das expectativas do movimento operário oitocentista, foram os capitalistas de todo o mundo, e não os operários, quem acabou por se unir. Enquanto o capital se globalizava, os sindicatos cuidaram de se fortalecer apenas no nível nacional. Para fazer frente ao capital global, o movimento operário precisa de se reestruturar profundamente, passando a integrar a escala local e a escala transnacional de forma tão eficaz como integrou a escala nacional. É igualmente tarefa nova do movimento sindical reinventar a tradição da solidariedade entre os trabalhadores e as estratégias de antagonismo social. Há que conceber um círculo de solidariedade novo e mais amplo, capaz de dar resposta às novas condições de exclusão social e às formas de opressão que hoje caracterizam as relações *na* produção, indo assim para além do âmbito convencional das reivindicações sindicais — isto é, para além das reivindicações que visam apenas as relações *da* produção, que o mesmo é dizer, a relação salarial. Há, por outro lado, que reconstruir as estratégias do antagonismo social. Impõe-se um movimento operário mais politizado que combata por uma alternativa civilizadora, em que tudo esteja ligado a tudo: trabalho e ambiente; trabalho e sistema de ensino; trabalho e feminismo; trabalho e necessidades socioculturais coletivas; trabalho e Estado-providência; o trabalho e os idosos etc. Em suma, nada que tenha a ver com a vida dos trabalhadores e dos desempregados pode ser deixado de fora das reivindicações dos trabalhadores. É este, por exemplo, o espírito do tipo de sindicalismo que, como demonstrou Moody (1997), vem aos poucos emergindo em alguns países do Sul global.[33]

Os exemplos mais sólidos de legalidade cosmopolita atualmente em vigor cabem debaixo da mesma ideia normativa — a ideia de que o trabalho deve ser partilhado democraticamente a uma escala global. A permanente revolução tecnológica em que nos encontramos permite a criação de riqueza sem criação de emprego. Por isso, o *stock* de trabalho disponível deverá ser redistribuído a uma escala mundial. Ora isso não se afigura tarefa fácil, porque, embora o trabalho, enquanto fator de produção, esteja, hoje, globalizado, a relação salarial e os mercados de trabalho acham-se tão segmentados e

---

33. Para uma discussão genérica de estratégias que visam criar laços de solidariedade entre os sindicatos de todo o mundo, ver Gordon e Turner (orgs.), 2000.

territorializados como no passado. Perante este quadro, há quatro iniciativas que se afiguram especialmente promissoras. São, todas elas, de dimensão global, ainda que desigualmente distribuídas pela economia global.

A primeira iniciativa implica a *redução do horário de trabalho*. Não obstante tratar-se de uma iniciativa fundamental com vista à redistribuição do trabalho, a verdade é que, com a exceção de alguns países europeus, ela teve, até ao momento, um êxito escasso. Por esse motivo, limitar-me-ei a inscrevê-la como ponto da agenda da legalidade cosmopolita, dispensando-me de lhe dar maior desenvolvimento neste momento.

A segunda iniciativa diz respeito à aplicação efetiva de *padrões de trabalho internacionais*, ou seja, à definição de direitos essenciais extensivos aos trabalhadores de todo o mundo sem exceção e cuja proteção constitua um pré-requisito para a livre circulação de produtos num mercado global. A questão dos padrões de trabalho internacionais é, presentemente, um polo fascinante de debate científico e de mobilização política, que compreende um vasto leque de propostas e de alternativas visando pôr fim à corrida para o abismo em que, na ausência de uma regulação internacional do trabalho, os países do Sul se vêm obrigados a participar. Entre as estratégias atualmente em discussão e em fase de desenvolvimento em todo o mundo, contam-se o reforço e aplicação efetiva das convenções da Organização Internacional do Trabalho, a inclusão de cláusulas sociais em acordos de comércio de âmbito global como a Organização Mundial do Comércio ou de âmbito regional como o NAFTA, a adoção de códigos de conduta por parte das empresas transnacionais submetidas à pressão dos consumidores do Norte e a criação de mecanismos de vigilância para o respectivo cumprimento, e ainda a aplicação de sanções unilaterais contra os países que promovam formas de trabalho em condições de exploração.[34]

---

34. Para uma panorâmica destas diferentes estratégias, ver Compa e Diamond (orgs.), 1996.

Para que não deem azo a um protecionismo discriminatório, os padrões de trabalho internacionais deverão ser adotados juntamente com duas outras medidas: a já referida redução do horário de trabalho, e a flexibilização das leis da migração tendo em vista a progressiva desnacionalização da cidadania. Esta irá, por sua vez, fomentar uma partilha mais igualitária do trabalho à escala mundial, promovendo fluxos populacionais das regiões periféricas para as do centro. Presentemente — e ao contrário do que afirma a propaganda das forças xenófobas nos países centrais — tais fluxos dão-se predominantemente entre países periféricos, o que constitui para estes um fardo insuportável. Contra o *apartheid* social a que o pré-contratualismo e o pós-contratualismo submetem os imigrantes, há que desnacionalizar a cidadania de modo a facultar-lhes condições capazes de garantir tanto a igualdade como o respeito pela diferença, para que a partilha do trabalho se possa traduzir também numa partilha multicultural da sociabilidade.

A terceira iniciativa, estreitamente ligada à anterior, diz respeito ao *movimento anti-sweatshops*.[35] Este baseia-se numa rede de organizações diversas, não passando, portanto, por um órgão centralizado. Até agora, o movimento tem-se preocupado com elevar a consciência dos consumidores e com gerar da parte destes uma pressão dirigida contra as empresas que se sabe violarem os direitos dos trabalhadores nas suas dependências em território *offshore* ou tolerarem tais violações em fábricas por si subcontratadas. Graças à pressão dos consumidores, as organizações anti-*sweatshops* têm vindo a pressionar as grandes empresas no sentido de adotarem códigos de conduta apropriados, principalmente nas indústrias do vestuário e do calçado.[36] Entre as associações cosmopolitas transnacionais que

---

35. Uma *sweatshop*, também conhecida como "fábrica de suor", é uma loja ou fábrica onde os empregados trabalham durante muitas horas por dia por um salário baixo e em condições insalubres.

36. Para uma visão geral das estratégias jurídico-políticas adotadas pelas associações transnacionais na defesa dos direitos dos trabalhadores, ver Ross, 1997. Para uma discussão

atualmente se batem pela eliminação das *sweatshops* contam-se sindicatos, organizações de consumidores, grupos religiosos, ONGs de direitos humanos, organismos de vigilância e acompanhamento independentes, organizações estudantis, organismos de âmbito abrangente como o Workers Rights Consortium e a Fair Labor Association, e também — se bem que ainda com clara relutância — grandes empresas transnacionais.[37] Perante a natureza agressiva e difusamente onipresente do neoliberalismo global e a incapacidade ou indisponibilidade da legalidade estatal demoliberal — onde ela ainda existe — para lhe opor uma resistência credível, as lutas cosmopolitas nesta área terão de dar prioridade especial à construção política e ética do conflito antes que qualquer estratégia jurídica seja ensaiada. Tal estratégia deverá ter duas vertentes.

Em primeiro lugar, quer os grupos subalternos envolvidos nesta luta, quer os seus aliados sabem, por experiência própria, a pouca confiança de que a política e a legalidade demoliberais são, hoje em dia, credoras no campo social do trabalho e das relações laborais. Por outro lado, e atendendo às condições desfavoráveis em que o combate se trava, o movimento não se pode dar ao luxo de desaproveitar todas as ferramentas legais disponíveis. No entanto, para evitar a eventual frustração gerada por derrotas injustas e o impacto negativo que ela possa ter na motivação dos ativistas, impõe-se que os grupos cosmopolitas se esforcem por mobilizar a legalidade demoliberal de uma forma não hegemônica, pressionando os tribunais e os legisladores através de uma mobilização política inovadora. O objetivo principal desta mobilização consistirá na ampliação simbólica da violação dos direitos dos trabalhadores, transformando cada questão jurídica numa questão moral: a questão — moral e injusta — da negação da dignidade humana. Tem sido esta, com

---

das vantagens e desvantagens dos códigos de conduta como meio de combater as *sweatshops*, ver Fung *et al.*, 2001, e Santos e Rodríguez-Garavito, 2005.

37. O funcionamento deste tipo de associações na América Central foi estudado, entre outros autores, por Anner, 2001.

efeito, a tática utilizada nas lutas mais visíveis e mais bem-sucedidas levadas a cabo contra as *sweatshops*, as quais têm logrado aliar as estratégias legais adotadas em tribunais de âmbito local com uma pressão internacional exercida de forma constante pelas organizações e movimentos sociais simpatizantes (Anner, 2001).

O segundo foco de atenção da legalidade cosmopolita reside na legalidade global subalterna tal como hoje ela emerge não só da referida luta por padrões de trabalho internacionais como também de uma nova convergência — ela própria em fase muito embrionária e cheia de ambiguidades — entre direitos humanos e direitos do trabalho. O objetivo, neste caso, consiste em explorar até que ponto será possível vir a recuperar à escala global aquilo que, em termos de direitos do trabalho, se perdeu à escala nacional. Neste mesmo sentido vão algumas discussões recentemente travadas no seio da OIT com vista a definir uma lista de "direitos do trabalho fundamentais". A ideia é que se conceda a esses direitos uma proteção semelhante àquela de que gozam os direitos humanos, embora a decisão sobre quais os direitos a incluir nesse conjunto permaneça ainda em aberto.

Finalmente, a quarta iniciativa visando a redescoberta do mundo do trabalho consiste no *reconhecimento do polimorfismo do trabalho*, ou seja, na ideia de que a flexibilidade dos métodos e processos laborais não implica necessariamente uma precarização da relação laboral. Desde o século XIX que o movimento operário se pautou por um tipo ideal de trabalho que consistia num emprego regular, a tempo inteiro, e com duração temporal indeterminada. A verdade, porém, é que esse ideal apenas encontrou alguma correspondência real nos países centrais e durante o breve período do fordismo. Com a proliferação das chamadas formas atípicas de trabalho e com a promoção, por parte do Estado, da flexibilização das relações salariais, aquela visão ideal vai-se afastando cada vez mais daquilo que é a realidade das relações laborais. As formas atípicas de trabalho têm sido utilizadas pelo capital global como meio de fazer do trabalho um critério de exclusão, o que sucede sempre que os salários não permitem que os trabalhadores ultrapassem a linha de pobreza. Nesses casos, reconhecer-se o polimorfismo do trabalho, longe de ser um exercício democrático, é prefigurar um ato de fascismo contratual. A agenda cosmopolita assume, neste domínio, duas formas. Por um lado, o reconhecimento dos diferentes tipos de trabalho só é democrático na medida em que cria, para cada tipo, um limiar mínimo de inclusão. Dito de outro modo, o polimorfismo do trabalho só é aceitável na medida em que o trabalho continue a ser critério de inclusão. Por outro lado, há que incorporar a aprendizagem profissional na relação salarial, independentemente do tipo de emprego e da respectiva duração.

O direito e a produção não capitalista

Uma economia de mercado é, dentro de certos limites, desejável. Por outro lado, uma sociedade de mercado, se fosse possível, seria moralmente repugnante e quase certamente ingovernável. Uma sociedade assim conduziria a um fascismo social generalizado. É esse, contudo, o projeto que a globalização neoliberal está a tentar pôr em prática à escala mundial. O capitalismo global não consiste apenas na extensão a todo o mundo dos mercados livres e numa produção de bens e serviços tão isenta quanto possível de regulação pelo Estado, mas também na mercadorização da maior quantidade possível de aspectos da vida social. A mercadorização significa não só a criação de mercadorias *ab ovo* — isto é, a criação de produtos e serviços avaliados e transacionados de acordo com as regras de mercado — como também a transformação em mercadoria de produtos e serviços anteriormente criados e distribuídos com base em regime alheio ao mercado. Este aspecto significa, por exemplo, que as instituições sociais, como a educação, os cuidados de saúde ou a segurança social, são convertidas em mercadorias da área dos serviços e tratadas como tal, frequentemente de acordo com forças concorrenciais e com os ditames tanto do mercado como dos interesses comerciais.

No campo social convencionalmente conhecido por economia, o cosmopolitismo apresenta um objetivo com quatro vertentes. A primeira refere-se às condições e relações da produção de mercadorias, nomeadamente à relação salarial. É este o alvo das estratégias que visam a redescoberta democrática do trabalho, e que foram atrás analisadas. O segundo objetivo é a desmercadorização, isto é, procurar que os bens e os serviços públicos e as instituições sociais não sejam privatizados ou, no caso de o serem, que não sejam inteiramente sujeitos às regras do mercado capitalista. Esta é a luta, por exemplo, das comunidades empobrecidas de todo o mundo — e de forma especialmente notória, nos últimos tempos, na Bolívia — contra o domínio de formas comunitárias e acessíveis de distribuição de água por parte das grandes empresas transnacionais (TNCs). O terceiro objetivo consiste na promoção de mercados não capitalistas subalternos, isto é, de mercados norteados pela solidariedade e não pela ganância. Por fim, o quarto objetivo é desenvolver e aperfeiçoar sistemas alternativos de produção, mas de uma produção não capitalista, tanto para mercados capitalistas como não capitalistas. Como afirmei noutro local, analisando estudos de caso sobre iniciativas empreendidas de acordo com estas quatro vertentes,[38] as economias alternativas combinam presentemente ideias e práticas provenientes de variadas tradições, desde o cooperativismo ao desenvolvimento alternativo, passando pelo socialismo de mercado.

O segundo objetivo tem sido terreno de alianças progressistas entre o cosmopolitismo e o demoliberalismo. O terceiro e o quarto objetivos (em conjunto com o primeiro) são os mais característicos do

---

38. Ver os estudos referidos na nota 19.

cosmopolitismo e, provavelmente, os mais promissores, apesar de as circunstâncias não estarem a seu favor. Tal como geralmente sucede com o cosmopolitismo, o direito é, aqui, uma componente subordinada das lutas cosmopolitas. Para finalidades precisas ou em contextos políticos específicos, contudo, o direito pode representar uma ferramenta importante, senão a mais importante, de uma dada luta. Como é apanágio da legalidade cosmopolita em geral, direito aqui quer dizer não apenas o direito estatal, mas também o direito global cosmopolita, o direito comunitário subalterno etc.

As iniciativas atualmente em curso são múltiplas e bastante diversificadas. Assim, por exemplo, as cooperativas de trabalhadores informais — desde os lixeiros na Índia (Bhowmik, 2002) e na Colômbia (Rodríguez, 2002) às donas de casa das favelas de São Paulo (Singer, 2002) —, bem como as cooperativas de trabalhadores da indústria despedidos durante o processo de *downsizing* das grandes empresas (Bhowmik, 2002; Singer, 2002), têm sabido utilizar com imaginação as ferramentas do direito estatal — e as brechas que aí se encontram — para avançar com formas solidárias de produção e distribuição de bens e serviços. Em muitos outros casos, o terceiro e quarto objetivos acima mencionados são perseguidos em conjunto, como sendo duas componentes da mesma iniciativa. Promovem-se frequentemente mercados alternativos para produtos e serviços criados por unidades de produção não capitalistas. No que toca ao terceiro objetivo, a criação de mercados alternativos, a iniciativa cosmopolita mais saliente é o movimento do comércio justo. Segundo a Associação do Comércio Justo,

> [o] termo "justo" pode ter vários significados diferentes para diferentes pessoas. Nas organizações de comércio alternativo, o "comércio justo" significa que os parceiros comerciais se baseiam em benefícios recíprocos e no respeito mútuo; que os preços pagos aos produtores reflectem o trabalho que realizam; que os trabalhadores têm direito a organizar-se; que as leis nacionais relativas à saúde, segurança e sa-

lários são efectivamente aplicadas; e que os produtos são ambiental-
mente sustentáveis e conservam os recursos naturais. Disponível em:
<http://www.fairtradefederation.org>. Acesso em: 1º jul. 2009.

Dentro da mesma linha, Mario Monroy, um ativista mexicano
do comércio justo e diretor do "Comercio Justo Mexico, A.C.", afirma:

> O que caracteriza o comércio justo é a co-responsabilidade entre o
> produtor e o consumidor. O pequeno produtor é responsável pela
> criação de um produto de excelente qualidade, ecologicamente res-
> ponsável e produzido sem recurso à exploração humana. Deste modo,
> o comércio justo é o meio, ao passo que a pessoa e a organização são
> o fim. O consumidor é responsável pelo pagamento de um preço
> justo, que não é uma esmola, por um produto de elevada qualidade,
> preocupado com a natureza, e feito com amor.[39]

O comércio justo é uma promissora ilhota no oceano injusto do
comércio mundial capitalista. Dos 3,6 bilhões de dólares em bens
transacionados em nível mundial, o comércio justo é responsável
por apenas 0,01%. Mas está a crescer. A legalidade cosmopolita pode
funcionar em dois planos no movimento do comércio justo: através
da contestação jurídica da legalidade global, por violar o direito
nacional, recorrendo para tanto a instrumentos legais demoliberais,
e através da luta por um direito global cosmopolita neste campo,
exercendo pressão para que se incluam cláusulas que prevejam o
comércio justo nos acordos comerciais internacionais. A primeira
estratégia jurídica está a ser utilizada, por exemplo, pelos United

---

39. Mario Monroy, palestra proferida na Universidade de Wisconsin-Madison em abril
de 2001. Segundo a Transfair, uma agência de acompanhamento e certificação do comércio
justo, "o preço mundial (do café) é de 60 cêntimos a libra e, depois de os intermediários le-
varem a sua parte, os pequenos produtores ficam só com 20 a 30 cêntimos por libra. Assim,
por causa do comércio justo há um benefício considerável para os produtores; depois de
pagarem os custos da cooperativa, recebem entre $1 a $1.06 por cada libra."

Steelworkers of America, ao desafiarem a constitucionalidade do NAFTA. A segunda estratégia é uma das vertentes do movimento do comércio justo, já que luta pelos princípios sobre os quais os acordos de comércio justo devem assentar: multilateralismo, democracia, transparência, representação, equidade, subsidiariedade, descentralização, diversidade e responsabilização.

A componente jurídica destas lutas cosmopolitas consiste com frequência em exercer pressão para que sejam feitas leis locais e nacionais que criem regimes jurídicos especiais para as organizações econômicas populares, de forma a permitir-lhes competir em condições justas sem abdicar dos valores e da cultura locais, de que os seus produtos estão imbuídos. Dado que os Estados-nação, na generalidade, não conseguem ou não querem resistir contra o direito global neoliberal — em princípio, hostil ao que considera como barreiras ao comércio ou transgressão das leis de mercado —, os governos locais ou comunitários mostram-se, muitas vezes, mais abertos a este tipo de legislação alternativa. Desta forma, é possível que se desenvolvam elos locais/globais.

Outro exemplo envolvendo o direito e sistemas de produção alternativos são as novas formas de pluralidade jurídica contra-hegemônica que estão a ser avançadas pelos movimentos e organizações de camponeses sem-terra ou de pequenos agricultores na sua luta pelo acesso à terra e pela reforma agrária. Esta nova forma de legalidade cosmopolita pode, em alguns casos, envolver a cooperação facilitadora do Estado — como chegou a suceder, durante algum tempo, na África do Sul (Klug, 2002b) — mas, na maioria dos casos, assiste-se ao confronto com o Estado e a sua legislação — como na Índia, no Brasil (Navarro, 2002; Carvalho, 2002; Lopes, 2002) e no México. O destino deste tipo de legalidade cosmopolita depende estritamente da mobilização política que o movimento ou organização consegue gerar. É muito frequente a criação de enclaves jurídicos subalternos na terra ocupada — como os "assentamentos" do Movimento dos Sem-Terra no Brasil —, cuja duração depende do tempo que a ocupação conseguir ser mantida. Em alguns casos, é possível estabelecer alianças entre esta legalidade cosmopolita e a legalidade demoliberal do Estado, por exemplo, quando o Estado é forçado a "regularizar" a ocupação da terra.

Este tipo de alianças pode também surgir em áreas urbanas. Pode ser este o caso da habitação informal nas cidades ao longo da fronteira entre os EUA e o México, estudada por Jane Larson. De acordo com esta investigadora, as famílias pobres dos EUA têm-se voltado cada vez mais para a habitação informal de forma a sobreviver à falta de garantias sociais básicas, em particular ao estrangulamento criado pela descida dos salários reais e pela diminuição do apoio governamental tanto à habitação acessível como à manutenção dos rendimentos (Larson, 2002, p. 142). E, de fato, a habitação informal está já a deslocar-se das zonas fronteiriças para o interior. Dada a improbabilidade de as políticas do Estado para a habitação virem a fornecer habitações normais para os trabalhadores pobres, Larson reivindica um empenhamento positivo na informalidade. Em vez de a declarar ilegal, há que "regularizá-la". A regularização "aligeira" os padrões regulatórios no caso de algumas populações e "legaliza" algumas condições de habitação ilegais, num programa destinado a incentivar o investimento em alojamentos através da autoajuda.

Tal como acontece para os camponeses sem terra, o potencial cosmopolita da regularização reside no espaço que abre à organização política e à mobilização dos trabalhadores pobres (associações de moradores, organizações comunitárias etc.), bem como na pressão que pode exercer sobre o Estado para afetar mais recursos a esta área da política social e melhorar gradualmente a habitação informal até um nível adequado. A isto chama Larson "realização progressiva" — afinal, um modelo alternativo de legalidade (Larson, 2002, p. 144). A realização progressiva, combinada com a mobilização política que a torna possível como algo diverso do populismo estatal, distingue-se tanto da repressão neoconservadora da informalidade sem alternativa, como da celebração neoconservadora da informalidade à maneira de Hernando de Soto (1989).

Direito para os não-cidadãos

Enquanto soma dos direitos efetivamente exercidos pelos indivíduos ou grupos, a cidadania nas sociedades capitalistas resume-se a uma questão de graus. Existem os supercidadãos — os que pertencem à sociedade civil íntima — e os restantes. Os restantes, que formam a sociedade civil estranha, albergam cambiantes múltiplos de cidadania. E existem ainda os não-cidadãos, indivíduos e grupos sociais que pertencem à sociedade civil incivil e às zonas fronteiriças entre a sociedade estranha e a sociedade civil incivil. As experiências de vida dos indivíduos pertencentes à segunda categoria correspondem a esta ausência de cidadania e caracterizam realmente não só as suas relações com o Estado, como ainda as suas interações com os outros indivíduos, incluindo por vezes os que compartilham a sociedade civil incivil. Estas experiências de vida variam de acordo com a circunstância de o não-cidadão haver sido expulso de algum tipo de contrato social e, consequentemente, da inclusão social que este tornava possível (pós-contratualismo), ou de o cidadão não haver alguma vez sequer experimentado qualquer tipo de inclusão social contratual (pré-contratualismo). No primeiro caso, a cidadania é vivida como ruína ou memória, enquanto, no segundo, ela é ou uma aspiração irrealista ou uma ideia absolutamente ininteligível. A não-cidadania é o grau zero da inclusão assente no contrato social. Seja qual for a inclusão social atingida neste nível, o é numa base de não-cidadania, de filantropia paternalista ou solidariedade genuína. É, por outras palavras, uma inclusão que confirma — se é que não promove mesmo — o sistema de exclusão social.

Poderá perguntar-se qual o lugar do direito em situações de não-cidadania — para já não falarmos do direito cosmopolita. A não-cidadania é o resultado intencional ou involuntário da legalidade demoliberal. Para o demoliberalismo, a não-cidadania é um marcador da sua impotência enquanto prática política, ao passo que, para o cosmopolitismo, a não-cidadania é o imperativo negativo que gera a obrigação da inclusão e da emancipação social. De fato, o cosmopolitismo centra-se especificamente na não-cidadania, o que é ilustrado pelos exemplos de legalidade cosmopolita acima analisados. Afinal, todos os povos indígenas e os camponeses sem terra são, pelo menos na América Latina, o exemplo mais cruel do que é a não-cidadania.

Nesta seção tenho em vista, de um modo mais geral, situações nas quais se procura uma inclusão minimamente dignificante e onde, em consequência, é difícil encarar a emancipação social — mesmo na sua concepção mais fina e frágil — como uma perspectiva razoável. Muitas vezes, o que está em jogo é a sobrevivência pura e simples, já que a morte é, objetivamente, o destino mais provável e mais próximo. De uma perspectiva cosmopolita, o direito é uma necessidade quase dilemática das lutas em torno da não-cidadania. Por um lado, a mobilização política do direito é aqui particularmente adequada, já que este é um campo social em que a probabilidade de êxito das alianças com o demoliberalismo é elevada. Por outro lado, a força de que a estratégia jurídica se pode revestir neste campo marca os limites estreitos da sua eventual realização.

Distingo três tipos de legalidade cosmopolita nesta área, que cobrem diferentes escalas de legalidade. A primeira é o direito global, que se refere à *mobilização política dos direitos humanos internacionais* ou de convenções internacionais sobre intervenções humanitárias em situações de exclusão social extrema e potencialmente fatal. A segunda trata do direito estatal, sempre que este seja pressionado no sentido de *estabelecer padrões mínimos de inclusão baseada na cidadania* — cidadania de segunda ou terceira classe. O exemplo mais importante deste tipo de mobilização jurídica nos países centrais é a questão da "regularização" dos trabalhadores migrantes sem documentos. Só nos EUA, estima-se que o número de trabalhadores sem documentos seja de onze milhões. A luta por uma anistia geral consta hoje da agenda das organizações dos direitos humanos e de muitos sindicatos. A participação dos sindicatos nesta luta é bastante recente e representa uma mudança radical de perspectiva da parte destas organizações, que antes tendiam a considerar os trabalhadores sem documentos como inimigos que vinham tirar os empregos disponíveis. Estas alianças cosmopolitas em que entram os sindicatos e em que estes são levados para lá dos confins do seu ativismo convencional representam um dos desenvolvimentos mais promissores do movimento laboral no sentido daquilo que é presentemente designado por "sindicalismo de movimento social" ou "sindicato de cidadania".

O terceiro tipo de direito cosmopolita nesta área é o direito local e refere-se às comunidades locais que, depois de se encontrarem numa situação de não-cidadania relativamente a comunidades maiores ou à sociedade nacional, estabelecem constituições locais em que se sela um pacto político-jurídico entre os membros das comunidades com vista a melhor se defenderem contra forças de exclusão exteriores, sejam elas instituições estatais ou não estatais, legais ou ilegais. O exemplo mais notável deste tipo de legalidade cosmopolita subalterna é a comunidade de paz de San José de Apartadó, na Colômbia. Debaixo das piores condições possíveis, a população desta pequena aldeia localizada na região de Urabá começou a criar, no final da década de 1990, uma comunidade pacífica autônoma no meio de fogo cruzado. Ao defrontar-se com a intensificação e a deterioração do conflito armado no seu território, esta aldeia optou pela paz. Para tal, assinou um pacto público segundo o qual os seus habitantes se comprometiam a não se envolver com as facções armadas — grupos paramilitares, guerrilheiros e exército — e exigiu respeito a estas facções, incluindo ao Estado, além de criar uma forma de organização social própria para a aldeia. Desta forma, procuraram tomar uma posição pacifista e recusaram-se a abandonar as suas parcelas de terra e as suas casas. O pacto público foi passado a escrito e tornou-se a Constituição local, vinculando todos os habitantes da aldeia (Uribe, 2002).

O Estado como novíssimo movimento social[40]

O título desta seção pode parecer surpreendente e requer uma justificação. A meu ver, o atual declínio do poder regulador torna obsoletas as teorias do Estado que prevaleceram até ao presente, sejam elas de origem liberal ou marxista. A despolitização do Estado e a desestatização da regulação social, resultantes, como atrás ficou sublinhado, da erosão do contrato social, mostram que se assiste ao surgimento, sob o mesmo nome — Estado —, de uma forma nova e mais vasta de organização política, a qual é articulada pelo próprio Estado e é composta por um conjunto híbrido de fluxos, redes e organizações em que se combinam e interpenetram elementos estatais e não estatais, nacionais e globais.

Costuma conceber-se a relativa miniaturização do Estado dentro desta nova organização política como se se tratasse de uma erosão da soberania do Estado e das suas capacidades de regulação. Em verdade, o que está a dar-se é uma transformação da soberania e o surgimento de um novo modo de regulação, em que os bens públicos até agora produzidos pelo Estado — a legitimidade, o bem-estar socioeconômico e a identidade cultural — são objeto de permanente disputa e de uma árdua negociação entre diversos atores sociais, debaixo da coordenação estatal. Essa nova organização política não tem um centro, pelo que a coordenação estatal funciona, de fato, como uma imaginação do centro. Na nova constelação política, o Estado é um parente político parcelar e fragmentário,

---

40. Ver a propósito, Santos 2006a, p. 363-72, e o último capítulo deste livro.

aberto à concorrência por parte de agentes da subcontratação e do sufrágio políticos, portadores de concepções alternativas dos bens públicos em oferta.

Nestas novas circunstâncias, o Estado, mais do que um conjunto homogêneo de instituições, é um campo de batalha política não regulado, onde as lutas travadas pouco se assemelham ao combate político convencional. As diferentes formas de fascismo social procuram oportunidades para se expandir e para consolidar as respectivas formas despóticas de regulação, transformando assim o Estado numa componente da sua esfera privada. Por sua vez, as forças cosmopolitas têm que se concentrar em modelos de democracia de alta intensidade que abarquem simultaneamente ações estatais e não estatais, fazendo assim do Estado uma componente de todo um conjunto de esferas públicas não estatais. É a esta transformação do Estado que eu chamo *o Estado como novíssimo movimento social*.

Apresentam-se em seguida as características principais dessa transformação. Na organização política emergente, cumpre ao Estado coordenar os diferentes interesses, organizações e redes que resultaram da desestatização da regulação social. A luta política é, por isso, e antes de mais nada, uma luta pela democratização das tarefas de coordenação. Se, antes, a luta a travar era uma luta pela democratização do monopólio da regulação estatal, hoje em dia ela tem que ser uma luta pela democratização da perda desse monopólio. Trata-se de um combate que tem vários aspectos. As tarefas de coordenação dizem respeito principalmente à coordenação de interesses divergentes e até mesmo contraditórios. Enquanto o Estado moderno assumia como sua uma versão desses interesses, atualmente o Estado apenas assume como sua a tarefa de coordenação de interesses que tanto podem ser nacionais como globais. Tendo perdido o monopólio da regulação, o Estado conserva ainda o monopólio da metarregulação, quer dizer, o monopólio da articulação e da coordenação entre reguladores privados subcontratados. Tal significa que, apesar das aparências em contrário, o Estado está hoje, mais do que nunca, envolvido nas políticas de redistribuição social — e, consequentemente, também nos critérios de inclusão e exclusão. É por isso que a tensão entre democracia e capitalismo, que carece urgentemente de ser reconstruída, só poderá sê-lo a partir do momento em que concebermos a democracia como uma democracia distributiva, que englobe tanto a ação estatal como a ação não estatal.

Numa esfera pública em que o Estado incorpora interesses e organizações não estatais cujos atos ele próprio coordena, a democracia redistributiva não pode restringir-se à democracia representativa, uma vez que esta foi concebida para a ação política convencional, o que equivale a dizer que se acha confinada ao domínio estatal. Na verdade, reside aí o desaparecimento misterioso da tensão entre democracia e capitalismo no dealbar do século XXI. Com efeito, a democracia representativa perdeu as escassas capacidades redistributivas que outrora possuiu. Nas novas condições ora vigentes, a redistribuição social tem por premissa a democracia participativa e acarreta o empreendimento de ações tanto por parte do Estado como por parte de agentes privados — empresas, ONGs, movimentos sociais etc. —, de cujos interesses e desempenhos o Estado assegura a coordenação. Por outras palavras, não fará sentido democratizar o Estado se a esfera não estatal não for democratizada ao mesmo tempo. Só a convergência dos dois processos de democratização garantirá a reconstituição da esfera pública.

Há hoje em dia, por todo o mundo, um sem número de exemplos concretos de experiências políticas de redistribuição democrática dos recursos resultante da democracia participativa ou de um misto de democracia participativa e representativa. No que se refere ao Brasil, por exemplo, devem referir-se as experiências do *orçamento participativo*[41] efetuadas em cidades governadas pelo Partido dos Trabalhadores (PT), com especial relevo — e especial grau de

---

41. Ver Dias, 2013.

êxito — para o caso de Porto Alegre.[42] Apesar de, até ao momento, se haverem limitado ao âmbito local, não há razão para que a aplicação do orçamento participativo não seja alargada ao âmbito da governação regional e até nacional.

As limitações das experiências do tipo do orçamento participativo residem no fato de se cingirem ao uso dos recursos do Estado, sem atender à respectiva captação. Considerando as lutas e as várias iniciativas já em curso suscitadas pela democracia participativa, proponho que a lógica participativa da democracia redistributiva deve passar também a preocupar-se com a captação dos recursos estatais — isto é, com a política fiscal. No que respeita à política tributária, a democracia redistributiva define-se pela solidariedade fiscal. A solidariedade fiscal do Estado moderno, quando existe (impostos progressivos etc.), não passa de uma solidariedade abstrata. À luz da nova organização política, e dada a miniaturização do Estado, essa solidariedade torna-se mais abstrata ainda, acabando por se tornar incompreensível para a maioria dos cidadãos. Daí as diversas revoltas fiscais a que assistimos nestes últimos anos. Muitas dessas revoltas são mais passivas do que ativas, expressando-se através de uma evasão fiscal maciça. Urge proceder a uma alteração radical da lógica tributária, de maneira a adaptá-la às novas condições do poder político. É, pois, de *tributação participativa* que falo. Atendendo a que as funções do Estado terão cada vez mais a ver com a coordenação e menos com a produção direta de riqueza, torna-se praticamente impossível controlar, através dos mecanismos da democracia representativa, a ligação entre a captação de recursos e a sua atribuição. Daí a necessidade de recorrer a mecanismos da democracia participativa.

A tributação participativa é uma forma possível de recuperar a "capacidade extrativa" do Estado, associando-a ao cumprimento de objetivos sociais definidos de uma maneira participada. Assim que

---

42. Sobre a experiência do orçamento participativo em Porto Alegre, ver, entre outros, Santos, 1998a, 2002a, 2002b (org.) e 2004.

os níveis gerais de tributação e o conjunto de objetivos suscetíveis de financiamento pelo orçamento do Estado estejam fixados a nível nacional, por meio de mecanismos que aliem a democracia representativa à democracia participativa, terá que se dar aos cidadãos e às famílias a opção de decidir, coletivamente, onde e em que proporção é que os seus impostos devem ser gastos. Determinados cidadãos ou grupos sociais poderão querer que os seus impostos sejam gastos majoritariamente na saúde, enquanto outros poderão preferir vê-los gastos com a educação ou com a segurança social, e assim por diante.

Quer o orçamento participativo, quer a tributação participativa constituem peças fundamentais da nova democracia redistributiva, cuja lógica política consiste na criação de esferas públicas, não estatais, em que o Estado será o principal agente de articulação e coordenação. Nas condições atuais, a criação dessas esferas públicas é a única alternativa à proliferação de esferas privadas de tipo fascista, sancionadas pelo Estado. O novo combate democrático é, enquanto combate em prol de uma democracia redistributiva, um combate antifascista, não obstante ter lugar num campo político que é, formalmente, democrático também. O combate a travar não irá assumir as mesmas formas do combate que o antecedeu, contra o fascismo de Estado, mas também não pode cingir-se às formas de luta democrática legitimadas pelos Estados democráticos que se ergueram das ruínas do fascismo estatal. Estamos, portanto, em vias de criar novas constelações de lutas democráticas, visando permitir mais e mais amplas deliberações democráticas sobre aspectos de sociabilidade também mais vastos e mais diferenciados. A minha definição de socialismo como democracia sem fim vai, exatamente, neste sentido.

Para além do orçamento participativo, já em vigor em algumas partes do mundo, e da tributação participativa, que na forma aqui avançada não é mais do que uma aspiração cosmopolita, existe uma terceira iniciativa já em curso em vários países europeus e, embora em menor escala, também em fase de ensaio em países como o Brasil e a África do Sul. Refiro-me ao rendimento mínimo universal. Ao garantir a todos os seus cidadãos, independentemente do respectivo estatuto de emprego, um rendimento mínimo suficiente para cobrir as necessidades básicas, esta inovação institucional constitui um poderoso mecanismo de inclusão social e abre o caminho ao exercício efetivo de todos os restantes direitos de cidadania (Van Parijs, 1992). As lutas pelo rendimento mínimo garantido são lutas cosmopolitas, na medida em que a sua lógica consiste em fixar "benefícios" econômicos não dependentes dos altos e baixos da economia, e, como tal, não são meras respostas à acumulação de capital.

A ênfase na democracia redistributiva é uma das condições prévias para que o Estado moderno se converta no mais recente dos movimentos sociais. Outra dessas condições é aquilo que designo por *Estado experimental*. Numa fase de transformações turbulentas em torno do papel do Estado na regulação social, a matriz institucional do Estado, apesar de rígida, irá ver-se submetida a fortes abalos, que lhe ameaçam a integridade e poderão gerar efeitos perversos. Além disso, esta matriz institucional inscreve-se num tempo-espaço estatal e nacional que, por sua vez, está a sofrer o impacto simultâneo de tempos-espaços que são, a um tempo, locais e globais, instantâneos e glaciais. Deve concluir-se que o desenho institucional da nova forma de Estado emergente está, ainda, por inventar. Resta, com efeito, saber se a nova matriz institucional será feita de organizações formais, ou de redes e fluxos, ou até mesmo de formas híbridas e de dispositivos flexíveis, suscetíveis de reprogramação. Não é, por isso, difícil prever que as lutas democráticas a travar nos próximos anos serão, essencialmente, lutas por desenhos institucionais alternativos.

Uma vez que aquilo que caracteriza os períodos de transição paradigmática é o fato de neles coexistirem soluções próprias do velho e do novo paradigma, e de estas últimas serem frequentemente tão contraditórias entre si como o são em relação às primeiras, considero que deve ter-se em conta esta condição quando se concebem instituições novas. Seria insensato, nesta fase, tomar opções institucionais irreversíveis. Assim, há que fazer do Estado um campo de experimentação institucional em que seja possível a coexistência de diferentes soluções institucionais concorrentes entre si, funcionando como experiências-piloto sujeitas à perscrutação permanente por parte de coletivos de cidadãos encarregados da avaliação comparativa dos desempenhos. A disponibilização de bens públicos, principalmente no domínio das políticas sociais, pode ocorrer, portanto, de variadas formas, e a opção entre estas, a ter que se verificar, só poderá dar-se depois de as alternativas terem sido devidamente ponderadas pelos cidadãos em função da respectiva eficácia e índole democráticas.

Para proceder à experimentação institucional, há que ter em mente dois princípios fundamentais. Em primeiro lugar, o Estado só será genuinamente experimental se forem dadas condições iguais às diferentes soluções institucionais, para que possam desenvolver-se segundo a sua lógica própria. Por outras palavras, o Estado experimental será democrático na medida em que conferir igualdade de oportunidades às diversas propostas de institucionalização democrática. Só assim o combate democrático poderá verdadeiramente tornar-se num combate por alternativas democráticas. Só assim será possível lutar democraticamente contra o dogmatismo democrático. A experimentação institucional há de necessariamente causar alguma instabilidade e incoerência na ação do Estado, que, por sua vez, poderá eventualmente dar origem a novas e inesperadas exclusões. Trata-se de um risco sério, e tanto mais quanto, no contexto da nova organização política de que o Estado faz parte, continua a competir ao Estado democrático proporcionar uma estabilidade básica consonante com as expectativas dos cidadãos, bem como padrões básicos de segurança e de inclusão.

Nestas circunstâncias, o Estado deve garantir, não apenas uma igualdade de oportunidades aos diferentes projetos de institucionalização democrática, mas também — e aqui reside o segundo princípio da experimentação política — padrões básicos de inclusão, sem os quais a cidadania ativa necessária à observação, verificação e avaliação do desempenho dos projetos alternativos há de revelar-se inviável. O novo Estado-providência é um Estado experimental, e a experimentação permanente conseguida através da participação ativa dos cidadãos é o garante da sustentabilidade do bem-estar.

Sendo o mais recente dos movimentos sociais, o Estado acarreta consigo uma grande transformação do direito estatal tal como o conhecemos nas atuais condições do demoliberalismo. O direito cosmopolita é, aqui, a componente jurídica das lutas pela participação e pela experimentação democráticas nas políticas e regulações do Estado. O campo das lutas cosmopolitas emergentes é vasto; tão vasto, de fato, quanto as formas de fascismo que nos ameaçam. No entanto, e como resultado do exposto, as lutas cosmopolitas não podem restringir-se ao tempo-espaço nacional. Muitas das lutas acima expostas pressupõem uma coordenação internacional, quer dizer, uma colaboração entre Estados e entre movimentos sociais visando reduzir a competição internacional entre estes e incrementar a cooperação. Do mesmo modo que o fascismo social a si mesmo se legitima ou naturaliza enquanto pré-contratualismo e pós-contratualismo imposto por insuperáveis imperativos de âmbito global ou internacional, cabe também às forças cosmopolitas transformar o Estado nacional num elemento de uma rede internacional apostada em reduzir ou neutralizar o impacto destrutivo e exclusivista desses imperativos, na procura de uma redistribuição igualitária da riqueza globalmente produzida. Os Estados do Sul — e em particular os grandes Estados semiperiféricos, como sejam o Brasil, a Índia, a África do Sul, uma futura China democrática, bem como uma Rússia livre de máfias — terão, nesta introdução, um papel decisivo a desempenhar. O eventual aumento da competição internacional entre eles revelar-se-á desastroso para a vasta maioria dos respectivos habitantes e fatal para a população dos países periféricos. A luta por um direito internacional novo, mais democrático e mais participativo, faz, por conseguinte, parte integrante da luta nacional em prol de uma democracia redistributiva.

Conclusão

A presente introdução foi escrita a partir da lógica da sociologia das emergências. O objetivo que lhe presidiu foi o de expor os sinais da reconstrução da tensão entre regulação social e emancipação social, bem como o papel reservado ao direito nessa reconstrução. A credibilidade dos sinais assentou no trabalho de escavação dos alicerces do paradigma da modernidade — um trabalho que confirmou o esgotamento do paradigma ao mesmo tempo que pôs a descoberto a riqueza e vastidão da experiência social que ele inicialmente tornou possível e posteriormente veio a desacreditar, a marginalizar ou, simplesmente, a suprimir.

A reconstrução da tensão entre regulação social e emancipação social obrigou a sujeitar o direito moderno — um dos mais importantes fatores de dissolução dessa tensão — a uma análise crítica radical e mesmo a um despensar. Este despensar, no entanto, nada teve que ver com o modo desconstrutivo. Pelo contrário, foi seu objetivo libertar o pragmatismo de si próprio, quer dizer, da sua tendência para se ater a concepções dominantes da realidade. Uma vez postas de lado essas concepções dominantes, torna-se possível identificar uma paisagem jurídica mais rica e ampla, uma realidade que está mesmo à frente dos nossos olhos, mas que muitas vezes não vemos por nos faltar a perspectiva de leitura ou o código adequados.

Essa falta pode ter a sua explicação nas disciplinas convencionalmente votadas aos estudos do direito, desde a jurisprudência à filosofia do direito, passando pela sociologia do direito e pela antropologia do direito. Estas disciplinas são responsáveis pela construção do cânone jurídico modernista — um cânone estreito e redutor, que arrogantemente desacredita, silencia ou nega as experiências jurídicas de grandes grupos populacionais.

Uma vez recuperada toda esta experiência sociojurídica, tornou-se possível entendê-la cabalmente na sua diversidade interna, nas suas muitas escalas, e nas suas muitas e contraditórias orientações político-culturais (Santos, 2002b). Restava, contudo, ainda uma outra tarefa: aferir o potencial dessa experiência tendo em vista a reinvenção da emancipação social. Foi sobre essa questão que se debruçou esta introdução. Uma vez formulada — poderá o direito ser emancipatório? —, foi submetida à análise crítica no sentido de lhe clarificar tanto as possibilidades como os limites. Pôde, assim, conferirse credibilidade a uma ampla variedade de lutas, iniciativas, movimentos e organizações, quer de âmbito local quer de âmbito nacional ou global, em que o direito figura como um dos recursos utilizados para fins emancipatórios.

Como tornei claro, este uso do direito vai, frequentemente, para além do cânone jurídico modernista. Recorre-se a formas de direito (formas de direito informal e não oficial, nomeadamente) que muitas vezes não são reconhecidas como tal. Acresce que, quando se recorre ao direito estatal ou oficial, o uso que dele é feito nunca é um uso convencional — pelo contrário, esse direito passa a fazer parte de um conjunto de recursos políticos mais vasto. É frequente o direito estar presente sob a capa de práticas ilegais, que mais não são, afinal, do que um meio de lutar por uma legalidade alternativa.

Por fim, aquilo que se designa por legal, ilegal ou até mesmo alegal resume-se a componentes de constelações jurídicas passíveis de ser acionadas à escala local, nacional e global. Chamei-lhes, considerando-as no seu conjunto, legalidade cosmopolita subalterna. Uma vez completada esta trajetória, será possível mostrar que a pergunta — poderá o direito ser emancipatório? — tem tanto de proveitoso como de inadequado. Ao fim e ao cabo, o direito não pode ser nem emancipatório, nem não emancipatório, porque emancipatórios e não emancipatórios são os movimentos, as organizações e os grupos cosmopolitas subalternos que recorrem à lei para levar as suas lutas por diante.

Conforme já sublinhei, segundo a lógica da sociologia das emergências esta legalidade cosmopolita subalterna está, ainda, a dar os seus primeiros passos; trata-se, acima de tudo, de uma aspiração e de um projeto. Existem já, contudo, sinais suficientes para justificar a adoção de concepções mais amplas de realidade e de realismo. Tais concepções deverão abranger não só o que existe mas também aquilo que a sociedade produz ativamente como não-existente, e ainda aquilo que existe apenas como sinal ou vestígio do que pode ser facilmente menosprezado ou ignorado. A melhor maneira de captar esta realidade será mediante uma agenda de investigação aberta. Foi esse o meu objetivo no presente texto.

Para a teoria e sociologia convencionais será sempre fácil desacreditar os sinais da legalidade cosmopolita subalterna, bem como a agenda de investigação que visa desmontá-los. Isso é-lhes fácil porque, historicamente, elas mais não têm feito do que depreciar as alternativas de um futuro novo, que em qualquer circunstância continuam a verificar-se. Agarram-se, assim, a concepções políticas e teóricas alicerçadas em estreitas noções de realismo, recorrem ao pragmatismo para disfarçar a razão cínica que as caracteriza, e apresentam-se como paladinos do ceticismo científico para estigmatizar como sendo idealista tudo aquilo que se não compagina com a estreiteza das suas análises e perspectivas.

Essas análises e perspectivas provêm de uma espécie de racionalidade a que Leibniz, no seu prefácio à *Teodiceia*, publicada em 1710 (Leibniz, 1985), chamou "razão indolente", e que consiste no seguinte: se o futuro é uma necessidade e o que tem que acontecer acaba por acontecer, independentemente do que possamos fazer, é preferível não fazer nada, não nos preocuparmos com nada, limitando-nos a desfrutar o prazer do momento. Esta forma de razão é indolente porque desiste de pensar ante a necessidade e o fatalismo, de que Leibniz distingue três tipos: *Fatum Mahometanum*, *Fatum Stoicum*, e *Fatum Christianum*.

A consequência sociopolítica mais nefasta da razão indolente é o desperdício da experiência. Este livro, como muito do meu trabalho, foi escrito contra a razão preguiçosa e contra o desperdício de experiência que ela provoca.

Parte 1

O Direito e a Crise Revolucionária

CAPÍTULO 1

Justiça Popular, Dualidade de Poderes e Estratégia Socialista*

Direito, revolução e dualidade de poderes

A afirmação de que não existe uma teoria marxista do direito tornou-se quase um lugar-comum,[1] embora seja menos frequente-

---

* Este trabalho foi originalmente apresentado no simpósio sobre "Disciplina Capitalista e o Princípio do Direito", organizado conjuntamente pela *National Deviancy Conference* e a *Conference of the Socialist Economists*, e realizado em Londres em 6 e 7 de janeiro de 1979. A tradução portuguesa foi feita por Fernando Ruivo e revista pelo autor.

1. O mesmo pode ser dito a respeito do Estado capitalista, apesar de neste domínio se ter vindo a desenvolver, desde a década de 1960, um vasto e sofisticado corpo de reflexão teórica marxista. O que não impediu Althusser — sem dúvida, um dos principais responsáveis pela renovação dos estudos marxistas sobre o Estado — de afirmar que "não existe realmente uma teoria marxista do Estado" (citado por Therborn, 1978a). Restringindo-nos apenas às obras que abriram pistas importantes de investigação: Poulantzas, 1968; Offe, 1972; Altvater, 1972; O'Connor, 1973; Miliband, 1973; Anderson, 1974; Hirsch, 1974; Negri, 1977; Therborn, 1978b; Wright, 1978. Para o importante debate na Alemanha Federal sobre o Estado *vide*, por último, Brandes *et al.* (orgs.), 1977; uma perspectiva sobre o mesmo debate em língua inglesa, Holloway e Picciotto, 1978. O não menos importante debate sobre o Estado na América Latina pode ser seguido na *Revista Mexicana de Sociologia*, 1977. De salientar ainda Bahro, 1977, sem dúvida a mais lúcida e coerente análise marxista do Estado das sociedades do leste europeu até hoje produzida.

mente reconhecida a existência de algumas teorias marxistas contra o direito, das quais a mais conhecida seria a de Pashukanis (1978). A razão usualmente invocada para este déficit teórico é o fato de tanto o próprio Marx como Engels não terem feito senão referências dispersas e incompletas (não sistemáticas) ao problema do direito na sociedade capitalista.[2] Quer-me, no entanto, parecer, tendo em vista as mútuas implicações das questões teóricas e estratégicas no marxismo, que a razão *material* para tal déficit deve encontrar-se no fato de nenhuma das estratégias dominantes no movimento operário ter, até à data, necessitado verdadeiramente de uma teoria marxista do direito. Deixando, por agora, de lado os problemas relacionados com a distinção reforma/revolução, podemos *grosso modo* identificar duas estratégias principais: a estratégia revolucionária (insurrecional), cuja formulação mais coerente e global é a de Lênin e que foi a linha oficial da Terceira Internacional,[3] particularmente até 1934/35 (começo do período das frentes populares); a estratégia reformista, à qual Eduard Bernstein proporcionou a reconstrução teórica mais eloquente e que correspondeu à prática dos partidos da Segunda Internacional até ao seu colapso em 1914, antes de se transformar na linha oficial do movimento socialista saído da cisão do movimento operário entre socialistas e comunistas em 1922/23.

A estratégia revolucionária pretende a destruição do Estado capitalista através da confrontação global, incluindo a violência, e

---

2. Embora Marx não tenha elaborado uma teoria do direito — como era, aliás, sua intenção —, o certo é que as referências a este tema se encontram dispersas em toda a sua obra e não apenas nos textos que é usual mencionar a este respeito. Trata-se de uma preocupação constante que se revela desde as primeiras colaborações no Rheinische Zeitung até à Crítica do Programa de Gotha. Não é muito rico o trabalho de construção teórica a partir deste material tão vasto, apesar de nas décadas de 1960 e 1970 se terem feito as primeiras tentativas de sistematização. Ver Cerroni, 1962; Cain e Hunt, 1979.

3. Também designada por *Komintern*, corresponde a uma organização política fundada por Lênin após a Primeira Guerra Mundial com o propósito de promover a revolução mundial. Tratou-se de um órgão de controle soviético do movimento comunista internacional e foi dissolvido em 1943, por José Stálin, sendo a sua função assumida pelo *Kominform*, em 1947, depois da conferência de Varsóvia.

substituindo-o pela ditadura do proletariado, uma nova forma estatal emergente da luta dos trabalhadores e adequada à prossecução das tarefas do período de transição para o comunismo. No que se refere a esta estratégia, o direito não desempenha papel importante. É que, sendo o direito um instrumento de dominação capitalista, tem de ser combatido tanto quanto o Estado burguês. E, de fato, a terceira condição para admissão na Internacional Comunista postula que "os comunistas não podem confiar no Estado burguês". Assim, desnecessário se torna a teorização em detalhe da possível utilização da legalidade pela classe trabalhadora; ao contrário, nesta perspectiva, a teoria marxista do direito deve revelar a negatividade do direito frente ao movimento revolucionário. Neste sentido, a teoria marxista do direito transforma-se numa teoria marxista contra o direito. O melhor exemplo é a teoria geral do direito de Pashukanis (1978), apesar da importância dos seus argumentos para a elaboração de uma teoria marxista do direito, adequada às necessidades estratégicas do momento presente.

Ao contrário, a estratégia reformista baseia-se numa extensa utilização do direito, já que a transformação gradual do Estado capitalista em Estado socialista deve ser levada a cabo através de reformas sociais operadas no interior da armação constitucional vigente. Mas o emprego do direito só pressupõe uma sofisticada teoria marxista do direito se e quando a gradual transformação do Estado for concebida como uma gradual destruição da forma capitalista de Estado e uma emergência também gradual da nova forma socialista de Estado. A estratégia reformista, no entanto, tendeu na prática a *esquecer* a sua finalidade estratégica, isto é, a transformação e destruição do Estado capitalista, concentrando-se antes em reformas sociais que no fundo estabilizaram de fato o Estado capitalista. Tendo esta prática em conta, a utilização do direito, longe de pressupor uma teoria marxista do direito, é mais adequadamente guiada pelas teorias burguesas do direito, que dispõem de um vasto, rico e sofisticado corpo de pensamento jurídico, orientado para a reprodução do Estado capitalista. O impasse da teoria marxista do direito no seio desta estratégia é ilustrado da melhor maneira pela obra de Karl Renner (1949). A crítica marxista de Renner ao direito de propriedade acaba numa visão apologética das transformações estabilizadoras operadas pelo Estado no domínio do direito capitalista de propriedade nos começos do século XX.

No meu entender, uma sofisticada teoria marxista do direito só se torna necessária a uma estratégia das classes trabalhadoras baseada na superação da dicotomia reforma/revolução, tal como é historicamente constituída e conhecida. Isto implicará a utilização não burguesa da legalidade burguesa e a criação e expansão das instâncias da legalidade socialista alternativa. Ainda que embrionárias, hesitantes e reversíveis, existem sinais de reorientação estratégica nesta direção em toda a Europa, tanto no bloco de Leste como no Ocidental, desde o começo dos anos 1960. Tal reorientação está ligada a três fatores capitais. Primeiramente, as profundas modificações no processo de acumulação capitalista e na estrutura do Estado capitalista depois da Segunda Guerra Mundial. Em segundo lugar, a horrível experiência do fascismo e do nazismo com a consequente relegitimação dos princípios democráticos em geral. Em terceiro lugar, os traços cada vez mais visíveis de uma certa degenerescência do socialismo de Estado na URSS e nos Estados europeus sob a sua influência e a consequente reavaliação do papel (ambíguo) desempenhado pela URSS no movimento operário europeu desde a fundação da Terceira Internacional e, particularmente, depois da subida ao poder de Stálin.

A fundamentação teórica para tal reorientação estratégica nos campos do direito e do Estado deve basear-se em três tarefas preliminares.[4] Em primeiro lugar, eliminar algumas construções pseudoteóricas, em tempos veneradas. Por exemplo, a metáfora topográfica base/superestrutura, que deve ser substituída por um modelo de

---

4. Esta proposta de reformulação do marxismo virá a ser retomada mais tarde e com mais detalhe em Santos, 2013a, p. 33-57.

determinação mais analítico e conscientemente materialista, isto é, mais sensível à estratégia e à tática[5]. Em segundo lugar, aceitar o desafio para reler, repensar e reavaliar o período do movimento operário europeu entre 1890 e 1923, mais ou menos o período da Segunda Internacional e os primeiros anos da Terceira Internacional, no decurso do qual teve lugar o mais rico, aberto e profundo debate no interior do marxismo. Quatro nomes emergem, com particular importância para o novo empenho teórico (especialmente através dos seus escritos menos conhecidos). Refiro-me a Karl Kautsky (1893, 1907, 1908, 1915, 1921), Karl Korsch (1919, 1922a, 1922b, 1923, 1926, 1929), Rosa Luxemburg (1972) e Eduard Bernstein (1899, 1901, e em geral a sua colaboração nos periódicos, sobretudo em *Sozialistischen Monatshefte* depois de 1900), especialmente os dois últimos. Pode parecer surpreendente e até mesmo chocante apontar estes dois nomes conjuntamente, tão conhecido é o fato de haverem pertencido a alas opostas da social-democracia alemã. Passado tanto tempo, no entanto, há que lê-los e avaliá-los, tendo em vista as nossas lutas e não as deles. Além disso, e apesar do que realmente os separou, partilharam alguns pontos de vista que são importantes para os nossos propósitos, nomeadamente a ideia do íntimo laço existente entre democracia e combate socialista (começando no próprio interior do partido da classe operária) e o princípio da democratização global da vida social e política na sociedade socialista.

Finalmente, a terceira tarefa preliminar consiste em reanalisar lutas revolucionárias concretas, algumas das quais de tipo insurrecional, e em reelaborar os conceitos empíricos delas emergentes com vista a uma sua possível utilização, em versões transformadas e sob diferentes condições, em contextos futuros. Neste capítulo concentrar-me-ei nesta última tarefa, utilizando como exemplo o conceito

---

5. O conceito de causalidade estrutural elaborado pela escola althusseriana constitui um significativo avanço, mas é ainda demasiado abstrato para poder servir de guia às análises científicas regionais, nomeadamente no campo do direito e do Estado. A investigação mais recente orienta-se no sentido do maior rigor analítico, merecendo especial referência o trabalho de Wright, 1978.

e as experiências de dualidade de poderes em algumas modernas revoluções, desde a russa em 1917[6] à portuguesa em 1974/75.[7] Começarei por comentar a conceitualização de dualidade de poderes em Lênin e Trotski.[8] Explorarei então algumas possíveis linhas de reconstrução teórica do conceito, com enfoque específico sobre o direito e a ação judicial. Finalmente, referir-me-ei a algumas utilizações estratégicas e táticas da dualidade de poderes no direito e na administração da justiça, tanto em situações revolucionárias como não revolucionárias.

Numa crise revolucionária a questão da legalidade transforma-se numa das questões sociais mais onipresentes. É assim, em primeiro lugar, porque a própria crise é originada por uma ação ilegal do ponto de vista do regime anterior, o qual é deste modo parcial ou totalmente derrubado. Esta "ilegalidade" original transforma-se num dado político e ideológico básico que estrutura a práxis das classes e frações de classe implicadas de modos distintos (e frequentemente opostos). Para além disso, num período em que a luta de classes se agudiza intensamente, as várias classes e frações de classe apresentam concepções de legalidade distintas, e por vezes

---

6. A Revolução Russa de 1917 resultou de uma série de acontecimentos políticos na Rússia, que conduziram à eliminação da autocracia russa, e levou ao poder o Partido Bolchevique, de Vladimir Lênin. O descontentamento das classes populares com as duras condições de vida que enfrentavam num país recém-industrializado e sofrendo as consequências da Primeira Guerra Mundial somado à oposição ao governo absolutista do czar Nicolau II levou a manifestações populares que fizeram o monarca renunciar. O resultado desse processo foi a criação da União Soviética, que durou até 1991.

7. Revolução do 25 de Abril. Também denominada Revolução dos Cravos, pôs fim a 48 anos de ditadura. A revolução foi pensada, programada e levada a cabo por um grupo de militares descontentes com o regime e com a situação militar resultante da guerra colonial. Estes militares, na sua maioria capitães, uniram-se no chamado "Movimento das Forças Armadas" (MFA), e na madrugada do dia 25 tomaram os principais pontos estratégicos da capital. Na tarde desse mesmo dia, o presidente do Conselho, Marcelo Caetano, rendeu-se no Quartel do Carmo, cercado pelos carros de combate do capitão Salgueiro Maia. A população apoiou com entusiasmo na rua o MFA, e sufragou o seu famoso programa político (Descolonizar, Democratizar, Desenvolver). O que começou por ser um golpe militar, transformou-se assim, numa revolução popular, considerada uma das mais pacíficas da história moderna.

8. Ver Santos, 1990, p. 29-35.

antagônicas — como sejam a legalidade democrática *versus* a legalidade revolucionária — e nenhuma classe ou fração de classe é suficientemente poderosa para impor a sua concepção a todas as outras. Estas diversas concepções de legalidade não se distribuem igualmente pelos campos jurídicos, nem implicam a existência de áreas de consenso legal. O universo dividido do direito constitui-se como uma referência comum para as classes sociais envolvidas na luta.

Sempre que uma crise revolucionária tem lugar na sociedade capitalista, quanto maior for o antagonismo entre as diferentes concepções de legalidade, menores são as probabilidades de as contradições sociais serem resolvidas no nível das suas estruturas superficiais (como tensões sociais) e, portanto, menor a probabilidade de funcionamento da dialética negativa do Estado.[9] No sentido em que as contradições sociais não podem dispersar-se pelos mecanismos normalmente acionados pelo Estado capitalista, as controvérsias jurídicas individuais cuja separação do conflito de classe subjacente se tornou possível pelas formas e práticas legais burguesas serão reavaliadas em termos do seu conteúdo de classe e posicionamento nas lutas sociais. À medida que o Estado é privado da sua exterioridade vis à vis relações sociais e econômicas, converte-se em apenas mais um centro entre outros de poder social. Nestas circunstâncias a obediência às leis e a aceitação das suas concepções de legalidade tende a tornar-se uma questão tática, não apenas para as classes revolucionárias, mas também para todas as outras classes. Dependendo da intensidade da crise revolucionária, o colapso do monopólio do poder legal do Estado pode afetar a maior parte do aparato estatal, sendo que neste caso a situação pode ser descrita como de poder dual, no sentido em que existem pelo menos dois centros conflitantes de poder lutando pela hegemonia. De fato, esta situação caracterizou as crises revolucionárias mais importantes da idade moderna. Em crises revolucionárias menos fundamentais, e em crises

---

9. Ver adiante o capítulo 4 neste volume.

pré-revolucionárias, o colapso do Estado pode afetar apenas uma parte deste aparato, e mesmo assim pode ser mais ou menos profundo. Nesta situação, o poder dual restringe-se ao aparato particular, e o consequente impacto político depende do posicionamento específico desse aparato na estrutura da dominação política.

Numa situação de poder dual, os vários centros de poder político e social produzem práticas sociais e políticas distintas onde são incorporadas concepções divergentes de legalidade. Estas transformam-se nas teorias legitimadoras por detrás do exercício do poder e podem executar outras funções mais "práticas", como sejam a repressão e a facilitação. As concepções de legalidade nunca são a característica exclusiva de organizações políticas formais. De fato, a situação de poder dual é provável que ocorra à medida que estas concepções são apropriadas pelas massas nos movimentos sociais que geram mais ou menos espontaneamente.

Dualidade de poderes e transformação política

A caracterização teórica da forma política das situações revolucionárias modernas tem dado grande relevo ao conceito de poder dual ou de dualidade de poderes.[10] Porque o exemplo paradigmático da sua aplicação é quase sempre a revolução russa, justifica-se uma referência a dois dos seus teóricos "orgânicos": Lênin e Trotski.

Para Lênin, a dualidade de poderes é "uma particularidade extremamente notável" (1978, p. 17) da revolução russa, a exigir uma "atenção refletida" (1978, p. 24). Segundo ele, a dualidade de poderes

---

10. Para uma análise do poder dual em diferentes contextos revolucionários, ver para França, Soboul (1958); para a Rússia, Anweiler (1958), Ferro (1967, v. 1, p. 89; v. 2, p. 22), Trotski (1967, p. 251), e Lênin (1970, p. 48, 55); para a Alemanha, Broué (1971, p. 161); para Espanha, Broué e Témime (1961, p. 103); e para a América Latina, Mercado (1974). Para uma visão crítica da estratégia de poder dual no movimento socialista, ver Poulantzas (1978).

consiste "em que ao lado do Governo Provisório, o governo da *burguesia*, se formou *outro governo*, ainda fraco, embrionário, mas indubitavelmente existente de fato e em desenvolvimento: os Sovietes de deputados operários e soldados" (1978, p. 17). Trata-se de um governo de tipo novo. Lênin define assim o seu caráter político:

> É uma ditadura revolucionária, isto é, um poder que se apoia diretamente na conquista revolucionária, na iniciativa imediata das massas populares vinda de baixo, e *não na lei* promulgada por um poder de Estado centralizado. É um poder de um género completamente diferente do poder que geralmente existe nas repúblicas parlamentares democrático-burguesas do tipo habitual imperante até agora nos países avançados da Europa e da América. Esta circunstância é esquecida com frequência, não se medita sobre ela, apesar de que nela reside toda a essência do problema. *Este* poder é um poder do *mesmo tipo* que a Comuna de Paris de 1871. Os traços fundamentais deste tipo são: 1) a fonte do poder não está numa lei previamente discutida e aprovada pelo parlamento, mas na iniciativa directa das massas populares partindo de baixo e à escala local, na "conquista" directa, para empregar uma expressão corrente; 2) a substituição da polícia e do exército, como instituições separadas do povo e opostas ao povo, pelo armamento directo de todo o povo; com este poder a ordem pública é mantida pelos *próprios* operários e camponeses armados, pelo *próprio* povo armado; 3) o funcionalismo, a burocracia ou são substituídos também pelo poder imediato do próprio povo ou, pelo menos, colocados sob um controlo especial, transformando-se em pessoas não só elegíveis mas *exoneráveis* à primeira exigência do povo, reduzem-se à situação de simples representantes; transformam-se de camada privilegiada, com "lugarzinhos" de remuneração elevada, burguesa, em operários de uma "arma" especial, cuja remuneração *não exceda* o salário normal de um bom operário (1978, p. 17 ss.).

Escrevendo em abril de 1917, Lênin reconhece que os sovietes são uma forma de Estado embrionária e incipiente. Tanto mais que, devido à influência dos "elementos pequeno-burgueses" (mencheviques e socialistas revolucionários), o poder dos sovietes tem pactuado com o governo provisório e, nessa medida, "*cedeu* e *cede* ele próprio posições à burguesia" (1978, p. 18). Apesar disso, a dualidade de poderes é uma "circunstância extraordinariamente original que a História não tinha ainda conhecido sob tal forma [...] conduziu ao entrelaçamento num todo único de duas ditaduras: a ditadura da burguesia [...] e a ditadura do proletariado e do campesinato" (1978, p. 25). Lênin adverte, contudo, que este "entrelaçamento" não pode durar muito já que "num Estado não podem existir dois poderes". Um deles terá de desaparecer. "A dualidade de poderes não exprime senão um momento de transição no desenvolvimento da revolução, quando ela já foi além dos limites da revolução democrático-burguesa comum mas não chegou ainda a uma ditadura 'pura' do proletariado e do campesinato" (1978, p. 26).

A caracterização da dualidade de poderes feita por Trotski é simultaneamente mais ampla e mais otimista. Contrariamente a Lênin, Trotski considera que a dualidade de poderes "é uma situação particular de uma crise social, de modo nenhum exclusiva da revolução russa, ainda que nesta mais nitidamente marcada" (1950, p. 251). Depois de especificar que não há dualidade de poderes nos casos em que o poder da classe dominante é partilhado por duas das suas facções — por exemplo, os *junkers* alemães e a burguesia, sob os Hohenzollern, ou na República — Trotski acrescenta que a dualidade de poderes não pressupõe — antes exclui, em geral — a possibilidade da divisão do poder em duas partes iguais ou qualquer equilíbrio formal de forças.

> Não se trata de um facto constitucional, mas sim de um facto revolucionário. Significa que a ruptura do equilíbrio social já demoliu a superestrutura do Estado. Manifesta-se nas situações em que as classes antagónicas se baseiam em organizações de governo essencialmente antagónicas — uma, em declínio, a outra, emergente — que a cada momento se chocam na direcção do país. A soma do poder

que, nestas situações, recai sobre cada uma destas classes em luta é determinada pela correlação das forças e pelas fases da batalha (1950, p. 252).

Segundo Trotski, a situação de dualidade de poderes pode conduzir à guerra civil no caso em que a dualidade assume uma expressão territorial, tornando-se, assim, mais visível.

Mas antes que as classes ou partidos rivais cheguem a esse extremo, sobretudo se têm dúvida sobre a intervenção de uma terceira força, podem ver-se obrigadas a suportar por muito tempo e mesmo a sancionar um sistema de dois poderes (1950, p. 253).

De seguida, ilustra a situação de poder dual nas revoluções inglesa, francesa, alemã e russa. A especificidade desta última reside em que, ao contrário do que sucedeu nas outras revoluções, "vemos a democracia oficial criar consciente e intencionalmente um sistema de poder dual, evitando a todo o custo assumir o poder sozinha" (1950, p. 257). Desta maneira, a dualidade de poderes começa de forma dissimulada e só emerge à superfície quando os bolcheviques substituem os conciliadores na direção dos sovietes. E Trotski conclui que

a peculiaridade básica da revolução russa reside na maturidade infinitamente superior do proletariado russo em comparação com as massas urbanas das antigas revoluções. Foi ela que conduziu, num primeiro momento, a um governo duplo semifantasmático e impediu, depois, que a dualidade real se resolvesse a favor da burguesia (1950, p. 258).

À luz destas reconstruções teóricas, cabe agora averiguar se, e em que medida, a crise revolucionária de 1974-75 envolveu uma situação de dualidade de poderes.

Não é este o lugar para dar conta do que foi a revolução portuguesa. É bem provável até que os historiadores do futuro venham negar o estatuto de verdadeira revolução ao que aconteceu em Portugal em 1974-75,[11] tal como o fizeram com a revolução alemã de novembro de 1918.[12]

A revolução portuguesa começou com uma revolta militar liderada por um considerável grupo de jovens oficiais democratas e antifascistas desejosos de acabar com a guerra colonial. No que se refere ao projeto político para o continente, o programa do Movimento das Forças Armadas (MFA)[13] era inequívoco, apesar da sua generalidade: destruição imediata das características fascistas do aparelho de Estado; eleições para uma Assembleia Constituinte onde a democracia parlamentar devia ser restaurada; pluralismo político e autonomia das organizações da classe operária; uma política econômica antimonopolista, apontando para uma distribuição mais equitativa das riquezas. No que toca, no entanto, à questão colonial, o programa era bastante ambíguo. Apelava para uma solução política no âmbito

---

11. Sobre o 25 de abril de 1974, a bibliografia é hoje imensa. Dediquei-lhe os seguintes estudos: Santos (1982); Santos, Cruzeiro e Coimbra (1997), Santos (2004) e Santos (2013b).

12. Ver Broué, 1971.

13. O nascimento do Movimento dos Capitães, designação original, encontra-se ligado à publicação dos Decretos-leis ns. 353, de 13 de julho de 1973, e 409, de 20 de agosto do mesmo ano, por meio dos quais se pretendia resolver o problema da falta de oficiais com que o Exército se debatia perante a continuação da Guerra Colonial. Apesar da suspensão dos diplomas, as reuniões entre militares continuaram e o movimento politizou-se. A recusa de Marcello Caetano em aceitar uma solução política para a guerra levou a que os oficiais de nível intermediário percebessem que o fim do conflito passava pela derrubada do regime do Estado Novo. O Movimento dos Capitães consolidou ligações e canais de divulgação de informação dentro dos quartéis (na metrópole e nas colônias). Foi eleita uma Comissão Coordenadora, que passou a liderar todo o processo de contestação. Em novembro de 1973, o Movimento explicita que, além das reivindicações corporativas, estavam em causa outros objetivos, como o fim da Guerra Colonial e o restabelecimento da democracia. Em dezembro foi eleito um Secretariado Executivo constituído por Vasco Lourenço, Otelo Saraiva de Carvalho e Vítor Alves, e foram formadas as várias comissões que iniciaram o processo de preparação de um golpe militar. A 5 de março de 1974, o Movimento dos Capitães passou a designar-se Movimento das Forças Armadas e foram aprovadas as suas bases programáticas, que constavam de um documento distribuído nos quartéis, *O Movimento, as Forças Armadas e a Nação*. O programa iria depois sintetizar-se em três palavras-lema: democratizar, descolonizar e desenvolver. A conspiração que derrubou o Estado Novo envolveu cerca de trezentos oficiais e desenvolveu-se em menos de um ano. O golpe foi marcado para a semana de 20 a 27 de abril de 1974, acabando por ter lugar a 25 de abril.

de um vasto espaço português. Tal ambiguidade era a consequência do fato de os jovens oficiais terem sido compelidos a comprometerem-se com António de Spínola,[14] um dos dois generais que entrara em conflito com o regime de Marcelo Caetano[15] (o outro foi o general Costa Gomes).[16] O compromisso foi então considerado importante, não apenas para minimizar a possibilidade de resistência de algumas unidades militares leais ao antigo regime, mas também para anular qualquer tentativa de declaração unilateral de independência por parte da população branca das colônias, particularmente em Angola.

---

14. António Sebastião Ribeiro de Spínola. Em novembro de 1973, é convidado por Marcelo Caetano, numa tentativa de o colocar no regime, para ocupar a pasta de ministro do Ultramar, cargo que não aceita. A 17 de janeiro de 1974, é nomeado para vice-chefe do Estado-Maior das Forças Armadas, por sugestão de Costa Gomes, cargo de que é demitido em março, por se ter recusado a participar na manifestação de apoio ao Governo e à sua política. A 25 de abril de 1974, como representante do MFA (Movimento das Forças Armadas), aceita do Presidente do Conselho, Marcelo Caetano, a rendição do Governo, o que na prática significa uma transmissão de poderes. Com a instituição da Junta de Salvação Nacional, órgão que passou a deter as atribuições dos órgãos fundamentais do Estado, a que presidia, é escolhido pelos seus membros para o exercício das funções de Presidente da República. Ocupará a Presidência da República a 15 de maio de 1974, cargo que irá exercer até 30 de setembro de 1974, altura em que renuncia e é substituído pelo general Costa Gomes.

15. Sucessor de Salazar. O período marcelista designa o final do regime do Estado Novo, marcado pela ação de Marcelo Caetano como chefe do governo (1968-1974), e que se caracterizou por uma tentativa falhada de autorreforma das instituições. É possível distinguir duas fases principais neste período: uma primeira, até finais de 1970, de relativa abertura e criação de expectativas liberalizantes, num quadro institucional de instável equilíbrio de poderes entre o chefe do Estado e o chefe do governo e num clima político de adiamento de escolhas essenciais para o futuro do regime; uma segunda, até abril de 1974, de progressiva crispação repressiva, radicalização das oposições e isolamento e degenerescência das instituições, em consequência do impasse colonial (Rosas e Brandão de Brito, 1996).

16. Francisco Costa Gomes. Em 1970, exerceu as funções de comandante da Região Militar de Angola, onde procedeu à remodelação do comando-chefe e é o impulsionador da ideia de entendimento militar com a UNITA (União para a Independência Total de Angola), entendimento este quebrado em 1972, por erros não imputáveis ao seu comando. É nomeado para exercer o cargo de chefe do Estado-Maior das Forças Armadas a 12 de setembro de 1972. É exonerado do cargo em março de 1974, pouco antes do 25 de abril, por se ter recusado à prestação de lealdade ao governo de Marcelo Caetano. De 25 de abril a 30 de setembro de 1974 exerceu as funções de chefe do Estado-Maior General das Forças Armadas com prerrogativas de primeiro-ministro. Assume a Presidência da República por indicação da Junta de Salvação Nacional, devido à demissão do general Spínola a 30 de setembro de 1974, cargo que ocupará até 27 de junho de 1976.

Spínola representava claramente os interesses do capital monopolista enquanto os jovens oficiais do MFA receberam desde o início um tremendo apoio popular por parte da classe operária e de largos setores da pequena burguesia.

A mobilização popular que se seguiu (greves de caráter econômico e político rebentaram por todo o país) foi o fator determinante da derrota total de Spínola, assim como da neutralização dos elementos direitistas no seio do MFA e da radicalização política dos seus elementos mais progressistas. Tal fato e a firme rejeição de qualquer solução do tipo spinolista para a questão colonial por parte dos principais movimentos de libertação constituíram as precondições essenciais para o que viria a tornar-se o processo de descolonização dos tempos modernos mais isento de traços neocolonialistas.

As alterações qualitativas no processo político tiveram lugar depois de março de 1975,[17] quando a sociedade portuguesa entrou numa crise revolucionária: extensa nacionalização da indústria; nacionalização total do sistema bancário e de seguros; ocupações de terras no Alentejo; ocupações de casas nas grandes cidades; conselhos de operários; autogestão em empresas industriais e comerciais abandonadas pelos antigos proprietários; cooperativas na indústria, comércio e agricultura; associações de moradores; clínicas do povo; dinamização cultural nas regiões mais atrasadas do país. Nenhuma destas medidas, tomadas individualmente, poria em causa as bases capitalistas da sociedade ou a natureza de classe de poder de Estado. No entanto, todas elas, no seu conjunto — aliadas à dinâmica interna da mobilização da classe operária e da iniciativa popular, à paralisia generalizada dos aparelhos de Estado e ao crescente conflito

---

17. A 11 de março de 1975, o processo político-militar entra num período de forte radicalização que coloca na agenda política a construção da sociedade socialista e termina de vez com alguma ambiguidade que até então existira no que respeita ao processo de descolonização e das condições da transferência de poderes. Foram nacionalizadas as empresas dos grupos monopolistas, a banca e os seguros. Portugal entrou então numa crise revolucionária que caracterizei como dualidade de impotências. Ver Santos, 1990.

no interior das forças armadas — causaram, de fato, uma crise revolucionária. Mas em nenhum momento se esteve perante uma situação de dualidade de poderes concebida como "confrontação global" entre "duas ditaduras". Embora uma análise detalhada deste fato ainda esteja por efetuar, quer-me parecer que um dos fatores mais diretamente causais residiu na própria natureza dos acontecimentos que conduziram à crise revolucionária. Tudo começou com uma revolta *militar*, quer dizer, uma revolta provinda de cima, produzida no seio do próprio aparelho de Estado. Tratava-se de destruir o poder de Estado fascista, mas, na realidade, apenas foram eliminadas as características do Estado mais explicitamente fascistas, tais como a polícia política, as prisões e os tribunais políticos, o sistema de um só partido e as milícias paramilitares fascistas. Para além disso, o aparelho de Estado manteve-se intacto com os seus cinquenta anos de ideologia, institucionalização, recrutamento, treino e prática autoritários. Apesar de, sob pressão popular, se terem registrado alguns saneamentos de quadros na administração pública e na indústria, eles foram quantitativamente limitados, frequentemente oportunistas e, em certos setores cruciais do aparelho de Estado (como a administração da justiça, por exemplo), virtualmente inexistentes. De qualquer modo, os saneamentos restringiram-se sempre aos quadros de pessoal e nunca chegaram a atingir as estruturas do poder de Estado. Quanto aos dois ramos do aparelho repressivo de Estado — polícia (PSP[18] e GNR[19]) e forças armadas — a situação foi ainda mais evidente. Já que a polícia não oferecera resistência aos jovens oficiais do MFA, desnecessário se tornou desmantelar ou mesmo reestruturar a organização; apenas foram substituídos os oficiais de maior graduação. No que se refere às forças armadas, não resta dúvida de espécie alguma de que estas foram sacudidas até às raízes; mas precisamente por a revolta se haver

---

18. Polícia de Segurança Pública.

19. Guarda Nacional Republicana.

originado nas suas fileiras e o processo político se ter mantido sob controle militar, elas sentiram-se globalmente relegitimadas e suspenderam qualquer reestruturação interna profunda. Isto explica, entre outras coisas, o fato de os comitês de soldados haverem aparecido no processo tão tarde, minados por interesses partidários e sectários e sem qualquer dinâmica interna.

Resumindo, uma vez suprimidas as suas características distintamente fascistas, o aparelho de Estado não colapsou. Sofreu antes uma paralisia geral. Na medida em que os acontecimentos políticos imediatos haviam surgido no seu seio (no interior de um dos seus aparelhos), tornava-se "relativamente fácil" levar a cabo a paralisia do poder de Estado burguês. Neste sentido, não existia uma dominação política efetiva por parte da burguesia. Mas pelas mesmas razões também não existia uma dominação política efetiva por parte do proletariado. O papel desempenhado neste contexto pelos grandes partidos da classe operária (PS[20] e PCP[21]) deve ser brevemente mencionado. Havendo obtido uma considerável influência no aparelho de Estado e no interior das forças armadas logo após o 11 de março de 1975, o PCP (ao tempo, a única organização política digna de nome) sempre se mostrou relutante perante a mobilização espontânea e as organizações criativas da classe operária, tanto no nível da produção como da reprodução. Utilizando o argumento mistificador de que o inimigo já havia sido destruído através da nacionalização do capital monopolista e de que o setor do MFA, então no poder, se apoiado, levaria por diante os interesses do proletariado, o PCP favoreceu planos de ação no interior do aparelho de Estado e recuou perante a ideia da construção de um autêntico poder popular. Pelo seu lado, o partido socialista, de recente formação e composição heterogênea (sob a dominância do setor social democrata), ressentiu a influência dos comunistas no aparelho de

---

20. Partido Socialista.
21. Partido Comunista Português.

Estado e recusou, como parte integrante da sua luta antitotalitária, qualquer fórmula política que não a democracia parlamentar. Apoiado pela burguesia e por setores da pequena burguesia e da classe operária (desarticulados no nível nacional por uma estrutura produtiva desequilibrada e não integrada; sem grande experiência organizativa; ressentida com o poder político e a arrogância dos comunistas; bloqueados por uma ideologia católica retrógrada), o partido socialista depressa se transformou no partido da oposição *par excellence*. Tal e qual como na Alemanha de 1918, os socialistas tornaram-se o principal partido de uma ampla coligação em que avultavam forças sociais burguesas e conservadoras que, subsequentemente, manobraram para os subalternizar.

Pode afirmar-se que o mesmo processo que rapidamente obteve a suspensão ou neutralização do poder burguês impediu simultaneamente o poder do proletariado de emergir em seu próprio nome. *Foi menos uma situação de dualidade de poderes do que de dualidade de impotências,* como eu a caracterizaria, uma situação que se resolveu a favor do poder burguês em 25 de novembro de 1975.[22] Na verdade, a revolução portuguesa demonstra, como uma das suas características mais notáveis, que o Estado burguês pode sofrer uma paralisia geral por um largo período de tempo sem atingir o colapso. Pelo contrário, ele conserva-se intacto como uma espécie de reserva estatal para ser reativado quando e logo que as relações de forças mudem a seu favor.

---

22. No dia 25 de novembro de 1975, no final do período revolucionário que se seguiu ao 25 de abril, Portugal esteve à beira de uma guerra civil. Após um "Verão Quente" de disputa entre forças revolucionárias e forças moderadas, pela ocupação do poder, civis e militares chegaram ao outono a contar espingardas. O confronto tantas vezes anunciado pareceu por fim inevitável, quando, na madrugada de 25 de novembro, tropas paraquedistas ocupam diversas bases aéreas, na expectativa de receber apoio do COPCON (Comando Operacional do Continente). Mas um grupo operacional de militares, chefiado por Ramalho Eanes (que viria posteriormente a assumir a presidência da república), liquidou a revolta no ovo, substituindo o PREC (Processo Revolucionário em Curso) pelo "Processo Constitucional em Curso".

Dentro desta situação global de impotência dual que acabo de descrever apareceram formas restritas de dualidade de poderes em áreas específicas da vida social e em setores específicos do aparelho de Estado. Um desses casos de poder dual teve lugar no aparelho judicial e assumiu a forma de justiça popular.[23]

Já que estes casos limitados de poder dual, como muitos outros em outras áreas da vida social (indústria, educação, prisões etc.), tiveram lugar numa situação global de impotência dual, vieram sempre a consistir em ações fragmentárias e, como tal, não puderam ser reproduzidas de modo cumulativo. Na medida em que não existia uma estratégia revolucionária unificada capaz de levar ao poder o proletariado, as iniciativas de poder dual não puderam progredir para uma confrontação global com o poder de Estado burguês. O poder de Estado paralisou mas permaneceu virtualmente indiviso. Isto explica a razão de o aparelho judicial de Estado nunca ter perdido o controle quer do caso Diogo, quer do caso Rodrigues.[24] Na realidade, depois do 25 de novembro de 1975, quando as condições para a ativação do poder burguês foram restauradas, os dois casos foram julgados nos tribunais oficiais e ambos os réus considerados culpados. E embora aqui não trate dessa questão, é altamente discutível se os casos específicos de justiça popular desempenharam um papel positivo ou negativo nas condições específicas da revolução portuguesa.

Os casos de justiça popular na revolução portuguesa representam uma dupla contribuição para a estratégia revolucionária. Primeiramente, eles mostram que, para eliminar as aberrações históricas que rodeiam a ideia de justiça popular (por exemplo, os *Volksgerichte* de Hitler), esta tem de ser conceitualizada como dualidade de poderes na função judicial, como justiça da classe operária contra a justiça da burguesia. Em segundo lugar, ilustram um dos

---

23. Sobre os principais casos de justiça popular em Portugal ocorridos entre março e novembro de 1975, ver adiante o capítulo 3 neste volume.

24. Ver capítulo 3 neste volume.

modos possíveis de transformação do conceito de poder dual com vista a aumentar o seu valor analítico e estratégico: uma vez que as condições específicas da crise revolucionária não permitam uma confrontação global com o velho poder de Estado, é possível e, em certos casos, correto, criar formas limitadas ou setoriais de poder dual que operem em áreas particulares da vida social ou em particulares setores da ação estatal.

É, no entanto, possível pensar em outros modos de transformar o conceito de poder dual de maneira a enfrentar a diversidade complexa e a dinâmica da luta socialista no nosso tempo. Nos casos apresentados até agora, o poder dual tem lugar numa crise revolucionária e, apesar de sob forma setorial restrita, incorpora uma situação de confronto entre poderes antagônicos, quer dizer, uma situação de conflito interclassista. É concebível, contudo, a utilização do conceito de poder dual — de forma enfraquecida mas nem por isso menos válida — em situações não revolucionárias, englobando poderes mais complementares ou paralelos do que confrontacionais, nas quais dominam, pelo menos à superfície, os conflitos intraclassistas. Tentarei demonstrar tal possibilidade — restringida no presente trabalho ao poder dual no âmbito do direito e da justiça — referindo-me às funções judiciais desempenhadas pelas associações de moradores dos bairros de lata das grandes cidades do mundo capitalista e apresentado como exemplo o caso da associação de moradores de um dos maiores bairros de lata do Rio de Janeiro que tive ocasião de estudar em profundidade.[25] Pasárgada, como no meu trabalho chamo a esta favela (designação dada no Brasil aos bairros de lata), é um grande e velho bairro marginal do Rio, implantado num vasto terreno que ao tempo da ocupação inicial (princípios dos anos 1930) era propriedade privada, sendo hoje propriedade do Estado. De alguns anos para cá, a comunidade tem vindo a eleger uma associação de moradores formalmente encarregada de representar os interesses da comunidade perante os vários departamentos estatais,

---

25. Ver Santos, 1974 e 2014b.

particularmente no que diz respeito a serviços públicos e equipamentos coletivos e de promover convivência pacífica no interior da favela. A minha pesquisa revelou, no entanto, que para além destas funções formais — que são, como seria de prever, pobremente executadas dada a sobre-exploração das camadas populares, a legislação repressiva e o poder político de tipo fascista no Brasil de hoje — a associação de moradores se havia gradualmente transformado num fórum judicial, um instrumento de prevenção e resolução de conflitos no interior de Pasárgada. Neste domínio, a associação exerce hoje dois tipos de funções: ratificação de relações jurídicas e resolução das disputas que delas surgem. As relações jurídicas têm usualmente origem em contratos (vendas, arrendamentos etc.) que envolvem a propriedade, a posse e os direitos reais sobre a terra, e as habitações (casas e barracos) ou parte delas. Mas também podem dizer respeito a relações de direito público, envolvendo os direitos da comunidade no seu todo frente a algum ou alguns dos seus membros. Quando, por exemplo, os moradores desejam celebrar um contrato podem vir à associação avistar-se com o presidente. Vêm, normalmente, acompanhados por familiares, amigos ou vizinhos, alguns dos quais servirão de testemunhas. As partes explicam as suas intenções ao presidente, o qual formula questões relativas à natureza do contrato e seu objeto até se encontrar esclarecido. O contrato é então reduzido a escrito e arquivado, distribuindo-se cópias aos intervenientes principais. A intervenção da associação, que designo como ratificação, é um processo muito sutil e complexo através do qual a relação jurídica entre as partes é provida de uma fonte autônoma de segurança. Quando um conflito estala entre dois vizinhos, a associação pode ser chamada a resolvê-lo, dando início a um processo que termina na discussão da questão pelas partes e vizinhos numa audiência dirigida pelo presidente.

Analisei em detalhe as estruturas normativas e retóricas desta legalidade comunitária a que chamei *direito de Pasárgada* e que cobre uma interação jurídica muito intensa e complexa marginal ao sistema jurídico estatal (o direito do asfalto, como lhe chamam os moradores das favelas).[26] Como é óbvio, o direito de Pasárgada só é válido no seio da comunidade já que, do ponto de vista da legalidade estatal, todas as transações baseadas na terra ilegalmente ocupada não possuem validade legal. A estrutura normativa de Pasárgada baseia-se assim na inversão da norma básica (*grundnorm*) da propriedade através da qual o estatuto legal da terra de Pasárgada é consequentemente invertido: a ocupação ilegal transforma-se em posse e propriedade legais. Efetuada esta inversão, as normas da propriedade do direito do asfalto podem ser seletivamente incorporadas no direito de Pasárgada e aplicadas na comunidade. De fato, o princípio da propriedade privada e as consequências legais que acarretam são tão respeitadas no direito de Pasárgada como no direito oficial brasileiro. O discurso legal em Pasárgada conta com uma retórica jurídica muito rica e elaborada.[27] Comparando a argumentação jurídica de Pasárgada com a prevalecente na justiça estatal contemporânea é talvez possível demonstrar que, num dado aparelho legal, a intensidade do uso da retórica jurídica tende a variar na razão inversa da força efetiva de poderes de coerção e de repressão ao serviço desse aparelho. E, na verdade, o direito de Pasárgada é uma forma de legalidade muito embrionária e precária e a associação de moradores coexiste na comunidade com outros centros de poderes, sendo muito limitados os seus poderes de coerção. É também uma armação legal extremamente acessível, participatória e não profissionalizada. A distinção entre questões processuais e substantivas não se encontra rigidamente estabelecida e a mediação é o modelo dominante da resolução de conflitos.[28]

Embora precário, o direito de Pasárgada representa uma legalidade alternativa à legalidade estatal burguesa e, nesse sentido, também representa o exercício, apesar de fraco, de uma forma alternativa de poder. Na medida em que o direito de Pasárgada não

---

26. Ver Santos, 2014b, p. 102-406.

27. Ver Santos, 2014b, p. 27-101.

28. Ver a propósito da justiça popular em Cabo Verde, Santos, 2015a.

reclama validade ou execução fora da comunidade e tenta apenas resolver conflitos intraclassistas, os dois poderes legais (o direito do asfalto e o direito de Pasárgada) não entram em confrontação. São antes paralelos ou até complementares. É, mesmo assim, concebível aplicar o conceito de poder dual, nesta forma enfraquecida, à relação desigual entre o direito de Pasárgada e o direito do asfalto.

Pode objetar-se que uma tal aplicação constitui um alargamento ilegítimo do conceito de dualidade de poderes, pois o direito de Pasárgada pouco mais faz do que prolongar o direito estatal no seio da comunidade e por essa razão é provavelmente funcional para os objetivos gerais da dominação burguesa (na medida em que assegura a reprodução pacífica e a baixo custo da força de trabalho). Embora concorde parcialmente com esta objeção, gostaria de contra-argumentar com três observações. Primeiramente, o direito de Pasárgada, ao produzir uma legalidade alternativa, tenta neutralizar ou contrariar o fato de nas sociedades capitalistas (pelo menos nas da periferia) as classes trabalhadoras não terem em geral acesso às relações sociais fundadas na propriedade imobiliária, uma vez que os seus direitos constituídos nas comunidades marginais são declarados ilegais pelo sistema legal oficial. Deste modo, apesar de em termos de estrutura de superfície os conflitos tratados pelo direito de Pasárgada serem criados, discutidos e resolvidos como conflitos intraclassistas, em termos de estrutura profunda são expressões reflexas de um muito mais vasto conflito interclassista. E esta dualidade implícita encontra-se sempre presente no direito de Pasárgada na medida em que a segurança das relações jurídicas é uma garantia do desenvolvimento interno da comunidade frente à "comunidade do asfalto". Na realidade, quanto maior for este desenvolvimento interno, menor será a probabilidade de os interesses capitalistas na especulação de terrenos urbanos pressionarem com êxito o Estado, no sentido da destruição da favela e da remoção da comunidade para os subúrbios da cidade (como tem acontecido por mais de uma vez com outras favelas). Em segundo lugar, o direito de Pasárgada centra-se à volta de uma organização eleita na comunidade, a associação de moradores. Apesar das limitações do processo eleitoral, o direito de Pasárgada aponta, desta maneira, para uma administração da justiça alternativa e democrática, tanto mais notável por ter lugar nas franjas do Estado de tipo fascista. Se mais não fizer, desempenha, pelo menos, uma função educativa e pode contribuir para elevar a consciência de classe das classes trabalhadoras urbanas, vivendo nos bairros de lata. Em terceiro lugar, o direito de Pasárgada não faz parte de uma estratégia revolucionária organizada nem tem lugar numa situação revolucionária. Pelo contrário, limita-se a minimizar a brutalidade da reprodução social das classes trabalhadoras em condições de luta muito difíceis. Tendo tais condições em vista — que são afinal as condições prevalecentes, sobretudo nos países capitalistas periféricos ou no chamado terceiro mundo — pode argumentar-se que um poder dual complementar ou paralelo é a pré-história de um poder dual confrontacional.

Conclusão

Neste capítulo explorei alguns modos possíveis de alargar o conceito de poder dual com referência específica às funções judiciais do aparelho de Estado. Não penso ter sido exaustivo. Pelo contrário, estou perfeitamente consciente de que entre os dois casos extremos aqui analisados — tribunais populares e direito de Pasárgada — existe um número infinito de casos intermediários. A guisa de exemplo, mencionarei apenas os tribunais de vizinhos organizados nos bairros de lata de Santiago durante o governo de Allende e com apoio deste.[29]

Considerando as implicações recíprocas das questões teóricas e estratégicas no marxismo, o trabalho conceitual deve ter em conta as condições, sempre em mutação, da luta socialista no mundo e em

---

29. Ver capítulo 3 neste volume.

especial (para o que nos importa aqui e agora) na Europa de hoje, tanto nos países centrais como nos periféricos. Sempre que a demolição global do Estado classista esteja fora de questão, uma estratégia socialista realista deve começar pela redefinição do próprio Estado. A estrutura não monolítica e contraditória do Estado deve ser estudada detalhadamente; os modos de determinação específicos a cada um dos seus setores devem ser analisados bem de perto; as estratégias do poder dual devem então ser organizadas naqueles setores onde as condições são mais favoráveis.

Esta orientação estratégica não pressupõe a rejeição da legalidade burguesa democrática nem da democracia parlamentar em qualquer lugar onde exista. Pressupõe antes a possibilidade de uma utilização não burguesa das formas políticas e jurídicas democráticas que a burguesia soube em tempos impor às classes dominantes do *ancien régime*. Nas presentes condições do Sul da Europa, por exemplo, particularmente Portugal, é evidente que compete à classe operária defender a legalidade democrática e a democracia parlamentar, colocando as formas jurídico-políticas de origem burguesa ao serviço de objetivos não burgueses. Uma tal estratégia envolve uma luta desigual, mas dada a natureza contraditória dessas formas jurídicas e políticas, tal desigualdade é, ela própria, dinâmica e fonte de novas condições de luta. O objetivo estratégico é agudizar as contradições em setores específicos da ação estatal até ao ponto em que as formas e instrumentos políticos e jurídicos burgueses se tornem não reprodutivos da dominação de classe para além dos limites da disfuncionalidade controlável. Trata-se, portanto, de uma estratégia de risco máximo como é próprio de qualquer estratégia revolucionária.

CAPÍTULO 2

A Crise e a Reconstituição do Estado em Portugal

A crise final do Estado Novo[1]

Sem entrar em linha de conta com crises menores em períodos anteriores, que o Estado Novo (1926-1974) sempre soube prevenir ou superar com maior ou menor facilidade, foi em 1969 que rigorosamente se iniciou a crise final da forma organizativa do Estado e, com ela, uma profunda crise de legitimação e de hegemonia.

Ao proceder à análise deste complexo processo de crise deve resistir-se a duas tentações igualmente distorsivas: a tentação de centrar a análise exclusivamente nas lutas de classe que então se geraram ou agravaram, e muito particularmente nas lutas entre frações da classe dominante que, então, disputaram a hegemonia no seio do bloco social no poder, e a tentação, de algum modo inversa,

---

1. Designação com que o regime institucionalizado pela Constituição de 1933 se autointitulava. Apesar de possuir algumas características semelhantes ao fascismo italiano de Benito Mussolini (ausência de liberdades fundamentais, monopartidarismo, autoritarismo, criação de instituições repressivas, hipernacionalismo e colonialismo), o Estado Novo nunca se assumiu como fascista.

de centrar a análise exclusivamente na lógica interna da forma político-administrativa do Estado e dos impasses a que conduziu. As duas tentações são igualmente fáceis no caso português, o que em si é revelador das especificidades desta formação social e estatal. De fato, o Estado salazarista apresenta-se com uma face de Janus. Ao tutelar vigilantemente os interesses das classes trabalhadoras, reprimindo a sua articulação e representação autônomas, o Estado sugere um elevado grau de identificação com os interesses da burguesia no seu todo, ou pelo menos com os interesses de uma das suas frações, o que faz jus a uma análise de tipo classista. Mas, por outro lado, as bases ideológicas e as estruturas institucionais e normativas do Estado corporativo pressupõem uma distância calculada em relação às classes sociais em conflito, ou seja, um espaço de manobra em que se tecem interesses próprios do Estado, o que, por sua vez, faz jus a uma análise de tipo estatista. A especificidade do Estado português pré-1974 reside em que estas duas caracterizações são menos antagônicas do que complementares pelo que se recomenda uma estratégia analítica em que se combinem a análise classista e a análise estatista.

Desde os começos do Estado Novo em 1926 e por um longo período, a burguesia agrária (e, em aliança com ela, mas em posição subalterna, a burguesia comercial) foi a classe hegemônica. Conferia direção e coerência políticas à ação do Estado, viu transformados em gerais e dominantes os valores que legitimaram o seu poder social e asseguraram a sua reprodução como classe, garantiu que a intervenção estatal sobrepusesse a satisfação dos seus interesses econômicos à dos das restantes classes sociais. Se é característico do Estado capitalista em geral que os interesses da classe hegemônica só se transformam em interesses hegemônicos na medida em que o Estado reivindica para si, enquanto representante do interesse geral, a titularidade desses interesses, no caso do Estado Novo este processo foi levado bem mais longe na medida em que a organização corporativa do Estado e todo o complexo aparelho administrativo em que ela se concretizou foram paulatinamente conferindo uma materialidade específica ao interesse geral do Estado, recobrindo os interesses da classe hegemônica com um interesse autônomo do Estado. Deste modo, o exercício da hegemonia da burguesia agrária implicou simultaneamente a aceitação por parte desta da tutela exercida pela máquina burocrática em nome do interesse do Estado. Esta matriz de relações entre a hegemonia de classe e a supremacia política do Estado é tanto mais importante quanto permanece inalterada por sobre as transformações do bloco hegemônico durante a longa vigência do regime.

O conteúdo da hegemonia é internamente diversificado e os seus elementos constitutivos não seguem todos a mesma lógica ou o mesmo ritmo de transformação. É comum, por exemplo, que uma classe mantenha a hegemonia ideológica mesmo depois de ter perdido a hegemonia econômica e o inverso sucede igualmente. A hegemonia econômica da burguesia agrária portuguesa entrou em declínio no início da década de 1960, enquanto a sua hegemonia ideológica só entrou verdadeiramente em declínio no final da mesma década.

A eclosão da guerra colonial[2] no princípio dos anos 1960 marcou o início da fase final do colonialismo português. Apesar de ser um período de grandes transformações na sociedade portuguesa, não

---

2. A guerra colonial (1961-74), durante o período da ditadura designada por "guerra do ultramar" foi, de fato, a última de várias guerras no geoespaço do império português, entre elas, as "campanhas de conquista e pacificação" de Moçambique, no final do século XIX, tendo como alvo principal a submissão de Gungunhana, ou em Angola, já em 1907, contra os Cuamato. A guerra colonial foi o resultado lógico de uma conjugação dos seguintes fatores essenciais. Primeiro, o imobilismo do governo do Estado Novo em relação à questão colonial, seja depois do termo da 2º Guerra Mundial, seja após a Conferência de Bandung em 1955, seja, sobretudo, após o início do processo das independências africanas, nos finais dos anos 1950. Segundo, a incapacidade de diálogo e de resposta aos apelos para negociações feitos pelos movimentos de libertação que se formaram nas diferentes colônias. Terceiro, os apoios internacionais de origem diversa aos movimentos de libertacão e a possibilidade de constituir, nos países recém-chegados à independência, confinantes com as colônias portuguesas, retaguardas necessárias ao desencadear de uma luta de guerrilha prolongada. Iniciou-se em Angola, em 1961, e estendeu-se à Guiné em 1963 e a Moçambique em 1964.

configurou uma crise do Estado na medida em que este revelou recursos suficientes para dispersar as contradições sociais que então se manifestaram. Para fazer a guerra, o aparelho militar reconstituiu-se e expandiu-se significativamente, atingindo em breve um relevo orçamental sem precedentes. Para fazer face a estes encargos financeiros, o Estado viu-se obrigado a alterar a sua política econômica do que resultou uma abertura, também sem precedentes, da economia portuguesa ao capital internacional, e, portanto, uma nova forma de integração na economia mundial que se caracterizou basicamente pelo fortalecimento das relações com a economia europeia. Para um país pequeno e de mercado reduzido, a integração em espaços econômicos mais amplos só é em geral benéfica quando tem lugar num período de expansão econômica em nível mundial. Foi isso o que sucedeu na década de 1960, pelo que foi possível assegurar um período de assinalável desenvolvimento econômico assente num processo de industrialização dependente e associada. Por sua vez, os fluxos migratórios para a Europa, sinais evidentes da expansão da acumulação nos países centrais, drenaram parte da população "excedentária" na agricultura e, através das remessas dos emigrantes, permitiram o aprovisionamento de divisas e o aumento da procura nos campos. O processo de industrialização e a concentração do capital que ele possibilitou deram origem à criação de grandes grupos industriais associados ao capital estrangeiro. Esta pequena mas dinâmica fração da burguesia industrial encontrou no capital financeiro a base da sua reprodução alargada e assim foi construindo

---

A guerra que Salazar entendeu como "desígnio patriótico" foi o começo do fim do regime: fortes abalos nas finanças do Estado, desgastando as Forças Armadas, ao mesmo tempo que, no panorama político mundial, isolava cada vez mais Portugal. No plano humano, as consequências foram trágicas: só do lado português (que incluía muitos africanos, os quais, no período final, chegaram a ser 40% das tropas portuguesas), um milhão e quatrocentos mil homens mobilizados, nove mil mortos e cerca de trinta mil feridos, além de cento e quarenta mil ex-combatentes sofrendo distúrbios pós-guerra. A acrescentar a estes números há ainda que mencionar as não contabilizadas vítimas civis de ambas as partes. O conflito só viria a ter solução por meios políticos e diplomáticos empreendidos após 1974. No caso da Guiné Bissau a independência já tinha sido reconhecida pela ONU em 1973.

a sua hegemonia econômica passando a controlar pelo mecanismo do crédito a pequena e média indústria e associando a si, subalternizando-os, alguns setores da burguesia agrária. Para a burguesia industrial-financeira, (ou melhor, para o seu conjunto, que não para cada um dos seus elementos) e mesmo para os setores mais dinâmicos da média indústria, o espaço colonial era demasiado pequeno e pouco significativo e se algum significado ainda detinha, era mais como fornecedor (por vezes só potencial) de matérias-primas do que como mercado de produtos industriais. O espaço europeu era o horizonte privilegiado da sua expansão.

Em consequência deste processo de desenvolvimento econômico e da emigração, a relação salarial alterou-se significativamente neste período. Numa situação de quase pleno emprego e com um setor industrial dinâmico a exigir mais "participação" e maior qualificação do operariado, só com uma repressão muito superior à que fora até então exercida, se poderia manter uma tutela política do trabalho assente na imposição de salários baixos e na proibição da organização autônoma dos sindicatos. No final da década de 1960 inicia-se um período de reivindicações operárias sem precedente na história do regime e a própria burguesia industrial-financeira viu na tutela corporativa das relações capital/trabalho um espartilho que a impedia de alargar a sua hegemonia sobre os demais setores da burguesia e sobre a sociedade em geral.

Como acima ficou dito, uma das especificidades do Estado salazarista consistiu em que a hegemonia de classe teve sempre como contrapartida uma tutela político-burocrática que recobria os interesses hegemônicos com o interesse autônomo do Estado. Isto significa que o exercício pleno da hegemonia pressupunha um elevado grau de coerência com a forma política do Estado. Essa coerência existiu enquanto a burguesia agrária foi a fração hegemônica, mas a partir dos anos 1960, começou a ser abalada e, com isso, introduziu-se no sistema um ponto de tensão. A conquista da hegemonia econômica por parte da burguesia industrial-financeira foi avançando no interior de um Estado cuja forma organizativa era coerente com a hegemonia ideológica da burguesia agrária. O agravamento progressivo desta tensão acabou por pôr em questão a forma organizativa do Estado, o que sucedeu, a partir de 1969, no período marcelista.

Perante tal questionamento, o regime procurou controlar o processo de transformação institucional julgado necessário, se não para eliminar a incoerência entre a sua forma política e o modelo de desenvolvimento econômico e social em curso, pelo menos para a reduzir a um nível tolerável. Esse processo consistiu numa série de medidas políticas e jurídico-administrativas cujo sentido geral foi dado pelo próprio chefe do governo ao proclamar em 1970 a necessidade de o "Estado Novo" se transformar num "Estado social". Foram, por um lado, medidas de abertura política que implicaram uma relação diferente com a oposição (timidamente concretizadas nas eleições legislativas de 1969) e uma tentativa de conferir um maior peso político e ideológico à burguesia industrial e financeira (através da chamada "ala liberal" da Assembleia Nacional). Foram, por outro lado, medidas tendentes a aumentar a componente de legitimação e a diminuir a de repressão nas relações com as classes trabalhadoras através da concessão de maior autonomia sindical e do alargamento do sistema de segurança social.

Sucede, porém, que este processo teve lugar num momento em que, mesmo do ponto de vista da lógica de manutenção do regime (a lógica da "evolução na continuidade"), teriam sido necessárias transformações bem mais profundas e ousadas. As medidas revelaram-se tímidas, incoerentes, e até contraproducentes. Tendo sido tomadas para dispersar as contradições políticas e sociais, acabaram por concentrá-las. A heterogeneidade e a conflitualidade entre as várias frações do bloco no poder agravaram-se, e as concessões feitas às classes trabalhadoras em vez de conduzir a uma nova colaboração de classes não impediram (se é que não ajudaram a provocar) o aumento dramático dos conflitos laborais. A luta pela hegemonia não se compadecia com o mero reajustamento do bloco no poder ao mesmo tempo que a transição gradual de um corporativismo fascizante para um corporativismo liberalizante se revelava inviável. Perante esta concentração das contradições sociais, a matriz organizativa do Estado atingiu o seu limite de flexibilidade. O governo recuou e, já sem alternativa, procurou regressar ao núcleo central e original do regime: o autoritarismo fascista e a repressão das classes trabalhadoras. Fê-lo, porém, sem coerência nem convicção políticas, pelo que as forças políticas mais conservadoras reclamaram, contra o governo do dia, a reposição autêntica do regime arquitetado por Salazar.[3] O Estado Novo revelava-se incapaz de resolver ou atenuar os conflitos sociais que suscitava e esgotava assim as suas possibilidades de transformação controlada. A crise do Estado estava, pois, aberta desde 1969.

Este processo de crise foi muito complexo na medida em que envolveu várias crises com lógica e ritmos de desenvolvimento diferentes. Foi, antes de mais nada, uma crise de hegemonia, na medida em que a falta de coesão entre os interesses da burguesia agrária (e em parte, da burguesia comercial) e os interesses da burguesia industrial-financeira atingiu um nível tal que incapacitou o bloco no poder para definir um projeto social e político apto a

---

3. António de Oliveira Salazar foi o fundador e principal ideólogo do Estado Novo, a mais longa ditadura da Europa Ocidental no século XX (1933-1974). Nasceu em Santa Comba Dão (Viseu), originário de uma família camponesa pobre e de rígida formação católica. Frequentou o Seminário, mas abandonou a carreira religiosa para se matricular na Faculdade de Direito de Coimbra, onde foi professor de 1917 a 1926. Ministro das Finanças, no governo saído do golpe militar de 28 de maio de 1926 que derrubou a I República, lugar que ocupa por brevíssimos 13 dias. Regressando a Coimbra, retoma o seu lugar de professor, mas em breve voltará a ser chamado ao governo que se mostrava incapaz de resolver a grave crise financeira em que o país se encontrava. Assim, Salazar surge como uma espécie de salvador providencial. Aceita o cargo mas impõe as suas condições. Rapidamente controla não apenas as finanças mas a política do governo. Em 1932, assume o cargo de Presidente do Conselho, nele se mantendo até a doença o incapacitar em 1968, altura em que Marcelo Caetano o substitui. Reprimiu ferozmente todas as formas de oposição ou de liberalização e não cedeu à pressão dos movimentos de libertação das colônias nem das Nações Unidas no sentido de Portugal acompanhar e evolução política mundial, pondo fim ao seu império colonial. Morre em 1970, convencido que ainda governava, pois o temor reverencial dos seus ministros impediu-os de lhe dar a notícia da sua demissão.

suscitar um consenso generalizado e interclassista. As reformas iniciadas em 1969 pretenderam complementar em nível ideológico e político a hegemonia econômica que a grande burguesia industrial-financeira tinha vindo a conquistar a partir de uma posição subalterna no bloco no poder, mas confrontaram-se com a rigidez da matriz organizativa do Estado. Esta rigidez servia os interesses da burguesia agrária ainda que não seja explicável por elas. A agudização do conflito entre estas duas frações conduziu a um impasse. À pergunta sobre quem comandava a economia portuguesa, respondia em 1973 Ferraz de Carvalho: "Eu diria que ninguém a comanda e que é esse um dos nossos problemas" e denunciava a inexistência de uma "política econômica convicta" "apoiada por uma forte vontade política" (Cardoso, 1974, p. 137).

Para além de uma crise de hegemonia, houve, relacionada com ela, uma crise de legitimação. Esta resultou sobretudo das oscilações com que o processo da recomposição do regime foi levado a cabo. As hesitações, as ambiguidades, as incoerências, os recuos e os avanços das atuações do Estado minaram a credibilidade dos seus mecanismos jurídico-institucionais para compatibilizar os interesses das diferentes classes sociais em presença na sociedade portuguesa. Enquanto a crise de legitimação dos Estados capitalistas avançados no início da década de 1970 resultou, não tanto de rupturas na institucionalização das relações entre o capital e o trabalho, mas da incapacidade financeira do Estado para continuar a satisfazer através dos gastos sociais as reivindicações que os movimentos sociais da década anterior tinham conseguido incorporar na agenda política, no caso português, a crise de legitimação residiu na incapacidade do Estado para institucionalizar as relações entre o capital e o trabalho em consonância com as alterações na correlação das forças sociais que o desenvolvimento econômico e a emigração da década de 1960 tinham provocado. Residiu também na incapacidade do Estado para cooptar o setor em expansão da nova pequena burguesia inconformada com a estagnação política, a mediocridade da vida cultural e ausência de liberdades cívicas e políticas.

Os modos como se constituíram e manifestaram a crise de hegemonia e a crise de legitimação revelam que, acima de tudo, houve uma crise da matriz organizativa do Estado — quer na forma de crise da administração, quer na de crise do regime — uma crise cujos termos não são redutíveis ao conflito entre o capital e o trabalho ou entre as diversas frações do capital. A crise do regime resultou da sua relativa rigidez, da sua incapacidade para acolher e absorver interesses sociais emergentes e as novas formas de representação coerentes com eles. Já foi dito que esta rigidez não se pode explicar pelos interesses dos setores mais tradicionais fiéis a um pacto de dominação hegemonizado pela burguesia agrária, ainda que objetivamente os servisse. A matriz político-administrativa do Estado Novo caracterizou-se pela sua capacidade para subalternizar e reconstruir os interesses sociais que servia em nome de um "interesse autônomo do Estado", o que lhe conferia um espaço de manobra suficiente para legitimar a eventual negligência benigna desses interesses sociais em nome dos objetivos específicos da tutela corporativa sobre a sociedade em geral.

Muito provavelmente as causas da crise do regime estão no próprio regime, no bloqueio ideológico em que se foi enredando apesar do empirismo de que deu provas ao longo dos anos. O segredo da permanência do regime consistiu em adaptar-se às condições que julgou inelutáveis e em exorcizar todas as demais. A partir de 1969, o regime viu-se confrontado com duas condições novas: a concentração do capital e o fim do colonialismo. Incapaz de se adaptar a elas, pretendeu que não eram inelutáveis. Ao fazê-lo, denunciou os limites do seu empirismo. O regime atingia o máximo de consciência possível. Para além dele estava o bloqueio ideológico em que se encontrava.

O dinamismo da burguesia industrial-financeira veio agudizar as profundas distorções no sistema econômico português, o que levou Rogério Martins, Secretário de Estado da Indústria entre 1969 e 1972, a declarar em 1973 que Portugal era "um regime capitalista sui generis" (Cardoso, 1974, p. 37). De um lado, os grandes grupos monopolistas (cujo número era, aliás, objeto de debate), eficientes (ainda que a sua eficiência fosse por vezes exagerada), modernos, portadores da integração da economia portuguesa na economia mundial; do outro lado, uma miríade de pequenas e médias empresas, ocupando os setores tradicionais da indústria, retrógradas, sem gestão nem planejamento e sem sequer espírito capitalista de maximização do lucro. Finalmente, uma tutela estatal assente em demasiadas "medidas protetivas" desde a lei do condicionamento industrial que foi "um travão às quatro rodas" do desenvolvimento econômico. Um Estado incapaz de defender a iniciativa pública, de criar um grupo econômico estatal moderno, gerido "por gestores tão bons ou melhores que os melhores do setor privado mas que sentem como patrão a coisa pública, o Estado, a comunidade e que não eram capazes de trabalhar para o Sr. A ou para o Sr. B, mesmo que o Sr. A fosse o Sr. Agnelli e o Sr. B, o Sr. Fierro" (Cardoso, 1974, p. 50). Ao contrário, foi sempre um tanto contrariado que o Estado tomou iniciativas econômicas "dando-lhe, por um lado, jeito fazê-las, mas, por outro, tendo como que vergonha perante si próprio".

Estas afirmações críticas são reveladoras de que a burguesia industrial-financeira estava longe de propor o regresso aos princípios da economia liberal, o desmantelamento puro e simples da intervenção do Estado. Pretendia, ao contrário, a substituição de uma intervenção do Estado por outra, certamente mais ampla, que confirmasse os seus interesses hegemônicos, e fosse política e administrativamente coerente com o processo de concentração do capital.

Por outro lado, torna-se evidente que a relutância do Estado não resultava de uma qualquer tara psicológica ("um Estado envergonhado") e era antes o produto de um cálculo estatal à luz do qual se previa que o crescimento desmesurado dos grupos monopolistas, com o poder econômico e social que implicava, acabaria por inviabilizar a longo prazo a função de arbitragem entre os diferentes interesses econômicos que era, afinal, a razão de ser do regime corporativo. Temia-se que a concentração do capital provocasse a destruição maciça das pequenas e médias empresas já então dependentes dos grupos monopolistas por via do crédito, o que era ideológica e politicamente intolerável do ponto de vista do regime. Temia-se, por outro lado, que a segmentação crescente da força de trabalho entre os grupos monopolistas e a indústria tradicional inviabilizasse o funcionamento dos mecanismos legais (de aplicação geral) e institucionais (exigindo uma estabilidade mínima do mercado de trabalho) inscritos na matriz organizativa do Estado. Temia-se, finalmente, que a nova dinâmica econômica e social viesse a colidir com os interesses específicos da administração pública — sobretudo com o interesse na sua reprodução alargada — e que esta, incapaz de se reconverter, se desmoronasse, provocando um caos político e administrativo.

Este cálculo estatal poderia ter sido infirmado e os temores afastados se o Estado se transformasse num supergrupo econômico, como lhe era proposto, mas isso estava para além do máximo de consciência possível do regime. O cálculo funcionava no interior do bloqueio ideológico.

Este bloqueio ideológico não era uma impertinência, tinha uma base material, o colonialismo, o qual, por isso, funcionou também como base material da resistência do regime ao grande capital. No início da década de 1970 o debate sobre o regime centrou-se na opção Europa ou África. Os setores políticos da oposição democrática, dominados pela nova pequena burguesia urbana, sobretudo sensível à falta de liberdades cívicas e políticas, viam na abertura à Europa o caminho para uma ordem democrática estável. No campo socialista, muitos jogavam na hipótese de a integração europeia se vir a fazer sob a égide socialista, o que constituía um motivo adicional para optar pela Europa contra o regime. Não havia ideias muito precisas sobre o modo de resolver o problema colonial, mas aceitava-se que ele só era resolúvel em colaboração com os movimentos de libertação e, portanto, em nenhum caso por meio da guerra. Propunha-se a reconversão econômica das colônias e acima de tudo temia-se o regresso maciço dos brancos. O problema colonial era concebido como um problema do regime.

Alguns grupos financeiros tinham operações com as colônias cujo peso era proporcionalmente importante, mas em geral o capital monopolista não estava interessado numa relação colonial clássica. A Europa absorvia metade do comércio externo português, enquanto as colónias absorviam menos de um quarto e com tendência a diminuir. A média indústria mais evoluída tinha também a Europa no seu horizonte como resulta claramente das declarações de José Rabaça, industrial de lanifícios, ao tempo Presidente da Direção da Federação Nacional dos Industriais de Lanifícios: "No setor industrial, Angola e Moçambique não podem interessar como clientes a uma empresa metropolitana normal. Está fora das mais elementares regras do jogo comercial vender seja o que for sem se saber o que se recebe e quando se recebe. Arriscar nos contingentes e respectivas esperas é mais que risco, até porque o produto destinado a Angola e Moçambique não é colocável na Metrópole, na Inglaterra ou na Suécia" (Cardoso, 1974, p. 104). Aos "setores progressivos" do capital interessava uma relação neocolonialista, assente no desenvolvimento progressivo da economia dos países africanos caucionado por uma alteração substancial do quadro político. Em finais de 1973, a SEDES (Associação para o Desenvolvimento Econômico e Social), afeta a estes setores, definia vários cenários possíveis para a sociedade portuguesa. O cenário desenvolvimentista, alinhado pelos interesses da burguesia industrial-financeira, era designado por "Viagem à Europa" e pressupunha a "definição de uma nova política portuguesa em relação aos territórios ultramarinos, com o aparecimento de Estados juridicamente independentes, ainda que ligados à antiga metrópole por estreitos vínculos econômicos e culturais" (SEDES, 1974, p. 26).

Isolado perante a opinião pública mundial, mas contando com apoios internacionais interessados no seu valor geoestratégico, o colonialismo transformou-se gradualmente na quinta-essência do regime, a verdadeira base material da sua reprodução ideológica. O colonialismo como que se substituía ao corporativismo no núcleo central do regime. O corporativismo do Estado Novo, não tendo nunca passado de uma meia-realização de um meio-projeto, perdera a operacionalidade como mecanismo de engenharia social e deslizava para a bancarrota ideológica. Em 1970 e como que a tentar convencer-se a si próprio, Marcelo Caetano era forçado a repetir: "Já noutras ocasiões tive ensejo de afirmar que o corporativismo continua a ser válido (eu tentava-me mesmo a dizer: cada vez mais válido) como organização e como doutrina. Não me cansarei de repeti-lo".[4]

O regime não tinha uma concepção imobilista da relação colonial. Sabia que para a manter era necessário permitir-lhe alguma transformação. Daí as medidas do período marcelista no sentido de dar maior autonomia econômica às colônias (o novo sistema de pagamentos interterritoriais). Mas, mais uma vez, essas medidas, pela sua timidez e ambiguidade, em vez de dispersarem as contradições crescentes da relação colonial, concentravam-nas. Depois de dez anos de guerra e de recusa de diálogo era preciso medidas mais ousadas que certamente transbordavam da própria relação colonial e do quadro político que lhe dava consistência. Mas aí funcionava o bloqueio ideológico já então quase reduzido a simples instinto de sobrevivência do regime. Por isso, as medidas propostas não dispensavam a guerra e eram, antes, parte dela. À medida que o regime se apoiava no colonialismo, o colonialismo apoiava-se na guerra. Na sua fase derradeira, o regime era pouco mais que a sua guerra. Perante ela, encontrava-se numa posição de total impasse: impossibilitado de ganhar a guerra, o regime estava também impossibilitado de a perder.

Tanto para a manutenção como para a solução deste impasse o regime dependia exclusivamente do seu aparelho militar. Mas a lógica política do regime só parcialmente recobria a lógica técnica do aparelho militar. Para este, fazer a guerra começou por ser um problema técnico-administrativo, uma exigência legitimamente

---

4. Discurso aos dirigentes corporativos, na homenagem que estes lhe prestaram, na Assembleia Nacional, em 15 de maio de 1970.

constituída de que legitimamente fora incumbido. Do ponto de vista da lógica militar só havia uma saída face à impossibilidade técnica de ganhar a guerra: aceitar uma derrota honrosa e transferir para o Governo a responsabilidade de encontrar outras vias de solução do conflito. A isso, porém, obstava o regime, para o qual não havia qualquer outra via de solução. Foi este impasse, em que se não reconhecia, que levou o aparelho militar a transformar o problema técnico da guerra no problema político da guerra. Neste processo, as forças armadas politizaram-se. Enquanto a esmagadora maioria das altas patentes, mais tarde chamada "Brigada do Reumático", prestava vassalagem política ao Governo, os capitães organizavam na sombra o Movimento das Forças Armadas (MFA). A base material do regime transferia-se para o interior do aparelho militar e, com ela, as contradições em que assentava. Ao contrário do que sucedera com as forças armadas americanas no Vietnã, as forças armadas portuguesas "foram obrigadas" a deslegitimar a guerra que não tinham podido ou sabido vencer, um processo de que foi detonador público o livro do então General António de Spínola *Portugal e o futuro* (1974).[5] Mas deslegitimar a guerra equivalia a recusar continuar a guerra, equivalia, enfim, a recusar servir o regime. Privado do seu aparelho militar, o regime colapsou.

Do golpe de Estado à crise revolucionária

O colapso do regime em 25 de abril de 1974 não implicou o colapso generalizado do Estado. A ruptura deu-se no nível das características fascistas do velho regime: o partido único, a polícia política, as milícias paramilitares, o tribunal plenário (para julgamento

---

5. Publicado no dia 22 de fevereiro de 1974, pouco mais de um mês depois ter sido empossado como vice-chefe do Estado-Maior General das Forças Armadas.

dos crimes políticos), os presos políticos, a repressão da liberdade de expressão e de associação. Para além disso, o processo de reconstrução normativa e institucional foi relativamente lento e muito desigual. O sistema administrativo manteve-se intacto em suas estruturas de decisão e o "saneamento" a que se procedeu limitou-se ao afastamento de pessoas (que não de processos) e fez-se muitas vezes segundo critérios eivados de oportunismo e sectarismo; as forças policiais e militarizadas, depois de aderirem ao novo regime, mantiveram as suas estruturas, o mesmo acontecendo com a administração da justiça e o sistema penitenciário; as políticas de segurança social não sofreram grandes alterações; um dos mais importantes pilares ideológicos do Estado Novo, a Igreja Católica, foi poupada à contestação social e resguardou-se de qualquer processo de transformação interna.

Apesar disto, a ruptura do 25 de abril de 1974 transformou o perfil da crise que se vivia desde 1969. Esta transformação consistiu na criação, ou melhor, na explosão do movimento social popular que se seguiu imediatamente ao golpe de Estado. Foi, sem dúvida, o movimento social mais amplo e profundo da história europeia do pós-guerra. Com uma composição de classe complexa em que dominaram o operariado urbano (sobretudo do cinturão industrial de Lisboa), a pequena burguesia assalariada nas grandes e médias cidades e o operariado rural do Alentejo, este movimento popular atingiu as mais diversas áreas da vida social: a administração local, a habitação urbana, a gestão das empresas, a educação, a cultura e os novos modos de vida, a reforma agrária, as relações de dominação e subordinação nos campos etc. etc.

Foi este movimento social que impediu que a crise de hegemonia iniciada em 1969 se resolvesse definitivamente a favor da burguesia industrial-financeira. Foi na antecipação da resolução da crise a seu favor que esta fração da burguesia apoiou o golpe de Estado e são hoje conhecidos os planos que elaborou para a consolidar durante o Verão de 1974. Ao reforçar o poder dos militares do

MFA menos identificados com os interesses monopolistas, o movimento social popular contribuiu decisivamente para que falhassem esses planos de reconstrução da hegemonia. A partir de finais de setembro de 1974, com a renúncia do General Spínola, a burguesia foi, no seu conjunto, colocada na defensiva e, com a agudização das lutas sociais que se seguiu, a própria fração industrial-financeira acabou por perder a sua base de acumulação. Assim sucedeu em 11 de março de 1975 com a nacionalização da banca e dos seguros e das empresas dos grupos monopolistas. A partir de então, o Estado passou a ser uma plataforma múltipla de lutas sociais e políticas e, mais do que isso, a questão global da natureza de classe da dominação estatal passou a ser parte integrante da luta política, senão mesmo o objeto privilegiado da luta de classes. A crise do Estado transformou-se numa crise revolucionária, a qual durou até 25 de novembro de 1975.

Quais as causas do movimento social popular entre abril de 1974 e novembro de 1975? Como foi possível que se aprofundasse em constante desafio aos contornos políticos do novo regime, forçando-os a sucessivas redefinições e superações? Qual foi, em suma, a natureza e o conteúdo do poder político neste período?

A dualidade de impotências

A crise revolucionária de 1974-75 envolveu uma situação de dualidade de poderes nos termos em que a descrevi no capítulo anterior? Antes de mais, parece-me necessário distinguir entre os movimentos sociais e as forças políticas organizadas que os procuraram (e muitas vezes conseguiram) hegemonizar e utilizar para fins políticos próprios. As análises vindas a lume nos últimos anos (meados da década de 1980) têm salientado o último aspecto, ou seja, a capacidade das forças políticas — nomeadamente o Partido Comunista

Português, aliado, a partir de certa altura, à esquerda revolucionária — para manipular e desvirtuar os movimentos sociais populares. Sem dúvida que se trata de um aspecto importante, tão importante que foi responsável pelas fraturas no bloco militar ocorridas ou aprofundadas no período revolucionário e pela solução do conflito entre elas que veio a prevalecer em 25 de novembro de 1975. No entanto, julgo igualmente importante salientar que os movimentos sociais populares não se reduziram a tais manipulações. Tiveram em muitas situações genuína espontaneidade, abriram novos espaços de sociabilidade e criatividade social, projetaram de forma inovadora soluções autônomas para os problemas das classes trabalhadoras no domínio da habitação, da atividade cultural, da organização da produção, da vida comunitária, asseguraram o funcionamento mínimo do processo produtivo face ao defensismo absentista ou mesmo ao boicote do patronato, identificaram ou ampliaram carências sociais e servidões que o ambiente simbólico concentracionário do Estado Novo não tinha permitido revelar e, enfim, alargaram e aprofundaram o conceito de política no próprio processo de capacitação social das classes populares.

A relação entre este riquíssimo movimento social e o Estado foi muito complexa. É certo que os movimentos populares foram muitas vezes instrumentalizados por forças políticas e postos ao serviço de estratégias globais de tomada do poder político e social, mas, e talvez precisamente por isso, não se dispuseram, na maioria das situações, a incorporar as reivindicações sociais nos parâmetros institucionais e normativos do Estado de então, de modo a apropriarem-se da legalidade oficial e, com base nela, consolidarem gradualmente os avanços conseguidos no terreno da luta social. É certo que os movimentos populares não foram, neste aspecto como em outros, homogêneos. Foi um período em que se debateram as virtualidades e os limites recíprocos da legalidade democrática (que possibilitava a consolidação gradual) e da legalidade revolucionária (que propunha o assalto global ao poder e a transformação radical do Estado).

Se muitos movimentos populares se pautaram pela legalidade democrática, outros, talvez a maioria, pautaram-se pela legalidade revolucionária. Isto não significa que os movimentos sociais populares não tenham recorrido ao Estado para consolidar os resultados das suas lutas, legalizando-os. Só que o fizeram mais nos termos de uma legalidade de ruptura do que nos termos de uma legalidade de continuidade. O recurso ao Estado legalizante teve, para além doutras, duas formas básicas. Por um lado, formas novas de legalização, criadas *ad hoc*, normalmente sob pressão dos acontecimentos e por iniciativa dos próprios movimentos (por exemplo, atas de ocupação de casas, a exigência da presença de militares em certos atos de modo a avalizá-los etc.). Por outro lado, a inovação legislativa (lei de ocupação de casas, lei da reforma agrária, lei do arrendamento rural, lei do saneamento da função pública etc.), procurando pôr as formas jurídicas oficiais, tradicionais, ao serviço de novos conteúdos, normalmente por iniciativa das forças políticas organizadas com objetivo de controlar os movimentos populares.[6]

A legalização *ad hoc* era, porém, demasiado frágil e ambígua para se poder sustentar, tanto mais que a ordem jurídica oficialmente vigente (que em grande parte assegurava a continuidade com a ordem jurídica do Estado Novo, donde poder chamar-se-lhe legalidade de continuidade) não lhe reconhecia qualquer valor legal. Por sua vez, a inovação legislativa, apesar de respeitar as formas jurídicas oficiais (e, portanto, os seus modos de produção e de distribuição do direito), foi muitas vezes ineficaz, sem qualquer aplicação prática, quer porque os movimentos populares não reconheceram os seus interesses nas novas leis e as violaram maciçamente, quer porque os grupos governantes do momento careceram de vontade política ou de condições institucionais para as aplicar (não regulamentando a lei, não atribuindo as verbas orçamentais necessárias

---

6. Foi durante este período que tiveram lugar os casos de justiça popular que analiso no capítulo seguinte.

para o funcionamento das instituições preconizadas na lei, recusando-se a — ou revelando-se incapaz de — impor, por meios repressivos, a aplicação da lei).

Tanto as contradições e vicissitudes da legalidade de ruptura (legalizações *ad hoc* e inovações legislativas) como a relativa marginalização da legalidade de continuidade (a ordem jurídica tradicional cujas virtualidades não foram devidamente exploradas) projetaram uma imagem e conduziram a uma prática de paralisia administrativa do Estado. Não se operaram transformações profundas nas formas organizativas do Estado e a ideologia autoritária da administração pública manteve-se intacta, apesar de paralisada. *O que há de mais característico e até de mais original na crise do Estado português neste período é precisamente a capacidade do Estado para se manter intacto através de uma paralisia administrativa generalizada durante bastante tempo e no seio de lutas sociais muito agudizadas.* Por virtude do próprio processo histórico da sua emergência — nascido de uma revolta no seio de um dos aparelhos do Estado — o MFA não se organizou, nem se podia ter organizado, contra a dominação política capitalista. Organizou-se contra a forma fascista da dominação política capitalista. Mas, por outro lado, não se organizou como agente orgânico de uma qualquer fração do capital, ainda que nos primeiros tempos, em que pontificou o então General Spínola, ele pudesse servir objetivamente os interesses da grande burguesia industrial-financeira. Esta desvinculação orgânica do golpe de Estado de 25 de abril de 1974 explica, por um lado, que o papel do General Spínola, tão proeminente na primeira fase da nova ordem política, tenha sido tão rápida e irreversivelmente secundarizado e, por outro lado, que os movimentos sociais populares tenham feito do MFA uma caixa de ressonância de tal modo sensível às vibrações das lutas sociais que, a breve trecho, conduziu à paralisação e ao bloqueio do projeto político do capital monopolista assente no relançamento do processo de acumulação e de valorização do capital numa nova configuração política caracterizada pelo consenso democrático ampliado às grandes massas trabalhadoras, agora elevadas à dignidade de parceiro social.

Mas se o MFA não era o agente orgânico da burguesia, muito menos o era da classe operária, pelo que a paralisia da ordem política burguesa não deu lugar a qualquer ordem política proletária. Ou seja, o mesmo processo que conduziu à suspensão/neutralização de um poder capitalista impediu que emergisse um poder operário. Não houve, assim, uma situação, mesmo transitória, de dualidade de poderes. Houve, quando muito, uma dualidade de impotências e, portanto, uma paralisia generalizada dos aparelhos de Estado que conveio particularmente às ações e reivindicações fundamentalistas da pequena burguesia urbana radicalizada e às inovações legislativas incoerentes e inconsequentes no momento, mas cujo impacto podia ser sempre diferido para um futuro mais ou menos próximo que reunisse finalmente as condições ideais. De parte a parte, a luta foi pelo controle político do Estado no seu todo, bem simbolizado nos conflitos entre as forças sociais e políticas hegemonizadas pelo Partido Socialista, de um lado, pelo Partido Comunista, do outro, e nas fraturas profundas que se verificaram na direção política do MFA.

A paralisia institucional permitiu ao Estado manter-se intacto, de reserva, até que o bloqueio do poder desse lugar a um novo bloco no poder. As condições para que tal transformação se desse surgiram em 25 de novembro de 1975. Obviamente o Estado que entrou na crise revolucionária não foi o mesmo que dela emergiu. A paralisia administrativa não impediu (e até propiciou) que a matriz política do Estado se alterasse. Em primeiro lugar, o período de crise revolucionária foi também aquele em que se estabeleceu o perfil do novo regime democrático consubstanciado depois na Constituição de 1976. Em segundo lugar, foi então também que se produziram alterações legislativas importantes, sobretudo no domínio das relações capital/trabalho. Por último, a ordem econômica do Estado transformou-se profundamente com as nacionalizações e a reforma agrária.

Em vez de dualidade de poderes, a crise revolucionária produziu um Estado dual: de um lado, as estruturas, as práticas e as ideologias administrativas tradicionais mantidas quase intactas, apesar de suspenso o seu funcionamento normal; do outro lado, as importantes transformações institucionais que impunham ao Estado um papel novo e mais decisivo no processo de acumulação e na direção global da economia, um papel tão só ensaiado e ainda de contornos políticos muito vagos.

Pode dizer-se que a emergência do Estado dual ficou simbolizada logo nos primeiros dias da revolução pela contradição entre a hierarquia de comando e o comando revolucionário dos capitães, entre a Junta de Salvação Nacional e a Comissão Coordenadora do Programa do MFA. Esta dualidade estendeu-se em breve a todos os setores do Estado, ainda que de formas e com objetivos diferentes. Mas em geral o padrão foi o seguinte: dada a resistência passiva ou ativa da administração pública tradicional, ou seja, do núcleo central da burocracia estatal perante as novas contradições e dada a sua incapacidade para dar resposta às novas solicitações e aos novos problemas sociais com que era confrontada, verificou-se em quase todos os aparelhos do Estado a criação de instituições paralelas, menos burocráticas e, sobretudo, preenchidas com funcionários ativamente identificados com a revolução. A essas novas instituições foi cometida a tarefa de articularem a adaptação do Estado às novas condições e, portanto, de encontrarem respostas institucionais e administrativas para a explosão social já em movimento. Entre muitos outros exemplos, no Ministério da Habitação enxertou-se o Serviço de Apoio Ambulatório Local (SAAL) no Fundo de Fomento da Habitação (FFH) e no Ministério da Agricultura criou-se o Instituto de Reorganização Agrária (IRA) e nele se foram enxertando os Centros Regionais da Reforma Agrária (CRRA) e o Serviço de Apoio e Desenvolvimento Agrário (SADA).[7]

---

7. Este processo de reconstrução do Estado não constitui uma inovação deste período. Tinha sido já utilizado anteriormente, como o demonstra convincentemente Oliveira Baptista (1984) para o caso do Ministério da Agricultura.

Em todo este processo a burocracia tradicional do Estado não foi transformada — houve saneamentos, mas sempre de pessoas e não de processos de decisão — foi apenas suspensa, paralisada e, de algum modo, mantida de reserva à espera de condições mais afeitas à sua reativação. Foram as novas instituições que se propuseram articular o Estado com o movimento popular.

A crise de hegemonia (1975-1985)

Desde 1976, a consolidação do novo regime democrático tem consistido num processo de reconstituição do Estado que se caracteriza pela superação lenta e gradual do Estado dual saído da crise revolucionária.

As crises e o modo como são solucionadas imprimem as suas marcas aos processos sociais e políticos que se lhes seguem. Para poder ser rápida e econômica (com baixos custos sociais no curto prazo) a solução da crise revolucionária em novembro de 1975 foi forçosamente ambígua e quer a sua rapidez e economia, quer a sua ambiguidade, são responsáveis pela lentidão, pela onerosidade social e pela sinuosidade com que se tem vindo a processar a reconstituição do Estado desde então. De algum modo, em 25 de novembro de 1975 procurou-se, acima de tudo, pôr termo à paralisia do Estado, reconstruir a autoridade e reativar o exercício do poder do Estado sem curar do preciso bloco social que haveria de hegemonizar essa autoridade e dar orientação política a esse poder. Para isso bastava desmoralizar os movimentos sociais populares, neutralizar as forças políticas mais radicais, disciplinar as forças armadas, reativar o aparelho repressivo e concluir o processo de definição constitucional do novo regime. Tudo isto foi prontamente feito. A legalidade democrática deixou de ser confrontada com a legalidade revolucionária, ficando apenas por resolver em nome de quem, de que bloco social, ela seria exercida. Apenas se ficou a saber que, à partida, ela seria exercida de modo transclassista, aparentemente em benefício de todas as classes e grupos sociais. As nacionalizações e a reforma agrária, bem como o Partido Comunista Português e os partidos à sua esquerda, seriam respeitados por estarem inscritos na ordem legal democrática.

O empate que durante a crise revolucionária se estabelecera fora do Estado foi transferido para o interior deste na expectativa de que os mecanismos institucionais do Estado, dotados de legitimidade democrática, se encarregariam de, a breve trecho, superar ou gerir esse empate e assim abrir o passo para uma nova hegemonia social e política. Tal passo, porém, tem-se revelado difícil e, de tal modo, que a característica fundamental do processo político português desde 1975 até ao presente (novembro de 1984) consiste, precisamente, na impossibilidade de transformar legitimidade processual em hegemonia social. Por outras palavras, o regime político tem mantido intacta, ao longo destes anos, a sua legitimidade democrática, mas tem-se revelado incapaz de, com base nela, construir um novo bloco no poder, suficientemente hegemônico para imprimir uma direção política ao uso dessa legitimidade.

Para justificar tal incapacidade pode invocar-se o fato de o quadro institucional formalizado no período de crise revolucionária ter garantido às classes trabalhadoras uma posição social muito forte que, a manter-se a legitimidade democrática, só muito lentamente e nunca totalmente poderá ser desmantelada. Neste contexto é pouco provável que possa ser relançado o processo de acumulação, condição prévia para a constituição de um novo bloco hegemônico. Portanto, nos termos deste argumento, a situação do empate social tem tendido a perpetuar-se. Em vez de uma lógica do desempate instalou-se uma lógica de gestão (desigual) do empate.

Este argumento, apesar de ter um fundo de verdade, não é totalmente convincente. Nenhuma das transformações geralmente indicadas para designar o avanço social da posição das classes trabalhadoras (o movimento sindical forte, a legislação laboral avançada, a reforma agrária e as nacionalizações), ou mesmo o seu conjunto, é incompatível com a criação de um poder capitalista hegemônico e tanto assim que algumas delas foram preconizadas pela burguesia monopolista antes de 1974. Pelo contrário, tais transformações poderiam ter sido utilizadas pela fração mais dinâmica da burguesia para, em associação com a burguesia estatal gerada pelo setor empresarial do Estado, subordinar ao seu projeto todas as demais frações da burguesia bem como a pequena burguesia tradicional e moderna.

Tal, porém, não sucedeu e urge indagar por quê. Parece, ao contrário, que a burguesia, no seu todo, se tem recusado a assumir o seu papel específico, o de promover a reprodução alargada do capital, apesar de o movimento operário organizado, pese embora as aparências e as dramatizações, se ter colocado rapidamente numa posição defensiva e de ter vindo a demonstrar ao longo deste período uma notável moderação e capacidade de acomodação. O papel da burguesia tem sido outro, o de utilizar a recusa em assumir o seu papel específico para forçar a criação das condições institucionais que estabeleçam uma plataforma ideal para o arranque de um novo modelo de acumulação adequado às novas condições internacionais (choques do petróleo, recessão prolongada, alterações na divisão internacional do trabalho) e internas (fim do império colonial, custo social do jogo democrático, estagnação da emigração).

Este outro papel da burguesia tem obtido o consenso de todas as forças políticas, incluindo de algum modo o Partido Comunista Português pela moderação que tem vindo a impor às movimentações operárias, desde logo assinalada no decurso do processo de desmantelamento da reforma agrária, uma estratégia que sublinha o regresso deste partido ao redil dos partidos comunistas europeus ocidentais depois da vertigem insurrecional durante a crise revolucionária. Este consenso é talvez a primeira afirmação de um eventual processo de hegemonização e constitui, nessa medida, um compromisso histórico prévio. Tem sido um processo lento porque assenta na salvaguarda da legitimação democrática do Estado.

Além de lento, este processo tem duas outras características. Em primeiro lugar, a desagregação do quadro institucional constituído no período de crise tem vindo a ser prometida e realizada sem uma lógica muito específica. É certo que se procura em geral criar condições benéficas ao relançamento do processo de acumulação, mas não se vislumbra uma intenção de beneficiar especificamente uma certa fração do capital, o que pareceria ser exigível com vista à rápida constituição de um bloco social com capacidade de direção política. Ao contrário, qualquer das frações tem colhido benefícios desde que capaz de articular pressão bastante. A reconstituição parcial da burguesia latifundiária retrógrada e absentista é exemplar a este respeito.

Indicarei duas hipóteses de explicação para esta falta de seletividade das políticas estatais. Por um lado, as íntimas ligações entre as várias frações da burguesia na formação social portuguesa que já tinham sido responsáveis pelo fracasso das tentativas de reestruturação da economia no período final do Estado Novo; por outro, a instabilidade da governação depois de 1975 que impede a classe política de se constituir como agente orgânico de uma classe ou fração social e faz com que ela administre o Estado como se fosse classe alheia.

A segunda característica do compromisso histórico prévio reside em que a definição das condições ideais para o relançamento do processo de acumulação tem sido sempre deslocada para a frente. Começou-se por afirmar que seria possível criar riqueza no quadro institucional e jurídico saído da crise, uma vez que a autoridade do Estado fosse restabelecida e as leis fossem obedecidas pelos cidadãos. Logo que isso se conseguiu em geral, exigiram-se alterações nas leis do trabalho, a revisão da Constituição e uma nova delimitação do setor público da economia. Hoje, uma vez satisfeitas essas exigências, pede-se nova revisão da parte econômica da Constituição e o amplo cerceamento, senão mesmo o desmantelamento, do setor empresarial do Estado. As condições ideais são sempre as próximas e, tal como as condições, também os discursos são deslocados. Inicialmente o discurso do socialismo democrático veiculou o projeto de reconstituição do poder capitalista; hoje, o discurso liberal (primado da iniciativa privada e das leis do mercado) veicula, não o desmantelamento da intervenção do Estado na economia, mas antes a substituição de uma tutela estatal de vocação social-democrática por outra mais estreitamente vinculada ao controle da polarização das classes sociais.

O compromisso histórico prévio que tenho vindo a analisar aponta para um novo tipo de regulação estatal da crise econômica e social cujos contornos são, contudo, ainda muito vagos. Nos Estados capitalistas em geral, a regulação das contradições sociais tende a ser o resultado de uma combinação de políticas de apoio ativo ao processo da acumulação a que se agregam medidas repressivas que mantêm sob controle as reivindicações populares e as medidas redistributivas ou compensatórias que atenuam os efeitos mais gritantes da polarização social. Em geral, as políticas redistributivas estão vinculadas às políticas de acumulação pela simples razão de que as primeiras são realizadas mediante recursos financeiros tornados disponíveis no processo de acumulação. Dentro destes parâmetros globais são possíveis muitos tipos de regulação. Os países capitalistas avançados caracterizaram-se, sobretudo na década de 1960, por um forte predomínio das medidas distributivas sobre as medidas repressivas. No polo oposto, os países da periferia e da semiperiferia da economia mundial têm-se caracterizado pelo predomínio das medidas repressivas sobre as medidas distributivas.[8]

---

8. No entanto, em alguns Estados autoritários de tipo populista as políticas repressivas têm sido combinadas com políticas sociais significativas. Dada a repressão (cerceamento dos direitos políticos e das reivindicações operárias autônomas), os fluxos de benefícios sociais são facilmente controláveis e os custos da política social para a burguesia são compensados pela paz laboral. Foi assim, por exemplo, no Brasil a partir de 1931, o que, segundo

Entre estes dois extremos, as políticas de regulação têm mudado bastante e são hoje muito diversificadas. Se, por um lado, os Estados autoritários da periferia e da semiperiferia da economia mundial (Brasil, Chile e Argentina durante as ditaduras, Portugal até 1974, Espanha até 1978 etc.) têm estado sob crescente pressão popular no sentido do reforço das políticas redistributivas, por outro lado, os Estados capitalistas democráticos do centro da economia mundial têm vindo a desenvolver novas formas de autoritarismo ("neocorporativismo", "estatismo autoritário" etc.) que, sem inviabilizarem o jogo democrático, conduzem ao aumento da repressão e à estagnação, senão mesmo à restrição, das políticas sociais.

De 1974 a 1984, Portugal foi atravessado por tipos de regulação muito contrastantes, o que lhe confere uma grande especificidade neste domínio. No primeiro período (1974-1975), o modo como foi levada a cabo a derrubada do Estado Novo provocou, por um lado, o abrandamento, senão mesmo a paralisação, dos aparelhos repressivos do Estado e, por outro lado, o incremento significativo das políticas distributivas. A tal ponto que as políticas distributivas se desvincularam temporariamente das políticas de acumulação. No segundo período (1976-1984), que tenho vindo a analisar neste capítulo e que está longe de esgotar o seu curso, a tendência mais consistente tem sido no sentido do cerceamento das políticas distributivas e, sobretudo nos últimos anos, do reforço dos recursos repressivos do Estado.

De algum modo, a tendência deste segundo período é semelhante à verificada nos Estados capitalistas avançados. Nestes últimos, a deslocação no sentido da polarização social e do autoritarismo político tem sabido conviver com o regime democrático. Sucederá o mesmo em Portugal?

Wanderley Santos (1979, p. 30), explica até certo ponto a lealdade das massas operárias urbanas a Getúlio Vargas. As políticas sociais do Estado salazarista-marcelista carecem ainda de análise aprofundada.

Alguns sintomas merecem especial relevo. Em primeiro lugar, é de prever que a tendência polarizante e autoritária se acentue ainda mais do que seria normal a fim de compensar os "excessos" das políticas distributivas durante a crise revolucionária. Em segundo lugar, a base de distribuição de que se parte é muito mais baixa do que a dos países capitalistas avançados. Isto significa que muito mais rapidamente se atingirá uma estrutura de distribuição que colocará estratos sociais cada vez mais amplos em situação de escassez aguda. Acresce que esta degradação da partilha dos benefícios é tão rápida que tem lugar no seio da mesma geração, o que é suscetível de criar fenômenos de alienação e de ressentimento graves. Por último, a revinculação das políticas distributivas às políticas de acumulação ocorre num momento em que impera o monetarismo e em que o novo modelo de acumulação está por definir.

Com base nestes sintomas é de supor que a reivindicação das condições ideais para o relançamento da economia continue a exigir o cerceamento das políticas distributivas e o reforço das políticas repressivas. A partir de certo limite, esse cerceamento e este reforço podem tornar-se incompatíveis com a criação de um poder de tipo hegemônico, assente em amplos consensos interclassistas. Será esse o limite da legitimidade democrática. Por outras palavras, a irresolução prolongada da crise de hegemonia pode vir a transformar-se numa crise de legitimação do regime democrático.

CAPÍTULO 3

Os Casos de Justiça Popular em Portugal durante a Crise Revolucionária de 1974-1975

> *"Faria sentido imaginar que um movimento social cujas causas são tão antigas pudesse ser travado pelos esforços de uma geração? Será de acreditar que a democracia que derrubou o sistema feudal e derrotou soberanos recuará perante mercadores e capitalistas?"* (Tocqueville, 1954, p. 3)

Introdução

Como referi no capítulo anterior, em 1974 e 1975 a sociedade portuguesa atravessou uma crise revolucionária, no decurso da qual emergiram muitos movimentos populares. De maneira mais ou menos intensa todos estes movimentos partiram da derrubada do Estado fascista para questionar a legitimidade e desafiar a hegemonia do Estado capitalista. Este questionamento transformava o direito e a legalidade num dos campos sociais mais contestados. Como analisei no capítulo 2, numa crise revolucionária a questão da legalidade transforma-se numa das questões sociais mais onipresentes. É assim, em primeiro lugar, porque a própria crise é originada por uma ação ilegal do ponto de vista do regime anterior e esta "ilegalidade" original transforma-se num dado político e ideológico. Em segundo lugar, num período em que a luta de classes se agudiza intensamente, as várias classes e frações de classe apresentam concepções de legalidade distintas, e por vezes antagônicas — como sejam a legalidade democrática *versus* a legalidade revolucionária — e nenhuma classe ou fração de classe é suficientemente poderosa para impor a sua concepção a todas as outras.

Neste capítulo analiso uma das dimensões das fraturas no interior do direito e da administração da justiça: os casos de justiça popular que ocorreram em Portugal durante a crise revolucionária (1974-1975).[1]

Começo por uma descrição dos casos, analisando em seguida as condições políticas e sociais que os tornaram possíveis. Por fim, faço uma avaliação do seu valor tático e estratégico à luz dos objetivos revolucionários para que apontavam mais ou menos conscientemente.

As experiências da justiça popular

A justiça popular em Portugal após o 25 de abril de 1974 envolveu uma ampla gama de ações variando quanto ao escopo político, grau e tipo de mobilização popular e organização interna, e quanto ao nível de confrontação com a justiça oficial. Como estratégia descritiva, todo o leque de casos e situações pode agrupar-se em duas categorias: a luta pela redefinição da justiça criminal e a luta pelo

---

1. No capítulo 1 analisei a diversidade semântica do conceito de justiça popular.

AS BIFURCAÇÕES DA ORDEM

direito a uma habitação digna. Dentro de cada categoria começo por uma breve narrativa dos casos que se relacionam mais remotamente com o conceito de justiça popular e em seguida concentro a minha análise nas instâncias mais representativas.

A luta pela redefinição da justiça criminal

No contexto de uma crise revolucionária a desconfiança das classes populares em relação à administração da justiça tende a aprofundar-se e a expressar de forma dramática por meio de ações coletivas que numa situação não revolucionária (e certamente em Portugal antes do 25 de abril de 1974) teriam sido imediatamente reprimidas. E mais ainda se tal atitude negativa de desconfiança fosse acompanhada por uma energia positiva para avançar com formas de justiça alternativas e em confrontação mais ou menos aberta com a administração estatal da justiça. Numa crise revolucionária as ações de rebeldia, de resistência e de alternativa são avaliadas segundo critérios mais abertos ou contraditórios que podem transformar o que até há pouco era impensável num comportamento aceitável. Por exemplo, quatro meses antes, a vigilância popular contra o crime protagonizada por uma pequena aldeia do norte de Portugal, em julho de 1974, teria sido certamente reprimida. Agora, porém, parecia aceitável e até recomendável que uma pequena comunidade, inconformada com a passividade da Guarda Nacional Republicana (GNR) ante o aumento dos crimes contra a propriedade, tivesse decidido organizar uma milícia armada com piquetes de serviço durante a noite. O mesmo embrião de alternativas poderia ser encontrado nas investigações criminais populares. Num caso, que teve lugar numa pequena vila em novembro de 1975, o alegado crime havia sido cometido em 1969 quando um trabalhador rural foi encontrado morto num poço. Os habitantes da vila nunca aceitaram a explicação, apresentada pela polícia e por um médico local, de que o homem havia cometido suicídio, acreditando antes que ele tinha sido morto por um agente da GNR colocado na vila. Face à atitude passiva do tribunal criminal, os habitantes organizaram-se e as pessoas começaram a apontar o agente da GNR como sendo o assassino. Alguns meses mais tarde o agente cometeu suicídio. Em assembleia plenária da vila o povo decidiu criar um comitê de investigação para desvendar toda a verdade. Em setembro de 1975, um numeroso grupo de trabalhadores industriais, clamando por justiça popular, invadiu e revistou o quartel geral da polícia no Porto numa tentativa de encontrar um latifundiário que, no dia anterior, havia assassinado um dos seus inquilinos, também ele trabalhador industrial, depois deste se ter recusado a pagar um aumento de renda. A invasão fora motivada pela suspeita de que a polícia, cúmplice com o latifundiário, lhe tinha dado proteção. Em junho de 1975, em Grândola,[2] a aldeia onde se comemorava o aniversário do assassinato pela GNR da trabalhadora rural comunista, Catarina Eufémia,[3] um trabalhador rural, passando pela casa de um grande latifundiário, gritou repetidas vezes: "Morte à PIDE",[4] "Morte

---

2. Localidade alentejana celebrizada pela canção "Grândola, Vila Morena"' composta e cantada por Zeca Afonso e que seria escolhida pelo Movimento das Forças Armadas (MFA) para ser a segunda senha de sinalização da Revolução dos Cravos. A canção refere-se à fraternidade entre o povo de Grândola, vila alentejana. Às 00h20 do dia 25 abril 1974, a canção foi transmitida pela Rádio Renascença como sinal que confirmava o início da revolução. Era a senha para o arranque definitivo e simultâneo em todo o País das operações e despoletava o avanço das forças organizadas pelo MFA e por isso transformou-se num símbolo da revolução e do início da democracia em Portugal.

3. Catarina Eufémia nasceu em 1928, na aldeia de Baleizão, Beja. Era uma assalariada rural — ceifeira — pobre e analfabeta e a sua vida teria sido anônima, como a de tantos outros alentejanos da sua condição, se não tivesse sido morta pela GNR na sequência de reivindicações de melhores salários e tratamento digno, o que a tornou um símbolo da resistência e contestação ao regime salazarista. Este assassinato foi uma das mais brutais ações do regime de Salazar originando uma revolta surda e contida entre as massas rurais alentejanas.

4. A Polícia Internacional e de Defesa do Estado (anterior PVDE) foi criada em 1945 para defender o regime contra todos aqueles que dele discordavam. Dos diversos meios de que a PIDE dispunha para alcançar os seus objetivos destacam-se a vasta rede de informadores por todo o país e a intercepção de correspondência e telefonemas. Milhares de opositores foram

aos fascistas", "Viva a liberdade". Sentindo-se ameaçado, o latifundiário levou o caso à sede da GNR local, onde aparentemente teria bons amigos, sendo o trabalhador indiciado pelo crime de ameaça e difamação. Foram então organizadas manifestações populares a favor do acusado e contra a GNR. Devido ao "clima emocional", o caso foi transferido do tribunal local para o tribunal penal de Lisboa. No dia marcado para o julgamento dezenas de apoiantes do acusado encheram a sala do tribunal, gritando, "Abaixo as leis fascistas", "justiça popular". Na ausência do acusado e suas testemunhas, o julgamento foi adiado. Marcado para uma outra data, viria a ser de novo adiado.

Nenhum destes casos, tomado isoladamente, representa qualquer ideia de legalidade revolucionária. Há, no entanto, dois fatos a ter em conta. Por um lado, estes "incidentes" eram recorrentes, um fato particularmente significativo num país que durante quase 50 anos tinha sido governado por um regime fascista e disciplinado por uma ideologia autoritária que exigia reverência e submissão incondicionais ante as instituições do Estado, em particular, as repressivas. Por outro lado, estas ocorrências tiveram lugar num contexto social em que se tornaram possíveis confrontações mais radicais com a legalidade e justiça oficiais que então começavam a ser consideradas burguesas e inimigas da revolução.

O caso José Diogo

O primeiro tribunal popular organizado em Portugal, e também o mais conhecido, foi aquele em que José Diogo foi julgado. José

---

enviados para prisões (Caxias, Peniche, Tarrafal, por exemplo), muitas vezes sem julgamento, onde eram sujeitos aos mais variados maus-tratos e torturas. A PIDE instalou um clima de horror, de medo e de desconfiança de que, segundo muitos pensadores, a sociedade portuguesa ainda se não libertou totalmente.

Diogo Luís, um trabalhador rural (condutor de trator), 36 anos de idade, casado e pai de três filhos, nascido e morador no município de Castro Verde (Alentejo), foi preso pela GNR na tarde de 30 de setembro de 1974, acusado de ter apunhalado com uma faca poucas horas antes Columbano Líbano Monteiro. A vítima, um grande proprietário rural, de 72 anos de idade, também residente em Castro Verde, foi transportado para o hospital e morreu doze dias mais tarde. De acordo com a autópsia, a morte foi causada por uma peritonite resultante da ferida e por falha cardíaca. Depois de ter sido indiciado por homicídio pelo tribunal de Ourique, José Diogo teve de aguardar julgamento na prisão municipal de Beja, uma vez que nestes casos é negada fiança nos termos do Código de Processo Penal artigo 291-2 (a) (AEPPA, 1975; Tribunal de Ourique Despacho de 20 de março de 1975, 2005).

Não havia testemunhas oculares. Interrogado pela polícia, José Diogo declarou que havia trabalhado para Columbano durante os últimos três meses e que tinha sido despedido na semana anterior. Nesse dia, tinha ido à casa de Columbano com a única intenção de pedir para ser recontratado porque precisava desesperadamente de dinheiro. Uma mulher que vivia em casa de Columbano, quando interrogada pela polícia, declarou ter acorrido depois de ouvir os gritos de socorro de Columbano e tê-lo visto nos braços de José Diogo; a vítima disse-lhe imediatamente após o crime como o acusado o havia atacado. A mulher declarou também que tinha ouvido depois do crime que o povo de Castro Verde havia coletado 500 escudos (2,50 euros) para oferecer à mulher do acusado, prometendo-lhe mais 500 no caso de Columbano morrer (AEPPA, 1975).

Numa carta escrita na prisão e endereçada à Associação de ex-presos políticos antifascistas (AEPPA), que entretanto havia selecionado três dos seus advogados[5] para defender José Diogo, este explica como tudo aconteceu. Depois de declarar que era comunista

---

5. Doutores Amadeu Lopes Sabino, José Augusto Rocha e Luís Filipe Sabino.

(marxista-leninista) há muitos anos, e depois de denunciar, tanto a justiça oficial burguesa, como aqueles que se tinham tornado comunistas apenas depois do 25 de abril, José Diogo descreve o latifundiário Columbano como "um dos maiores inimigos do povo, o maior inimigo que existia na região de Castro Verde" (AEPPA, 1975, p. 17-8).

Prossegue depois a lista de acusações contra o proprietário em grande detalhe. Columbano é acusado de uma vida inteira de comportamento despótico, torturando o proletariado rural da área, tanto física como psicologicamente, sujeitando-os durante muitos anos a formas de dominação e exploração tão cruéis que poderiam ser comparadas apenas à escravatura. Columbano é acusado de espancar brutalmente os seus empregados — "uma outra que o carrasco fascista fez a um outro criado seu, que o levantou no ar pelas orelhas e que lhe ficou com a pele agarrada às suas mãos e o pobre chorando com dores e receio" (AEPPA, 1975, p. 19) — denunciando os seus trabalhadores como comunistas à polícia política (PIDE-DGS), com quem mantinha muito boas relações, proibindo os seus trabalhadores de beberem água nos poços das suas propriedades — "acabando por fim para maior castigo e tortura, a obrigar os pobres escravos deste carrasco terem de levar água para beberem em garrafas de sua casa" (AEPPA, 1975, p. 19) — e exigindo do povo em geral a mais absoluta subserviência, castigando ocasionalmente aqueles cujo comportamento fosse considerado menos respeitoso, como, por exemplo, não tirar o chapéu à sua passagem.

De acordo com outra das acusações de José Diogo, pelo simples fato de um dos seus criados, que era também seu rendeiro, resistir à ordem de Columbano para se mudar para outra das suas propriedades, o "carrasco" mandou atirar todas as suas coisas para a rua a meio da noite, desapiedado não só do criado, mas também da sua mulher e três crianças pequenas. José Diogo insiste que Columbano foi acima de tudo tirânico e cruel, durante os seus catorze anos como presidente da câmara de Castro Verde. Por exemplo, quando estava a ser construída uma estrada municipal, Columbano distribuiu os trabalhadores de forma a trabalharem o mais longe possível de casa — "apenas para os torturar".

Depois do retrato acusador de Columbano Líbano Monteiro, José Diogo fala das suas próprias experiências conducentes ao crime:

> *Eu trabalhei para esse carrasco 3 meses e meio no tempo da debulha e carrego de palha executando a minha profissão de tractorista. Claro todo o tempo que trabalhei para este fascista foi do nascer ao pôr-do-sol, incluído domingos e feriados, sem que me fosse pago qualquer tempo extraordinário que pelo contrário ainda me pagava 10$00[6] menos que o ordenado estabelecido pelo sindicato.*
>
> *E sempre o maldito carrasco levava os dias atrás de nós no trabalho, e dizendo aos seus amigos que se não estivesse lá presente que nós que não faríamos nada. Também me quis obrigar a que eu deixasse de fumar dizendo que perdia tempo para fumar, coisas que lhe não obedeci e se o fizesse era cobarde, e mesmo era insuportável um homem trabalhar um dia seguido de 12 a 14 horas sem parar por vezes uns 5 minutos para fumar, depois de ter apanhado tanto pó e tanto calor encima de uma ceifeira debulhadora sem ter sombra nem nada, em pleno sol escaldante (AEPPA, 1975, p. 20).*

José Diogo prossegue a sua vívida descrição do trabalho árduo nos campos, "com o fascista de guarda atrás de mim, gozando o escravo dentro do seu carro" (AEPPA, 1975, p. 21). As relações entre empregador e empregado pioraram ainda mais quando José Diogo decidiu lembrar a Columbano os seus direitos, invocando os novos contratos coletivos e novas leis laborais, e falar da derrubada do fascismo pela democracia.

"Então a fera fascista volta-se para mim como quem me quisesse comer, dizendo um homem respeita as leis quando quer, não querendo caga-se nelas" (AEPPA, 1975, p. 23). E disse ainda: "vocês não sabem que isto da democracia que é uma merda?" (AEPPA,

---

6. Dez escudos (10$00) equivalem a cinco cêntimos.

1975, p. 23). E continuou a abusar dos trabalhadores, do sindicato e do novo governo e a louvar o seu amigo Salazar.[7]

Como José Diogo diz na sua carta, "esta luta de classe" continuou até ao dia em que Columbano despediu o condutor de trator porque este se recusou a obedecer a uma ordem que resultaria em horas extraordinárias de trabalho. "Foi a sua oportunidade para se vingar". José Diogo perdeu o emprego e o sustento para a família.

Uma semana mais tarde a necessidade levou José Diogo a procurar Columbano que, sabia ele, precisava de um condutor de trator. Segundo José Diogo, caminhou até

> [...] ao portão do seu quintal para falar com ele, ao que lhe pedi licença para lhe falar, e assim me deu autorização para entrar em seu quintal. E eu ao dirigir-me ao sítio onde se encontrava o carrasco, que estava ao fundo do seu quintal, nem tal me lembrou de tirar o boné que levava na cabeça. Então por isto, o carrasco fascista já me não deixou falar, começando a chamar-me estúpido por não ter tirado o boné e mais de tudo quanto é pior, sendo isto um quintal em pleno ar livre, agarrando-se a mim querendo-me pôr fora de seus muros à força da força, a pontos de me magoar fazendo-me sangue nos braços que me apertava ferozmente com suas unhas e agredindo-me a soco. Ora eu ao ver-me ferido e pelos tratamentos de que estava a ser alvo, perdi o controlo de mim mesmo puxando do canivete que usava no bolso piquei o fascista em minha defesa de suas garras (AEPPA, 1975, p. 26).

Reproduzi extensivamente o testemunho de José Diogo por o comportamento de Columbano em relação ao proletariado rural não ser atípico e revelar a natureza das relações de produção dominantes no Alentejo antes do 25 de abril e da reforma agrária.[8] Como

---

7. António de Oliveira Salazar.

8. O 25 de abril de 1974 alterou as relações sociais e fundiárias no sul de Portugal, criando condições para uma mais justa distribuição da riqueza e da posse da terra. A primeira legislação sobre alterações na posse e no uso da terra é de 2 de novembro de 1974, com uma lei que estabelecia o arrendamento compulsivo de terras subaproveitadas e definia as condições em que o Instituto da Reforma Agrária (IRA) pode atuar. O processo ganha novo fôlego

veremos adiante, a descrição que José Diogo faz de Columbano seria confirmada por muitos outros trabalhadores rurais da área. Logo que foi conhecido o caso, um movimento espontâneo de solidariedade com José Diogo começou a tomar forma em Castro Verde. A sua primeira expressão foi o dinheiro imediatamente reunido para ajudar a família de José Diogo, como já mencionei. Estas expressões de solidariedade foram responsáveis por aquilo que o procurador do Ministério Público chamaria mais tarde "o clima emocional à volta do caso" que o levaria, poucos dias antes da data do julgamento (maio de 1975), a solicitar a transferência do processo do tribunal de Ourique (que tinha jurisdição sobre o caso) para outro tribunal. O processo foi transferido para o tribunal penal de Lisboa e o julgamento foi remarcado para 8 de julho.[9] Entretanto, José Diogo permanecia na prisão. Num comunicado público a AEPPA condena estes fatos nos seguintes termos:

> *O caso de José Diogo é bem significativo do carácter limitado de qualquer democracia burguesa [...] vigente em Portugal e noutros estados capitalistas. [...] O povo sabe também como aquilo que o direito burguês se limita a qualificar como crimes, mais não são do que episódios das lutas de classes, do afrontamento mortal entre o proletariado e a burguesia ou entre os vários estratos da burguesia. [...] O direito que mantém José Diogo na cadeia é o*

---

depois do 11 de março, com a publicação de nova legislação que previa o controle da produção pelos trabalhadores e um programa progressivo de reforma agrária, determinando-se ainda a nacionalização e expropriação dos latifúndios e grandes explorações agrícolas. Entre março e novembro de 1975, mais de um milhão de hectares foram ocupados e constituíram-se cerca de 500 propriedades coletivas dirigidas por trabalhadores rurais. Nasciam as UCP's, Unidades Coletivas de Produção.

9. "Marcado para dia 8 de julho o julgamento de José Diogo realizar-se-á na Boa-Hora, no 1° Juízo Criminal de Lisboa. Entretanto, as forças da direita tentam impedir de todos os modos que o julgamento se faça, ou, pelo menos, que o tribunal possa ser o local em que as testemunhas de José Diogo denunciem o ambiente de terror, opressão que serviu de pano de fundo aos acontecimentos pelos quais este camarada é julgado. Pressões exercidas sobre as testemunhas, ameaças veladas exercidas no próprio momento em que se faz a notificação têm apenas um objectivo — calar a voz do povo no tribunal burguês, ou melhor, no tribunal fascista" (Voz do Povo, n° 48, 1975, p. 9).

AS BIFURCAÇÕES DA ORDEM

mesmo que liberta os capitalistas acusados de sabotagem económica. O direi-
to que permite a prisão de soldados e milicianos revolucionários é o mesmo
que permite as conspirações fascistas e reacionárias dos generais (AEPPA,
1975, p. 10-2).

O movimento de solidariedade foi ativamente apoiado por algumas organizações da esquerda, que tentaram transformar o caso
de José Diogo num movimento político amplo contra a legalidade
burguesa e de apoio às noções de democracia popular e de poder
popular que então se discutiam na Assembleia de delegados do
Movimento das Forças Armadas (MFA).[10] A rádio, a imprensa e a
televisão tornaram o caso de Diogo conhecido em todo o país. Foi
produzido um filme, mas a sua exibição foi proibida no último momento.[11] E também foi motivo para uma canção revolucionária.[12]

---

10. A UDP (União Democrática Popular, partido de cariz comunista fundado em 1974 e
dissolvido em 2005) fez do caso José Diogo uma bandeira política e transformou José Diogo
num herói revolucionário.

11. Filme de Luís Galvão Teles "Liberdade para José Diogo".

12. "Zé Diogo" pelo Grupo de Acção Cultural — Vozes Na Luta. Letra da Canção Zé
Diogo: "Os trabalhadores de Castro Verde/Do grande agrário Columbano Monteiro/Traba-
lhavam de manhã até à noite/Horas a mais sem receberem mais dinheiro — Como todos
trabalhava na herdade/O operário Zé Diogo do tractor/Trabalhava todo o dia sem parar/
Desde manhã até que chegasse o sol-pôr — Mas isto um dia havia de acabar/O operário
trabalha é p'ra receber/Oito horas de trabalho e nada mais/Todos unidos souberam vencer
— O patrão que só queria ter escravos/Atacou o Povo trabalhador/E para dar o exemplo a
quem lutasse/Despediu o Sé Diogo do tractor — DUM LADO QUEM TRABALHA A TER-
RA/E ENCHE OS BOLSOS AO PATRÃO/DO OUTRO QUEM SE ENRIQUECE/DE QUEM
DA TERRA ARRANCA O PÃO! — Sem trabalho e o dinheiro a acabar/E tanta coisa de lado
por fazer/E em casa os filhos p'ra sustentar/O Zé Diogo pouco tinha p'ra perder — Foi por
isso o tractorista perguntar/Qual a razão porque o patrão o despedia/O canalha foi-se a ele
a pontapé/Respondeu-lhe que fazia o que bem queria — Aí o Zé Diogo então não hesitou./
Perante a sem-vergonha do bandalho/Puxou da navalha e condenou/À morte os exploradores do trabalho! — Vieram depois os doutores lá da terra/Que de leis dizem tudo enten-
der/Leis burguesas feitas por patrões!/Leis que mandaram o Zé Digo prender! — DUM
LADO QUEM TRABALHA A TERRA/E ENCHE OS BOLSOS AO PATRÃO/DO OUTRO
QUEM SE ENRIQUECE/DE QUEM DA TERRA ARRANCA O PÃO! — Camarada operário
José Diogo, /O lugar que ocupas hoje na prisão/Há-de ficar guardado pr'a ser um dia/Dos
fascistas como era o teu patrão! — Mas isso não virá só do teu braço, /Não é p'ra já nem é
de repente, /Só com os operários e os camponeses/Organizados numa única frente. — Uma

Contra a petição do Procurador-Geral do Ministério Público,[13] o Supremo Tribunal de Justiça, baseado nos mesmos fatos, decidiu transferir o processo para o tribunal de Tomar, uma cidade ao norte de Lisboa.[14] A nova data do julgamento foi marcada para 25 de julho de 1975.[15] A AEPPA[16] denunciou esta transferência, como "uma opção política deliberada", uma vez que o processo estava a ser transferido para uma região do país onde as forças reacionárias tinham ultimamente atuado com violência crescente e onde um clima hostil à defesa se poderia gerar facilmente (Voz do Povo, 1975, p. 2). Antes que fosse fixada uma nova data para o julgamento, os advogados de José Diogo contactaram o MFA para solicitar que as Forças Armadas interviessem no sentido de o julgamento ser feito em Lisboa, ou, de preferência, em Ourique, o tribunal com jurisdição sobre o caso e mais próximo do local onde ocorreram os fatos. Solicitavam ainda que, dadas as sucessivas transferências e os sucessivos adiamentos, em nada imputáveis ao réu, este fosse posto em liberdade sob fiança.

---

só luta sob uma só bandeira, /A Paz, o Pão e a Terra livre e Independente,/De norte a sul o Povo de Portugal/Fazendo fogo duro sobre o Capital! — Porque só da nossa luta nascerá/ Tudo quanto é justo e quanto é novo./E a justiça só será Popular/Quando o Governo e o poder forem do Povo! — DUM LADO QUEM TRABALHA A TERRA/E ENCHE OS BOLSOS AO PATRÃO/DO OUTRO QUEM SE ENRIQUECE/ DE QUEM DA TERRA ARRANCA O PÃO!" (AEPPA, 1975, p. 41-3)

13. Doutor Pinheiro Farinha.

14. O Jornal "Voz do Povo" (órgão da UDP) dava voz à revolta nestes termos: "A actuação do camarada Zé Diogo é o resultado de um ódio acumulado por anos e anos de trabalho a troco da fome e da opressão, das bofetadas e das prisões que o fascista nunca se cansou de fazer em vida. Agora já não faz mal a ninguém, foi saneado da face da terra" (Voz do Povo, nº 14, 1974, p. 9).

15. Apelo no jornal Voz do Povo para a presença de todos no julgamento de José Diogo: "Este julgamento torna-se, hoje, em mais uma luta contra o poder dos exploradores e das suas leis. Deixarmos que José Diogo seja "julgado", pelos tribunais e pelas leis que sempre serviram os fascistas é deixarmos que as liberdades até agora conquistadas sejam ameaçadas" (nº 50, 1975, p. 3).

16. A AEPPA num comunicado de imprensa afirma que "O processo de José Diogo, a luta pela sua liberdade, é acima de tudo a luta contra o direito burguês, contra todo o velho aparelho judiciário fascista hoje ainda intacto e actuante na repressão ao povo e suas conquistas. E mais: sem destruição completa e total do aparelho judiciário burguês, só há justiça para os ricos e nunca para o povo" (A Capital, nº 2.594, 1975, p. 4).

Por seu turno, o advogado da irmã de Columbano,[17] em requerimento apresentado ao tribunal de Lisboa a 1 de julho de 1975, solicitava um adiamento do julgamento. Na sua petição denuncia as forças políticas "que transformaram um delito comum — praticado sem qualquer motivação ideológica, como facilmente se vê da simples leitura do processo e designadamente das declarações do próprio réu — num ato heroico de luta antilatifundiária e antifascista, deslocou o problema em causa do foro judicial para os domínios insondáveis da política e da opinião pública (Carvalho, 1976, p. 250). No mesmo requerimento o advogado afirma que "A legitimação do acto de José Diogo representa, a nossos olhos, um retrocesso milenário na história da Humanidade, das suas regras e dos seus códigos [...] transportando-nos numa prodigiosa viagem ao passado; ao Código de Humurabi, à pena de Talião e à vendecta" (Carvalho, 1976, p. 254). Diz ainda que "a sociedade sem classes não será certamente atingida, concedendo aos cidadãos, ou a certos cidadãos, o direito de se esfaquearem uns aos outros" (Carvalho, 1976, p. 257). O advogado finalizava requerendo julgamento por um júri (recentemente restabelecido depois da derrubada do regime salazarista), que considerava a única forma legítima de justiça popular. O Supremo Tribunal de Lisboa depois da apresentação deste requerimento passou o processo para o tribunal de Tomar. O advogado nesse mesmo dia apresentou outro requerimento onde declarou que não estaria presente no julgamento. "Um julgamento realizado neste circunstancialismo, não é um julgamento, é uma farsa teatral. O resultado dessa farsa nunca pode ser a justiça, será necessariamente um simulacro de justiça" (Carvalho, 1976, p. 266).

Uma grande manifestação, organizada pelas forças políticas apoiantes de José Diogo, teve lugar em Tomar na data do julgamento. Segundo o repórter do *Expresso*, perto de mil pessoas, sobretudo trabalhadores rurais do Alentejo e trabalhadores industriais de

---

17. Defesa a cargo de Daniel Proença de Carvalho.

Lisboa, encheram a praça em frente do tribunal.[18] Mas o julgamento não teve lugar porque o acusado, embora aguardando julgamento em prisão preventiva e, portanto, "ao dispor do sistema judicial", não foi trazido ao tribunal, e os juízes ignoravam tanto a sua localização como as razões da sua indisponibilidade. Duas horas mais tarde, o juiz presidente, Soares Caramujo, leu a decisão do tribunal: o julgamento era adiado para 1 de outubro;[19] considerando que o réu não poderia ser responsabilizado por esta situação, uma vez que se encontrava na prisão, seria posto em liberdade sob fiança, que foi fixada em 50.000 escudos (cerca de 250 euros).[20] De imediato, foram feitos apelos radiofônicos para conseguir o dinheiro da fiança. Três horas mais tarde metade da quantia já havia sido reunida através de contribuições feitas por cidadãos privados, sindicatos e comissões de moradores.[21]

Ao mesmo tempo, e enquanto estavam ainda na sala do tribunal, os membros da AEPPA, em conjunto com a UDP, sugeriram o julgamento imediato de José Diogo por um tribunal popular, isto é, por um júri composto por vinte trabalhadores democraticamente eleitos pelos presentes. A sugestão foi aceita, e o júri eleito, composto por oito trabalhadores industriais representando oito comissões

---

18. Ostentando e gritando *slogans*, como "Liberdade para o povo, repressão sobre a reacção" e "Justiça popular. Morte ao fascismo". Como noticia o jornal República: "Às 11 horas da manhã, altura em que se encontrava reunido o Colectivo, a sala do Tribunal estava completamente cheia e os presentes gritavam diversas palavras de ordem exigindo a libertação de José Diogo, gritando ainda 'Morte ao fascismo e a quem o apoiar', 'Viva o Poder Popular' e 'Operários, camponeses, soldados e marinheiros unidos venceremos'" (n° 15.757, 1975, p. 3).

19. José Diogo viria a ser condenado a seis anos de prisão.

20. Esta decisão, contrária à decisão do Tribunal de Ourique, traduz o reconhecimento que este caso se tornou político. "A decisão do Tribunal de Tomar significa também que os próprios guardiões do direito burguês se aperceberam de que o direito burguês está podre. E que a organização dos trabalhadores e do povo está em marcha para fazer cair, substituindo-o por um direito popular, contra a burguesia. Ontem, em Tomar, e para além de Tomar, a burguesia mostrou o seu medo, recuou. Cabe às massas radicalizar o processo" (Diário de Lisboa, n° 18.825, 1975, p. 4).

21. Palavras de José Diogo quando recebe a notícia de que sairia em liberdade condicional "Para mim isto é uma alegria, não esperava tão cedo a liberdade" (República, n° 15.758, 1975, p. 1).

de trabalhadores,[22] dez representantes do povo de Castro Verde, e dois membros da AEPPA. Durante o julgamento, que teve lugar nos degraus do edifício do tribunal, o tribunal popular ouviu as testemunhas do réu que confirmaram a descrição das relações dos trabalhadores com Columbano feita por José Diogo.[23] Por duas vezes o tribunal perguntou à audiência se alguém queria testemunhar a favor de Columbano. Ninguém quis. Então o tribunal reuniu-se, e vinte minutos mais tarde a sentença foi lida às centenas de pessoas que ali se encontravam reunidas.[24] O júri considerou:

> *Inteiramente correcta e justa a constituição deste tribunal popular dadas as circunstâncias excepcionais que rodearam este julgamento em Tomar. Considera, no entanto que os tribunais populares devem assumir a forma de assembleias populares para nelas participar todo o povo. Por isso deliberam submeter à assembleia popular de Castro Verde a decisão que vão tomar* (República, nº 15758, 1975, p. 5).

A sentença do júri foi:

> *Condenar postumamente o latifundiário Columbano pela opressão e exploração do povo de Castro Verde e considerá-lo um inimigo do povo do Alentejo. Considerar que Zé Diogo não cometeu nenhum crime, embora seja seu juízo que o acto de José Diogo foi um acto individual, embora explicado pelas circunstâncias relatadas nos seus documentos lidos e ouvidos neste tribunal* (República, nº 15.758, 1975, p. 5).

---

22. Nomeadamente, a Setenave, Sorefame, Mocar, Fábrica de Fiação e Tecidos de Torres Novas, Termo-Eléctrica, Metalúrgica Duarte Ferreira e Hospital de Cascais.

23. Das testemunhas de defesa, dois trabalhadores rurais confirmaram as acusações de José Diogo. Joaquim Sales afirmou "Acusaram-se de bolchevistas, salteadores e incendiários de igrejas, ameaçaram-nos com o Tarrafal nem água nos deram para beber!", Manuel António por sua vez acusa Columbano Monteiro de lhe ter agredido e calcado os pés por ter reclamado do salário: "Nem sei quantas orelhadas levei, já não sabia o que me estava a acontecer, dorido e cheio de sangue. Só sei que ele morreu o ano passado; pois deviam-no ter morto há muito tempo!" (Expresso, nº 134, 1975, p. 4).

24. Sentença lida pelo jornalista José Mário Costa.

O júri popular decidiu ainda enviar o texto da sentença à Assembleia do MFA, reunida nesse dia (25 de julho de 1975).[25]

A luta pelo direito a uma habitação condigna

À data da revolução, muitos milhares de famílias viviam nos bairros informais (bairros de lata, favelas) das duas maiores cidades de Portugal — Lisboa e Porto — e estavam frequentemente à mercê de senhorios pouco escrupulosos. O problema da habitação agravara-se com a intensificação do processo de industrialização dos anos 1960.

O movimento de ocupação de casas começou logo após o 25 de abril de 1974. Centenas de famílias que viviam nos bairros de lata à volta de Lisboa ocuparam os complexos de apartamentos municipais e estatais, alguns dos quais ainda em construção. Nos "tempos normais" do regime derrubado estas casas teriam sido distribuídas através de um longo e complexo processo burocrático, a famílias de rendimento médio ou baixo. Embora estes apartamentos fossem considerados "habitação social" ou "habitação social de baixo custo", as rendas fixas eram sempre demasiado altas para aqueles que viviam nos bairros da lata. Embora o movimento de ocupação começasse espontaneamente e inicialmente carecesse de organização, rapidamente foram criadas as comissões de moradores do bairro da lata para estruturar o movimento, para controlar e defender as ocupações, e para lutar contra o oportunismo.

---

25. Para Cardonnel, correspondente francês do Tribunal Bertrand Russel, que se deslocou a Tomar para assistir ao julgamento, a decisão do tribunal, a sua ocupação e a instituição do tribunal popular significam que "a movimentação popular e a aliança dos operários com os camponeses se tornam tão fortes que são capazes de derrubar todo o aparelho da justiça burguesa. Agora o MFA tem que optar claramente entre duas alternativas — a democracia liberal e a democracia popular, que hoje começou a ser praticada aqui" (Diário de Lisboa, nº 18.825, 1975, p. 4).

O movimento rapidamente se alargou para incluir a ocupação de casas vazias de propriedade privada. Por outro lado, grupos de inquilinos decidiram deixar de pagar rendas que consideravam exorbitantes. Quando receberam as ordens de despejo, recusaram-se a sair das casas; quando a polícia e as forças armadas foram chamadas para intervir os residentes ofereceram resistência e por vezes conseguiram impedir o despejo. O governo provisório reconhecia as más condições de alojamento das classes trabalhadoras mas considerava as ocupações ilegais. Em setembro de 1974 foi aprovado um decreto[26] ordenando a todos os senhorios a inventariação das suas casas vagas num prazo de quatro meses. A maior parte dos senhorios ignorou a lei.

Apesar da repressão militar e policial, o movimento de ocupação continuou a crescer. Em inícios de 1975 tinha-se tornado um movimento nacional. Algumas organizações da esquerda revolucionária começaram a apoiar e mesmo a participar em diversas ocupações para montar clínicas populares, centros culturais, escolas de enfermagem etc. Os maiores partidos políticos, incluindo os partidos socialista e comunista, condenavam as ocupações por serem "anárquicas" e "aventureiras".

Em março de 1975,[27] foram suspensas as ordens de despejo. Em abril uma nova lei foi aprovada legalizando todas as ocupações existentes[28] (dentro de certas condições e impondo exceções) e proibindo que se fizessem novas ocupações. Mas esta nova lei não foi posta em prática e o movimento de ocupação continuou a expandir-se. As comissões de moradores proliferaram com um papel cada vez mais ativo na ocupação de casas ainda que algumas comissões fossem contra as ocupações por as considerarem ilegais. No seio das instituições

---

26. Decreto-lei nº 445/74, de 12 de setembro. Já anteriormente, o governo congelara as rendas de casa, através do Decreto-lei nº 217/74, de 27 de maio.

27. Decreto-lei nº 155/75, de 25 de março, "Suspende todas as acções e execuções de despejo com processo comum ou especial, que tenham por base denuncias contratuais".

28. Decreto-lei nº 198-A/75, de 14 de abril.

do Estado encarregadas de aplicar a lei havia uma divergência similar. Enquanto a polícia de segurança pública (PSP) continuava a reprimir os ocupantes, o COPCON (Comando Operacional do Continente das Forças Armadas, sob o comando de Otelo Saraiva de Carvalho[29]) apoiava-os e ajudava-os a permanecer nas casas ocupadas.

Entretanto, muitos senhorios recorreram aos tribunais para expulsar os ocupantes, e em outubro de 1975 houve muitos julgamentos, criando confrontações diretas entre o movimento popular e o sistema judicial. A primeira ocorreu durante uma manifestação em frente ao tribunal, organizada pelo secretariado das comissões revolucionárias de moradores de Lisboa, por ocasião do primeiro julgamento de um ocupante. Dezenas de manifestantes invadiram o edifício do tribunal com gritos de: "Tribunais populares sim, tribunais burgueses não!" "Este caso pertence ao povo!" "Só o povo pode julgar o povo!". Embora o advogado do ocupante defendesse o direito deste permanecer na casa, mesmo de acordo com a lei em vigor, os manifestantes recusaram-se a reconhecer a jurisdição do tribunal e pretendiam que os juízes assinassem uma declaração afirmando a sua falta de autoridade em casos similares. Exigiam que a casa do ocupante fosse entregue ao secretariado das comissões revolucionárias de moradores. Em face da recusa dos membros do judiciário, os manifestantes invadiram as instalações do tribunal e levaram consigo os papéis.[30] O juiz confirmou que o dossiê tinha sido roubado e foram iniciados os procedimentos criminais contra os manifestantes. Na opinião do secretariado das comissões revolucionárias de moradores,

---

29. Responsável pelo setor operacional da Comissão Coordenadora do MFA, dirigiu as operações do 25 de abril, a partir do posto de comando clandestino instalado no Quartel da Pontinha. Graduado em brigadeiro, foi nomeado Comandante do COPCON e Comandante da região militar de Lisboa a 13 de julho de 1975. Fez parte do Conselho da Revolução quando este foi criado em 14 de março de 1975.

30. A 7 de outubro de 1975 alguns manifestantes impediram um julgamento no Palácio da Justiça de Lisboa que iria apreciar a ocupação de uma casa na Avenida Almirante Reis, roubando o processo e levando-o para a sede do Secretariado das Comissões de Moradores e Ocupantes da Zona de Almirante Reis e Arroios.

não tinha havido roubo: "O que aconteceu foi que o caso foi transferido do tribunal burguês para o tribunal popular."

O caso de Maria Rodrigues

Em outubro e novembro de 1975, o secretariado das comissões revolucionárias de moradores organizou tribunais populares em Lisboa e subúrbios. A título de exemplo, analiso o caso de Maria Rodrigues, que ocupava uma casa ilegalmente, em violação da lei de abril anteriormente referida. A senhoria processara-a e ela deveria ser julgada no início de novembro. De acordo com a lei incorria numa pena de prisão até dois anos, para além do despejo. Numa tentativa de travar a aplicação da lei oficial e de prevenir muitos outros julgamentos, despejos e sentenças de prisão, o secretariado das comissões revolucionárias de moradores organizou um boicote ao julgamento de Maria Rodrigues, marcando uma manifestação em frente ao tribunal no dia do julgamento.[31]

Embora o juiz[32] já tivesse decidido não fazer o julgamento sob tais circunstâncias, mandou chamar a ré. Em seu lugar, compareceram membros da comissão de moradores da sua área de residência que declararam: "Ela não será tirada aos seus [ao povo]". O juiz decidiu então interromper os procedimentos e adiar o julgamento até 9 de dezembro. Perante esta decisão judicial, os representantes da comissão de moradores anunciaram a decisão de julgar Maria Rodrigues perante um tribunal popular nesse mesmo dia, num pátio interior do edifício do tribunal, convidando o juiz, os advogados, e todos os outros oficiais de justiça para estarem presentes. Os magistrados preferiram assistir das janelas.

---

31. O julgamento teve lugar a 4 de novembro de 1975.
32. Doutor Orlando Melro.

O júri popular era composto por vinte e oito delegados de diversas comissões de moradores.[33] Durante algumas horas falaram sobre a questão da habitação, denunciando a ganância parasitária dos senhorios e apelando à criação de comitês de autodefesa contra tal exploração impiedosa. Maria Rodrigues, em breves palavras definiu o conceito de justiça utilizado na época "Eu ocupei um cubículo, não uma casa. Fui agredida por duas fascistas e abortei dois meninos. Afinal eu é que estou a ser julgada e não julgam essas fascistas" (Diário de Notícias, nº 39.312, 1975, p. 4). Na sequência da agressão abortou e teve de receber tratamento hospitalar. Ela estava no oitavo mês de gravidez.

Finalmente a sentença foi lida:[34]

O tribunal popular em reunido hoje, dia 4, às 10.45, ocupando o Tribunal da Boa Hora, de acordo com a vontade do povo presente, tomou as seguintes decisões:

1. Considerar a senhoria especuladora, exploradora e opressora e, como tal, sua inimiga.

2. Considerar a mãe do capitão (e a pessoa que vive na casa da porteira) como fascistas, criminosas e inimigas do povo.

3. Todos estes fascistas ficarão sujeitos a tribunal popular, quando os trabalhadores tomarem o poder.

4. Considerar Maria Rodrigues absolvida e com pleno direito à casa que ocupa (Diário de Notícias, nº 39.312, 1975, p. 4).

---

33. "Sob as palavras de ordem 'Adiantamento não' e 'julgamento popular já!', os populares dirigiram-se para o pátio do tribunal, onde imediatamente constituíram uma mesa com elementos das 28 comissões de moradores presentes, entre as quais se notava uma representação de Évora" (Diário de Notícias, nº 39.312, 1975, p. 4).

34. Durante o tribunal popular foi ainda aprovado um serviço de vigilância para defender Maria Rodrigues e apelou-se a novas mobilizações populares para os dias seguintes, em Moscavide e Cascais, onde iriam ocorrer outros julgamentos (O Século, nº 33519, 1975). Os manifestantes seguiram depois para a Praça do Município, em Lisboa, manifestando-se e gritando palavras de ordem, como: "Morte ao fascismo, justiça popular", "O povo constrói as casas, as casas são do povo" e "Justiça burguesa, não; justiça popular, sim" (Diário de Notícias, nº 39.312, 1975).

Justiça popular no contexto da revolução portuguesa

Os acontecimentos e situações descritos na seção anterior, considerados como um movimento social embrionário de justiça popular, devem ser analisados e avaliados à luz do contexto sociopolítico em que ocorreram — a revolução portuguesa. No capítulo anterior, defendi que a crise revolucionária portuguesa em nenhum momento configurou uma situação de dualidade de poderes. Configurou, isso sim, uma dualidade de impotências expressa pela paralisia geral do Estado durante um curto período. No contexto dessa situação de impotência dual, formas restritas de poder dual emergiram em áreas específicas da vida social e em setores específicos do aparato estatal. Uma destas situações ocorreu no interior do aparato judicial e assumiu a forma de justiça popular. Não é de todo surpreendente o fato de as ocorrências mais significativas da justiça popular terem ocorrido no período entre 11 de março e 25 de novembro de 1975. A ocupação de casas começou logo após o 25 de abril de 1974, mas inicialmente estava desprovida de organização e de foco político. Tratava-se de um movimento espontâneo e imediatista inspirado pelo desejo de encontrar uma habitação decente sem questionar os fundamentos de uma sociedade que consistentemente negava às pessoas o direito a condições de vida condignas.

Depois do 11 de março de 1975, as comissões de moradores aumentaram em número, tornaram-se mais fortes e ativas, e começaram a pensar-se como instrumentos políticos, como embriões de uma estrutura de poder radicalmente nova; um poder organizado de baixo para cima; um poder ao serviço das classes oprimidas; em suma, um poder popular. Isto era possível porque processo revolucionário, agora radicalizado, havia transformado a natureza classista do Estado numa questão prática.

Uma vez levantada, mas não resolvida a questão da natureza classista do poder do Estado, as comissões revolucionárias de moradores e todas as outras organizações de poder popular (comissões de trabalhadores, comissões de soldados, comissões de aldeia etc.) não podiam ir além da criação de bolsas de poder dual, isto é, de microcontrapoderes opostos ao poder estatal. Os casos de José Diogo e Maria Rodrigues assim como todas as outras instâncias de justiça popular têm lugar neste contexto, enquadrando a questão do poder de modo específico: como uma questão de legalidade. A luta de classe em que estavam envolvidos manifesta-se como uma luta pela definição da legalidade. E de fato, uma das discussões cruciais deste período centra-se em torno da dicotomia: legalidade democrática *versus* legalidade revolucionária (Santos, 1988, p. 139-72).

De forma a entender o escopo e os termos precisos desta discussão é necessário tomar em consideração a sociologia da administração da justiça e das profissões jurídicas anteriores ao 25 de abril. É preciso entender que em Portugal, na altura da revolução, era tão escassa a experiência de legalidade revolucionária quanto a experiência de legalidade democrática. O direito e a justiça eram entidades distantes nas representações sociais dos portugueses. A análise seguinte contrasta por vezes a experiência portuguesa e chilena por duas razões. Primeiro, a questão da legalidade foi também muito importante no Chile do Presidente Allende (embora se colocasse em termos muito distintos, como veremos mais adiante neste capítulo). Segundo, a discussão da estratégia e táticas entre diferentes organizações políticas durante a crise revolucionária portuguesa utilizou muitas vezes o caso chileno como ponto de referência.

Enquanto a coligação da Unidade Popular (UP) no Chile herdou um Estado democrático liberal e uma tradição democrática, o movimento do 25 de abril herdou um estado de tipo fascista e uma tradição de repressão brutal contra a classe trabalhadora. Esta distinção é de extrema importância para a compreensão das diferenças entre as lutas de classe nos dois países tanto antes como depois das mudanças políticas em análise. No Chile, a UP podia invocar muitas leis progressistas (no tocante ao trabalho, reforma agrária, intervenção do Estado na economia etc.), resultantes de anos de pressão bem-sucedida pelas classes trabalhadoras e seus aliados perante o Estado liberal democrático desde os anos 1930. Embora aplicadas, quando muito, de modo fortemente seletivo, tais leis produziram contradições dentro da ordem jurídica burguesa, e estas contradições, que permaneceram mais ou menos adormecidas por muitos anos, retiveram o seu potencial explosivo até ao momento de intensificação da luta de classes protagonizado pelo Presidente Salvador Allende.

A ordem jurídica autoritária em Portugal foi, de certo modo, mais coerente que a ordem jurídica chilena uma vez que a dominação capitalista fascista exigia que não fossem feitas quaisquer concessões à classe trabalhadora e seus aliados. A legislação corporativa do trabalho negava a existência da luta de classes, e a harmonia social era garantida por um sistema repressivo altamente complexo e eficiente. A classe trabalhadora estava sujeita a uma brutal repressão tanto nas cidades industriais como no campo (especialmente no Alentejo). Polícia política, forças militares e paramilitares, polícia de choque, tribunais especiais do trabalho, tribunais políticos, prisões para presos políticos, e uma assembleia legislativa nacional totalmente controlada por um só partido eram alguns dos instrumentos diretos de repressão política da versão portuguesa do fascismo.

Em Portugal, como no Chile, as principais instituições jurídicas liberais — os tribunais — limitavam-se a aplicar as leis, ainda que injustas. Mas no caso português os juízes perderam a limitada independência que lhes era concedida pela tradição estatal liberal. Duas razões principais explicam este fato, para além do ambiente repressivo geral. Por um lado, os juízes prestavam muitas vezes serviço em tribunais especiais sujeitos ao um controle político estrito e detinham um estatuto social baixo. Por outro lado, o sistema de promoção no judiciário era parcialmente baseado na lealdade do juiz para com as instituições sociais e políticas do regime, refletidas nas suas decisões. Quanto mais elevado fosse o nível judicial, mais políticos se tornavam os critérios de promoção. Todos os fatores empurravam o juiz para a passividade e rotina. E de fato, salvo algumas exceções, o judiciário tendia a atrair os menos bem-sucedidos dentre os graduados em direito. Os melhores estudantes seguiam a política ou o ensino, ou tornavam-se advogados ou consultores jurídicos de grandes empresas.

Por gozarem de autonomia profissional, os advogados tendiam a tornar-se mais ativos politicamente. A oposição democrática ao regime Salazarista recrutou alguns dos seus melhores líderes entre advogados. Mas nos últimos anos do regime fascista, o futuro da advocacia era objeto de preocupação, bem expresso no Congresso dos Advogados de 1972. Segundo alguns, a tradicional autonomia dos advogados estava a ser posta em causa pela emergência de grandes escritórios de advogados e pelos serviços por estes prestados aos diferentes departamentos governamentais. Embora os advogados enquanto classe fossem favoráveis à proteção dos direitos civis e políticos, apenas alguns estavam dispostos a defender pessoas acusadas de crimes políticos e ameaçadas de julgamento num tribunal político. Embora expressando preocupação por um acesso igualitário à justiça, a ordem dos advogados — cuja democracia interna foi fortemente questionada durante muitos anos — nunca se dispôs a organizar de forma eficiente a prestação gratuita de assistência e patrocínio jurídicos.

O ensino nas faculdades de direito era geralmente muito conservador, provendo as instituições do regime de suporte jurídico e sofisticação científica. Os professores de direito, a maioria dos quais nunca exerceria advocacia, cultivavam discussões altamente teóricas sobre dogmática e filosofia do direito, que por vezes funcionavam como álibi, consciente ou não, para o amorfismo social e para a passividade política. Esta situação tornava o ensino do direito irrelevante para a solução dos problemas jurídicos concretos com que os operadores do direito (advogados e juízes) se defrontavam no quotidiano das suas vidas profissionais. Para além de serem responsáveis pela elaboração dos códigos, os professores de direito participavam frequentemente na vida jurídica do país através de pareceres altamente remunerados em casos envolvendo conflitos entre membros da alta burguesia ou das famílias oligárquicas. Devido a este ambiente científico-ideológico, os poucos professores de direito progressistas tinham dificuldade em conciliar os seus talentos profissionais com as suas atividades políticas. Não é de todo surpreendente que as escolas de direito nunca tenham organizado serviços jurídicos gratuitos para as classes populares, nunca tenham encorajado o estudo sociológico do direito e nunca tenham lutado por interpretações da lei mais favoráveis aos interesses das classes populares.

Esta breve sinopse indica-nos as razões pelas quais a questão legalidade se colocou de modos distintos no Chile e em Portugal. No Chile sob o governo do presidente Allende, a questão da legalidade centrou-se na luta para o reforço progressivo das leis progressistas que já estavam em vigor, mas sem aplicação efetiva. A este nível os conflitos de classe eram combatidos como conflitos entre interpretações rivais e contraditórias da lei. Advogados prestigiados, que colocavam o seu conhecimento técnico ao serviço das classes populares, exploravam todas as minúcias das leis em vigor de forma a construir um argumento convincente perante os tribunais. A conversão do sistema judicial num campo privilegiado de luta de classes deve-se ainda a outra razão: a promulgação de leis novas e revolucionárias era praticamente impossível pelo fato de o poder legislativo ser controlado pelos adversários de Allende, ou seja, pela burguesia.

Em Portugal, pelo contrário, a questão da legalidade centrou-se em torno da destruição do Estado fascista, revogação das leis que mais diretamente "justificavam" a repressão política, e a promulgação de novas leis que abrissem caminho para a democratização do Estado e da sociedade. Em Portugal, ao contrário do Chile, a questão principal era a criação de uma nova legalidade e não a interpretação da legalidade existente. Assim se explica que os tribunais tenham representado um papel tão diminuto durante a crise revolucionária em Portugal. A luta por uma nova legalidade foi travada no interior do MFA, dentro do governo provisório, dentro da Assembleia Constitucional depois do 25 de abril de 1975, e nas ruas. A situação, tal como a descrevi, tendia a libertar forças populares que poderiam facilmente escapar ao controle dos novos líderes políticos. Em Portugal, ao contrário do Chile, deu-se uma ruptura com o sistema político, uma rejeição global de uma forma de dominação política. Uma mudança política tão ampla favoreceu um processo de radicalização social, mesmo tendo o movimento dos capitães começado como um movimento democrático sem objetivos anticapitalistas.

Inicialmente a questão de uma nova legalidade foi concebida pelo MFA, como uma questão de respeito pela legalidade democrática. O argumento por uma nova legalidade era o seguinte: nem toda a legislação em vigor durante o regime fascista tinha uma natureza fascista; ao invés, uma vez desmantelado o Estado fascista e revogada a legislação diretamente responsável pela repressão fascista, toda a restante legislação era válida devendo, por isso, ser aplicada pelos tribunais e obedecida pelo povo; caso contrário, as próprias fundações de uma vida civilizada e harmoniosa seriam minadas, e o resultado seria a anarquia. Todos os reajustamentos necessários ocorreriam por meio de nova legislação que seria produzida pelos órgãos políticos legitimados pelo povo. Um dos pilares da legalidade democrática estaria deste modo garantido. O outro era o respeito pelos tribunais e seus agentes. Na verdade, os juízes também tinham sido suas vítimas do fascismo ao perderem a sua independência enquanto órgão de soberania. Agora que os tribunais especiais haviam sido abolidos, estavam criadas as condições para "redignificar" o sistema judicial e a profissão jurídica. O primeiro, e mais importante passo nesta direção, seria o acatamento das decisões dos tribunais por parte dos cidadãos.

A ideia de legalidade democrática continha um apelo significativo num país que havia sofrido quase cinquenta anos de governo ditatorial. Mas existiam alguns problemas. Primeiro, existiam áreas (trabalho, por exemplo) em que a legislação fascista tinha sido revogada, mas não substituída. Criou-se assim um vazio legal que só poderia ser preenchido pela iniciativa popular. Nestes casos, a questão não se colocava em termos de comportamento legal ou ilegal, mas antes em termos de comportamento alegal, ou seja, em termos da indefinição estrutural do estatuto jurídico de muitas das práticas sociais e políticas. Segundo, recorrer a leis que, embora não sendo diretamente "fascistas", refletiam um período de luta de classes latente em que a burguesia exercia os seus poderes com poucas restrições, e aplicá-las num período de libertação política e intensificação da luta de classes, requeria um grau de repressão incompatível com a natureza muito democrática e antifascista do movimento do 25 de abril. Terceiro, quando novas leis foram promulgadas, tenderam a sofrer de um atraso endêmico em relação ao ritmo e à radicalização do movimento popular, como bem demonstra o caso da lei sobre as ocupações de casas (abril de 1975) acima referida. Em consequência, estas leis não foram postas em prática.

A conjunção de todos estes fatores ensinou ao movimento popular que tanto a velha como a nova legislação refletia interesses de classe e que, na prática, o princípio do respeito pela legalidade democrática privava as classes oprimidas de iniciativa numa luta de classes travada com uma intensidade crescente. Deste modo, os setores radicalizados das classes populares começaram a opor à ideia de legalidade democrática a ideia de legalidade revolucionária.

O crescimento da ideia de legalidade revolucionária foi um longo processo que alcançou maturidade apenas depois do 11 de março de 1975. Antes disso, os objetivos políticos do movimento popular estavam longe de serem revolucionários. No movimento de ocupação de casas, por exemplo, o objetivo era uma habitação condigna, e foi precisamente na resistência às ordens de despejo que o movimento adquiriu uma maior consciência política e se radicalizou. Quando as ordens de despejo se confrontaram com resistência foi chamada a polícia, mas sempre que o movimento popular se revelou suficientemente forte, a polícia retirou-se e evitou a violência. Por vezes as forças armadas eram chamadas por dar um suporte adicional à polícia. Mas, como vimos, os militares estavam divididos a respeito das questões de fundo que suscitavam a intervenção da polícia. Acresce que a polícia, assombrada por um passado de exercício da violência repressiva ao serviço do fascismo, sofria de uma espécie de "complexo de culpa", sendo muito sensível a quaisquer recordações do seu passado recente. Tinham consciência de se encontrarem sob o escrutínio atento do público e seguiam cautelosamente uma estratégia de risco mínimo. Nestas circunstâncias, a não intervenção era muitas vezes a opção mais segura.

As forças armadas, por outro lado, haviam-se tornado um símbolo de libertação popular, e os manifestantes recordavam-lho frequentemente. Ao tempo, este fato em si era suficiente para impedir os militares de atuarem de acordo com as leis que haviam aprendido a respeitar nos quartéis antes do 25 de abril. Para além disso, a hierarquia de comando não era tão efetiva como seria em "tempos normais", e as ordens repressivas do Alto Comando eram ignoradas ou contornadas pelos oficiais operacionais. Assim, embora as forças repressivas mantivessem uma aparente coesão interna, apresentavam um comportamento desigual, dependendo da força do movimento popular. Este fato era bastante perturbador para a "normalidade" a que o sistema judicial aspirava. A falta de previsibilidade na execução das decisões dos tribunais era um fator desestabilizador e tornava os juízes defensivos, ao ponto de por vezes evitarem a decisão (por exemplo, adiando os julgamentos).

Depois do 11 de março, quando a dominação capitalista foi questionada em termos práticos, a situação alterou-se qualitativamente. A relação dialética entre o MFA e o movimento popular conduziu à radicalização de ambos, e o processo revolucionário entrou numa nova fase. As ideias de destruição da velha estrutura de poder e de uma sociedade radicalmente nova abandonaram o gueto das teorias esquerdistas e tornaram-se parte da luta política.

Setores substanciais das classes populares radicalizadas, tanto urbanos como rurais, decidiram tomar maiores iniciativas políticas na luta pela libertação final. Adicionalmente, se num momento inicial o MFA havia assumido o papel de terceira parte acima da luta de classes, segmentos importantes começavam agora a alinhar-se com as classes populares.

O impacto na justiça oficial não poderia ter sido maior. Decisões judiciais, por exemplo, as ordens de despejo, eram consistentemente ignoradas. As tropas do COPCON, quando chamadas a intervir, não só se recusavam a executar as ordens do tribunal como também protegiam os ocupantes contra ataques da polícia de segurança pública. Nalguns casos, as tropas chegaram mesmo a participar ativamente em novas ocupações de casas. Para as classes populares, esta era a legalidade revolucionária oposta à legalidade democrática.

Otelo Saraiva de Carvalho resumiu a ideia de legalidade revolucionária melhor que ninguém: "Nós, o COPCON, somos praticamente um órgão ilegal porque ignoramos o Código Penal. Agimos de acordo com o bom senso... não sabemos nada sobre o Código Penal. Temos de arrumar o código penal na gaveta e assumir uma atitude puramente revolucionária". Contrastando as legalidades revolucionária e democrática, dizia: "Não existem limites para a legalidade revolucionária além dos que são impostos pelo bom senso e a coerência revolucionária... A experiência diz-nos quais as boas medidas e quais as más. Então eliminamos as más e criamos novas leis com base nas boas". Questionado sobre o critério de distinção entre as boas e as más medidas, Otelo respondeu: "O benefício para os trabalhadores. Se a classe trabalhadora aceitar as nossas medidas isso significa que estamos no bom caminho".

De modo a funcionar adequadamente, qualquer sistema moderno de justiça estatal deve ser suportado por uma estrutura repressiva disciplinada, coesa e eficiente. Em Portugal, após o 11 de março, esta estrutura colapsou. As contradições conducentes ao colapso encontram-se tanto entre diferentes agentes de aplicação da lei como no interior de cada um deles. Quando a polícia se encontrava prestes a executar uma ordem de tribunal, as pessoas chamavam o COPCON, que invocando a precedência militar, forçava a polícia a retirar. Dada a crescente politização das tropas, a sua forma de intervenção dependia muitas vezes da ideologia política do oficial no comando.

A contradição no seio das instituições encarregadas de executar as decisões judiciais refletia-se inevitavelmente nos tribunais e profissões jurídicas. Casos semelhantes recebiam tratamento jurídico diferenciado dependendo do grau de pressão popular exercida. Mesmo num único caso, medidas sucessivas eram muitas vezes contraditórias devido ao peso da pressão popular no momento da decisão. Por exemplo, no caso de José Diogo, o juiz de Ourique recusou-se a conceder a fiança, mas o juiz de Tomar reverteu esta decisão em vista da pressão popular e das circunstâncias excepcionais que rodeavam o caso.

O caso de José Diogo serviu para dramatizar a "crise do sistema jurídico" levando ao clímax a discussão sobre a questão da legalidade. A Ordem dos Advogados considerou os acontecimentos de Tomar como produto de uma turba delirante. Era sua convicção que este comportamento irracional das massas e os insultos dirigidos contra o judiciário pretendiam minar a autoridade democrática criando assim um clima de anarquia e abrindo caminho para uma nova ditadura. O juiz de Tomar foi publicamente criticado por ter cedido à pressão popular. Pelo contrário, os advogados de José Diogo opinavam que a decisão do juiz tinha sido muito progressista por ter levado em consideração as circunstâncias excepcionais do caso. E a excepcionalidade era, de fato, extrema: embora detido em prisão preventiva e, portanto, ao dispor do Estado, o réu faltara ao julgamento e o juiz ignorava as razões da ausência. O colapso da ordem jurídica pode ler-se na resposta do juiz quando questionado pela imprensa sobre o paradeiro do acusado: "Sei tanto como senhor. [...] Fez-se um telefonema para Leiria e responderam que ele não viria, não se sabe por ordem de quem [...] Nada mais sabemos e lamentamos a triste figura que estamos a fazer" (Expresso, n° 134, 1975, p. 4).

A Associação de Magistrados Judiciais chamou a atenção do Estado para a necessidade urgente de promulgar novas leis. Referia o fato de os juízes também terem sido vítimas do fascismo e de nada ter sido feito para restaurar a sua independência e dignidade. Por não terem sido aprovadas novas leis, os juízes eram forçados a aplicar a legalidade antiga com as consequências que eram bem conhecidas de todos. Também os agentes do Ministério Público, especificamente mandatados para defender a legalidade e os interesses do Estado, se organizavam num sindicato radical que desafiava o Estado nos termos seguintes: "Ou os tribunais mudam ou serviremos como consultores jurídicos em tribunais populares. Não queremos continuar a sustentar a legalidade burguesa através de uma estrutura que deve ser imediatamente destruída".

A coesão interna do sistema jurídico estava, pois, profundamente abalada e, com ela, a autoridade estatal estava em perigo. Por razões muito distintas, os maiores partidos políticos estavam preocupados com a erosão da autoridade estatal. Apoiavam a legalidade democrática entendendo por tal a nova legalidade produzida pelos órgãos de soberania estabelecidos pelo movimento do 25 de abril. O respeito por esta legalidade era considerado como a única garantia de que as forças revolucionárias não seriam adulteradas por aventureiros e atingiriam os seus objetivos. A sua posição era de que as classes populares deveriam evitar embarcar nestes comportamentos anárquicos, como o exercício da justiça popular, que estigmatizavam da forma muito enfática. A única forma aceitável de justiça popular era o tribunal de júri (então reintroduzido no sistema de administração de justiça) ou outra forma de participação popular na administração da justiça, desde que integrada no aparato institucional oficial. De outro modo, nas palavras do dirigente socialista na Assembleia Constitucional, a justiça popular seria um disfarce para a barbárie e para a lei do linchamento, como sucedeu durante o regime Nazi na Alemanha. Na Assembleia Constitucional, apenas a UDP (Unidade Democrática Popular, uma organização Marxista-Leninista) aplaudiu os casos de justiça popular.

O caso de José Diogo era apenas a ponta do *iceberg*. Como já mencionei, o movimento popular radicalizava-se em diversas frentes: os trabalhadores tomavam conta de fábricas que tinham sido abandonadas pelos seus proprietários; a terra estava a ser ocupada no Alentejo; as casas devolutas das grandes cidades eram ocupadas. Quando as ações de despejo intentadas pelos senhorios urbanos chegaram a julgamento, as comissões revolucionárias de residentes prepararam uma resposta política: um boicote ativo do julgamento oficial seguido pela justiça popular. As táticas de dilação dos juízes também foram uma resposta política. A legalidade era explicitamente uma questão política, e não uma questão jurídica. A confrontação entre a legalidade democrática e a legalidade revolucionária (que gerou alianças de classe complexas, e até mesmo estranhas de ambos os lados) foi, em grande medida, uma luta de classes e, como tal, um importante componente do próprio processo revolucionário.

Avaliação da justiça popular no processo revolucionário

No contexto em que ocorreram, as experiências da justiça popular devem ser avaliadas à luz do processo revolucionário como um todo e não em função das reações do sistema jurídico oficial e dos seus agentes. As experiências mais significativas de justiça popular depois do 11 de março de 1975 — o caso José Diogo e os tribunais populares nos casos de ocupação de casas — foram sempre entendidos pelos seus participantes como embriões do poder popular que, numa fase de transição, constituíam um poder paralelo ou um contrapoder.

No caso de José Diogo, tanto os advogados do réu como o júri popular estavam plenamente conscientes da natureza excepcional do tribunal popular, como demonstra o texto da sentença reproduzido mais acima neste capítulo. Um tribunal popular "regular" deveria ter sido democraticamente eleito por uma assembleia popular da comunidade em questão, neste caso, Castro Verde. Não tendo sido seguido tal procedimento, o júri popular de Tomar assumiu a responsabilidade de buscar a ratificação da sua decisão pela assembleia popular de Castro Verde no mais curto espaço de tempo. Este procedimento excepcional não resultou de uma decisão arbitrária e irracional tomada no calor dos acontecimentos. Um dos advogados de José Diogo reconheceu e justificou o caráter excepcional do tribunal popular numa entrevista à imprensa: "quando a burguesia pretende atuar recorrendo a tribunais excepcionais, como é na circunstância o julgamento em Tomar em vez de Ourique, onde os fatos se passaram, é justo que o povo recorra também a formas excepcionais de justiça" (Expresso, nº 134, 1975, p. 4). De forma a respeitar o princípio do contraditório pelo qual ambas as partes têm direito a apresentar-se e defender-se perante o tribunal, o júri popular questionou repetidamente a audiência sobre se alguém desejava pronunciar-se em defesa de Columbano. O "desrespeito" mostrado por este princípio básico foi a principal crítica apontada ao tribunal popular pelo advogado da irmã de Columbano. Tratava-se de uma crítica mais política que jurídica uma vez que o advogado, desde o primeiro momento, se havia recusado a participar na "farsa teatral" de Tomar.

Por outro lado, o tribunal popular avaliava a conduta de José Diogo a partir de um ponto de vista revolucionário. O seu ato foi considerado "um ato individual", ou seja, um ato não revolucionário, uma vez que a revolução se caracteriza por violência coletiva, e não individual. O seu ato não era justificável e apenas foi desculpado em função das circunstâncias atenuantes do caso. José Diogo havia atuado praticamente em autodefesa, e se o seu comportamento foi excessivo, era, no entanto, compreensível se fossem tomados em conta a personalidade e atitudes anteriores da vítima em relação aos trabalhadores. O ato de violência de José Diogo "não era nada" quando comparado com a violência continuada de Columbano.

No caso de Maria Rodrigues, pelo contrário, como em todos os casos de ocupação de casas, a conduta da ré era inteiramente justificada aos olhos do tribunal popular e à luz de um conceito progressista de justiça social. Enquanto existissem casas desabitadas, era injusto que existissem pessoas sem casa. A ação do ocupante, embora individual, era parte de uma ação revolucionária coletiva ao ser assumida pelo movimento social. Ao recusarem liminarmente reconhecer os direitos dos ocupantes, tribunais oficiais tomavam o partido da classe burguesa e deixavam de ter autoridade para realizar uma ponderação justa dos bens jurídicos em confronto (o direito de propriedade e o direito à habitação).

Assim, os tribunais populares funcionam como instrumentos revolucionários, instâncias paralelas de poder ou contrapoder num Estado que atravessava um período de paralisia mais ou menos generalizada.[35] Uma análise adequada de situações de poder paralelo ou contrapoder requer a consideração das estratégias de cada um dos atores envolvidos. As forças revolucionárias apoiantes da justiça popular optaram por uma estratégia de "confrontação direta com a burguesia e a justiça burguesa". Jogar de acordo com as regras da legalidade instituída implicaria uma colaboração de classe com todas as suas armadilhas. Se José Diogo tivesse sido julgado num tribunal oficial, era possível que tivesse acesso a uma boa defesa (recorrendo a conceitos jurídicos como legítima defesa, estado de necessidade etc.). Se não fosse absolvido, possivelmente teria uma

---

35. Uma análise mais atenta revela que o relacionamento entre os tribunais populares e oficiais não foi idêntico nas diferentes instâncias da justiça popular. Os advogados desempenharam um papel muito mais importante no caso José Diogo do que nos casos de ocupação de casas. No primeiro, foram ativos em ambos os tribunais, tomando parte nos procedimentos populares enquanto solicitavam ao tribunal oficial que concedesse uma fiança ao acusado.

pena leve. Do mesmo modo, perante o júri popular, o advogado de Maria Rodrigues invocou o direito da sua cliente de permanecer numa casa ocupada, mesmo à luz das leis em vigor. As suas palavras coincidem com a seguinte resposta de um dos manifestantes: "Concedem-nos o direito hoje, mas retiram-no amanhã".

Numa estratégia de confrontação não há lugar para uma "interpretação progressista" da lei instituída, considerada burguesa. Ao longo dos meses em que durou a crise revolucionária, não ocorreu um esforço significativo por parte de advogados progressistas no sentido de explorar as contradições entre as velhas e as novas leis e em colocar estas contradições ao serviço das classes populares. Possivelmente as forças revolucionárias estavam conscientes dos riscos de uma estratégia de confrontação mas consideravam que o colapso final do Estado capitalista e da ordem jurídica burguesa estavam eminentes e que todo o esforço deveria ser canalizado no sentido de acelerar este processo. Particularmente significativo foi a forma como usaram a retórica da justiça popular para dramatizar a capacidade das organizações populares em aprofundarem fraturas no interior dos aparelhos de Estado. Por exemplo, era amplamente conhecido que uma intensa luta se desenrolava no seio do Movimento das Forças Armadas (MFA), que, por isso, se tornava mais sensível a pressões externas. A justiça popular reforçaria as posições negociais dos grupos apoiantes de um programa socialista baseado nas estruturas do poder popular.

Por sua vez, a burguesia (ou mais propriamente a burocracia estatal que era orgânica, mas relativamente autônoma, representativa de um Estado capitalista temporariamente paralisado) e outras forças sociais momentaneamente aliadas a ela, na defesa da legalidade oficial, seguiram uma estratégia muito distinta: evitaram a confrontação aberta e tentaram minimizar os efeitos práticos de todos os ataques, mantendo o sistema jurídico tão intacto quanto possível e pronto para a ação em dias melhores que, esperavam, chegariam em breve. Não foram aprovadas muitas leis progressistas.

Os casos não foram decididos; os julgamentos eram meramente adiados. Enquanto as forças revolucionárias viam o adiamento de julgamentos como uma neutralização ou paralisação da justiça oficial, para a burocracia estatal era a melhor forma de manter os casos sob controle em períodos intensos (embora possivelmente de curta duração) de luta de classes. Tratava-se de uma estratégia de dissimulação, que podia, portanto, passar desapercebida e evadindo a vigilância e a resistência do inimigo.

Esta estratégia envolvia também alguns riscos. Se os tribunais populares proliferassem, transformar-se-ia num nó corrediço no pescoço do sistema jurídico oficial. O desrespeito persistente dos juízes e uma atitude excessivamente condescendente na forma de lidar com os manifestantes poderiam provocar traumas profundos e irreversíveis na estrutura jurídica do país. Mas de fato, os ataques aos tribunais restringiam-se às grandes cidades, e os tribunais populares tinham lugar apenas em Lisboa e subúrbios. Para além disso, havia sinais de que este estádio da luta de classes não duraria muito e brevemente seria substituído por outro mais favorável ao respeito pela legalidade democrática.

Estas eram as estratégias. O seu sucesso ou fracasso dependia da sua integração no conjunto da luta social, e, portanto, da correção da sua análise concreta da realidade social. As lutas em torno do sistema judicial tendem a ser consideradas "secundárias" em vista do lugar relativamente subordinado que a estrutura jurídica ocupa no sistema de dominação política do Estado capitalista. Mas não é isto o que sucede quando as contradições "principais" se expressam através das contradições "secundárias". Nestas situações, o sistema judicial é sujeito a "vibrações" e "pressões" muito intensas. Foi precisamente isso que sucedeu nos poucos casos de justiça popular. Mas, em geral, a luta em torno do sistema judicial, durante o período em análise, foi de fato secundária, uma vez que, como mencionei anteriormente, nenhum caso importante foi levado a tribunal. Sabia-se mesmo que os advogados aconselhavam os seus clientes a esperar por tempos mais favoráveis. Dadas as características específicas do processo revolucionário, as principais contradições foram transformadas em luta política no interior das forças armadas. Depois de um período de confrontação aberta, as lutas atingiram um clímax no dia 25 de novembro de 1975. O grupo militar apoiante do poder popular sofreu uma derrota total. O COPCON foi dissolvido, Otelo Saraiva de Carvalho foi preso e enviado para uma prisão militar. O respeito pela legalidade democrática foi rápida e facilmente restabelecido. O sistema jurídico estava disponível e pronto a ser usado. Desaparecido o "clima emocional" que rodeava os casos de justiça popular, estes podiam ser processados e julgados "de acordo com a lei". Em março de 1976, Maria Rodrigues foi dada como culpada e forçada a abandonar a casa que havia ocupado. Para além disso, foi condenada a pagar 1.500 escudos (7.50 euros) de danos ao senhorio, bem como todas as custas judiciais. No início de junho de 1976, o tribunal criminal de Lisboa emitiu um mandato de captura contra José Diogo por ter faltado ao julgamento. Uma vez desmantelado o COPCON, as forças repressivas retomaram a sua coesão interna e a polícia tornou-se mais "persuasiva" na execução das decisões dos tribunais.

Em março de 1976, uma conferência amplamente publicitada da Ordem dos Advogados salientava que a ocupação de casas era crime. No mesmo mês, os advogados que continuavam a defender ocupantes de casas nos tribunais foram ameaçados pela Ordem dos Advogados com uma ação disciplinar. As ações de despejo tornaram-se cada vez mais frequentes. A resistência organizada tornou-se mais difícil e raramente bem-sucedida. A pressão sobre o governo revelou-se infrutífera. Respondendo através da imprensa às reivindicações de uma manifestação organizada pelos ocupantes de casas, o ministro da habitação, urbanismo e construção[36] afirmou: "Somos

---

36. Eduardo Pereira, ministro da habitação, urbanismo e construção, do VI Governo Provisório (setembro de 1975 a junho de 1976).

governados pela lei e o Estado democrático respeita a separação de poderes. O Governo não pode interferir com a função judicial".

A justiça popular armou ou desarmou as classes populares? Teria sido preferível utilizar as armas da legalidade democrática? As explicações *post factum* são sempre demasiado simplistas, mas lamentavelmente constituem o passatempo preferido dos "teóricos revolucionários". Seria simples, por exemplo, defender que a justiça popular foi sempre pensada como parte de um programa mais amplo de poder popular, e que, portanto, apenas este último deveria ser objeto de avaliação. Mas trata-se apenas de uma explicação formal que, por essa razão, explica muito pouco.

Em face disto, centrei a minha análise nas experiências de justiça popular à luz do peso das forças revolucionárias que as suportavam. Em resumo, pode dizer-se que a estratégia das forças revolucionárias revelou uma força feita de fraqueza, enquanto a estratégia das forças que defendiam a legalidade democrática revelou uma fraqueza feita de força. A melhor prova deste fato são os sucessivos adiamentos de julgamentos. O júri popular podia forçar a entrada no *edifício* do tribunal oficial de um modo espetacular, mas a intervenção popular nunca conseguiu penetrar o *interior* dos dossiês e procedimentos oficiais. Mas a fraqueza da estratégia revolucionária é estrutural e (se deixarmos, por agora, de lado o caso José Diogo) resulta clara quando contrastamos o movimento de ocupação de terras no Alentejo com o movimento de ocupação de casas nas principais cidades. Incido sobre os seguintes aspectos: organização (liderança e mobilização), o inimigo (natureza e relações de classe), e o objeto da luta (terra, habitação).

A ocupação de terras no Alentejo praticamente desde o primeiro momento teve uma liderança revolucionária mais unificada providenciada (para o bem e para o mal) pelo Partido Comunista Português. Em contrapartida, as ocupações de casas começaram como um movimento disperso e, embora gradualmente se fosse organizando, nunca esteve subordinado a uma liderança unificada.

Como mencionei anteriormente, o movimento dividiu-se após o 11 de março em comissões de moradores que escolheram o caminho da legalidade democrática, procurando apoio das estruturas tradicionais do governo local e em comissões revolucionárias que dominavam o movimento em Lisboa. É também de referir que o movimento de ocupação de casas teve lugar nas grandes cidades com um passado de oposição democrática ao fascismo e onde a predominância ideológica da pequena burguesia reforçava o apelo da legalidade democrática. Este fator ideológico gerou resistência à atividade revolucionária mesmo entre os próprios ocupantes. Mas por outro lado, a influência ideológica da pequena burguesia radicalizada foi também responsável pelo radicalismo extremo de algumas das decisões das comissões revolucionárias. Já fiz referência à exigência quixotesca, quase caricata para que o tribunal declarasse formalmente a sua incompetência para julgar casos de ocupação de casas. No caso de Maria Rodrigues, a decisão popular foi que a ocupante poderia manter não só o quarto que tinha ocupado, mas toda a casa e que a senhoria deveria ser despejada. Quando as comissões de moradores tentaram executar esta decisão a resistência da comunidade tornou-se patente e mesmo alguns dos membros da comissão sentiram que estavam a transformar "o agressor numa vítima".

A mobilização popular enfrentou dificuldades adicionais relacionadas com o objeto da luta. No Alentejo as grandes propriedades e quintas tinham unificado os trabalhadores rurais tanto nos seus locais de trabalho como nas suas residências. Viviam e socializavam juntos na mesma luta contra os latifundiários. Estes fatores favoreceram uma mobilização popular rápida e forte. No movimento de ocupação de casas, pelo contrário, as pessoas estavam dispersas por toda a cidade. Mesmo quando viviam no mesmo bairro, rapidamente se dispersaram para diferentes casas e áreas. Quanto maior fosse a concentração de ocupantes numa determinada área, mais fácil seria a mobilização para a luta.

Devo ainda referir, que enquanto nas ocupações de terras, as classes populares lutavam pelo direito ao trabalho, nas ocupações de casas lutavam pelo direito à habitação. Na tradição do pensamento marxista que dominava então os movimentos revolucionários, a primeira destas lutas está ligada ao núcleo da dominação capitalista — as relações de produção — enquanto a segunda se relacionava com as condições de reprodução da força de trabalho. Esta diferença jogou um papel importante na mobilização uma vez que a consciência política do movimento de ocupação de terras (as suas causas e os seus objetivos) foi maior. Finalmente, os inimigos enfrentados em ambos os casos possuíam diferentes características de classe. No Alentejo, a luta foi travada contra a burguesia latifundiária que, pela sua riqueza, pelo seu estilo de vida e pelo comportamento repressivo em relação aos trabalhadores, tinha há muito sido reconhecida pelo povo como um implacável inimigo. Pelo contrário, o movimento de ocupação de casas era dirigido contra um inimigo muito mais difuso, heterogêneo e complexo — por vezes o Estado, por vezes a pequena burguesia autônoma ou assalariada. Nestas condições, a identificação do inimigo era mais difícil e mais difícil era também a mobilização.

A relação que os diferentes movimentos procuravam estabelecer com o inimigo de classe era também muito diferente. No movimento de ocupação de terras o inimigo tinha de ser destruído e o seu poder reduzido a nada: a terra era expropriada, e as quintas transformavam-se em cooperativas e unidades coletivas de produção. No movimento de ocupação de casas não se tratava de destruir o inimigo, mas apenas de reduzir o seu poder. Na maioria dos casos não se exigia a expropriação das casas; apenas se exigia que os seus donos fossem compelidos a alugá-las. Estabelecia-se então um relacionamento permanente entre o ocupante e o senhorio, que não tinha de ser necessariamente conflituoso.

Em retrospectiva, pode dizer-se que, durante o período da crise revolucionária, o movimento de ocupação de terras foi muito mais bem-sucedido que o movimento de ocupação de casas. Mas seria de uma prepotência intolerável dizer *post factum* aos ocupantes de casas o que deveriam ter feito. E sempre poderiam argumentar que o caminho da legalidade democrática também não os teria levado muito longe, como provaram as experiências do recurso à legalidade democrática depois do 25 de novembro de 1975. Contudo é aceitável pensar que se maior pressão tivesse sido exercida no sentido de promulgar novas leis mais abertas aos interesses dos inquilinos e firmar contratos e arrendamento nos termos das leis em vigor, teria sido mais difícil subsequentemente privar as classes populares do direito a uma habitação condigna.

Por outro lado, todo o falso radicalismo (que se manifesta sob a forma de triunfalismo) é perigoso em qualquer processo revolucionário porque não respeita a regra da parcimônia, que deve ser sempre aplicada nas ameaças ao inimigo. Este perigo assumiu proporções consideráveis no caso português. Embora os tribunais não fossem a arena de lutas importantes durante a crise, eles cumpriam uma função ideológica decisiva como garantes da previsibilidade das relações jurídicas e da interação pacífica e civilizada entre interesses sociais distintos. O reconhecimento da importância desta função esteve bem expresso na relutância da maioria das forças políticas emergentes do 25 de abril em intervir no judiciário. De fato, como mencionei anteriormente, para além da eliminação dos tribunais políticos não foram tomadas outras medidas políticas, como as purgas ou saneamentos comuns noutros setores da administração pública. As ameaças contra uma área tão sensível da dominação política poderiam facilmente gerar o pânico, não só entre as classes dominantes, mas também entre os setores menos mobilizados das classes populares. Foi isto o que sucedeu.

Reflexões inconclusivas

Este capítulo é uma condensação difícil da tensão entre a análise social científica e a avaliação política. A tensão está ancorada na prática social do autor como cientista social e como participante ativo na política durante a crise revolucionária; e não pode ser erradicada por nenhuma varinha mágica epistemológica. De fato, esta tensão permeia todo o trabalho social científico mas tende a ser particularmente intensa quando (a) o processo social analisado é recente; (b) constitui uma ruptura com uma ordem previamente estabelecida; (c) envolve um nível extremamente elevado de participação social; e (d) tende a ser avaliado por todas as forças sociais e políticas intervenientes em termos estratégicos, isto é, em termos de futuros alternativos.

Nestas condições, o texto científico fica exposto a avaliações políticas mais ou menos explícitas requerendo por esta razão uma leitura cuidada, isto é, saudavelmente vigiada por uma hermenêutica de suspeita. O nó górdio epistemológico reside no fato de a avaliação política nunca ser uma mera previsão retrospectiva, especialmente quando o processo social analisado e avaliado é uma crise revolucionária. A previsão científica — que as ciências sociais positivistas tendem a confundir com explicação — é sempre uma previsão de alternativas possíveis dentro das limitações estruturais estabelecidas e inquestionáveis; neste sentido, é sempre uma previsão do passado. Neste quadro, uma crise revolucionária é sempre uma alternativa excluída, e como tal não pode ser prevista, embora possa e deva ser explicada *a posteriori*. Mas uma vez que a crise revolucionária ocorre, e à medida que se desenvolve, tanto as forças revolucionárias, como as contrarrevolucionárias, tendem a analisar o percurso revolucionário mais em termos de previsão do que de explicação, isto é, tendem a analisar a revolução em termos não revolucionários. Isto tem a ver com a concepção dominante de revolução social e de reforma social e com a distinção entre ambas, e com o equívoco em que recorrentemente caíram as forças revolucionárias de lutar por tomar o poder (autoritário) existente em vez de lutar pela sua transformação em autoridade partilhada e radicalmente democrática.

Neste contexto, a luta do cientista social para explicar é tanto uma luta política como científica. Sendo que a explicação é sempre orientada para o futuro, a hesitação na análise é, em parte, no mínimo, produto da perplexidade quanto à estratégia. Esta perplexidade não termina quando a crise chega ao fim. Pelo contrário. As crises revolucionárias fornecem-nos, quando muito, um conhecimento negativo: sabemos mais sobre o que não deve ser feito. Mas ao contrário daquilo que ao senso comum parece evidente, quanto mais sabemos sobre o que não deve ser feito, menos sabemos sobre o que deve ser feito. De fato, o único traço de conhecimento positivo sobre as revoluções é — recorrendo à teologia Católica (apropriada neste caso) — que todas as revoluções são virgens, mas não são concebidas sem pecado, nem mesmo no país da Nossa Senhora de Fátima.[37]

---

37. Uma das designações atribuídas à Virgem Maria que, segundo os relatos da época e da Igreja Católica, apareceu repetidamente a três pequenos pastores, no lugar de Fátima, tendo a primeira aparição acontecido no dia 13 de maio de 1917. A devoção que rodeia esta santa deu origem ao Santuário de Nossa Senhora de Fátima, na cidade de Fátima, concelho de Ourém em Portugal.

Parte 2

O Direito dos Pequenos Passos

CAPÍTULO 4

A Cidade Capitalista e a Renda Fundiária Urbana

O processo histórico de urbanização e o modo de produção capitalista

A cidade capitalista é a expressão territorial da socialização contraditória das forças produtivas no modo de produção capitalista.[1] A socialização, longe de se circunscrever à fábrica, estende-se às condições gerais de produção (a reprodução do capital no seu todo) e aos próprios meios de consumo coletivo, tais como o ensino, a

---

1. Ao restringir a análise à cidade capitalista, não desconheço que ela partilha com todas as outras cidades do passado e do presente algumas características que, no seu conjunto, tornam legítimo falar de uma lógica geral das cidades. Ver Claval (1981). Sem descurar essas características, parece importante salientar o que há de específico na cidade capitalista tal como resulta do modo de produção do espaço urbano, perspectiva que aqui se privilegia. Aliás, a este nível a questão hoje mais importante é a das semelhanças e diferenças entre a "cidade capitalista" e a "cidade socialista", ou seja, a questão de saber se existe uma cidade socialista nos mesmos termos em que existe uma cidade capitalista (existem diferenças qualitativas entre as cidades do Leste europeu e as dos países capitalistas? Existem diferenças qualitativas entre as cidades dos países do terceiro mundo capitalista e as dos países em desenvolvimento socialista? Sobre esta questão, ver, por exemplo, French e Hamilton (1979) e Cohen (1979).

cultura, a saúde, a habitação, os transportes (a reprodução da força de trabalho no seu todo). É conhecido o "desinteresse" do capital pela reprodução do trabalho. Esta está fora do processo de produção e, portanto, não sujeita à lei do valor. As despesas de consumo são "improdutivas", daí que seja necessário manter baixos os custos da reprodução do trabalho e socializá-los (transferi-los para a sociedade no seu todo) na medida do possível. No entanto, a estrutura e as condições do consumo têm-se vindo a alterar substancialmente com a intensificação da socialização da produção (o desenvolvimento das forças produtivas pelo incremento da mais-valia relativa). De fato, a socialização do processo de consumo corre de par com a socialização do processo de produção. Daí, a importância crescente dos meios de consumo coletivo (tais como, transportes, ensino, assistência hospitalar, infraestruturas, espaços verdes). A diferença entre o consumo individual (a reprodução individual da força de trabalho) e o consumo coletivo não é apenas efeito da densidade ou da escala de aglomeração; é uma diferença de natureza (estrutura e condições do próprio consumo). Se é certo que as utilidades (valores de uso) envolvidas no consumo coletivo ou não são "mercadorizáveis", ou, a sê-lo, são-no dificilmente ou são pouco lucrativas do ponto de vista do capital[2] — o que leva o Estado a substituir-se ao capital na produção dessas utilidades fora do mercado —, não é menos certo que a função social do consumo coletivo está estreitamente ligada à produtividade do trabalho e, portanto, à valorização do capital. Pode talvez dizer-se que as atividades envolvidas no consumo coletivo e as atividades envolvidas na circulação do capital são semelhantes quanto à sua relação de "proximidade" com a valorização do capital (a produção de mais-valia) apenas com a diferença que as primeiras

---

2. Ao referir-se às despesas de consumo, Lojkine (1981, p. 161) afirma que "elas permanecem sempre para o capital despesas supérfluas que devem ser comprimidas ao máximo. Além disso, seu valor de uso específico (coletivo, indivisível, imóvel, durável...) onera sua rentabilidade capitalista, do ponto de vista dos agentes que as produzem: imobilização do capital, inadaptação aos critérios mercantis".

intervêm a montante do ciclo de produção e as segundas, a jusante. Apesar de crescentemente diversificadas no interior do espaço urbano, as áreas da produção (fábricas etc.) e as áreas da reprodução (habitação etc.) interpenetram-se cada vez mais no plano estrutural e talvez a ponto de a distinção teórica vir a deixar de ter interesse ou mesmo sentido. Como prova (ainda que precária) disto podem invocar-se as alterações profundas no espaço urbano produzidas pelo incremento dramático do consumo coletivo e as homologias estruturais, cada vez mais nítidas, entre o processo de produção e o processo de consumo nos novos modelos de urbanização da *Monopolville* (Castells, Goddard, 1974).[3]

Consequentemente, as contradições do espaço urbano — por exemplo, a discriminação no acesso aos consumos coletivos e a estratificação e segregação habitacionais — são irresolúveis se separadas das condições de exploração classista no interior do processo produtivo, sem embargo de alguns dos problemas do consumo coletivo (tais como a poluição e o congestionamento do tráfego urbano) virem a assumir uma dimensão transclassista, ou seja, virem a ser sentidos por todas as classes sociais ainda que com graus diversos de vitimização.

Se o espaço urbano, como espaço socialmente produzido[4,5], não pode ser entendido fora da relação modo de produção/modo de

---

3. Dentro desta perspectiva teórica, ver o importante estudo de Vieira de Faria (1981), em que, aliás, se faz uma análise comparativa entre Dunkerque (estudada por Castells) e Setúbal.

4. Uma análise inovadora desta questão em Lefebvre (1974). Ver também Harvey (1977). M. Santos (1975) põe o acento tônico das suas análises nas diferenças de produção social do espaço nos países desenvolvidos e nos países subdesenvolvidos. Não se deve esquecer, no entanto, que essas diferenças são articuladas (e, nesse sentido, tornadas "semelhantes") pelo processo de acumulação capitalista à escala mundial. É também neste sentido que se pode falar de cidade capitalista em geral, tal como de Estado capitalista em geral.

5. A ideia da produção social do espaço prolonga-se hoje na ideia do caráter social das formas construídas sobre o espaço. As formas da construção são formas sociais e como tal codificam a estrutura e os processos da sociedade em que se constituem. Ver, por último, sobre esta questão King (1980).

reprodução, ainda menos o pode ser fora da relação rural-urbano. Como diz Marx "toda a divisão desenvolvida do trabalho que se mantém por meio da troca de mercadorias tem como fundamental a separação entre cidade e campo" (Marx, 1970, I, p. 352). É a partir desta separação e, portanto, desta relação que se deve pensar a especificidade do urbano. As relações de classe no interior da cidade encontram parte da sua explicação no interior das relações de classe entre a cidade e o campo.[6]

A relação entre a cidade e o campo não é unívoca. As condições históricas da formação das cidades modernas variam de país para país e são especificamente diferentes quando se comparam, por exemplo, o processo de urbanização na Europa Ocidental e na América Latina.[7] Na Europa Ocidental o desenvolvimento da urbanização está intimamente ligado ao estabelecimento das relações de produção capitalista, ou seja, à quebra dos vínculos da economia rural feudal, à criação de um mercado intenso e concentrado e à constituição de um sistema de dominação jurídico-política capaz de conciliar a liberdade e a igualdade pressupostas pelo mercado com a discriminação patrimonialista assente na apropriação individual dos

---

6. Como se sabe, todas as contradições sociais são complexas e dinâmicas. A contradição rural/urbano está-se a transformar cada vez mais na contradição urbano/urbano e na contradição metrópole/território, ou seja, no conjunto das contradições emergentes da diversificação progressiva do espaço urbano (hierarquização social do espaço intraurbano) e do alargamento das áreas de influência das grandes metrópoles sobre o conjunto do território apesar (ou, precisamente, através) do constante apelo à regionalização e à descentralização. Ver também Castells (1973) e Vieira de Faria (1981). Contudo, nas formações sociais periféricas, como são os casos de Portugal e do Brasil, a contradição rural/urbano continua a ser a forma dominante da espacialização do capital.

7. Os processos de urbanização são diferentes mas as formas urbanísticas (formas espaciais, formas construídas, imagens da cidade) são muitas vezes semelhantes, tanto na urbanização colonial portuguesa, como na espanhola. As diferenças e as semelhanças estão estruturadas num processo histórico riquíssimo. Morse, sem dúvida o melhor conhecedor da história urbana da América Latina, descreve-o de modo lapidar: "aqui (na A.L.) a conquista europeia liquidou ou reorientou violentamente o desenvolvimento das sociedades ameríndias. As novas sociedades do século XVI eram simultaneamente "coloniais" e ocidentais. O drama da América Latina nos nossos dias é o encontro entre dois fragmentos ou momentos sucessivos da experiência ocidental" (1975, p. 57).

meios de produção. Na América Latina, em geral, o crescimento urbano está relacionado, numa primeira fase, com o desenvolvimento das funções urbanas associadas à economia agrária e, só numa segunda fase, com o desenvolvimento capitalista industrial e urbano (Weffort, 1980, p. 130). Mas em qualquer dos continentes são muito diferenciadas internamente as condições e o processo histórico de urbanização.

Restringindo-nos à América Latina, bastará contrastar as situações de grande desenvolvimento urbano em razão de se ter estabelecido cedo um "sistema simbiótico entre o capital urbano e a exploração agrária", de que é exemplo marcante Buenos Aires, com outras, mais difundidas, de desenvolvimento urbano medíocre durante o longo período em que o crescimento da economia latifundiária se processou com grande independência em relação à cidade (Cardoso, 1975, p. 149). Neste segundo caso, o grande desenvolvimento urbano só veio a ter lugar em fins do século XIX e em razão das alterações da economia latifundiária que estiveram na origem da formação de uma autêntica burguesia rural (Cardoso, 1975, p. 151). Mas por sobre a extrema diversidade e complexidade do processo de urbanização moderna deve reter-se, por um lado, que as transformações da cidade estiveram sempre relacionadas com as transformações do campo e, por outro, que o desenvolvimento do capitalismo, como fenômeno iminentemente urbano, veio sempre a resultar na subordinação do campo à cidade.

A análise histórica do processo de urbanização deve ser complementada e aprofundada pela análise estrutural da propriedade fundiária, quer agrícola, quer urbana, e do papel importante e contraditório desta na consolidação do capitalismo. Na Europa Ocidental a apropriação individual da terra está ligada à dissolução do modo de produção feudal,[8] enquanto na América Latina colonial

---

8. Como afirma Coulomb (1973, p. 28), a tradução jurídica deste direito de apropriação culmina no *Code Civil*, produto da Revolução de 1789, mas tem antecedentes no próprio

está imediatamente ligada à natureza política da relação colonial.[9] Em qualquer dos casos, a concomitância histórica entre as transformações da propriedade fundiária e o estabelecimento de relações capitalistas é um fato, ainda que, e nisso está a ambiguidade e a contradição, a propriedade fundiária venha a constituir mais tarde um obstáculo ao desenvolvimento do capitalismo.

A propriedade fundiária, a renda fundiária e o capital

A análise estrutural da propriedade fundiária deve centrar-se na renda fundiária. A renda é a expressão econômica da relação jurídica de apropriação individual da terra e da consequente posição de monopólio do proprietário sobre a decisão de cedência ou não do uso do solo a utilizadores potenciais e concorrentes. Não sendo produzida, a terra não tem valor em si e, não organizando por si relações sociais de produção, também não é capital. Mas assemelha-se a este na medida em que proporciona uma renda ao proprietário. É um "falso capital". Como diz Singer, "ele é sem dúvida um valor que se valoriza, mas a origem da sua valorização não é uma atividade produtiva, mas a monopolização do acesso a uma condição indispensável àquela atividade" (1979, p. 22).

---

direito medieval e, desde o século XVII, nas *enclosure bills,* que permitiam, na Inglaterra, a transformação dos direitos senhoriais sobre a terra em propriedade pura e simples.

9. Para Fernando Henrique Cardoso, "no conjunto, se é certo que a cidade pontilhou o Império Ibérico nas Américas, tanto Lusitano como Castelhano, ela foi muito mais uma cidade de funcionários do que uma cidade de burgueses. Nem o Mercado nem a Câmara locais tiveram força para contrapor-se ao tribunal do Rei, aos Regulamentos Coloniais, aos Interesses da Coroa, numa palavra, à exploração colonial que fundia a Realeza e a Burguesia Ibéricas nos rígidos canais do Capitalismo Mercantil. No polo oposto estava o morador proprietário de terras, de índios ou de escravos. O Funcionário e o Senhor constituíam os tipos que davam vida às cidades" (1975, p. 146).

A renda fundiária em Marx

As relações entre a propriedade e o modo de produção capitalista são complexas e contraditórias. Numa formação social dominada pelo modo de produção capitalista, a propriedade fundiária é, segundo Marx, "uma forma transformada", uma forma de propriedade feudal ou de propriedade camponesa transformada pelo capital e pelo modo de produção capitalista (1970, III, p. 614). É este o ponto de partida da análise marxista da propriedade e da renda fundiária que, aliás, se circunscreve ao caso da agricultura. Recuando apenas até onde nos interessa para explicar e compreender o presente, a propriedade fundiária do modo de produção feudal constitui por si uma relação de produção e mesmo a relação de produção dominante, ou seja, a "forma econômica específica" (Marx, 1970, III, p. 791) de apropriação do sobretrabalho social produzido pelos produtores diretos submetidos ao poder político-jurídico dos proprietários. De relação de produção, a propriedade fundiária foi-se gradualmente transformando num vínculo jurídico, num direito de propriedade que estabelece o monopólio legal do uso da terra e, nessa base, legitima a obtenção de um rendimento pela cedência do uso. Esta transformação é um dos vetores estruturantes da transição (ou das transições) do feudalismo para o capitalismo.

Historicamente, a propriedade fundiária individual é a base do modo de produção capitalista, pois foi por via dela que grandes massas de camponeses foram expropriados da posse da terra e, assim, "libertadas" para o trabalho assalariado do capitalismo nascente.[10] No entanto, há algo na propriedade fundiária que a distingue

---

10. Uma análise detalhada deste processo é apresentada por Marx no vol. I de *O Capital* nos capítulos dedicados à acumulação primitiva (1970, I, p. 713). Este processo tem na Inglaterra a sua melhor (e única?) exemplificação. Nos restantes países só com muitas restrições descreve a realidade histórica. No caso português, ver Freitas para quem "o caso português e o da abolição do regime fundiário senhorial *sem* expropriação maciça" (1976, p. 26).

das demais espécies de propriedade e que faz com que ela, apesar de condição histórica do capitalismo, apareça, a partir de certo estádio de desenvolvimento deste, como supérflua e nefasta, mesmo do ponto de vista do modo de produção capitalista (Marx, 1970, III, p. 622). Marx fala mesmo de uma "contradição geral" entre a propriedade fundiária e o modo de produção capitalista, na medida em que aquela torna impossível "uma agricultura racional e uma utilização social normal do solo" (1970, III, p. 812).

Esta contradição provém do fato de a propriedade fundiária se realizar economicamente na renda fundiária e esta consistir numa parte da mais-valia captada pelo capital e desviada, por via da relação jurídica de propriedade, do capitalista para o proprietário fundiário. Esta mais-valia, ou seja, o excesso de valor produzido pelos produtores diretos (assalariados) para além do valor socialmente necessário à sua reprodução (o salário), é obtida pelo capital, uma vez que é ele quem organiza as relações sociais de produção, e não pela propriedade fundiária, que é uma mera relação jurídica. Esta apropria-se, pois, de um valor para cuja constituição em nada contribuiu. Nisso revela o seu caráter parasitário e, mais do que isso, o seu caráter nefasto na medida em que, retirando ao capital uma parte da mais-valia por este obtida, impede a valorização plena deste e, ao fazê-lo, introduz um elemento de perturbação na reprodução do capital.

Resulta claro que, se é verdade que a propriedade fundiária é a condição histórica do capitalismo, não é menos verdade que o capital, uma vez estabelecido como relação de produção dominante, é a condição de realização econômica da propriedade fundiária (a renda fundiária). Onde não há capital não há renda fundiária, e esta tende a crescer com o desenvolvimento do trabalho social sob a égide do capital (Marx, 1970, III, p. 637, 783). Não é, pois, difícil explicar a existência de mais-valia na produção agrícola capitalista; o que é difícil é explicar como é que tal produção é de todo possível, sabido que parte da mais-valia obtida pelo capital é desviada do

AS BIFURCAÇÕES DA ORDEM

capitalista e não entra, por isso na perequação das taxas de lucro. Para que a produção agrícola capitalista seja possível é necessário que realize um sobrelucro, um excedente sobre o lucro médio, ou seja, é necessário que neste setor sejam possíveis taxas de lucro superiores à taxa média de lucro, e mais, que o sobrelucro não possa ser eliminado pela concorrência entre capitalistas. Segundo Marx, é na explicação desta condição que reside a dificuldade (1970, III, p. 783). Explicá-la é explicar a renda fundiária, pois esta não é mais do que a conversão do sobrelucro em renda por via da propriedade fundiária.

Segundo Marx, o preço de produção das mercadorias não é determinado pelo tempo de trabalho necessário para a produção de uma dada mercadoria por um produtor individual e sim pelo tempo de trabalho socialmente necessário, isto é, pelo tempo de trabalho exigido para a produção da totalidade socialmente necessária das mercadorias nas condições médias de produção social. Marx pressupõe que os produtos agrícolas são vendidos pelo seu preço social de produção (custo de produção + lucro médio). Sendo assim, os produtores produzindo em solos melhores (mais férteis ou mais bem localizados) conseguem custos de produção mais baixos e nessa medida obtêm sobrelucros. Os sobrelucros existem, assim, sempre que duas quantidades iguais de capital e de trabalho são aplicadas em dois terrenos de igual dimensão com resultados desiguais. É por via da propriedade fundiária que esse sobrelucro é transformado em renda fundiária, a renda diferencial, embolsada pelo proprietário fundiário (1970, III, p. 649).[11] Estes sobrelucros, embora tenham a sua "base natural" nas condições dos terrenos, são produzidos pelo capital, dado que é o capitalista e não o proprietário fundiário quem organiza o processo de trabalho e o processo de valorização do capital e, portanto, quem consegue obter nesses terrenos uma maior

---

11. Trata-se, neste caso, da renda diferencial I. Há ainda a renda diferencial II que resulta da transformação em renda do sobrelucro obtido pelo investimento sucessivo de novos capitais no mesmo solo (Marx, 1970, III, p. 674).

produtividade do trabalho. Em princípio, esse sobrelucro e as consequentes diferenças das taxas de lucro deveriam ser temporários na medida em que atrairiam para este setor novos capitais desejosos de se beneficiar das vantagens diferenciais, as quais por ação do próprio movimento acabariam por ser eliminadas, realizando-se a perequação das taxas de lucro. Tal não sucede, porém, na produção agrícola, na medida em que os sobrelucros aí produzidos são desviados do capital, por ação da eficácia jurídico-econômica da propriedade fundiária individual, e escapam, assim, à perequação das taxas de lucro. A propriedade fundiária não intervém, pois, na formação dos sobrelucros mas apenas na sua conversão em renda, e é nesta medida que ela se constitui em fator externo ao capital, perturbando a valorização plena deste.

Ao contrário de Ricardo, Marx identifica, para além da renda diferencial, um outro tipo de renda fundiária, a renda absoluta (1970, III, p. 748).[12,13] A renda absoluta é a expressão econômica da propriedade, independente das condições do solo e/ou da aplicação do

---

12. É este o ponto mais visível de divergência entre Marx e Ricardo. No domínio da renda diferencial, Marx parte de Ricardo para depois proceder à sua análise "em contradistinção" com a de Ricardo, para usar as suas próprias palavras (1970, III, p. 650). Mas a extensão da divergência entre Marx e Ricardo tem sido objeto de muita controvérsia. Segundo uns (Lipietz 1974, p. 257 ss.), a concepção de Marx é marginalista e, portanto, basicamente ricardina, enquanto para outros (Ball, 1977, p. 380), a semelhança entre os dois autores é meramente aparente, sobretudo no nível da renda diferencial II, em virtude de o operador de Marx no cálculo da renda ser a teoria do valor e não um procedimento marginalista. A complexidade e também as confusões do texto de Marx e ainda as condições em que a "versão final" nos chegou tornam muito difícil uma avaliação rigorosa dos argumentos invocados num ou noutro sentido. Uma análise detalhada das lacunas do pensamento de Marx neste domínio em Rey (1979). Segundo Teixeira Ribeiro, numa das primeiras análises desta questão em Portugal, a diferença entre Ricardo e Marx reside em que o primeiro pressupunha que os terrenos marginais existiam em quantidades suficientes para serem livres (não apropriados). Ao contrário, "nos países capitalistas a terra pode dizer-se hoje totalmente apropriada embora grandes superfícies perdurem incultas" (1934, p. 48).

13. Há ainda um terceiro tipo de renda, a renda de monopólio, sempre que o preço de mercado de um produto agrícola está acima, não só do seu preço social de produção, como do seu valor (o tempo de trabalho concreto materializado na sua produção). Neste caso, segundo Marx, o preço depende apenas da vontade e da capacidade de alguém o pagar (Marx, 1970, III, p. 775).

AS BIFURCAÇÕES DA ORDEM

capital e manifesta-se autonomamente no pior solo. É a expressão econômica do fato de, para investir mesmo no pior solo, o capital ter de confrontar-se com o obstáculo da propriedade fundiária privada, o qual só pode ser levantado mediante o pagamento de uma renda, a renda absoluta. Em contraposição com a renda diferencial, a renda absoluta é duplamente resultado da propriedade fundiária. Enquanto na renda diferencial os sobrelucros resultantes do processo de valorização do capital existiriam mesmo se não houvesse propriedade fundiária, só que nesse caso seriam embolsados pelos capitalistas, na renda absoluta a presença da propriedade fundiária faz com que o solo com piores condições só possa ser cultivado quando nele for possível produzir um excedente sobre o preço social de produção, excedente esse que é depois transformado em renda. Neste caso a propriedade fundiária é a "causa criativa" da renda (Marx, 1970, III, p. 755).

Mas isto tem de entender-se em termos hábeis, pois logo adiante Marx torna claro que a propriedade legal da terra não produz, por si, a renda e de fato não tem valor econômico enquanto a terra não for cultivada, o que, nos pressupostos de Marx, é feito pelo capitalista e não pelo proprietário fundiário. Também por isso "basta uma pequena subida do preço de mercado acima do preço de produção para que o solo novo, com piores condições, seja integrado no mercado" (Marx, 1970, III, p. 757), o que significa que a renda absoluta tende a ser muito baixa.[14] Mas uma vez que não é nula, os

---

14. O conceito de renda absoluta é sem dúvida o que tem suscitado mais polêmica. Se para alguns autores a renda absoluta tende a ser negligenciável (Ball, 1977, p. 380), para outros, a importância desta forma de renda não está no seu montante, mas no fato de ser a relação social fundante, a expressão do poder de monopólio absoluto do proprietário fundiário, da qual dependem todas as restantes formas de renda (Coulomb, 1973, p. 58). A renda absoluta revela "em estado puro" a eficácia econômica (variável segundo muitos fatores) do vínculo jurídico da apropriação do solo. Uma análise crítica da renda absoluta pode ler-se em Rey (1979, p. 35 ss.), que fala do "fiasco mal dissimulado da interpretação da renda absoluta" em Marx (1979, p. 22). Teixeira Ribeiro, na sua importante análise da renda da terra, aponta para as ligações íntimas entre a renda diferencial e a renda absoluta. Por um lado, numa das hipóteses que avança, "a renda será então diferencial *mas só em parte*" (1934, p. 45, sublinhado meu).

produtos agrícolas tendem a ter um valor e a ser vendidos por um preço de mercado superior ao preço social de produção. E como o valor das mercadorias provém do trabalho nelas incorporado, o capital agrícola põe em movimento mais trabalho do que uma quantidade igual de capital não agrícola (industrial) (Marx, 1970, III, p. 771). É esta a expressão-resultado do atraso da agricultura do obstáculo criado pela propriedade fundiária à expansão do capital na agricultura, e, portanto, a uma agricultura "racional" capitalista. Este obstáculo não se elimina pela aquisição da terra por parte do capitalista agrícola uma vez que o preço da terra, sujeito a muitas flutuações, tende a basear-se na capitalização da renda à taxa média de juro, ou seja, contém sempre o cálculo de uma renda antecipada e, sendo assim, o capital imobilizado na compra da terra é sempre deduzido do capital disponível para investimento produtivo na agricultura e, nessa medida, constitui um obstáculo à expansão "normal" do capitalismo na agricultura.

O resumo interpretativo, como não poderia deixar de ser — do pensamento de Marx sobre a propriedade fundiária e a sua expressão econômica numa formação social dominada pelo modo de produção capitalista, a renda fundiária —, não foi apresentado por razão de um qualquer fetichismo textual nem muito menos pelo desejo de estabelecer uma ortodoxia marxista sobre esta questão. Qualquer destas atitudes seria em geral condenável mas, no caso vertente, seria mesmo ridícula, conhecidas que são as condições em que o texto de Marx chegou até nós. Não tendo sido publicado em vida de Marx senão o vol. I de *O capital*, o vol. III foi "construído" em versão final por Engels a partir de apontamentos e rascunhos dispersos de Marx. Para além da complexidade da questão da renda fundiária, o texto é onerado por algumas confusões, incongruências e obscuridades, o que por si só aconselha a máxima circunspecção na fixação do

---

Por outro lado, segundo ele, "Marx também reconhecia que a renda absoluta *fosse diferencial*" (1934, p. 58, destaque meu). É por esta via dinâmica, ou mesmo dialética, das relações entre a renda absoluta e a renda diferencial que se avançará no conhecimento desta matéria.

que "Marx realmente disse".[15] Pode, aliás, questionar-se em geral a utilidade da referência ao pensamento de Marx para tratar da questão urbana, sendo certo que Marx se limitou a estudar a propriedade e a renda fundiárias no caso da agricultura e mesmo aí assumindo uma série de pressupostos — toda a produção agrícola é capitalista; os produtores não têm inicialmente a propriedade da terra; há livre concorrência de capitais — que tornam o seu pensamento pouco "operacional" para analisar situações concretas em formações sociais concretas, sobretudo em formações sociais como Portugal e Brasil.

Nenhuma destas objeções é, porém, decisiva se, como é o caso do presente texto, o pensamento de Marx for restituído como ponto de partida e também como ponto de referência (importante mas não exclusivo) para a discussão das questões que mais nos interessam.[16] Na amálgama da discussão e da controvérsia sobre o problema da propriedade e da renda fundiárias, salientam-se duas questões decisivas para o desenvolvimento do percurso teórico proposto no presente trabalho. A primeira questão é a de saber se e em que medida a análise da propriedade e da renda fundiárias na produção agrícola capitalista pode ser transferida ou sequer servir de ponto de referência para a análise da propriedade e da renda fundiárias na produção capitalista do espaço urbano. Dando como certo que as relações entre a propriedade fundiária e o capital são complexas e contraditórias, a segunda questão é a de saber a que níveis e por que formas específicas a propriedade fundiária interfere no processo de reprodução do modo de produção capitalista.

---

15. Acresce que na questão da renda fundiária especificamente há que contar com a evolução, ainda por esclarecer, do pensamento de Marx desde os manuscritos de 1862-63 (que vieram a ser publicados já no nosso século com o título de *Teorias da Mais-Valia*) até aos manuscritos que estiveram na base do vol. III de *O Capital*. Pode, contudo, ter-se como certo que, no caso da renda absoluta, essa evolução vai no sentido de progressivamente lhe dar menor ênfase. Neste sentido também Ball (1977, p. 398). Para Rey deve recuar-se à *Contribuição à crítica da economia política* de 1857 para compreender em toda a sua dimensão a evolução do pensamento de Marx.

16. E não restam dúvidas de que as análises de Marx têm sido um ponto de referência para o tratamento, marxista e não marxista, da questão da propriedade e da renda fundiárias.

Da renda fundiária agrícola à renda fundiária urbana

A necessidade de analisar conjuntamente a propriedade fundiária rural e urbana nas relações entre si e com o capital industrial urbano não implica que o funcionamento da renda fundiária seja o mesmo no solo agrícola e no solo urbano (sem contar com a questão muito complexa do funcionamento da renda na conversão do solo agrícola em solo urbano). A verdade, porém, é que, sobretudo no campo marxista, a análise da propriedade e da renda fundiárias urbanas assentou muito tempo numa transposição acrítica do contexto rural para o contexto urbano. O que é de algum modo surpreendente, uma vez que Marx não se debruçou sobre o caso urbano e, se afirmou que tanto a propriedade rural como a urbana exigem um tributo pela sua utilização (1970, III, p. 774), nada disse sobre o modo como essa exigência opera no caso urbano.

Uma análise mesmo superficial mostra, por um lado, que são diferentes os papéis da propriedade fundiária na produção agrícola e na produção industrial urbana e, por outro lado, que há muitos outros usos do solo urbano para além das atividades directamente produtivas. Enquanto o solo agrícola é um instrumento de produção ("produz" cereais, madeiras, legumes etc.), o solo urbano é um simples suporte passivo de meios de produção, de circulação ou de consumo (terreno para a construção de fábricas, bancos, habitações).[17] Ou seja, enquanto o solo agrícola é directamente produtivo, os edifícios construídos no solo urbano não têm na maioria das situações um uso produtivo, isto é, suscetível de produzir mais-valia. Aliás, é

---

17. Esta distinção remonta a Marx (1970, III, p. 774) e tem sido seguida pela generalidade dos autores (Ribeiro, 1934, p. 38; Canaux, 1951, p. 129; Granelle, 1970, p. 73; Coulomb, 1973, p. 45; Lipietz, 1974; Ball, 1977, p. 386; Lojkine, 1981, p. 163), ainda que divirjam quanto às consequências a atribuir à distinção. Foi a partir dela que, no campo não marxista, cedo se desenvolveram as análises centradas na especificidade do solo de análise econômica com grande implantação sobretudo nos EUA. Importante para esta corrente é que a remuneração da terra contribui tanto para a riqueza como a remuneração do trabalho ou do capital. A terra deve ser tratada como uma mercadoria, não diferente de qualquer outro fator de produção.

geralmente reconhecido que os preços do solo urbano tendem a ser mais elevados onde têm lugar atividades (comércio, bancos, e, em geral, o chamado "terciário superior") (Ball, 1977, p. 400). Por outro lado, enquanto os produtos agrícolas são destacáveis do solo e nessa base comercializados, os produtos produzidos a partir do solo urbano, as habitações, por exemplo, permanecem ligados ao solo, o que explica a sua difícil mercadorização, e, consequentemente, as especificidades do mercado imobiliário urbano (sendo a mais notável a a ausência de um mercado uniforme).[18] A pertinência do solo ao produto faz com que o preço da habitação — tanto na compra e venda como no arrendamento, como foi assinalado já em 1842 por Engels em *A Questão da Habitação* — contenha em cada instante uma parte, pelo menos, do preço do solo (Coulomb, 1973, p. 45).

Da dupla distinção entre o solo agrícola e o solo urbano, resulta que o valor deste último deriva exclusivamente dos serviços que ele pode "suportar". Como a seleção destes não decorre predominantemente das características intrínsecas do solo[19] mas antes da sua localização, dos acessos a equipamentos urbanos, do déficit habitacional, do ritmo e tipo de crescimento econômico etc., o preço do solo urbano é um fenômeno exclusivamente social ou, como diz Granelle, "a sociedade é o único autor do capital fundiário urbano" (1970, p. 73). A renda fundiária urbana é o mecanismo através do qual um valor criado pela sociedade é confiscado pelo proprietário

---

18. Esta caracterização não deve ser entendida de modo estático. A partir da década de 1960, a penetração maciça do capital na produção da habitação, sobretudo nos países desenvolvidos, secundada por políticas urbanas convergentes — que tornaram possível o aumento do coeficiente de ocupação do solo e a intensificação da construção por andares —, teve como resultado a minimização do efeito fundiário sobre a habitação, e, consequentemente, a progressiva mercadorização desta. A melhor elaboração das características gerais do solo e das especificidades do mercado fundiário pode ler-se em Harvey (1977, p. 163).

19. Estas características existem e não deixam de ser eficazes, por exemplo, na decisão sobre o tipo de urbanização de um terreno colinoso e arborizado. Mas essa eficácia tende a diminuir com a crescente mercadorização da habitação, sobretudo por via da estandardização das construções e das próprias normas de construção e também do desenvolvimento tecnológico no domínio da transformação (dominação) do solo.

fundiário e o seu montante depende da escassez produzida pelo investimento social feito e a fazer, face aos utilizadores potenciais e concorrentes do solo. O preço do solo urbano, estabelecido com base na capitalização da renda à taxa de juro médio, inclui sempre um valor decorrente da antecipação da renda futura a proporcionar pelo solo.[20] Este valor antecipado é definido com base em cálculos e circunstâncias que não são em geral aceites ou conhecidos por todos os intervenientes na transação. Há assim algo essencialmente especulativo nas transações de terrenos, o que leva Francisco de Oliveira a aconselhar a distinção entre situações "onde a especulação é especulação e onde ela *tem a forma* de especulação, mas é o elemento constitutivo de uma actividade produtiva" (1979, p. 15).[21]

---

20. Obviamente, o preço de mercado do solo não é estabelecido exclusivamente com base na capitalização da renda. Esta é tão só o ponto de referência para os demais fatores que intervêm apenas no nível do mercado.

21. A especulação no mercado fundiário e imobiliário urbano é um fenômeno em crescente evidência e de grande significado econômico, social e político, razão para tem sido por vezes arvorado em causa das "distorções" patentes neste mercado. Mas, como é difícil conceber a "normalidade" mercantil em relação à qual se verificam as distorções, é talvez mais correto pensar que estes não são desvios e sim manifestações próprias da natureza específica deste tipo de mercado e, neste caso, a especulação deve ser vista mais como efeito do que como causa. Neste mesmo sentido, Coulomb afirma que "a venda de um terreno não pode ser seno especulativa, no sentido próprio do termo... a venda dos solos pode ser descrita como um verdadeiro jogo de *poker* em que todos os golpes são permitidos" (1973, p. 45). Em sentido convergente, Singer (1979, p. 23). Numa investigação pioneira sobre os fatores psicossociológicos que condicionam mercado fundiário, Maurice Halbwachs chegou à conclusão de que "o terreno é essencialmente um *valor de opinião (Les expropriations, et le prix des terrains à Paris (1860-1900)*, Paris, Cornely, 1909, citado em Granelle, 1970, p. 19). Para Granelle a especulação é constitutiva de todos os mercados livres e não especificamente do mercado fundiário: "deve partir-sentido original do termo 'especular': o especulador é uma pessoa que tem o hábito de observar. A especulação é assim um cálculo sobre as possibilidades de comprar e vender no imediato ou a termo na óptica de um ganho monetário... Toda a operação econômica é especulativa. Nestas condições, não se poderá explicar o desequilíbrio do mercado fundiário pelo jogo da especulação: esta surge mais como efeito da alta dos preços" (1970, p. 3). Em face das múltiplas conotações do termo, é aconselhável reduzir o conceito de especulação à descrição de situações em que se verificam cumulativamente duas condições: há uma diferença entre o preço do solo fixado em função do seu uso atual (no momento da primeira transação) e o preço do solo fixado em função do seu uso final; essa diferença não é apropriada pelo proprietário inicial e sim por um interveniente posterior no processo de

AS BIFURCAÇÕES DA ORDEM

Se, como ficou dito, se passou em claro ou se negligenciou durante muito tempo o significado destas diferenças entre o contexto agrícola e o contexto urbano do funcionamento da propriedade e da renda fundiária,[22] em tempos mais recentes tem-se assistido a uma crescente sensibilização a estas diferenças e a tal ponto que alguns autores chegam mesmo a considerar que o conceito da renda fundiária criado pelos clássicos para o caso da agricultura não tem qualquer aplicação no domínio urbano. O caso mais saliente é o de Lipietz (1974).[23]

A posição de Lipietz assenta nas diferenças, já referidas no início desta secção, entre o solo agrícola e o solo urbano face à produção capitalista de mercadorias (1974, p. 104 ss.). Segundo ele, a renda fundiária agrícola (mais concretamente a renda diferencial) é uma categoria estritamente econômica que permite revelar o processo de valorização das diferenças naturais entre solos agrícolas. Ao contrário, a "renda fundiária urbana" é uma categoria falsamente econômica na medida em que o processo de valorização diferencial dos solos urbanos é um simples reflexo das posições relativas destes na divisão social do espaço, a qual, como é sabido, é o resultado acumulado das políticas urbanas do Estado (e suas sedimentações jurídico-administrativas), nada tendo a ver com a produtividade econômica das características naturais dos solos. Por outro lado, Lipietz considera decisivas as diferenças entre as formas de realização da renda. Enquanto na produção agrícola a renda toma a forma de uma renda anual regularmente repetida, na produção de habitação trata-se de uma quantia única que exprime uma transação definitiva

---

valorização do capital, o especulador propriamente dito. Neste sentido, o conceito de especulação associa-se estreitamente ao de "mais-valia fundiária". Sobre este último conceito, ver Topalov (1974) e Lipietz (1974).

22. Harvey, por exemplo, considera "relativamente fácil" a aplicação da renda fundiária agrícola ao contexto urbano, desde que se retire dos clássicos um conceito suficientemente geral de renda (1977, p. 18).

23. Num texto importante, Lefebvre chega a conclusão semelhante, ainda que não tire dela as mesmas ilações e, por exemplo, mantenha o conceito de renda diferencial (1979, p. 95).

entre o proprietário e o promotor imobiliário: a venda do terreno, ou seja, a troca entre um direito de disposição do solo e uma parte do lucro previsto. Pelas razões acima invocadas, este preço não corresponde, ao contrário do preço do solo agrícola, à capitalização da renda mas antes ao uso social do solo (preço da habitação aceitável pelos utentes) em articulação com as exigências de valorização do capital.

Por estas razões Lipietz substitui o conceito de renda fundiária urbana pelo tributo fundiário, que define como sendo "a fracção do sobrelucro que, por razões diversas, o capital promocional realiza na produção capitalista da habitação e de que o proprietário está em condições de se apropriar" (1974, p. 106). Este conceito tem, segundo Lipietz, a vantagem de ser "directamente operatório" ao nível da prática dos produtos da habitação (ibid.).

A posição de Lipietz é passível de várias críticas, algumas de caráter geral e outras referenciadas a formações sociais específicas, no caso Portugal e Brasil. Como já se deixou entender, o que está em causa não é o reconhecimento das diferenças da operação do efeito da propriedade fundiária na produção agrícola e na produção habitacional, mas sim o significado teórico das diferenças, sobretudo à luz da articulação destas com as semelhanças que também se impõe reconhecer. Em primeiro lugar, é necessário salientar que, ao contrário de Ricardo, Marx não vê a renda fundiária como uma categoria "estritamente econômica", uma vez que distingue nela um momento de produção (a obtenção do sobrelucro) e um momento de distribuição (a relação jurídica da apropriação). A renda, tem, assim, para Marx uma natureza jurídico-econômica, a qual se revela em plenitude na renda absoluta e se comunica, através desta, às restantes formas de renda, às rendas diferenciais e à renda do monopólio. É esta natureza complexa que permite à renda fundiária integrar nos seus mecanismos de operação concreta os fatores sociais, políticos e jurídicos que Lipietz prefere atribuir ao tributo fundiário. Por este lado não se vê, pois, que se ganhe muito em substituir a categoria da renda fundiária pela do tributo fundiário.

Em segundo lugar, não é legítimo atribuir tão decisiva importância à "base material" do funcionamento da renda diferencial. É certo que no caso agrícola o funcionamento deste tipo de renda assenta nas diferenças "naturais" do solo, diferenças de fertilidade e de localização. Mas não se pode ter uma concepção naturalista destas diferenças. É necessário desvendar os fatores sociais, econômicos e políticos que produzem e legitimam os conceitos de fertilidade e de localização naturais e a naturalidade destes conceitos. Para referir o conceito de mais difícil leitura, o conceito de fertilidade, é importante reconhecer que este conceito, tal como hoje o conhecemos — ou seja, a fertilidade entendida como produtividade do solo por hectare e por ciclo de produção —, tem uma curta duração histórica. Remonta ao século XIX e corresponde aos interesses de penetração da indústria química na agricultura. Hoje, com a destruição dos ecossistemas e o incremento da consciência ecológica, este conceito começa a entrar em crise e é crível que venha a ser substituído no futuro por um outro que conceba a fertilidade do solo em termos de produção equilibrada (com os solos contíguos e seus ecossistemas) e regular (determinada pela sucessão dos ciclos de produção e não por estes tomados individualmente).

Sendo social o movimento das "características naturais", não se pode contrapor polarmente o natural e o social e muito menos retirar dessa contraposição implicações teóricas polares. É evidente que as características naturais do solo agrícola são *hoje socialmente mais* importantes que as características naturais do solo urbano, mas estas, no sentido que lhes conferimos, não deixam de operar no contexto urbano. Por exemplo, um terreno colinoso e arborizado pode ser particularmente adequado ao uso social de habitação unifamiliar de luxo. Mas, por outro lado, não é legítimo equiparar (a menos que se faça metaforicamente) a fertilidade do solo agrícola ao coeficiente de ocupação do espaço urbano, como pretende Alquier (Lipietz, 1974, p. 102). O esforço teórico deve ser centrado na identificação e no modo de operação dos fatores e mecanismos responsáveis pela valorização diferenciada dos solos e é um fato que eles operam tanto no solo agrícola como no solo urbano. E é tanto assim que Lipietz, apesar de recusar o conceito de renda diferencial urbana, é obrigado a introduzir o conceito de tributo diferencial (1974, p. 139 ss.). O que se ganha com a substituição?

Por último, não parece legítimo atribuir às diferenças entre as formas de realização da renda a importância que Lipietz lhes dá. Por um lado, as diferenças não são tão nítidas quanto Lipietz faz crer. Há países (a Inglaterra, por exemplo) e cidades em que ainda hoje são comuns as cedências do uso do solo urbano com reserva da propriedade por cujo título se obtém o direito a uma prestação regular. Por outro lado, a diferença entre uma prestação anual e uma quantia única não parece ser significativa, uma vez que esta última e, portanto, a compra e venda do terreno, quer agrícola, quer urbano, envolve sempre uma antecipação da renda, um cálculo de rendas anuais futuras que se deixam de receber ou se passam a receber (consoante a perspectiva de quem faz o cálculo, vendedor ou comprador) por virtude do contrato de compra e venda. A ideia de que esse preço corresponde à capitalização da renda é uma orientação teórica que não pretende restituir o preço concreto obtido numa dada transação de terrenos e antes visa estabelecer um ponto de referência com o qual é possível articular os diferentes fatores que intervêm na fixação desse preço, tanto no contexto rural como no contexto urbano. A ideia de que os preços dos solos urbanos são "arbitrários" é uma ilusão que resulta da incipiência dos nossos conhecimentos sobre os fatores, sem dúvida numerosos e complexos, que intervêm na sua fixação.[24,25]

---

24. A identificação destes fatores é importante mesmo no caso de transações de terrenos sujeitos a renda de monopólio (terrenos com uma utilização específica e insubstituível) onde a ilusão da arbitrariedade é verossímil, uma vez que o preço parece depender apenas da capacidade financeira do comprador.

25. Em certas conjunturas políticas é de fato notória a intervenção de fatores político-administrativos no cálculo dos valores fundiários. É esta talvez a razão por que Matias Ferreira, ao analisar com bastante profundidade e sutileza este processo, adere às posições de Lipietz (1982, p. 32 ss.). No entanto, mesmo neste caso extremo, o elemento da renda fundiária e da sua capitalização intervém, ainda que de forma mediada, por exemplo, na necessidade sentida

AS BIFURCAÇÕES DA ORDEM

À luz destas considerações não se descortinam razões de monta para substituir o conceito de renda fundiária pelo conceito de tributo fundiário. Este conceito não nos poupa a qualquer das dificuldades com que nos deparamos na análise da criação de um sobrelucro na produção do espaço urbano e da apropriação de parte (variável) desse sobrelucro pelo titular de um direito de propriedade fundiária. E a verdade é que Lipietz se debate com questões tais como a questão da articulação entre o tributo fundiário e a produção capitalista da habitação (1974, p. 111), a questão da distinção entre os vários tributos diferenciais (1974, p. 139), a questão da variação de tributo fundiário em função da articulação dos vários tipos de propriedade fundiária com o processo de valorização do capital (1974, p. 178). Todas estas questões podem ser (e têm de fato sido) estudadas no quadro teórico da renda fundiária.

Acresce que as diferenças de funcionamento da renda no contexto rural e urbano não nos devem fazer esquecer as semelhanças. Em ambos os casos o direito de propriedade (e a sua expressão econômica) *apresenta-se* como um fator externo ao processo de valorização do capital e como um obstáculo ao pleno funcionamento deste. Tal como no caso da produção agrícola estudada por Marx e pelos economistas clássicos, também o preço de mercado da habitação tende a estar acima do preço social de produção, o que aliás é salientado por Lipietz (1974, p. 111). O que significa a existência de semelhanças estruturais entre a agricultura e a construção civil, duas atividades produtivas fortemente dependentes da propriedade fundiária. Em ambas se detecta o atraso tecnológico, ou seja, a baixa composição orgânica do capital, a sobre-exploração dos trabalhadores e, nos países desenvolvidos, o recurso ao trabalho imigrado, relativamente desvalorizado.

---

pela Administração de distinguir entre terrenos rústicos e urbanos (1981, p. 40 ss.). E intervém também na estruturação do discurso retórico dos processos administrativos de expropriação, uma intervenção que não é meramente ideológica (e mesmo se fosse, não seria menos importante por isso).

Se nos demoramos no escrutínio da posição de Lipietz é porque ela ilustra uma "atmosfera intelectual" dominante sobretudo na sociologia crítica e que consiste em substituir por conceitos empíricos (ou melhor, ditos empíricos) os conceitos com um estatuto definido, sob o pretexto de que estes, por sua rigidez, deixaram de ser válidos (se alguma vez o foram) para analisar as realidades sociais de um presente em constante transformação. No caso de Lipietz, substitui-se um conceito integrado numa teoria geral de apropriação do sobretrabalho nas formações sociais capitalistas (a renda fundiária) por um conceito descritivo que se circunscreve a uma forma específica de apropriação e a dissolve numa pluralidade caótica de fatores (o tributo fundiário). Estas substituições assentam em geral numa concepção relativamente truncada e estereotipada dos conceitos teóricos, os quais, como é óbvio, sendo teóricos, não podem ser dogmatizados e estão sujeitos ao movimento da história mediado pela produção científica e pela própria atividade teórica. No caso de Lipietz, a substituição assenta, como vimos, numa concepção estreita da renda fundiária em Marx.

Por outro lado, é importante reter que estas substituições não são neutras, ou seja, que não se justificam por razões "estritamente científicas", quaisquer que sejam as intenções dos seus autores. A vantagem, mencionada por Lipietz, de o conceito de tributo fundiário ser directamente operacional ao nível do processo de decisão dos produtores da habitação (1974, p. 106) não é meramente científica. Traz implícita uma leitura da sociedade e, especificamente, uma leitura da questão social da habitação a partir da perspectiva de um grupo social (os produtores da habitação) com interesses específicos neste domínio, diferentes dos de outros grupos também envolvidos (por exemplo, os consumidores da habitação). É por isso que a vantagem da operacionalidade dos conceitos ao nível da prática dos agentes sociais deve ser usada com grande circunspecção. A "irracionalidade" de um fenômeno ou de um processo social, obtida pela mediação científica e teórica, pode passar completamente despercebida aos agentes envolvidos, precisamente porque, acostumados às relações sociais que esse fenômeno ou processo social engendra, não acham nelas nada de estranho. Isto mesmo diz Marx a respeito da renda fundiária (1970, III, p. 779) e é com base numa argumentação deste tipo que critica as concepções do que chama "economia vulgar".[26] E de fato as ciências sociais dos nossos dias recorrem frequentemente a conceitos sem qualquer operacionalidade ao nível da prática imediata dos agentes sociais, por exemplo, o conceito de modo de produção de que aliás Lipietz não se priva.

Por último, ao relegar para o domínio do empírico a eficácia econômica da propriedade fundiária, o conceito de tributo fundiário envolve implicitamente uma desclassificação ou uma secundarização do papel da propriedade fundiária nas formações sociais capitalistas. Esta ideia percorre, aliás, todo o trabalho de Lipietz, para quem se assiste hoje a uma grande dispersão social da propriedade fundiária e de tal modo que praticamente todas as classes sociais são proprietárias fundiárias (1974, p. 94). Nestas condições, o papel decisivo da propriedade fica reduzido ao nível ideológico (1974, p. 95). Esta linha de argumentação, que pode eventualmente estar certa para os países capitalistas avançados, está obviamente errada para formações sociais como Portugal ou o Brasil. As desigualdades fundiárias são enormes nestes países (mais no Brasil do que em Portugal) e têm um papel-chave na articulação dos modos de produção. É certo que nas formações sociais capitalistas é o capital e o seu processo de valorização quem determina em última instância a eficácia socioeconômica da propriedade fundiária mas não é menos certo que a medida real dessa eficácia depende de muitos fatores e nomeadamente do peso social dos proprietários fundiários e, portanto, da pressão por eles exercida sobre as atividades produtivas e sobre as políticas estatais na gestão da questão fundiária.

---

26. Esta argumentação não é aliás específica do marxismo e domina hoje, com nuances, tanto a epistemologia positivista como a epistemologia antipositivista, de Durkheim a Marx, a Bachelard e a Bourdieu. De uma ou de outra forma, a ideia mestra é ainda a do velho Hegel: o que parece irracional ao senso comum é racional, e o que parece racional é irracional.

A renda fundiária e o processo de valorização do capital. As diferentes formas de propriedade fundiária

Uma vez tratada a questão das relações entre a renda fundiária agrícola e a renda fundiária urbana, fica por tratar, como se deixou referido, a questão de saber a que níveis e por que formas específicas e propriedade fundiária interfere no processo de reprodução do modo de produção capitalista. Trata-se de uma questão muito complexa feita de muitas dimensões históricas, econômicas, políticas e sociológicas.

Tendo sido fundamental para o estabelecimento do modo de produção capitalista (como condição histórica da "libertação" do trabalho camponês), a propriedade fundiária tem uma relação contraditória com o capital na medida em que a renda é deduzida da mais-valia captada pelo capital e, por seu intermédio, desviada do capitalista para o proprietário fundiário. Porque a parte da mais-valia (o sobrelucro) transformada em renda é produzida pelo capital e não pela propriedade fundiária, esta assume um caráter parasitário, e porque essa parte da mais-valia é desviada do capital e não pode, por isso, ser investida por ele no processo da sua reprodução alargada, a propriedade fundiária surge como um obstáculo à plena valorização do capital.[27] Nisto reside a complexidade das relações entre proprietários fundiários e burguesia industrial.

---

27. Dado o enraizamento da ideia da propriedade privada no imaginário social, o peso social dos proprietários fundiários tende a ter uma dimensão ideológica importante, mas em caso algum exclusiva. Esse peso social deriva de muitos outros fatores, particularmente do tipo de alianças de classe que a propriedade fundiária promove ou impede. Os diferentes tipos de alianças criam, por sua vez, obstáculos diferentes ao processo de valorização do capital. Nas formações sociais capitalistas avançadas, pelo menos no contexto urbano, tem-se, por vezes, tornado notória a aliança entre os grandes e os pequenos proprietários, o que tem contribuído para a descaracterização do conteúdo de classe da propriedade fundiária e para a consequente saliência da dimensão ideológica. Nas formações sociais capitalistas dependentes o tipo de aliança dominante é entre os grandes proprietários fundiários e certas frações do capital, sobretudo o capital financeiro e o capital imobiliário, e daí que não possa

Nos países desenvolvidos da Europa essas relações têm-se caracterizado, desde finais do século XIX, por uma forte pressão do capital industrial sobre a propriedade fundiária rural e urbana no sentido da parcelização desta[28] e pela reacção dos proprietários fundiários convocados por uma ideologia de agrarismo anticapitalista, muito forte nos anos de 1930. O declínio do poder político e econômico dos grandes proprietários fundiários, resultante de múltiplos fatores, nomeadamente da rarefacção da mão de obra agrícola (o êxodo rural), veio possibilitar ao Estado políticas fundiárias envolvendo reduções da renda fundiária em favor do capital industrial. Em momentos de emergência, como, por exemplo, no imediato pós-guerra, as necessidades da rápida acumulação do capital e da redução dos custos de reprodução da força de trabalho impuseram políticas de controle estrito dos arrendamentos rurais e urbanos e de alargamento dos pressupostos da expropriação do solo (Coulomb, 1973, p. 39). No entanto, a parcelização da propriedade e a sua distribuição por utilizadores, entretanto verificadas nesses países, deram origem a novas alianças de classe, fundadas na defesa da propriedade da terra, entre a pequena e a grande propriedade fundiária, as quais, pelo poder político que granjearam, acabaram por inviabilizar as políticas antifundiárias mais drásticas.

Muito distinto deste é o processo histórico da articulação da propriedade fundiária com o capital na América Latina, ainda que

---

ser inteligível fora do quadro teórico global da produção e apropriação do sobretrabalho nessas formações sociais.

28. Foi, aliás, a agricultura parcelar que tornou historicamente possível a comercialização de bens agrícolas abaixo do valor e, daí, a redução dos custos da reprodução da força de trabalho e o consequente achatamento dos níveis dos salários industriais. Foi por esta via que a produção agrícola se integrou (contraditoriamente) no capitalismo e não pela via do grande capitalismo agrário, como previra Marx. Deste modo, a teoria da renda de Marx "é suficiente para analisar situações, aliás as mais correntes, em que na agricultura predominem as explorações familiares, ainda que o sistema globalmente esteja estruturado na base de relações de produção capitalistas" (Hespanha, 1981, p. 477). Para o caso português, ver o trabalho inovador de Freitas, Ferreira e Cabral (1976). Em geral, ver Rey (1979), Hespanha (1981) e Reis (1981).Ver também Moncayo e Rojas (1979) e o diálogo que com eles estabelece Costa (1981) sobre o desenvolvimento rural integrado.

seja grande a sua diversificação no interior do subcontinente. Em geral, a grande propriedade fundiária, quer rural, quer urbana, manteve-se até ao presente, aliada, com maior ou menor consistência, a certas frações do capital industrial e ao capital financeiro.[29] Por ação dessas alianças, as classes populares rurais, sem acesso à terra, veem-se compelidas ao êxodo para as cidades e, uma vez nelas, integram-se no exército industrial de reserva; igualmente sem acesso ao solo urbano, permanecem fisicamente na cidade sem contudo *habitar realmente* nela, para usar uma distinção de Paul Singer (1979, p. 35).

As relações entre a propriedade fundiária e o capital devem ser analisadas com base em investigações empíricas detalhadas, orientadas por teorias regionais que tornem possível concretizar o quadro teórico geral da articulação dos modos de produção numa dada formação social. A renda fundiária não opera num vazio social. As condições econômicas e sociais do exercício do monopólio do acesso à terra tornado possível pelo vínculo da propriedade variam com o universo das relações jurídicas em que a propriedade fundiária se concretiza. Isto é, a apropriação individual não é uma relação jurídica abstracta, estática e monolítica. É uma matriz estrutural, um horizonte jurídico no seio do qual diferentes relações jurídicas se podem constituir e, com elas, diferentes critérios de racionalidade econômica bem como diferentes relações de classe. Esta diversidade de relações jurídico-econômico-sociais está presente, de modo desigual, em todas as formações sociais capitalistas e a sua captação teórica é desde logo exigida pela lógica da análise da articulação dos diferentes modos de produção no interior de uma dada formação social. As relações jurídicas, longe de serem meros reflexos, são conformadoras e estruturadoras das relações econômicas e sociais.

---

29. Para uma ideia do modo como as reformas agrárias na América Latina não conseguiram, salvo os casos das reformas revolucionárias (México, Cuba, por exemplo), diminuir significativamente a elevada concentração da propriedade fundiária, ver, entre muitos outros, Dorner (1971). Uma análise exemplar do progressivo controle da propriedade fundiária rural (e da agricultura) por parte do capitalismo monopolista apoiado no Estado brasileiro está em Ianni (1979).

AS BIFURCAÇÕES DA ORDEM

Como bem salienta Hespanha (1981), a teoria da renda tem de ser conexionada com a teoria da propriedade. É isto mesmo o que leva Lojkine a afirmar, no âmbito da propriedade fundiária urbana, que "para entender a actual importância da renda fundiária é indispensável precisar quem são os actuais proprietários fundiários urbanos" (1981, p. 164). E quem diz urbanos, diz rurais. E mais do que isso, diz urbanos e rurais articulados no interior de uma dada formação social. É a partir deste fundo comum que se pode entender a divisão social e territorial cidade/campo nas sociedades capitalistas.

Parece pois que a teoria das relações entre a renda fundiária e os tipos ou formas de propriedade é a teoria regional com mais virtualidades para orientar as análises concretas e especificamente as análises dos efeitos distributivos (a parte subtraída à mais-valia produzida pelo capital) e estruturais (o impacto dessa subtração no próprio processo de acumulação) da renda fundiária sobre o capitalismo industrial urbano. Os diferentes tipos ou formas de propriedade fundiária postulam diferentes relações de propriedade e, consequentemente, diferentes papéis para a propriedade fundiária na estrutura global da formação social. A renda fundiária não opera automaticamente independentemente destes fatores sociais e suas variações. Pelo contrário, o tipo de propriedade fundiária condiciona a forma e o montante da renda apropriada.[30]

---

30. A questão da articulação entre as formas da renda fundiária e as formas da propriedade fundiária é muito complexa. Tem sido sempre reconhecido que a renda absoluta depende da apropriação individual da terra, já o mesmo não sucedendo com a renda diferencial, a qual tem sido tradicionalmente concebida como um efeito necessário e autônomo da operação do modo de produção capitalista, produzido pelas condições desiguais da produção, tais como a fertilidade e a localização dos solos (a mesma quantidade de capital produz, por ação delas, produtos totais diferenciais). A questão da articulação põe-se, portanto, basicamente no caso da renda diferencial e as várias soluções propostas assentam nas diferentes concepções desta forma de renda. Segundo uns, a renda é uma realidade (e uma categoria) estritamente econômica que, através da articulação com as formas de propriedade, incorpora uma série de fatores sociais, políticos, culturais, em suma, extraeconômicos, que afetam o seu funcionamento apesar de lhe serem exteriores (p. exemplo, Hespanha, 1981, p. 484). Segundo outros, a renda não deve ser sequer concebida como uma categoria estritamente econômica, dedutível automaticamente do funcionamento do modo de produção capitalista, uma vez que a

A análise da renda e dos seus efeitos pressupõe assim a identificação dos diferentes tipos de propriedade fundiária e da dinâmica das suas transformações.

Podem distinguir-se os seguintes tipos de propriedade fundiária (muito desiguais à sua eficácia conformadora da estrutura fundiária global):[31] a propriedade estatal, a propriedade parcelar dos utilizadores diretos, a grande propriedade tradicional e a propriedade industrial-financeira.

A *propriedade estatal* é constituída pelo solo nacionalizado ou municipalizado (solo de domínio inalienável; reservas fundiárias obtidas por compra ou expropriação). Como se verá, este tipo de propriedade tem em geral muito pouco peso na estrutura fundiária das formações sociais capitalistas, quer no campo, quer na cidade. No pensamento marxista é dominante a ideia de que a nacionalização do solo ainda que esterilize a renda absoluta não afecta nem o montante nem o funcionamento da renda diferencial. Esta passa tão só a ser apropriada pelo Estado capitalista. Esta concepção está eivada de economicismo e desconhece a especificidade da função política do Estado e a dinâmica das contradições e lutas no seio das

---

mais-valia e, portanto, a porção da mais-valia apropriada como renda não existe independentemente de condições específicas e especificadas de propriedade fundiária (p. exemplo, Massey, 1977, p. 406). Pelas razões aduzidas na seção precedente, esta segunda posição parece ser a mais correta. O importante é que os economistas e sociólogos estão hoje atentos às relações jurídicas de propriedade e à sua eficácia específica depois de durante muito tempo as terem negligenciado sob o pretexto de serem meros reflexos das relações econômicas. Assim se libertam de uma concepção economicista do funcionamento da renda fundiária. Entre muitos ver Ball (1977), Topalov (1977), Bentivegna (1980). Numa perspectiva muito diferente da destes autores, Denman e Prodano (1972) procuram reconstituir a importância da propriedade fundiária privada, enquanto centro privilegiado das decisões sobre o uso do solo, com base no argumento de que o objeto das transações não é o solo em si, mas os direitos de propriedade a ele ligados, o que eles designam por *propertary land unit* (1972, p. 12).

31. Admite-se, por hipótese, que os mesmos tipos de propriedade vigorem tanto no espaço rural como no espaço urbano ainda que, obviamente, com pesos desiguais e modos de funcionamento diferentes. Tendo em vista especificamente o contexto rural, Hespanha distingue três tipos de propriedade: a propriedade terratenente, a propriedade capitalista e a propriedade camponesa (1981, p. 484).

relações sociais que ele protagoniza.[32] Tomando em consideração estes fatores, torna-se evidente que o montante da renda apropriada pelo Estado capitalista depende do papel do Estado no provimento das condições gerais de acumulação na formação social e no momento histórico em análise, depende da forma e intensidade das lutas de classe, não só entre trabalho e capital, como entre a burguesia fundiária e o capital industrial, e depende ainda da relação repressão/legitimação do Estado com as classes populares concorrentes ao acesso à propriedade fundiária e imobiliária estatal.[33]

A propriedade parcelar dos utilizadores diretos. Neste tipo, a propriedade fundiária é condição de uma produção não capitalista (não há relação salarial e, daí, não há lugar à extracção de mais-valia, no interior da atividade produtiva, o que não quer dizer que não haja um sobretrabalho captado pelo exterior), uma produção subordinada às necessidades da reprodução da força de trabalho e, portanto, à lógica da subsistência. No setor agrícola, trata-se da propriedade camponesa, a qual, na Europa, e ao contrário do que previra Marx, não acompanhou o declínio da grande propriedade feudal ou semifeudal (antes se fortaleceu nele) e resistiu à proletarização que lhe

---

32. É particularmente incisiva a análise de Massey sobre esta questão (1977, p. 406 ss.). O que está em causa neste debate é a natureza e o significado social e político da nacionalização dos solos nas sociedades capitalistas. O funcionamento da renda absoluta pressupõe um aparelho jurídico próprio que o Estado fornece e com o qual reproduz a existência jurídica e a legitimidade das classes e dos interesses fundiários. A nacionalização dos solos implica a eliminação da renda absoluta. O mesmo não sucede com a renda diferencial, uma vez que esta é um efeito (ainda que não exclusivamente econômico) do funcionamento do modo de produção capitalista. Mas isto não significa que a lógica fundiária permaneça inalterada, pois que se não trata de um efeito mecânico, automático. A nacionalização dos solos afectará, em maior ou menor grau, o seu funcionamento. O Estado é um proprietário específico e a sua especificidade não está em eliminar as contradições entre a propriedade fundiária e a valorização plena do capital, mas em criar novas contradições (diferentes das que se estabelecem quando a propriedade fundiária é privada) e, através delas, criar as condições materiais para novas formas de politização do processo de acumulação no seu todo e, consequentemente, para novas lutas sociais (tanto interclassistas como intraclassistas).

33. A propriedade fundiária estatal é apenas uma das formas de intervenção do Estado na gestão das contradições entre a propriedade fundiária e o capital e nem sequer a mais importante nos nossos dias. Outras formas serão referidas adiante.

parecia estar destinada pela penetração crescente do capitalismo agrário e industrial.[34] Com a evolução (que não extinção) da pequena agricultura familiar o capitalismo industrial acabou por encontrar nesta o "instrumento" adequado para o fornecimento de bens agrícolas abaixo do valor e, portanto, para a manutenção de baixos custos de reprodução da força de trabalho (ou seja, baixos salários), dando origem à complexa articulação de modos de produção de que já se falou atrás.[35]

O comportamento econômico não determinado pela lógica capitalista (determinado antes pela "premência dos consumos de subsistência da família", pela disponibilidade fixa do trabalho familiar e pelo "grau de fadiga do trabalho dispendido") (Chayanov, 1966; Hespanha, 1981, p. 480), a função ideológica da propriedade ("apego à terra, individualismo, personalização do fundiário, vivência do património familiar ancestral"), e a importância do controle da terra para a manutenção da autonomia da família fazem com que a renda fundiária funcione aqui de modo muito específico e a tal ponto que se tem falado da existência de uma "renda camponesa" ao lado (e articulada com) a "renda capitalista" (Hespanha, 1981, p. 485, 490).[36] Estes fatores explicam também o fato de o camponês

---

34. Uma análise pioneira e profunda desta questão em Portugal pode ler-se em Teixeira Ribeiro (1934, p. 114 ss.): "E entretanto a economia camponesa subsiste. Que opõe ela a essas vantagens incontestáveis das grandes quintas?" (p. 117). "A economia camponesa, muitas vezes pelo excesso de trabalho e privações, consegue persistir detrás desta barreira do mercado". Mas Ribeiro reconhece que "explicar a persistência do camponês não é explicar a fraca difusão das grandes quintas" e opõe o acento tônico da resistência da agricultura à penetração do capitalismo nas características do processo de trabalho na agricultura: "na indústria, o processo é contínuo, simultâneo e concentrado; na agricultura, é descontínuo, sucessivo e disperso" (p. 114). Crê, no entanto, como Marx, que a agricultura camponesa não pode "durar por muito tempo" e soçobrará perante a revolução industrial da agricultura (p. 121).

35. Sobre toda esta questão e com particular incidência sobre o caso português, ver, por último, a Revista Crítica de Ciências Sociais, 7/8 (Dez. 1981), inteiramente dedicada ao tema "A pequena agricultura em Portugal".

36. Será esta uma das razões "materiais" por que o espaço social rural é ainda hoje, sobretudo nas formações sociais dependentes, um espaço específico, se bem que sujeito a mais ou menos rápidas transformações. No caso de Portugal, chama-se particularmente a atenção para os importantes trabalhos de Madureira Pinto (1977; 1981a; 1981b) e de Ferreira de Almeida

pagar frequentemente um preço pela terra muito superior ao valor-rendimento, ou seja, à capitalização da renda fundiária, calculada em termos capitalistas.

No domínio urbano, este tipo de propriedade tem lugar em duas situações: a propriedade do local de trabalho dos produtores diretos (o artesão, o pequeno comerciante e até o pequeno industrial) e a propriedade da casa de habitação (os proprietários-ocupantes, como lhes chama Topalov, 1977, p. 444). Esta segunda situação é a que mais nos interessa na economia do presente trabalho. Sem querer forçar o paralelismo com a pequena propriedade agrícola familiar, deve reconhecer-se que em ambos os casos a unidade econômica não é o indivíduo mas a família. Por outro lado, as relações de produção em que o solo intervém (enquanto solo-suporte) não são direta e imediatamente capitalistas e o comportamento econômico é orientado pela lógica da reprodução (a satisfação da necessidade de habitação). A remuneração da terra e do capital imobilizado na construção corresponde ao preço do arrendamento que de outro modo teria de ser pago. No entanto, uma parte desta remuneração (muito desigual de país para país) é desviada para o Estado ou instituições financeiras a título de juros do empréstimo hipotecário a que normalmente se recorre.

Este fato e o de que a obtenção de terreno só é possível à custa do incremento da segregação social (aquisição de solos pouco valorizados na periferia das cidades) fazem com que também aqui, mas por mecanismos diversos, o preço a pagar pela terra tenda a ser superior à capitalização da renda calculada em termos capitalistas.[37]

(1977; 1980). No caso do Brasil, ver, por exemplo, Queiroz (1976). São também importantes as contribuições da geografia econômica para a análise dos fatores materiais destas transformações. Ver, por exemplo, Gama, Santos e Pires (1981) e Gaspar, Boura e Jacinto (1981).

37. Os padrões de segregação social e territorial são, porém, muito dinâmicos. Hoje, nos EUA, a segregação das classes populares dá-se no centro degradado das cidades, enquanto os subúrbios da classe dominante se protegem da invasão por múltiplas medidas de exclusão (por exemplo, através dos tipos de habitação permitidos, todos fora do alcance das bolsas "menos favorecidas"). Sobre esta questão, ver Rubinowitz (1974).

No entanto, ao contrário do que sucede com a pequena agricultura familiar, a pequena propriedade urbana para construção de casa própria tem um peso muito pequeno na estrutura fundiária das formações sociais capitalistas. Esta é, aliás, uma das contradições marcantes do capitalismo. Por um lado, difunde a ideologia da propriedade privada e da casa própria (neste caso "a função da propriedade" é ativamente promovida pelas instituições do Estado e pelas redes de sociabilidade e de difusão cultural que este controla) e, por outro, inviabiliza esse objetivo pelo simples funcionamento das leis de valorização do capital.

O problema da habitação começa por ser um problema individual cuja resolução compete ao trabalhador fora da relação social e do processo de produção. Se a aquisição de casa própria ou mesmo a relação de arrendamento se revela inatingível, a "culpa" é do "capital fundiário" e do "capital imobiliário" que especulam com o valor dos terrenos e dos alojamentos. Para o capital fundiário e imobiliário, ao contrário, a remuneração dos fatores é adequada (e muitas vezes nem sequer parificável à taxa do lucro médio do capital industrial) e a "culpa" é dos baixos salários dos trabalhadores. Quando a falta de alojamento das classes trabalhadoras é generalizada, a habitação transforma-se num problema social. E porque a habitação urbana depende de meios de consumo ou suportes materiais que só existem sob a forma coletiva (o saneamento, água e eletricidade, tipo de construção e sua localização etc.), ou seja, bens e serviços indivisíveis, meios de consumo coletivo, pode dizer-se que o problema habitacional torna-se duplamente social.

Isto explica o papel cada vez mais decisivo do Estado no provimento dos bens e serviços urbanos. É que, por um lado, as despesas com o consumo coletivo, sendo despesas com a reprodução do trabalho, continuam a ser supérfluas e improdutivas do ponto de vista do capital individual, apesar de serem condição necessária para a reprodução do capital no seu todo e, por outro lado, a própria natureza destes bens e serviços (a sua invisibilidade e difícil mercadorização) e uma série de outros fatores não só econômicos como políticos e ideológicos fazem com que a produção desses bens e serviços não seja suficientemente rentável (lucrativa) para ser assumida pelo capital.[38] Por este duplo mecanismo se transfere para o Estado a resolução do "problema social".

Porém, como veremos adiante, porque a ação do Estado capitalista (produção direta de habitações, contratos de desenvolvimento da habitação social, financiamento a juro bonificado da aquisição de casa própria etc.) só é possível mediante meios tornados disponíveis pelo processo de acumulação, porque a atividade produtiva do Estado (produção de habitações, por exemplo) está, em parte pelo menos, submetida à lei do valor e ainda porque o funcionamento da renda fundiária urbana, em articulação com os tipos de propriedade fundiária que resta referir, tem vindo a conduzir a uma constante e vertiginosa subida nos preços do solo urbano, por todas estas razões o Estado capitalista tem "fracassado" sistematicamente na resolução deste problema social.

A *grande propriedade tradicional* resulta, na Europa Ocidental, da transição do feudalismo para o capitalismo e, na América Latina, da dominação oligárquica e patrimonialista ligada à relação colonial e continuada após a extinção desta. É esta a velha "burguesia" rural e urbana (os *senhores* e as velhas famílias, a aristocracia, a Igreja) à qual se deve juntar a "burguesia imobiliária" tradicional com os seus "latifúndios de renda". Tem sido constante o declínio deste tipo de propriedade na Europa Ocidental, quer por via da parcelização da propriedade, quer por via das novas concentrações e das concomitantes mudanças no uso do solo entre o rural e o urbano e no interior de cada um deles sob égide da propriedade industrial-financeira.[39]

---

38. Para Castells reside aqui a contradição estrutural de que resulta a crise urbana: "os serviços colectivos requeridos pelo modo de vida suscitado pelo desenvolvimento capitalista não são suficientemente rentáveis para ser produzidos pelo capital, com vista à obtenção do lucro" (1980, p. 23).

39. As situações são muito diversificadas, tanto quanto o é a transição do feudalismo para o capitalismo nos vários países da Europa. Para o caso inglês, ver D. Massey (1977, p. 414 ss.).

Para a grande propriedade fundiária tradicional, a terra não é um setor de investimento capitalista (nem sequer um setor econômico) igual a qualquer outro. A sua detenção pode estar ligada a funções e objetivos sociais que transcendem os critérios de produtividade econômica do investimento. O caráter não estritamente capitalista deste tipo de propriedade está expresso na ausência de rotação do capital (capital imobilizado na terra e nos edifícios) e na apropriação de uma renda muito inferior à taxa de lucro na produção industrial. Este tipo de propriedade em decadência tem, no entanto, sabido aliar-se por vezes (em condições de subordinação variáveis) ao tipo de propriedade hoje sem dúvida o mais dinâmico nas formações sociais capitalistas, a propriedade fundiária industrial-financeira.

Para a *propriedade industrial-financeira,* a propriedade capitalista propriamente dita, a terra não é objeto de uma atividade econômica separada do capital. A terra, ou é apropriada como condição de produção — a propriedade industrial, em que se incluem o capitalismo agrário, o capitalismo industrial, e o caso específico da construção civil —, ou é apropriada como um setor de investimento igual a qualquer outro em que os critérios de produtividade funcionem em pleno — a propriedade financeira, em que se incluem as empresas de promoção e desenvolvimento e os investimentos fundiários dos bancos e das companhias de seguros.[40] Este tipo de propriedade toma hoje no domínio urbano (o que mais nos interessa) a forma de promoção imobiliária. Ao contrário do proprietário fundiário tradicional, o promotor imobiliário é um proprietário temporário, fugaz, apenas pelo período necessário à construção e venda dos alojamentos. O seu objetivo é a máxima rotação do capital e os sobrelucros que ela possibilita através da venda rápida dos edifícios. Para que tal suceda é necessário que se estabeleça uma complexa rede de

---

40. É ainda hoje comum a divisão da propriedade fundiária capitalista em dois tipos autônomos (propriedade industrial e propriedade financeira) (p. exemplo, Massey, 1977, p. 417). No entanto, eles servem de substrato a atividades cada vez mais associadas e interligadas, daí a pertinência em concebê-los como um só tipo, ainda que internamente diversificado.

relações jurídicas de propriedade e comerciais, protagonizadas pelo promotor imobiliário, entre promotor, incorporador, capitalista industrial e construtor civil.[41]

A grande rentabilidade global da promoção imobiliária tem atraído para este setor o capitalismo monopolista e, consequentemente, o dinamismo e as contradições de que este é portador. Este tipo de propriedade (e as relações de propriedade que origina) é hoje o principal responsável pela rarefação constante e mudanças rápidas do uso do solo urbano nas grandes cidades do mundo capitalista e pela subida vertiginosa do seu preço. Estes fenômenos têm vindo a produzir novos efeitos de segregação social e territorial que cada vez mais agravam a situação habitacional das classes trabalhadoras. Com isto criam-se para o Estado novas responsabilidades na resolução do problema social daí decorrente, ao mesmo tempo que se agravam as condições em que tal resolução pode ser tentada.

A referência às diferentes formas de propriedade fundiária é, em si, reveladora de que a análise das relações entre a propriedade fundiária e o capital e, portanto, do funcionamento da renda fundiária nas formações sociais capitalistas não se oferece a grandes generalizações e de que, pelo contrário, se deve centrar em objetivos sectoriais em que precisamente as formas de propriedade representam um papel analítico decisivo. Tudo o que se pode dizer em geral deve ser qualificado pelo movimento real das diferentes classes de proprietários fundiários, mobilizando interesses, critérios de racionalidade, ideologias e alianças diferentes.

A questão básica das relações entre a propriedade fundiária e o capital é de saber por que processo, em certos ramos da produção capitalista, os sobrelucros se estabilizam (escapam à perequação das taxas de lucro) e se transformam em renda fundiária. Da análise precedente, pode concluir-se que para que tal suceda é necessário que existam condições de produção exteriores ao capital, não repro-

---

41. A rede pode estender-se a mais ou menos parceiros mas tipicamente inclui os que se referem no texto. Ver também Ball (1977, p. 401), Coulomb (1973, p. 51).

dutíveis por ele e que essas condições sejam objeto de apropriação e, portanto, de monopolização.

Neste nível, genético, digamos, a propriedade fundiária surge como exterior ao capital, ideia que se reforça no plano histórico quando se constata que o vínculo jurídico da propriedade fundiária atravessa as formações sociais capitalistas como um elemento transformado do modo de produção feudal, o "resíduo" jurídico da relação de produção dominante nesse modo de produção. Por sua vez, o conceito de articulação dos modos de produção dá consistência teórica à "exterioridade" da propriedade fundiária (Rey, 1979; Freitas, Almeida, Cabral, 1976).

Contudo, em vez de uma perspectiva genética se selecionar uma perspectiva funcional, a ideia de exterioridade desvanece-se na medida em que o conteúdo econômico e social da propriedade surge comandado e interiorizado pelo capital. Se os sobrelucros que possibilitam a renda são produzidos pelo capital, é este que em última instância determina a eficácia econômica da propriedade fundiária e é ele também que, pelo seu movimento de reprodução, estrutura e desestrutura as diferentes formas de propriedade fundiária. Por exemplo, a penetração do capital na produção de habitação, nos países capitalistas avançados, à multiplicação da propriedade parcelar de casa própria (a única capaz de possibilitar a grande rotação de capital) e assim reforçou o grupo social dos pequenos proprietários ocupantes.

A contraposição exterioridade/interioridade não deve ser concebida em termos estáticos, abstratos. São diferentes os obstáculos que as diferentes formas de propriedade põem à plena valorização do capital e sendo assim é necessário investigar quais as formas de propriedade em ascenso numa dada formação social como condição prévia da determinação da "posição" da propriedade em face do capital. Ora o que se verifica em geral nas sociedades capitalistas é o crescente domínio da propriedade industrial-financeira, ou seja, da propriedade fundiária capitalista propriamente dita. Esta forma de propriedade é duplamente (funcional e geneticamente) interior ao modo de produção capitalista, tal como esta uma relação qualitativamente diferente das formas não capitalistas de propriedade fundiária. Isto não significa que estas sejam funcionalmente exteriores ao capital, pois já vimos que é o contrário que se verifica, mas significa que, com o ascenso da propriedade industrial-financeira, intensifica-se o *momento de interioridade.*

Este movimento corre de par com um outro com que, aliás, está intimamente relacionado e que consiste na tendência do capital para interiorizar, na medida do possível, as condições que lhe são exteriores, ou seja, mais especificamente, na tendência para transformar "propriedades da natureza" (não reprodutíveis) em "propriedades do capital" (reprodutíveis) (Topalov, 1977, p. 439). Nos nossos dias isto é sobretudo efeito da penetração do capital monopolista na produção imobiliária, tornando possível a formação dos "efeitos úteis da aglomeração", para utilizar a designação de Topalov. Por esta via, obtém-se uma coordenação central dos diferentes espaços e dos diferentes valores de uso a que estão adstritos (habitação, comércio, indústria, serviços, lazer), eliminando as possíveis contradições emergentes da produção "anárquica" (não socializada) de cada um destes espaços e valores e, ao mesmo tempo, retirando à propriedade fundiária a possibilidade de reforçar o seu conteúdo econômico no jogo dessas contradições.[42]

---

42. A maximização da aglomeração não impede que os diferentes espaços sejam crescentemente diversificados. Aliás, esta diversificação é uma característica cada vez mais marcante da urbanização capitalista. Quanto maior é a especificidade do espaço maiores são as vantagens locacionais, e estas, sendo apropriáveis, transformam-se em novas fontes de renda (diferencial e de monopólio). Por outro lado, esta especificação do espaço, porque sujeita às regras de distribuição capitalista, é responsável pela crescente segregação social e territorial de que são vítimas as classes trabalhadoras. Acresce que a especificidade do espaço, associada à segregação social e territorial, facilita os desequilíbrios no fluxo de capitais para a produção de habitação. A escassez de capitais na produção de habitação para as classes trabalhadoras "obriga" as camadas solventes destas classes a adquirir a habitação a preços de monopólio. Este fenômeno, que assume "dimensões preocupantes" no Brasil e em Portugal, constitui uma vitimização adicional e tem como resultado a degradação geral das condições de habitabilidade das classes trabalhadoras.

O mesmo procedimento analítico (dinâmico e concreto) deve orientar o estudo dos demais aspectos das relações complexas e contraditórias entre a propriedade fundiária e o capital, como, por exemplo, a questão de saber se a propriedade fundiária tem um efeito estrutural ou um efeito meramente distributivo na reprodução capitalista. Numa perspectiva genética, sobretudo, se centrada num ciclo de produção, o efeito é distributivo e é assim mesmo que o concebe Marx. A propriedade fundiária não intervém na produção dos sobrelucros e apenas se apropria deles por ação de um título jurídico.

Numa perspectiva funcional, sobretudo se centrada na reprodução alargada do capital, o efeito é estrutural. Ao desviar do capital uma parte da mais-valia e, portanto, ao impedir o livre acesso dos capitais à conquista dos sobrelucros (o que conduziria à eliminação progressiva destes: a perequação das taxas de lucro), a propriedade fundiária acaba por produzir alterações no funcionamento da lei do valor, impede a plena valorização do capital, mantém altos os custos da reprodução da força do trabalho e contribui para o atraso tecnológico da construção civil. Trata-se de efeitos estruturais com um profundo impacto no processo de acumulação no seu todo. O caso da construção civil merece uma referência especial. Como já foi referido, as empresas do setor são em geral tecnicamente retrógradas, com baixa composição orgânica do capital, divisão relativamente primitiva do trabalho produtivo, remuneração da força do trabalho abaixo do preço médio (mão de obra desvalorizada, desqualificada, desintegrada, *maxime* no caso de mão de obra imigrada). Os resultados de tudo isto são a sobre-exploração e os sobrelucros. Estes sobrelucros contribuem significativamente para a rentabilidade da promoção imobiliária e para a propriedade industrial-financeira em que esta assenta ou com a qual se alia.

Pode dizer-se que os efeitos da propriedade fundiária são tanto mais estruturais quanto mais são interiorizados pelo modo de produção capitalista. Isto não significa que a propriedade fundiária acabe por se dissolver sem contradições no interior do capital. Esta previsão está implícita na análise de Topalov quando este afirma que a propriedade fundiária capitalista, cada vez mais dominante, é adequada ao modo de produção dominante, não lhe oferece qualquer obstáculo e, neste sentido, "não existe" (1977, p. 443). É mais correto pensar que cada forma de propriedade fundiária levanta contradições específicas ao capital ou que pode ser um elemento específico de contradição entre diferentes frações do capital. Como nota Massey (1977, p. 422), as vantagens locacionais do capital financeiro (os bancos, ligados hoje em dia à propriedade fundiária industrial-financeira) podem dar origem a rendas diferenciais. Como estas rendas oneram atividades não produtivas — a atividade bancária —, o capital financeiro tenderá transferir para o capital industrial o encargo da renda a título de remuneração dos serviços bancários prestados a este capital. A parte da mais-valia que, por esta via, é retirada do capital industrial pode ser objeto de contradição e luta entre o capital industrial e o capital financeiro.

De tudo isto se conclui que a análise da propriedade fundiária nas formações sociais capitalistas deve centrar-se não na propriedade fundiária, em si, mas no capital a cuja lógica o seu conteúdo econômico se submete. E deveria ser cada vez mais assim à medida que se acentuarem as transformações das formas de propriedade que temos vindo a analisar. Isto porém não significa negligenciar a eficácia específica da propriedade fundiária e muito menos absolvê-la nas desigualdades e discriminações da reprodução social da vida coletiva e individual nas formações sociais capitalistas. Esta conclusão seria errada em geral e não teria qualquer cabimento nos países dependentes ou periféricos.[43]

A cidade capitalista é modelada pelo capital e não pela propriedade fundiária. O preço do solo depende mais do preço de habitação do que este daquele. No entanto, qualquer destas generalizações deve ser qualificada mesmo no caso dos países capitalistas avança-

---

43. É, no entanto, a conclusão a que chega Lipietz (1974), para quem a luta contra a propriedade fundiária não é uma luta anticapitalista. Deve haver outras razões, além do esquematismo formalista, para pensar que só a luta contra o capital é anticapitalista.

dos e pode estar errada nas situações específicas e internamente diversificadas da periferia capitalista. De novo, é necessário centrar a análise nas diferentes formas de propriedade e na correlação de forças entre elas e entre cada uma delas. Se é certo que o capital estabelece o horizonte dentro do qual se pode definir o conteúdo econômico da propriedade fundiária, não é menos certo que o âmbito desse conteúdo depende da natureza e do grau das contradições ou obstáculos que a propriedade fundiária pode levantar ao capital.

O importante é reconhecer que não há uma, mas várias propriedades fundiárias e, consequentemente, que não há uma, mas várias "classes" de proprietários fundiários. A análise das alianças que estabelecem entre si e com outras classes ou camadas sociais é determinante para o conhecimento do peso social da propriedade fundiária numa dada formação social. Essas alianças, de resto, são sempre desiguais e envolvem processos de dominação social. Por exemplo, as alianças entre a propriedade fundiária capitalista (industrial-financeira) e a grande propriedade tradicional têm sido, geralmente, em detrimento desta, têm servido para consolidar o seu declínio social e político.

Por outro lado, a propriedade fundiária capitalista tem tido um papel decisivo na destruição da propriedade parcelar de utilizadores diretos: a propriedade do camponês, cujo solo agrícola se converte em urbano, do artesão, do pequeno comerciante, do pequeno industrial. A chamada renovação urbana tem-se feito sistematicamente com o sacrifício desta forma de propriedade e com o declínio social desta camada de proprietários fundiários. A resistência que esta forma de propriedade não directamente capitalista pode operar tem sido eliminada com o apoio do Estado (através do mecanismo jurídico da expropriação), para o que contribui, como se verá, a influência crescente da propriedade fundiária industrial-financeira na elaboração das políticas fundiárias do Estado capitalista. À medida que esta forma de propriedade ganha ascendente sobre as outras formas, *a questão não é tanto da contradição entre a propriedade fundiária e o capital como da especificidade e da operatividade do elemento fundiário na contradição entre diferentes frações do capital*. E, nesta mesma medida, a propriedade fundiária será cada vez menos a base material de uma classe social autônoma.

O controle crescente que a fração monopolista do capital tem vindo a exercer sobre a propriedade fundiária industrial-financeira é um fator de grande importância, dada a influência desta fração do capital na definição das políticas estatais. Por um lado, o Estado assumirá um papel cada vez mais integrado na criação das rendas diferenciais, ou seja, na diversificação social do espaço urbano e na remuneração das vantagens locacionais monopolizadas. Por outro lado, a própria gestão da propriedade fundiária estatal será cada vez mais pressionada para se sujeitar aos critérios de rentabilidade definidos pela propriedade industrial-financeira.

Todo este processo é, no entanto, muito complexo e o seu movimento real depende muito da natureza da dominação política concreta. A politização da criação das rendas diferenciais abre espaço para novas contradições. Paralelamente, a propriedade parcelar de casa própria, cuja proliferação depende da pressão social e política das classes trabalhadoras e da mercadorização crescente da habitação, adquire interesses específicos susceptíveis de, consoante as conjunturas, exercer uma pressão autônoma sobre o Estado. Daí que à necessidade de centrar a análise da propriedade fundiária no capital se junte a necessidade de centrar a análise de ambos no Estado capitalista.

A questão urbana e o Estado: a política fundiária, a política habitacional e as lutas urbanas

A questão urbana é geralmente concebida como um problema social provocado pelo crescimento acelerado e anárquico das cidades nas sociedades capitalistas. A questão habitacional, a questão dos transportes, a questão da poluição, a questão do saneamento etc., são partes integrantes da questão urbana. Trata-se de um problema ou conjunto de problemas sociais específicos criado fora do mundo do trabalho e da produção e que, como tal, não é ao capital mas sim à sociedade no seu todo e, portanto, ao Estado que compete resolver. É com base nesta concepção que o Estado capitalista assume a questão urbana e a enfrenta com um conjunto de medidas e ações a que dá o nome global de política urbana e na qual se integram a política habitacional, a política dos transportes, a política antipoluição, a política do saneamento etc.[44]

O percurso teórico até agora feito permite revelar que esta é uma concepção duplamente amputada e superficializada da questão urbana e, nesta medida, duplamente falsa e falseadora dos problemas emergentes do modo de produção da cidade sob a égide da lógica do capital. Por um lado, a questão urbana não pode ser adequadamente concebida em separado da questão agrária e, em geral, da questão da terra e do funcionamento da renda fundiária. Por outro lado, embora a questão urbana se refira imediatamente às relações de reprodução da força de trabalho, não pode ser adequadamente concebida em separado das relações de produção em que essa força de trabalho é apropriada e valorizada. Deste modo, a política urbana (por exemplo, a política habitacional), desgarrada, quer da política fundiária, quer da política de emprego, não pode deixar de fracassar.

Concebida deste modo duplamente falso e falseador, a questão urbana é um dos afloramentos, no nível da estrutura de superfície, das contradições que se produzem no nível da estrutura das sociedades capitalistas. A súmula dessas contradições reside nas relações

---

44. No nível da análise proposto no presente capítulo não é necessário fazer intervir a questão, de resto importante, da distinção e das relações entre Estado central e Estado local (autarquias locais). Esta questão, com perfil diferente consoante os países (no Brasil, por exemplo, será necessário distinguir e relacionar três níveis de Estado: federal, estadual e municipal), deve ser analisada e teorizada em investigações mais detalhadas da questão urbana, uma vez que a relação central/local tem implicações decisivas para o acionamento dos mecanismos de dispersão e, consequentemente, para o tipo e grau de legitimação da dominação política.

de produção dominantes, na conversão da força de trabalho numa mercadoria transacionada no mercado entre agentes juridicamente livres e iguais. O salário é a "remuneração adequada" dessa mercadoria e destina-se precisamente a prover a reconstituição da força de trabalho dispendida no processo de produção, reconstituição que fica, assim, na disponibilidade e responsabilidade do trabalhador.

Em realidade, a força de trabalho produz um valor superior ao que é necessário à sua reprodução e lhe é pago a título de salário. Esta mais-valia é apropriada pelo detentor dos meios de produção e converte-se no motor do processo de acumulação capitalista. O incremento dessa mais-valia obtém-se quer pela sobre-exploração dos trabalhadores, quer pelo aumento da produtividade do trabalho e, em qualquer dos casos, pela redução dos custos de reprodução da força de trabalho. Reside aqui, como vimos, uma das contradições mais importantes entre o capital e a propriedade fundiária, uma vez que o funcionamento da renda fundiária constitui um obstáculo a essa redução. Ficou também dito no capítulo anterior que essas e outras contradições se têm vindo a transformar com a progressiva subordinação (integração) da propriedade fundiária ao capital e, hoje, à fração monopolista deste. As alterações no funcionamento da renda fundiária daí decorrentes são hoje responsáveis pelo aumento da escassez do solo urbano e pela rápida subida do seu preço.

O problema individual de reprodução torna-se cada vez mais um problema coletivo para o que contribui também a crescente socialização das forças produtivas que, como já referimos, não se circunscreve à fábrica e antes ocasiona novas aglomerações urbanas e novos mecanismos de segregação social porque as despesas com os meios de consumo coletivo são improdutivas do ponto de vista do capital; este procura socializar os custos dos problemas que a sua valorização ocasiona, transferindo a resolução destes para o Estado. Para isso é necessário que os problemas e os custos sejam separados das suas causas reais. É isso o que faz a questão urbana, na concepção em que o Estado a assume.

Ao separar a questão urbana das contradições do modo de produção capitalista que estão na sua base, o Estado converte-a num conjunto de "problemas sociais" ou "tensões sociais" susceptíveis de serem resolvidos dentro dos limites estruturais e de compatibilidade funcional impostos pela lógica do capital. Uma vez formulada a questão urbana no nível da estrutura de superfície da sociedade, é também no nível desta estrutura que a sua resolução deve ser planeada e executada. O objetivo não é resolver as contradições mas antes dispersá-las, mantendo-as em níveis toleráveis e funcionais perante as exigências da acumulação capitalista no momento histórico e na conjuntura dados. Para tal é necessário controlar os problemas e as tensões sociais em que essas contradições variamente se manifestam, o que se obtém através do accionamento dos mecanismos de dispersão. A política urbana, ou melhor, as políticas urbanas são um conjunto de mecanismos de dispersão variáveis e de variável articulação segundo uma série complexa de fatores estruturais e conjunturais. Nisto consiste a dialética negativa do Estado no domínio urbano.

É conhecido o fracasso (generalizado mas de intensidade variável) dos Estados capitalistas na resolução do problema habitacional das classes trabalhadoras. A distinção entre o conceito social de necessidade de habitação e o conceito de procura solvente de habitação ilustra o processo por que extensas camadas das classes trabalhadoras são lançadas em "habitações sub-normais", os guetos, bairros da lata, favelas etc., das cidades capitalistas, mais numerosas e conspícuos nos países menos desenvolvidos mas presentes em todo o mundo capitalista (na Europa capitalista são ainda a solução habitacional "preferida" dos trabalhadores imigrantes).

Este fato está inscrito nos limites estruturais que o processo de acumulação vindo a pôr à ação do Estado capitalista no domínio habitacional e da política fundiária urbana. Estes limites (que não são estáticos) decorrem conjuntamente da defesa da propriedade privada, do funcionamento da renda fundiária e dos recursos financeiros

AS BIFURCAÇÕES DA ORDEM

tornados disponíveis pelo processo de acumulação. A existência e eficácia destes limites é detectável em qualquer análise, mesmo superficial, das políticas urbanas dos Estados capitalistas.[45]

As dificuldades já conhecidas do capitalismo industrial em levantar por si o obstáculo da propriedade fundiária privada ao funcionamento pleno da lei do valor no uso do solo levou a que cedo se recorresse ao Estado para esse efeito. Em meados do século XIX a cobertura político-ideológica deste recurso é já variada. O direito de propriedade da terra, com as suas características de absolutismo, exclusividade e perpetuidade, cria um poder de monopólio tanto mais ilegítimo quanto o incremento da renda fundiária resulta fundamentalmente de investimentos coletivos. Herbert Spencer declara que a tomada da terra pela colectividade é conforme ao estado mais elevado de civilização e em pleno acordo com a lei moral. Stuart Mill entende que não há princípio moral que justifique a propriedade fundiária.[46] Os socialistas exigem a nacionalização imediata do solo. Mas a montanha de proclamações político-ideológicas pariu ratos de medidas concretas. As intervenções no estatuto da terra foram em geral tímidas (salvo as tomadas em períodos de emergência, logo superada) e nunca deixaram (mesmo no caso dos projectos de nacionalização do solo) de assentar na defesa da propriedade privada. Isto mesmo se constata quando se passam em revista as políticas fundiárias contemporâneas, nas quais se podem distinguir, no seguimento de Granelle, políticas fiscais (impostos sobre transações e transmissões, sobre as mais-valias fundiárias etc.), políticas de controle da propriedade (controle dos arrendamentos e dos preços dos alojamentos, controle da utilização dos terrenos), políticas de regulamentação da expropriação, políticas

---

45. Um estudo de caso interessante em Arnold (1971) em que se relata o falhanço total de um programa de planejamento urbano relativamente ambicioso, o *Greenbelt Town Program*, levado a cabo pelo governo federal americano no período de *New Deal*.

46. Como nota Granelle (1970, p. 23), estas críticas remontam ao século XVIII, em que os fisiocratas são a única voz importante em favor da propriedade fundiária privada.

de criação de reservas fundiárias, políticas de nacionalização do solo (Granelle, 1970, p. 73).[47]

Uma comparação sistemática das políticas fundiárias dos países capitalistas avançados revela que quanto maiores são as potencialidades das políticas para alterar o estatuto da propriedade fundiária, mais raro e tímido é o recurso a elas. Assim, as reservas fundiárias têm em geral muito pouco peso na estrutura fundiária urbana (com excepção dos países nórdicos, com grandes reservas fundiárias, sobretudo no passado), o que se deve, em grande parte, à falta de recursos financeiros para intervir no mercado fundiário, cuja soberania para fixar preços raramente se põe em causa. Para além da falta de recursos financeiros, intervêm os fatores político-ideológicos da defesa da propriedade privada. A eficácia destes fatores no interior do mundo capitalista é variável segundo os países e os momentos históricos e pode mesmo ser totalmente neutralizada em certas conjunturas sociopolíticas e em domínios específicos de ação estatal, sempre que o princípio da defesa da propriedade privada seja, nesses limites, subordinado a outros princípios de sinal contrário.

Por exemplo, em Portugal foi possível, na primeira fase de institucionalização do Estado Novo, sacrificar a propriedade fundiária privada da área de influência da Capital à ideologia nacionalista da instauração de uma nova ordem política. Assim, entre 1938 e 1949 cerca de um terço da área total do concelho de Lisboa foi adquirida ou expropriada pelo município, sendo que 70% das aquisições tiveram lugar entre 1938 e 1943. Os processos de expropriação e de determinação dos valores fundiários neste período são testemunho de uma vontade política de restruturação fundiária suficientemente forte para se afrontar, nesta conjuntura, aliás breve, com os interesses dos proprietários fundiários da capital.[48]

---

47. Abrams (1972, p. 138) distingue três instrumentos de intervenção estatal no uso do solo urbano — regulamentação, impostos e aquisição pública — e mostra os limites de cada um deles.

48. Ver sobre este caso o importante estudo de Matias Ferreira (1981).

Quanto às políticas de expropriação, verifica-se que os poderes (e os pressupostos) de expropriação são limitados, ainda que sejam mais restritos nuns países que noutros. As avaliações são em geral fixadas em função do preço do mercado livre.[49] Aliás, já no princípio do século XIX, nos países em que a expropriação se efectuava por processo judicial, os tribunais tendiam a fixar indemnizações demasiado elevadas, numa posição ostensivamente favorável, aos proprietários. Esta posição dos tribunais tem-se mantido em geral até ao presente. Ainda há pouco tempo em França os juízes eram criticados pela própria Administração por nos processos de expropriação se arvorarem em guardiães da propriedade privada, contribuindo assim para a subida do preço do solo urbano em vez de, como seria desejável, contribuírem para a sua descida (Lipietz, 1974, p. 198). Talvez por esta razão, na fase mais agressiva da municipalização do solo urbano de Lisboa (1938-1943) os processos de expropriação não previam o recurso para os tribunais. Este só foi introduzido mais tarde (1946), numa conjuntura diferente dominada por uma vontade político-ideológica também diferente (Ferreira, 1981, p. 26).[50]

A subida constante dos preços do solo urbano e a falta de meios financeiros, em conjugação com fatores político-ideológicos ligados ao respeito da propriedade, fazem com que seja muito moderado o recurso à expropriação (sempre mais frequente quando os objetivos visam diretamente as necessidades de reprodução do capital, por exemplo, autoestradas). Finalmente, a medida mais ambiciosa, a nacionalização generalizada do solo, nunca passou de um projeto socialista e ainda aqui o princípio da propriedade privada seria afirmado no pagamento do preço fixado no mercado.

---

49. Este respeito pelo mercado é referido também por Singer para o caso brasileiro, o que, como acrescenta, não impede "que os valores imobiliários sejam sistematicamente subavaliados quando se trata de lançar impostos sobre imóveis" (1979, p. 29).

50. Esta linha de atuação dos tribunais define apenas uma tendência geral. Não está excluído que por uma ou outra razão (uma conjuntura de forte pressão social das classes populares; a existência de orientações políticas do governo que conseguem filtrar-se para o interior do aparelho judiciário etc.) os tribunais possam ter uma atuação de perfil diferente.

De tudo se conclui que o Estado capitalista tem sido incapaz de produzir transformações decisivas no estatuto da terra, limitando-se a intervenções marginais destinadas a manter sob controle as tensões sociais dele decorrentes. Há quem refira mesmo o "imobilismo da legislação fundiária" em contraste com o dinamismo das soluções jurídicas, por vezes engenhosas, para recorrer noutras áreas, à crescente socialização das forças produtivas (por exemplo, alterações introduzidas desde cedo no estatuto de propriedade das empresas através das leis das sociedades anónimas) (Coulomb, 1973, p. 60).[51,52]

Com o movimento de diversificação interna das formas de propriedade fundiária, as políticas fundiárias do Estado têm em tempos recentes sofrido algumas alterações. Verifica-se que estas políticas, apesar da sua grande diversidade, não enfrentam, em geral, do mesmo modo nem com o mesmo grau de eficácia ou ineficácia, as várias formas de propriedade fundiária. Assim, concomitantemente com a perda de significado político e social da grande propriedade fundiária tradicional e da propriedade parcelar de utilizadores diretos (com excepção da casa de habitação própria), o Estado tem vindo em tempos recentes a enfrentar com alguma eficácia os obstáculos de natureza não capitalista levantados por estas

---

51. No domínio urbano, a ideia do "imobilismo da legislação fundiária" não pode, no entanto, ser aceite sem algumas restrições, de maior ou menor monta consoante os países. O direito de propriedade fundiária urbana, sem ter perdido o seu estatuto básico, tem vindo a "sofrer" uma série de limitações que lhe desfiguram a imagem (e a realidade) que dele criaram as revoluções liberais e o *code civil* napoleônico. Basta consultar qualquer manual de direito urbano. A título de exemplo, Blumann (1979). Do ponto de vista sociológico, o importante é determinar o grau de interferência das medidas legislativas no estatuto do solo urbano e saber se essa interferência se encontra igualmente distribuída pelas várias formas de propriedade fundiária privada. A nossa hipótese de trabalho, baseada nas análises deste capítulo, é de que tal não é o caso.

52. É curioso que, em meados da década de 1960, os juristas canadenses se interrogavam se não seria possível dissociar o direito de propriedade do seu exercício através de inovações legislativas semelhantes às que, no plano do capital industrial, permitiram separar o vínculo jurídico da propriedade dos meios de produção do controle econômico destes (Reboud, 1970, p. 68).

formas de propriedade ao desenvolvimento da produção capitalista do solo urbano.

Já o mesmo não sucede com a forma de propriedade cada vez mais dominante, a propriedade industrial-financeira, pois a ligação desta ao capital e, mais precisamente, à sua fração monopolista coloca-a no centro da dominação política. Esta centralidade faz com que os obstáculos ou resistências levantados por esta forma de propriedade, tal como são concebidos pelas restantes frações do capital, se transformem em critérios gerais de racionalidade e se imponham, por ação do próprio Estado, às restantes formas de propriedade fundiária. Assim, o "fracasso" da política do Estado, sendo geral, não atinge (ou beneficia) por igual todas as formas de propriedade.

O "fracasso" da política fundiária e o da política habitacional que lhe é concomitante (o déficit habitacional das classes trabalhadoras não deixa de crescer no mundo capitalista) são particularmente agudos nos Estados da periferia capitalista. Deles deriva que imensas camadas das classes trabalhadoras e do exército industrial de reserva (cada vez mais numeroso nos países do chamado terceiro mundo)[53] são deixadas com a "solução" das favelas ou bairros da lata.[54] As medidas dos Estados perante estas "soluções" e as políticas de habitação popular no seu conjunto são mecanismos de dispersão cujo critério de seleção desenha o perfil da dominação política, ou seja, o perfil da relação repressão/legitimação do Estado com as classes populares.[55] Dependendo de muitos fatores, os mecanismos acionados podem ser de repressão/exclusão (por exemplo, a remoção

---

53. Ver uma análise sofisticada do conceito de exército industrial de reserva no contexto latino-americano em F. H. Cardoso (1977, p. 140 ss.).

54. A investigação sobre a questão habitacional das classes populares é riquíssima. Para o caso brasileiro, a melhor bibliografia é a de Valladares e Figueiredo (1981). São, contudo, raros os estudos que foquem a questão habitacional popular de uma perspectiva histórica. Para o caso português, saliente-se o cuidado estudo de Teotónio Pereira, merecedor de ampla divulgação, sobre alguns aspectos da questão habitacional em Lisboa na virada do século (1981).

55. Convergentemente, Bentivegna interpreta o papel, cada vez mais importante, do Estado na programação das condições de formação e de realização da renda urbana à luz da

violenta das favelas), trivialização/neutralização (por exemplo, tolerância para com as favelas, e a manutenção do *status quo* jurídico e social), ou de socialização/integração (por exemplo, legalização da posse ou propriedade seguida de urbanização).

Em geral, o Estado combina vários destes mecanismos e combina-os de modo diverso consoante as conjunturas.[56] Pode mesmo suceder que o Estado mantenha simultaneamente em funcionamento agências administrativas vinculadas ao accionamento de mecanismos de repressão/exclusão (remoção) e agências administrativas vinculadas ao accionamento de mecanismos de socialização/integração (urbanização). Tais combinações aparentemente absurdas não pressupõem necessariamente uma conspiração burocrática, são tão só o produto das actuações contraditórias de um Estado atravessado por lutas de classes, sujeito a pressões e obrigado a concessões perante classes sociais antagónicas. Sem ser um instrumento neutro perante as classes, o Estado também não é o instrumento incondicional de nenhuma delas. É antes uma relação social que, por estar subordinada à lógica do capital *no seu todo,* não pode satisfazer todas as exigências de todas as frações do capital e não pode deixar de satisfazer algumas das exigências das classes trabalhadoras. No domínio da política fundiária e habitacional, como em geral, o Estado não é monolítico e a sua dominação é fragmentária e assimétrica.

A análise da configuração dos mecanismos de dispersão deve ter em conta, para além das contradições entre as funções ou

---

necessidade do Estado de sustentar o processo de acumulação no seu todo e de conter as contradições mais explosivas (1980, p. 170).

56. As análises empíricas das atuações do Estado neste domínio têm de ser particularmente detalhadas sob pena de se não captar a grande variedade, instabilidade e flexibilidade das "soluções" encontradas para as tensões sociais urbanas. Só assim será possível explicar, por exemplo, por que razão no Peru a remoção das favelas foi sempre ocasional, enquanto no Brasil, Argentina e Venezuela houve períodos de política de remoção sistemática, ou, ainda no caso do Peru, por que razão no período de populismo (o período de Velasco) a promoção dramática de autoconstrução, organização comunitária, legalização e urbanização das favelas soube conviver com a manutenção do estatuto privado do solo urbano. Sobre estas questões, ver Collier (1976).

AS BIFURCAÇÕES DA ORDEM

objetivos das diferentes agências estatais, a hierarquização destas no seio da Administração estatal e ainda a desigualdade ou assimetria dos poderes de intervenção social de cada uma delas (amplos poderes para intervir na gestão dos interesses das classes populares e ausência quase total de poderes para intervir nas decisões dos grandes agentes econômicos que afectam fundamentalmente aqueles interesses).[57]

O acionamento dos mecanismos de dispersão das contradições pode limitar-se ao recurso aos instrumentos, estruturas e ideias jurídicas clássicas (o código civil e a defesa da propriedade privada; os tribunais e a ideologia do legalismo). A contradição pode então surgir entre os tribunais, orientados para a defesa legalista da propriedade, e as agências administrativas, orientadas para a resolução de problemas sociais. Mas a contradição pode existir no seio da mesma instituição. Por exemplo, os tribunais podem ser legalistas na defesa da propriedade ou, pelo contrário, dar cobertura legal a problemas sociais, consoante a pressão política exercida sobre eles e o tipo de estratégia jurídica seleccionada pelas partes em litígio. O recorte da dominação judicial retirar-se-á do conjunto das atuações dos tribunais pela presença desigual das duas linhas decisórias.

A contradição/combinação entre mecanismos de dispersão pode ainda resultar da diferença dos níveis ou instâncias da prática social em que intervêm. Quando, por exemplo, uma reforma urbana é anunciada ou um diploma legal é promulgado e depois nem uma nem outro tem qualquer seguimento ou aplicação, *tanto* o anúncio e a promulgação, por um lado, *como* o não seguimento e a inaplicação, por outro, devem ser concebidos como mecanismos de dispersão. A contradição entre eles pode estar, por exemplo, no fato de que, enquanto o anúncio/promulgação constitui, por sua eficácia de propaganda ideológica, um mecanismo de socialização/integração, o não seguimento/inaplicação constitui, pela omissão administrati-

---

57. Ver também para o caso dos EUA, Friedland *et al.* (1977, p. 447).

va ou pelo vazio jurídico que cria, um mecanismo de trivialização/ neutralização. Esta situação é mais frequente do que à primeira vista pode parecer, tanto mais que o domínio da política fundiária e da política habitacional é um dos domínios em que mais se evidencia a discrepância entre a *law-in-books* e a *law-in-action*.[58] Esta discrepância, que é estruturada, aumenta quando se passa do centro para a periferia do mundo capitalista.[59]

A discrepância continuada entre *law-in-books* e a *law-in-action* no domínio específico da política fundiária acaba por produzir um efeito jurídico novo: a ambiguidade jurídica do estatuto da terra e a consequente impossibilidade de se fixar inequivocamente e com recurso exclusivo a meios jurídicos, a titularidade da propriedade ou da posse em caso de litígio. Esta ambiguidade, que é tão notória no Recife como em Lima, é funcional para o exercício da dominação política na medida em que cria um novo espaço de manobra para o acionamento de mecanismos de dispersão.[60] Assim, o Estado pode decidir a titularidade politicamente, ainda que com recurso a uma mediação jurídica, contra ou a favor de qualquer dos grupos, consoante o que for mais funcional, no momento, para a redução da "tensão social" surgida. E a não decisão da titularidade é também uma decisão política, mediada juridicamente pela ambiguidade, particularmente funcional se o objetivo for a redução da tensão social

---

58. Lojkine refere "a constante distorção entre planos e práticas" que caracteriza o urbanismo dos países capitalistas desenvolvidos (1981, p. 176).

Um exemplo significativo é a sucessão de sete projetos-lei sobre a intervenção do Estado português na habitação das "classes laboriosas" entre 1888 e 1908 a que não foi dado qualquer seguimento. Neste caso, o mecanismo de dispersão consistiu em a eficácia político-ideológica das discussões suscitadas pelos projetos-lei ter convivido com (e assentado na) eficácia econômica da não aplicação das medidas propugnadas. Sobre este caso, o estudo referido de Pereira (1981, p. 40 ss.).

59. Collier, por exemplo, salienta que o direito de propriedade nos países latino-americanos é caracterizado por uma retórica agressiva do uso da propriedade no interesse da sociedade e por uma prática estatal de grande insucesso em atingir tal objetivo (1976, 53).

60. Abrams refere o caso das cidades de Gana onde existe um litígio contínuo acerca dos títulos dúbios das antigas terras tribais (1972, p. 137).

pela tolerância de ambos os grupos, mantendo-se suspensos da decisão e, deste modo, dependentes politicamente do Estado por via de uma relação clientelista.

Os mecanismos de dispersão das contradições emergentes das relações sociais de produção capitalista acionados no domínio fundiário urbano e habitacional são um produto da luta de classes e, por sua vez, condicionam-na. Os efeitos de proliferação, desorganização, atomização das classes populares por eles produzidos revelam a natureza da relação entre o Estado e estas classes. Mas esses efeitos são contraditórios. A crescente intervenção do Estado no provimento dos meios de consumo coletivo e o agravamento das carências em contraste com as expectativas criadas vieram a originar novas polarizações sociais, e uma nova forma de politização dos conflitos e de resistência das classes populares, enquanto classes urbanas: *os movimentos sociais urbanos*. Castells define-os como "sistemas de práticas sociais contraditórias que confrontam a ordem estabelecida a partir das contradições específicas da problemática urbana" (1977, p. 3).[61] Neles se incluem lutas reivindicativas muito diversas, segundo os objetivos, o nível de organização e de mobilização, a composição de classe, o nível de consciência política e de articulação com lutas políticas mais amplas, que vão desde os "movimentos quebra-quebra"[62] até organizações políticas institucionalizadas, passando por associações de moradores, comissões de bairro, centros culturais, comissões de luta pela expropriação, pela legalização da propriedade ou pela urbanização dos bairros, ligas urbanas etc.

Um perigo existe no modo de conceber os movimentos sociais urbanos: o de os conceber como contraparte da questão urbana tal como esta é concebida pelo Estado capitalista. Ou seja, uma concepção

---

61. É hoje imensa a bibliografia sobre movimentos sociais urbanos. Entre outros, ver Castells (1973; 1977; 1978; 1980), Borja (1974), Marcelloni (1974), Puig (1975), Ferreira (1975; 1982), Montano (1976).

62. Sobre os movimentos quebra-quebra, que envolvem a destruição ou depredação de cantinas, alojamentos, transportes públicos, como forma de protesto contra a degradação dos serviços por eles supostamente prestados, ver Valladares (1978) e Moisés e Stolcke (1980).

duplamente amputada da questão urbana pode conduzir a uma concepção duplamente amputada dos movimentos sociais urbanos. Sobretudo no contexto latino-americano, é importante não separar os movimentos sociais urbanos da questão agrária, não só porque muitos dos seus participantes são "urbanos" de primeira geração, camponeses lançados na cidade em razão da dissolução do setor de subsistência, mas também porque novas formas de proletarização ocorrem em que se misturam elementos urbanos e rurais (por exemplo, os "boias-frias"). Por outro lado, embora vinculados a reivindicações no âmbito do consumo coletivo urbano, os movimentos sociais urbanos não podem ser separados do mundo do trabalho e da produção. As implicações recíprocas, embora sujeitas a todas as vicissitudes, têm por vezes obtido forma organizacional. Basta recordar que algumas das lutas atualmente assumidas pelos movimentos sociais urbanos foram em períodos anteriores assumidas (ou são-no ainda hoje) pelas organizações sindicais (por exemplo, as lutas pelo controle dos preços dos arrendamentos).

Acrescente-se que, embora os movimentos sociais urbanos tendam a ser interclassistas — na medida em que a "crise urbana" atinge não só a classe operária como largos estratos da pequena burguesia —, a composição de classes específica de cada movimento exige uma particular atenção. Na América Latina, o interclassismo dos movimentos sociais urbanos, na medida em que existe, abrange tipicamente camadas da pequena burguesia assalariada, a classe operária efectivamente assalariada, o exército industrial de reserva e outros grupos sociais, na margem da sobrevivência, destituídos de uma relação direta com o capital. No entanto, os problemas e as lutas variam (mais ou menos significativamente) consoante o peso de cada uma destas classes ou camadas no interior dos movimentos.

No domínio da habitação, por exemplo, é possível que nos movimentos com forte dominância operária os problemas e as lutas se venham a deslocar progressivamente das favelas tradicionais para novas formas de habitação "sub-normal", por exemplo, unidades

AS BIFURCAÇÕES DA ORDEM

residenciais de iniciativa estatal sem equipamentos infraestruturais adequados e com forte segregação social e territorial, ou (sobretudo) loteamentos clandestinos "produzidos" por empresas de promoção fundiária e imobiliária. Neste último caso, os problemas decorrem directamente da renda fundiária capitalista e das relações de propriedade criadas pela forma de propriedade fundiária industrial-financeira. Nestas situações a classe com uma relação mais direta com o capital, a classe operária, vem a defrontar-se, no nível do consumo coletivo, com problemas e lutas decorrentes de situações em que paralelamente a presença do capital é também mais direta (não só estrutural como contratual). Este será mais um fator convergindo para que as contradições das relações de reprodução se sobreponham cada vez mais às contradições das relações de produção sem prejuízo da autonomia recíproca dos processos sociais em que se fundam.

As transformações operadas na distinção entre relações de produção e relações de reprodução refletem-se noutras distinções derivadas desta, por exemplo, na distinção entre lutas primárias e lutas secundárias e na distinção entre contradições principais e contradições secundárias. Assim, sempre se consideraram as lutas no nível da produção, as lutas operárias propriamente ditas, como lutas primárias (e, portanto, mais importantes e decisivas) contrapostas às lutas secundárias (lutas pela habitação, transportes, qualidade de vida etc.), travadas no nível da reprodução social e muito mais diluídas no seu conteúdo de classe. Paralelamente, sempre se considerou que as lutas primárias se afrontavam com a contradição principal do capitalismo (a contradição entre o capital e o trabalho), enquanto as lutas secundárias se afrontavam com as contradições secundárias (as contradições entre a necessidade social de habitação e a procura solvente de habitação, entre desenvolvimento econômico e perda de qualidade de vida, entre urbanização e criminalidade etc.).

Hoje está em crise o significado sociopolítico destas distinções, se não mesmo o seu estatuto teórico, pelo menos nos países capitalistas avançados. As lutas secundárias têm revelado uma grande capacidade de mobilização e de agudização, forçando à deslocação (recuo) dos limites de compatibilidade funcional impostos pela dominação política às classes subalternas e até afrontando ocasionalmente o Estado mais decisiva e globalmente que as próprias lutas primárias. Paralelamente, as contradições secundárias têm funcionado em determinadas conjunturas como contradições principais.[63]

Quaisquer que sejam os problemas criados pela crise urbana, a sua resolução (e irresolução) é cada vez mais protagonizada pelo Estado. Trata-se de um fator político-ideológico de máxima importância porque permite "visualizar" a conexão íntima entre as carências e a desordem do quotidiano das massas urbanas, por um lado, e o caráter classista das políticas estatais, por outro. A politização dos conflitos e das lutas há de, por certo, refletir-se na relação de repressão/legitimação entre o Estado capitalista e as classes populares. Como tudo o resto na sociedade, estes reflexos não são automáticos. A "visualização" não é desprovida de sombras. A politização da crise urbana pode até produzir um efeito inverso, um efeito de opacidade, sempre que o controle hegemónico (sobretudo de reprodução ideológica) for capaz de converter a *politização* da crise em *naturalização* da crise, dispersando as contradições pelo recurso maciço a mecanismos de trivialização/neutralização. As carências decorrentes da crise urbana serão então concebidas como fatalidade histórica que *nem* o Estado *nem nenhum* Estado consegue resolver e perante as quais só resta a resignação e o ajustamento passivo.

Para além dos recursos ideológicos, outros pode ser acionados para neutralizar as consequências da politização da crise urbana. Um deles é precisamente a política de regionalização e de descentralização através da qual o conflito político com o Estado central é fragmentado ou atomizado numa série de conflitos com as autoridades locais. É por isso que a regionalização e a descentralização devem ser concebidas como mecanismos de dispersão integrantes

---

63. Um exemplo disto no Chile, no período imediatamente anterior às eleições de 1970 (Castells 1977, p. 91). Ver também Allende e Price (1977, p. 505).

da dialética negativa do Estado capitalista. Um outro processo através do qual a politização da crise urbana pode ser neutralizada consiste na coletivização manipulada e na politização controlada dos interesses das classes populares, a que se faz também referência no capítulo seguinte, por meio da organização, por iniciativa do Estado, desses interesses sobre o espaço urbano, não sob a forma classista, mas antes sob a forma territorial, étnica ou etária.

As lutas urbanas pela habitação e sobretudo as centradas nos bairros "sub-normais" geralmente clandestinos têm em geral uma forte componente jurídica. Trata-se de lutas contra a remoção, pela manutenção da ocupação, pela expropriação do solo ocupado, pelas indemnizações adequadas por benfeitorias realizadas, pela regularização dos títulos de posse ou propriedade etc. etc. Estas lutas jurídicas são colectivas e políticas, embora utilizem as formas e as instituições jurídicas individualistas do Estado liberal e tenham de partir da separação entre o jurídico e o político para, com base nela, gizar estratégias várias de articulação entre ambos.

Obviamente, as relações entre os elementos jurídicos e os elementos políticos não são automáticas nem unívocas, são elas próprias objeto de luta social (nomeadamente, a luta pelo aprofundamento da consciência social e política dos participantes nas lutas urbanas). Deve reconhecer-se que muitas destas lutas são, à partida, eivadas de uma ideologia de apoliticismo, vindo a politizar-se com o seu próprio desenrolar. Outras vezes, em situações de dominação política autoritária (não democrática), essa ideologia pode funcionar como uma retórica defensiva que assegura a sobrevivência do movimento social.

Dada a centralidade da mediação jurídica no processo de dominação e legitimação do Estado capitalista, a forte pressão a que as formas e instituições jurídicas clássicas são sujeitas em razão da politização dos conflitos e da coletivização das lutas levanta questões de grande interesse teórico e prático. Quais os limites estruturais (se os há) desta pressão? Qual o impacto desta pressão no funcionamento interno das formas e instituições jurídicas? Em que medida é que estas, ditas neutras pela teoria liberal, são sensíveis à estrutura e conjuntura da dominação política (autoritarismo antipopular, reformismo populista etc.), e às formas e intensidade das lutas de classe? Qual o impacto nestas das soluções jurídicas encontradas? Sendo certo que estas lutas envolvem frequentemente recursos técnico-jurídicos sofisticados, para além de grande empenhamento e zelo profissional, onde vão as massas populares buscar estes recursos? Com que aliados contam e quais os preços das alianças? Dado que a organização e processamento das lutas jurídicas tem um ritmo e um tempo próprios, como manter suspensa, nesse período, a repressão autoritária? Como se produz e mantém a legitimação das organizações e das lutas perante a opinião pública? Qual o papel dos meios de comunicação social? Como consolidar, manter autônoma e mobilizada a organização comunitária na base das lutas jurídicas? Para além da resposta terminal que o Estado dá à politização dos conflitos e à coletivização das lutas, através das formas e instituições jurídicas clássicas, que outros tipos de mecanismos de dispersão são utilizados para controlar, de futuro, os níveis de politização e coletivização e para manipular os seus objetivos de modo a mantê-los dentro dos limites de compatibilidade funcional com a reprodução da dominação classista? Qual o grau de compatibilidade ou contradição entre os vários mecanismos de dispersão? Qual a natureza da proliferação dos interesses das classes populares obtida por via destes mecanismos em resposta à polarização que a organização das lutas jurídico-políticas representa? Quais as contradições que o novo momento de proliferação produz e quais as novas formas de polarização que a partir delas se podem constituir?

Estas e outras questões correlatas são fundamentais para a elaboração de uma teoria política da questão urbana e de uma teoria política do direito do Estado capitalista. O seu equacionamento depende da investigação empírica detalhada dos conflitos urbanos e das condições sociais, políticas, econômicas, ideológicas e históricas em que se movem.

CAPÍTULO 5

Lutas Urbanas no Recife

Questões teóricas e metodológicas

A investigação dos conflitos urbanos no Recife teve um duplo objetivo. Por um lado, determinar em pormenor o âmbito da heterogeneidade ou diferenciação interna das atuações do Estado no domínio da questão urbana, nomeadamente no da questão da habitação das classes populares. E, por outro lado, delinear as interações mais significativas entre as estruturas jurídico-políticas da propriedade fundiária e imobiliária urbanas e as práticas sociais das massas urbanas em luta pela habitação.

O privilegiamento analítico destes dois objetivos assentou no seguinte. Em primeiro lugar, o Brasil atravessava em 1980 um processo político que, apesar de todas as suas vicissitudes, visava uma mudança de regime no sentido da acentuação da componente da legitimação na relação do Estado com as classes populares, uma transição democrática. Tratava-se, pois, de um período em que a relativa destruturação do Estado autoritário fazia prever o aumento da heterogeneidade, da fragmentação e da assimetria da ação estatal. Em segundo lugar, tratando-se de um contexto sociopolítico urbano atravessado por intensas lutas sociais, nomeadamente no domínio da habitação, seria de prever uma maior versatilidade das interfaces das estruturas e das práticas sociais. Em terceiro lugar, as condições transnacionais revelam que a estabilidade da ordem econômica capitalista em nível mundial é crescentemente obtida à custa da instabilidade das economias nacionais, uma tendência particularmente forte nas nações da periferia. Ou seja, sendo certo que a lógica do capital tem duas faces que se pertencem reciprocamente, a lógica da acumulação e a lógica da luta de classes, a face da acumulação é cada vez mais a face mundial do capitalismo enquanto a face da luta de classes é cada vez mais a sua face nacional. À luz destas condições que o caso brasileiro bem revela, as análises sociológicas de âmbito local ou nacional deverão estar cada vez mais atentas aos processos da capacitação e de incapacitação social e política dos grupos sociais, bem como das práticas sociais que em momentos de crise profunda ou de conflitualidade intensa fazem mostrar os limites estruturais da ação do Estado e também a deslocação destes por via da circulação entre estruturas e práticas sociais.

Os objetivos da investigação põem sempre a questão de método. Os instrumentos e procedimentos teóricos e metodológicos que as ciências sociais têm posto à nossa disposição são adequados para analisar, quer as estruturas (as análises estruturais), quer as práticas sociais (as análises fenomenológicas), mas não a circulação entre estruturas e práticas sociais. É sabido hoje que as análises estruturais (para já não falar das morfológicas) estão longe de esgotar o universo social cientificamente apropriável e que, por si sós, correm o risco de reduzir o campo das práticas sociais às suas dimensões "físicas", assim negando duplamente o ser humano no que tem de autointerpretativo e de ativo. Por sua vez, as análises fenomenológicas, quando não inviabilizam de todo a ideia de uma ciência da sociedade, reduzem as práticas sociais à subjetividade dos agentes que as protagonizam, negando assim a existência das determinações que à revelia da consciência dos agentes constroem a teia dos limites e dos critérios de selecção das ações inteligíveis e intersubjectivas (Santos, 1983, p. 10).

Para evitar tais reducionismos, é necessário combinar a análise estrutural com a análise fenomenológica de molde a captar, por via desta, a inteligibilidade das práticas sociais para os que nelas participam, a variedade, a complexidade e o detalhe das interações e, finalmente, o universo (e seus subuniversos) de significação em que os interesses práticos e as ações à mão deixarão de ser combinações sorteadas de um número infinito e caótico de elementos, ao mesmo tempo que os fatores de determinação que estão para além do máximo de consciência possível deixarão de ser a efígie à porta de Tebas que só os édipos das ciências sociais conseguem decifrar.

Esta combinação não é fácil. Uma das suas maiores dificuldades reside na definição das interfaces, ou seja, dos códigos ou canais de intercomunicação por onde a circulação entre estruturas e intersubjetividade se opera sem que se torne uma mistura de alhos e bugalhos. Por outras palavras, como é que as estruturas falam às práticas e vice-versa? Por exemplo, como é que o funcionamento da renda fundiária urbana ou a defesa jurídico-constitucional da propriedade fundiária privada está presente nas ações e nas significações dos intervenientes num dado conflito urbano? Em meu entender, essas interfaces são construções intelectuais que estabelecem as alternativas típicas de inteligibilidade e de intersubjetividade numa dada prática social. Entre a objetividade das estruturas e a subjetividade das ações, as interfaces são plataformas giratórias que constituem um *determinismo suave* que permite excluir alternativas absurdas e eleger outras, típicas. Por exemplo, no domínio da investigação urbana é possível definir num dado conflito à luz das condições estruturais as alternativas típicas das práticas dos proprietários, dos moradores e dos agentes do Estado.

Outra dificuldade da análise da circulação entre estruturas e práticas consiste na observação do impacto transformador de umas sobre as outras. Em que medida, por exemplo, a estrutura da propriedade fundiária ou imobiliária urbana se alterou após uma série de conflitos urbanos? Esta dificuldade não se resolve apenas pela seleção da estratégia metodológica adequada, pois que, qualquer que ela seja e por mais adequada que seja exige um campo de observação muito vasto. No que respeita à estratégia metodológica adequada, julgo que o impacto transformador se pode aferir pela incidência relativa das alternativas consideradas atípicas à partida e, sobretudo, pela ocorrência de alternativas inicialmente tidas por excluídas.

Método do caso alargado

Estes procedimentos teóricos e metodológicos têm de ser acionados pelo recurso a técnicas e métodos de investigação adequados. Dispensando-me de desenvolvimento e justificações feitas noutro lugar, privilegio neste domínio o que designo por *método do caso alargado*. Este método foi desenvolvido pela antropologia cultural e social anglo-saxônica e as suas potencialidades na sociologia são hoje reconhecidas, ainda que estejam em grande parte por explorar. Este método opõe à generalização positivista pela quantidade e pela uniformização das observações a generalização pela qualidade e pela exemplaridade. "Em vez de fixar a quantidade de casos (observações) adequada, o método do caso alargado escolhe um caso ou um número limitado de casos em que se condensam com particular incidência os vetores mais importantes das economias interacionais dos diferentes participantes numa dada prática social" (Santos, 1983, p. 11). O máximo detalhe descritivo que se obtém pelo recurso a técnicas de observação participante, observação sistemática, entrevistas não estruturadas, entrevistas em profundidade e análises documentais é utilizado para estabelecer como que a carta genealógica do caso que o liga imediatamente a outros casos e, por mediações sucessivamente mais complexas, às estruturas econômicas, sociais e políticas, locais, nacionais e até mundiais. A análise aprofundada dos casos segundo o método do caso alargado é incompatível com as dimensões deste texto, pelo que sumariarei aqui brevemente e a título de exemplo apenas alguns casos, procurando de seguida apresentar alguns resultados. Antes, porém, direi algo sobre o contexto sociopolítico urbano do Recife.

Contexto urbano do Recife

Como para poucas cidades do mundo, é válida para o Recife a ideia de que o espaço urbano é socialmente produzido. Na verdade, uma boa parte do solo do Recife foi conquistado aos rios e ao mar pelas classes populares urbanas, que começaram por construir as suas palafitas nos manguezais e pouco a pouco foram aterrando e consolidando os terrenos ribeirinhos onde hoje se edificam prédios e abrem avenidas. Este processo de produção do solo é um dos fatores estruturais dos conflitos urbanos.

Ao tempo em que escrevo (1983), o Recife é um dos nove polos macrorregionais do Brasil. Os outros são Belém, Fortaleza, Salvador, Rio de Janeiro, São Paulo, Belo Horizonte, Curitiba e Porto Alegre. A Região Metropolitana do Recife (RMR), criada por decreto presidencial a partir dos trabalhos levados a cabo pela Comissão do Grande Recife em 1968, era inicialmente composta por 9 municípios (Recife, Cabo de Santo Agostinho, Igarassu, Itamaracá, Jaboatão dos Guararapes, Moreno, Olinda, Paulista e São Lourenço da Mata). Ao longo do tempo, a RMR ampliou este número, quer pela extensão do seu perímetro, quer pela desagregação de municípios no seu interior, integrando atualmente um total de 14 munícipios. Ao núcleo inicial somaram-se Abreu e Lima, Araçoiaba, Camaragibe, Ipojuca e Itapissuma.

A cidade apresenta um aumento populacional muito superior ao do Estado de Pernambuco, fruto das migrações dos camponeses retirantes confrontados com o colapso da economia de subsistência devido às secas e às transformações nos sistemas de exploração agrícola do interior. Segundo as estimativas do IBGE posteriores ao período da pesquisa,[1] a RMR compreende uma área de 2.766 km^2 com uma população de 3.337.565 habitantes, dos quais 1.422.905[2] no município do Recife, ou seja 42,6% da população regional. A "inchação" do Recife é um fenômeno antigo e tem-se agravado cada vez mais, não só devido ao crescimento vegetativo como também aos fluxos migratórios para aqui convergentes.[3] Na década de 1960, o aumento relativo da população da cidade do Recife foi de 36% enquanto o da população do Estado de Pernambuco foi de 26%. Em 1970, cerca de 30% da população do Recife era constituída por não naturais (migrantes). Em 1970 o sector terciário ocupava na Região Metropolitana do Recife 68,5% e no Recife 78,2% da população econômica activa — o que dá uma ideia do fenômeno de terciarização que tem sido assinalado nas grandes cidades latino-americanas (Andrade, 1979, p. 27; Singer, 1979, p. 59), o que por si só revela a incapacidade da cidade para absorver adequadamente essa atração populacional espelha-se, entre outras coisas, nos padrões baixíssimos da habitação que pode oferecer. Calcula-se (1983) que 60% da população da cidade vive em assentamentos informais.

Mas a linguagem dos números, apesar de eloquente não diz tudo. Segundo Manoel Correia de Andrade, "não se podem desenvolver estudos urbanos isolados, levando em consideração apenas os dados estatísticos de um determinado momento ou de um determinado período, uma vez que a cidade, a aglomeração e a própria rede urbana se organizam e se desenvolvem em função da implantação e do desenvolvimento de um sistema económico" (Andrade, 1979, p. 71).

Também como poucas cidades no mundo, o Recife revela quase dramaticamente a impossibilidade de separar no nível teórico o mundo rural do mundo urbano e consequentemente a artificialidade

---

1. Referentes ao ano de 2000.

2. A estimativa do IBGE para 2007 refere 1.533.580 habitantes.

3. O termo "inchação" foi cunhado em 1938 por Gilberto Freyre, que o usou no seu estudo sobre os "mocambos do Nordeste" para descrever a saturação demográfica do Recife.

da separação disciplinar entre sociologia rural e sociologia urbana.[4] O espaço urbano do Recife é estruturalmente marcado pela economia açucareira e pelo sistema da plantação em vigor desde o século XVI. Segundo Manoel de Andrade, "os canaviais estendiam-se, até quatro décadas atrás, por áreas hoje inteiramente urbanizadas" (1979, p. 58). A grande propriedade fundiária tradicional — um dos tipos de propriedade que identifiquei em sede teórica no capítulo anterior — ocupa hoje ainda 52% da área ocupada da Região Metropolitana do Recife. Este tipo de propriedade é responsável pela elevada concentração fundiária no Brasil e consequentemente pela extrema dificuldade do acesso à propriedade e ao uso da terra. No domínio urbano, a grande propriedade fundiária tradicional tem-se vindo a associar com a propriedade fundiária que designo por capitalista, industrial e financeira, uma associação que é hoje o modo dominante da produção do espaço urbano (e, portanto, da produção da falta de espaço).

No caso da RMR, a imobilização do "capital fundiário" e a subexploração da terra no latifúndio resultam não apenas da permanência do sistema "da plantação" como sobretudo da especulação imobiliária, isto é, da expectativa de um incremento dramático da renda fundiária diferencial em razão da valorização da terra decorrente da inflação e sobretudo dos investimentos públicos em infra-estruturas nas áreas circundantes. A articulação da teoria da renda com a teoria da propriedade funciona aqui através dos diferentes modos de associação da grande propriedade fundiária tradicional com a propriedade capitalista, industrial-financeira, uma associação que é hoje o modo dominante de produção do espaço urbano (e, portanto, da falta de espaço) na RMR. Mas a grande propriedade fundiária tradicional (o latifúndio subexplorado, monoprodutor) não domina apenas na área da RMR, domina em toda a área de influência do Recife, sendo a grande responsável pelo êxodo das populações rurais para a cidade. Daí que se possa dizer que as classes populares

---

4. Sobre esta distinção e seus limites, ver o capítulo anterior.

são vítimas duplas deste tipo de propriedade fundiária, pelo processo de liquidação da sua subsistência no campo e pelo processo de marginalização e segregação na cidade. Vêm de longe os "assentamentos subnormais" do Recife, sobretudo desde a abolição da escravatura e a imigração da população libertada para as cidades. Os recém-chegados construíram as suas palafitas — os mocambos — sobre os manguezais e aí davam início ao que Josué de Castro chamou o ciclo do caranguejo (Castro, 1945).[5] A construção sobre os manguezais é um fator decisivo para a compreensão dos conflitos de propriedade e das lutas urbanas no Recife. Situada na foz dos rios Capibaribe e Beberibe, a cidade do Recife está em grande parte construída em terrenos sujeitos à influência das marés, os "terrenos de marinha". Estes terrenos constituem propriedade pública indisponível, são patrimônio da União. Mas o seu domínio útil tem sido tradicionalmente cedido a particulares mediante aforamento. Esta relação jurídica e a própria configuração física do solo sobre que incide estão na raiz da ambiguidade do estatuto jurídico da terra recifense, manifestada de múltiplas formas. O estabelecimento da relação jurídica enfitêutica esteve desde sempre sujeito à lógica da articulação entre a propriedade fundiária e o poder político inscrito na relação colonial e continuada após a extinção desta. A concessão e o registro dos títulos de posse tiveram sempre menos a ver com a posse efetivamente exercida do que com o prestígio social e a influência política sobre o governo estadual ou federal. Os foreiros e pseudoforeiros de terras alagadas estimulavam as classes populares a ocuparem as áreas mediante o pagamento de arrendamento (também chamado "foro" ou "aluguel do chão") a fim de serem elas a procederem ao aterro. Uma vez este feito e a terra, assim, valorizada, eram os ocupantes expulsos para o foreiro poder usufruir em pleno do incremento da renda fundiária.

---

5. Os caranguejos, abundantes nos manguezais, eram um alimento importante dos moradores dos mocambos, os quais faziam depois os seus dejetos no rio de que se alimentavam, por sua vez, os crustáceos.

Isto significa que boa parte do solo urbano do Recife foi produzido efetivamente pelos homens e mulheres das classes populares posteriormente dele expulsas (ou ameaçadas de expulsão). Não admira, pois, que em alguns dos casos estudados nesta pesquisa (por exemplo, na Ilha de Joaneiro) os favelados se considerem legítimos posseiros do solo, pois foram elas ou os seus pais e avós que procederam ao aterro dos alagados. E a reivindicação é tanto mais legítima quanto muitos dos títulos de posse que sobre eles impendem são irregulares, ou porque resultam de contratos enfitêuticos nulos, ou porque não podem ser provados adequadamente, ou porque têm datas posteriores aos aterros, ou porque há títulos sobrepostos, ou ainda porque incidem sobre objeto incerto, uma vez que a configuração do terreno (provado pelo *croquis*) se alterou substancialmente em resultado do próprio aterro e do aterro dos alagados circundantes. E este é um dos vectores da ambiguidade do estatuto do solo urbano.

Um outro vetor reside no fato de a mesma unidade econômica de solo urbano poder estar sujeita a vários estatutos jurídicos no caso de ser atravessada pela linha de influência da maré. Assim, uma dada promoção imobiliária pode assentar em terreno de que a empresa é em parte proprietária, em parte foreira e em parte ocupante por pagamento de "aluguel do chão". Esta multiplicidade de estatutos jurídicos é comunicada às edificações no solo. Um outro vetor de ambiguidade do estatuto do solo não diz respeito a terras de marinha, mas tem ainda a ver com a relação enfitêutica. Trata-se de vastas áreas de terras foreiras de municípios, da Igreja e de particulares, muitas das quais remontam aos primórdios da colonização portuguesa e que se encontram hoje no perímetro municipal do Recife. Por exemplo, Duarte Coelho Pereira, ao fundar Olinda em 1537, doou ao município vastas terras para que do recebimento dos foros se gerassem verbas para fazer face às despesas da cidade. Muitas dessas terras, que continuam a ser foreiras do município de Olinda, estão hoje localizadas fora deste município, por exemplo, no município do Recife. Estas relações jurídicas e as que delas derivaram ou a elas se sobrepuseram são hoje um grande fator de ambiguidade.

Mas o vetor principal da ambiguidade do estatuto do solo urbano do Recife reside no fato de a constituição, transferência e extinção da relação enfitêutica ter sido, de longa data, objeto de negócios ilegais, de falsificação de documentos, de corrupção e de suborno. Títulos de posse irregulares, duvidosos, fraudulentos, sobrepostos, totalmente forjados, têm estado assim na base de muitos dos conflitos de propriedade no Recife, conflitos abertos e latentes, permanentes e fugazes, resolvidos e irresolvidos. A ambiguidade do estatuto da terra tem-se mantido, no seu todo, irresolvida e, de fato, alimenta-se da atuação do próprio Estado através dos seus serviços (serviços do registo de propriedade, Serviço de Patrimônio da União, tribunais etc.), e dos seus funcionários (utilizando os mecanismos formais e os informais postos ao dispor deles ou por eles criados).

Em geral, a ambiguidade do estatuto da terra tende a beneficiar as classes dominantes (embora não se exclua que dela também se possam aproveitar as classes dominadas) e constitui um recurso jurídico-político à disposição do Estado. A manipulação deste recurso numa conjuntura política de forte pressão popular tende a consubstanciar-se em medidas conducentes à redução da ambiguidade para com base nela, e dentro dos limites estruturais impostos pela defesa da propriedade privada, separar os títulos de posse legítimos dos ilegítimos e libertar os terrenos abrangidos pelos últimos para investimentos sociais beneficiadores das classes populares. Foi talvez neste contexto que Miguel Arraes,[6] quando era prefeito do Recife, obteve do presidente Jânio Quadros[7] a nomeação de uma comissão de investigação dos títulos de posse da terra e, simultaneamente, a suspensão de todos os pedidos de aforamento ainda não decididos.

---

6. Para os leitores menos familiarizados com a história contemporânea do Brasil, Miguel Arraes foi Prefeito de Recife de 1959 a 1962, conhecido popularmente por "Pai Arraia" ou "Doutô Arrae", e um importante membro e líder do Partido Socialista Brasileiro. Ocupou os cargos de deputado estadual, federal e foi por três vezes eleito governador de Pernambuco. Conheci-o em Lisboa em 1979 quando regressava do exílio na Argélia a que a ditadura militar o forçara.

7. Presidente do Brasil entre 31 de janeiro e 25 de agosto de 1961.

Entretanto, Jânio renunciou quando a comissão não entrara ainda em funções. A sua nomeação foi de novo tentada junto do presidente João Goulart,[8] mas, segundo Arraes, a tentativa fracassou por desinteresse do presidente.

Desde então, a ambiguidade do estatuto do solo agravou-se, os conflitos de propriedade, já frequentes desde 1950, multiplicaram-se e intensificaram-se, sobretudo a partir de meados da década de 1960, com o aumento da especulação imobiliária. Esta, que, como sabemos, é a forma assumida pela relação entre a grande propriedade fundiária tradicional (que no Recife é também a grande posse fundiária tradicional) e a propriedade capitalista industrial-financeira, é hoje responsável pela dinâmica das transformações do uso do espaço urbano do Recife, pela crescente rarefação do solo e, consequentemente, pela galopante subida do preço deste. Daí a tentativa de expulsão para a periferia das classes populares que vivem em favelas nas áreas entretanto valorizadas. Estas áreas, aliás, não se restringem às terras de alagados, estendem-se também aos morros, colinas de difícil acesso, antes na periferia da cidade, e hoje "centralizadas" em função da expansão da rede urbana e da "descoberta", pelas imobiliárias, do ar puro, localização aprazível, e belas paisagens destas terras.

Por outro lado, a crescente rarefação do solo urbano e o engrossamento dos fluxos migratórios para a cidade exercem concertadamente uma forte pressão sobre o próprio solo urbano favelado e favelável enquanto tal, isto é, disponível para as classes populares, tornando-o cada vez mais escasso. A densidade demográfica no interior das favelas aumenta, e com ela a diferenciação interna dos bairros, quer em termos de estratificação social, quer em termos de segregação espacial. Gradualmente, forma-se um mundo de relações jurídicas constituídas, mantidas e reguladas à margem do direito estatal, um mundo de práticas jurídicas paralelas, informais e não

---

8. "Jango", como era conhecido popularmente, foi presidente do Brasil de 7 de setembro de 1961 a 1º de abril de 1964, destituído pelo golpe militar.

estatais.[9] Nestas salientam-se as relações de locação. Com o aumento da densidade demográfica, os preços do arrendamento de barracos ou de quartos em barracos atingem valores muito elevados, muitas vezes fora do alcance dos grupos sociais economicamente mais destituídos. Reside aqui, hoje em dia, o motivo decisivo para novas ocupações ou "invasões".

Num inquérito socioeconômico, abrangendo 6 dos casos incluídos na pesquisa (dos quais todos os que envolvem ocupações recentes), 72,6% dos inquiridos deu como razão da ocupação o "não poder pagar aluguel". E, de fato, 72,3% dos inquiridos morava em "casa alugada" antes da ocupação.[10] Destes, 31,7% pagavam entre CR$ 501,00 e CR$ 1.000,00. Na altura o salário mínimo era de CR$ 1.268,00.

Os casos incluídos nesta pesquisa são a manifestação eloquente da vitimização das classes populares perante as novas formas de produção classista do solo urbano. As lutas urbanas que eles configuram são lutas jurídico-políticas e centram-se, quer na defesa das ocupações antigas, com a resistência contra a expulsão, a luta pela legitimação da posse e da propriedade, e, finalmente, a luta pela urbanização, quer na defesa das ocupações mais recentes, sobretudo com a resistência contra a expulsão e a luta pela indenização por benfeitorias (basicamente a construção dos barracos).

As lutas urbanas incluídas nesta pesquisa, e nela apresentadas como "casos", são as seguintes: (1) Caso da Vida das Crianças (daqui em diante: VCR; (2) Caso do Skylab (SK); (3) Caso da Vila Camponesa (VCA). O nível de rendimentos das famílias envolvidas é, em geral, muito baixo (de um a três salários mínimos). As principais atividades remuneradas que compõem o rendimento familiar incluem: empregadas domésticas, serventes e pedreiros da construção civil, costureiras, lavadeiras, motoristas, operários industriais, bis-

---

9. Este fenômeno fora já antes observado por mim nas favelas do Rio de Janeiro. Ver o primeiro volume desta coleção (Santos, 2014b).

10. As classes populares envolvidas nos conflitos são, na sua esmagadora maioria, urbanas ou urbanizadas e não, como se poderia pensar, imigrantes rurais. De fato, 81,6% dos inquiridos indicou o Recife como endereço anterior.

cateiros e vendedores ambulantes. Os bairros em que habitam — em casas ou barracas, em geral, de madeira — estão implantados em terrenos de propriedade pública (VCA) e em terrenos de propriedade privada (VCR, SK).

O material empírico sobre estes casos foi coligido em colaboração com a minha colega Alexandrina Sobreira de Moura no âmbito de um projeto de pesquisa dirigido por Joaquim Falcão. Consistiu num inquérito socioeconômico, de entrevistas não estruturadas e em profundidade dos principais participantes nos conflitos e nas lutas, de documentação vária produzida pelo Estado, pelas organizações comunitárias, pela Comissão de Justiça e Paz da Arquidiocese de Olinda e Recife e pela imprensa. O interesse teórico suscitado pelos casos fez com que, já na fase de análise, se procedesse à recolha de dados adicionais sobre eles, o que implicou novas entrevistas, desta vez estruturadas, aos participantes já entrevistados, documentação sobre vários públicos e agências estatais e entrevistas aos seus titulares (serviço de assistência judiciária estadual, Secretaria do Planeamento da Prefeitura do Recife etc.), entrevistas em profundidade a ativistas das lutas urbanas e dirigentes do Estado de Pernambuco e do município do Recife no período imediatamente anterior ao golpe de Estado de 1964 e documentação bibliográfica sobre o mesmo período.

Os conflitos urbanos[11]

O caso da Vila das Crianças

Em outubro de 1979, 300 famílias invadiram um terreno com uma área pouco superior a um 1 hectare desocupado há mais de vinte anos, num bairro da classe média recifense. O terreno fora

---

11. Sempre que a descrição dos fatos é feita no presente trata-se, obviamente, do presente etnográfico, referido à data da pesquisa (1980).

recentemente adquirido por uma empresa comercial subsidiária de um grupo multinacional de cosméticos com o objetivo de ampliar as suas instalações no Recife. Um mês depois, os diretores da empresa tomaram conhecimento da ocupação e imediatamente contrataram advogados para interpor uma ação judicial contra os ocupantes com vista a obter a sua expulsão. Uma vez que nos termos da lei a ação judicial teria de ser interposta contra cada um dos invasores e sendo previsível que eles se recusassem à identificação sabendo os fins a que se destinava, os advogados da proprietária recorreram a um artifício fraudulento, justificando a identificação com o desejo de a empresa indemnizar cada um dos ocupantes pelas construções feitas no caso de eles virem a abandonar voluntariamente o terreno. Obtida assim a identificação dos réus, a ação judicial iniciou os seus trâmites e uma vez que a empresa pode provar adequadamente que era proprietária do terreno e que a ocupação tivera lugar há menos de um ano, o processo foi extremamente rápido e decorreu sem mesmo os ocupantes terem dele conhecimento.

A congestão do trabalho judicial e o atraso na administração da justiça, tão frequentes nos tribunais do Recife como nos de outra qualquer grande cidade do mundo, não impediram, neste caso, uma ação judicial rápida. Uma vez declarada a sentença, a sua execução foi adiada para o fim de semana seguinte. Durante os dias de sábado e domingo trabalhadores da empresa, sob forte proteção policial e na presença dos funcionários judiciais, procederam à demolição dos barracos, destruindo ou danificando o mobiliário e outros objetos domésticos, arrastando e ferindo mulheres e crianças barricadas dentro das casas, enfim, neutralizando pela violência as poucas tentativas de resistência que os moradores puderam organizar. Era fim de semana, e estavam encerradas as repartições do Estado a que os moradores pensaram recorrer para obter auxílio na situação de emergência em que se encontravam, com filho e pertences juntos em montes nas bordas dos passeios das ruas vizinhas.

AS BIFURCAÇÕES DA ORDEM 285

Na segunda-feira seguinte, dirigiram-se sucessivamente ao Palácio do Governo, à Secretaria do Trabalho e da Ação Social e à Secretaria da Habitação. Devolvidos de um serviço para outro, obtiveram finalmente a promessa de um terreno situado na periferia da cidade onde algum tempo depois se poderiam instalar. Visitado o local, constataram que se tratava de um terreno sem qualquer valor fundiário. No dizer de um dos moradores "era uma barreira tão grande que quando eram onze horas a gente via o sol e quando dava a uma e meia o sol desaparecia". Ninguém aceitou ir para lá morar.

Os moradores contactaram ainda a Comissão de Justiça e Paz da Arquidiocese de Olinda e Recife, mas os advogados da Comissão foram de parecer que, uma vez consumada a expulsão, poucas ou nenhumas alternativas de defesa jurídica restavam aos ocupantes. Apenas uma ação de indenização contra a proprietária pela destruição dos haveres e dos objetos domésticos e mesmo essa de resultado incerto. De fato, o círculo de legalidade fechava-se sobre os moradores e o caso estava resolvido contra eles.

O caso do Skylab

Em julho de 1979, numa sexta-feira à noite, cerca de 300 famílias ocuparam um terreno privado, propriedade de uma empresa imobiliária, desocupado há mais de 30 anos, situado na escarpa de um morro e com uma área aproximada de 2 hectares. Um bêbado que passava no local no momento da ocupação, ao ver o povo desmatar o terreno, exclamou: "Olha! Aqui caiu o Skylab". Assim nasceu a vila do Skylab. Na manhã seguinte o terreno estava dividido em 300 lotes e alguns barracos estavam já construídos ou em construção. Nesse mesmo dia os proprietários (diretores da empresa imobiliária) tomaram conhecimento da invasão e solicitaram de imediato a intervenção da polícia para proceder à expulsão dos invasores. Foi-lhes dito que, por ser fim de semana, estavam encerrados os serviços da

Secretaria de Segurança Pública, repartição que superintendia sobre a ação da polícia numa situação dessas e, que, portanto, teriam de aguardar até segunda-feira seguinte. Os proprietários dirigiram-se então ao morro, procurando convencer os ocupantes a abandonar o terreno e comprometendo-se a urbanizar de seguida a área, para a ceder posteriormente aos ocupantes mediante arrendamento. Estes, porém, recusaram a proposta, conscientes de que a desocupação constituiria um recuo que a empresa proprietária não deixaria de aproveitar em benefício próprio.

Na manhã da segunda-feira seguinte foram enviadas para o local várias viaturas da polícia com o objetivo de impedir o prosseguimento da ocupação e de dar proteção aos 20 trabalhadores contratados pela empresa para proceder à demolição dos barracos. Alguns destes situados no sopé do morro foram destruídos, mas os ocupantes barricaram-se entretanto à entrada do morro na tentativa de impedir que a demolição continuasse, ao mesmo tempo que as mulheres velhas e crianças se entrincheiravam no interior dos barracos. Um grupo de ocupantes dirigiu-se à Comissão de Justiça e Paz e regressou pouco depois com a recomendação de não abandonarem o local nem saírem sob nenhum pretexto de dentro dos barracos. Entretanto os advogados da Comissão alertavam meios de comunicação social e ainda no mesmo dia eram difundidas notícias denunciando a trágica situação do povo do Skylab entrincheirado numa escarpa do morro em luta por um barraco para viver frente a um impressionante aparato policial postado em defesa de um grupo imobiliário.

Em contato com a Secretaria de Segurança Pública e argumentando com o risco de derramamento de sangue, os advogados da Comissão de Justiça e Paz obtiveram uma trégua de 24 horas, tempo em que nem seriam construídos nem demolidos quaisquer barracos. Os proprietários aceitaram a trégua mas recusaram-se a qualquer negociação enquanto a ocupação durasse, ao mesmo tempo que invectivavam os advogados da diocese e o pároco da área de agitadores comunistas. Algumas horas mais tarde os proprietários procuraram mesmo violar a trégua mas foram impedidos pela polícia.

As BIFURCAÇÕES DA ORDEM

Entretanto a tensão aumentou: os advogados convocaram os meios de comunicação para o local ao mesmo tempo que D. Hélder Câmara[12] e os deputados estaduais da Oposição visitavam o Skylab em demonstração de solidariedade com os ocupantes, tendo sido entusiasticamente recebidos por estes.

Finalmente, os proprietários acederam às negociações sob os auspícios da Secretaria da Habitação. Os funcionários desta repartição, quando inicialmente visitaram o local, foram de opinião que, devido ao baixo valor do terreno em causa, o Estado deveria expropriar o terreno e distribuí-lo posteriormente aos ocupantes. Mais tarde, porém recuaram, acrescentando que a expropriação poderia ser um incentivo às novas ocupações e que daí poderia resultar uma desmoralização da propriedade de consequências imprevisíveis.

Entretanto, o povo do Skylab reuniu-se em assembleia na casa paroquial da área e elegeu uma comissão de moradores que, acompanhada dos advogados da CJP, participou nas várias reuniões com os proprietários e representantes do Estado. Das reuniões resultou, após um período de negociações, um acordo nos termos do qual os proprietários se comprometeram a arrendar aos ocupantes os lotes de terreno por um período de 5 anos e mediante o pagamento de uma renda acessível. O acordo foi recebido no Skylab com o sabor da vitória e assim foi festejado.

O caso da Vila Camponesa

Em novembro de 1979 algumas centenas de famílias invadiram um terreno de 2,5 hectares, propriedade das Companhias públicas

---

12. Falecido em 1999, foi Arcebispo de Olinda, Recife e Pernambuco. Destacou-se pelas suas ações contra o autoritarismo e na defesa dos direitos humanos durante o período da ditadura militar no Brasil, o que lhe valeu o rótulo de "Bispo Vermelho". Pioneiro da Teologia da Libertação no Brasil. Em fevereiro de 2008 foi entregue no Vaticano o seu pedido de beatificação.

da produção e distribuição da energia elétrica e destinado à instalação da rede de alta-tensão. Pouco depois, cerca de duas mil famílias tinham construído os seus barracos entre os postes e debaixo dos fios. Logo que a empresa soube da ocupação, enviou os seus advogados para o local, tentando convencer os moradores a abandonar a área, dados os perigos que corriam e os obstáculos que levantavam à adequada manutenção da rede. Os moradores responderam-lhes que não estavam habituados a olhar para cima, para os montes de fios, e antes para o chão, à procura de uma nesga de terra onde construir os seus mocambos.

Dada a recusa dos moradores, os advogados da empresa decidiram recorrer aos tribunais. Para obter a identificação dos moradores, utilizaram um artifício muito semelhante ao utilizado pelos advogados da empresa proprietária na Vila das Crianças. No entanto, alertados pelo pároco da zona de que estavam a ser processados judicialmente, os moradores recusaram-se daí em diante a identificar-se pelo que a ação judicial foi interposta contra apenas 135 dos vários milhares de membros. Entretanto, estes elegeram uma comissão de moradores e a conselho do pároco decidiram recorrer à assistência judiciária dos advogados da CJP.

Quando os moradores identificados no processo foram convocados para uma audiência no tribunal, todos os demais decidiram em assembleia, e por proposta dos advogados, acompanhar os réus. Presentes em massa, encheram o edifício do tribunal cantando canções religiosas e populares e empunhando cartazes com *slogans* do tipo "o povo unido jamais será vencido" e "quem comprou a terra de Deus". Perante a agitação, a audiência foi suspensa e adiada. Saídos do Tribunal, os moradores organizaram uma manifestação que se dirigiu ao Palácio do Governador. Acabaram por ser recebidos por este e pelo Secretário da Habitação, que lhes prometeu um terreno adequado para onde poderiam mudar algum tempo depois. Em vista disto, os advogados dos moradores solicitaram ao tribunal uma suspensão da ação por um período de 30 dias na esperança de, entretanto, ser encontrada uma solução administrativa para o conflito. Mas como a preparação do terreno tornado disponível pelo Estado demoraria alguns meses, as Companhias hidrelétricas pressionaram o tribunal no sentido de uma decisão rápida. Apesar disso, os advogados conseguiram sucessivos adiamentos.

Na data finalmente marcada para a audiência, Adolfo Esquível, Prêmio Nobel da Paz de 1980, estava no Recife e por sugestão dos advogados da CJP decidiu estar presente na sala de audiências juntamente com D. Hélder Câmara e com milhares de moradores. No entanto, o público não foi autorizado a seguir os termos da audiência, uma vez que os microfones foram desligados. Comentando este fato para a imprensa, D. Hélder diria que "o desligar dos microfones é simbólico de uma justiça que não sabe falar ao povo". O tribunal decidiu em favor da empresa proprietária. Reunidos em assembleia, os moradores resolveram resistir à expulsão. Entretanto, os seus advogados apresentaram um recurso, com base no direito constitucional, solicitando para os moradores um tratamento diferenciado e mais favorável que fizesse prevalecer no caso o direito à habitação sobre o direito de propriedade. Ao mesmo tempo, alertavam o tribunal para as dificuldades práticas na expulsão de 135 famílias entre cerca de 2.000. Para surpresa dos próprios advogados, o recurso foi atendido e a expulsão foi suspensa por um período de 90 dias. À data da conclusão da análise dos dados, a Vila Camponesa continuava a crescer.

A economia estrutural e interacional dos conflitos

Num resumo breve dos conflitos não é possível dar conta da complexa economia das interações em que se transacionaram não só bens e serviços como também significações, intelegibilidades, universos de sentido, imaginários sociais, *habitus* e *inter-habitus* de classe. Por outro lado, tratou-se de resumir três conflitos entre os treze incluídos na investigação e por isso não é de esperar que pela mão deles se levantem todas as questões e se fundamentem todos os resultados que só a investigação no seu todo pode proporcionar. Penso, no entanto, que estes três casos são suficientemente ricos para deslindar alguns dos fios de circulação entre estruturas e práticas sociais e a forma como estas se espelham e repercutem de modo transformado e transformador na atuação do Estado e do direito no âmbito da questão urbana.[13]

Os conflitos urbanos do Recife são conflitos sociais com forte configuração classista: de um lado a burguesia fundiária em suas diferentes frações e do outro lado as classes populares. Descentrado entre elas ou desigualmente no interior de cada uma delas, um Estado heterogêneo[14] e contraditório na busca de uma lógica própria de aspiração transclassista. Estes conflitos desenrolam-se em vários registos, mas o registro jurídico-político é dominante. É, pois, nele e na sua linguagem que se manifestam privilegiadamente as estruturas e se organizam as práticas sociais. É também nesse registro que se configuram as interfaces da circulação entre estruturas e práticas sociais.

A economia interacional dos conflitos só é compreensível à luz do conjunto global das ocorrências, sequências e transações em que se envolvem os diferentes grupos sociais e do modo como se condensam na relação social privilegiada que é o Estado. Mas, por sua vez, o acesso à lógica das atuações do Estado só é possível através da análise da microeconomia interacional de cada uma das classes em presença. Comecemos, pois, pelos ocupantes/moradores.

Ocupantes/moradores

O aumento das ocupações de terra é a resposta das classes populares às transformações na produção de solo urbano, uma resposta

---

13. Recomenda-se vivamente o confronto desta análise com as excelentes análises dos mesmos conflitos feitas por Falcão (1984, p. 79) e por Ferraz Jr. (1984, p. 103).

14. Sobre o Estado heterogêneo, ver Santos e Trindade (orgs.), 2002.

tornada possível pelo processo da abertura política e a ele de muitos modos sujeita. As atuações dos ocupantes/moradores no desenrolar dos conflitos, correspondem, em geral, prática e simbolicamente, ao espaço de manobra criado pela abertura política. Assim, por exemplo, as concepções de propriedade dos ocupantes reveladas nas entrevistas e na observação sistemática, sendo antagónicas das dos proprietários, não se afastam muito das dos agentes político-administrativos do Estado pelos quais precisamente tem ocorrido o processo de transformação política.

Por outro lado, os moradores ou ocupantes organizam em geral a sua defesa dentro do quadro institucional estabelecido, o que não exclui o recurso ocasional a ações ilegais para potenciar a eficácia das ações legais que privilegiam. Em geral pode dizer-se que as práticas dos ocupantes/moradores no desenrolar dos conflitos se caracterizam pela *resistência pacífica ativa* e pela *mobilização política do direito.* Qualquer destas estratégias pressupõe a organização dos ocupantes/moradores o que, em tempos de ditadura, é em geral difícil. O fato de as reivindicações urbanas serem de difícil reprodução e acumulação (por exemplo: luta-se pela habitação; uma vez obtida a habitação é difícil desejar ou sequer pensar outras lutas) torna os movimentos sociais urbanos particularmente vulneráveis à desmobilização.

No caso do Brasil, quase vinte anos de Estado autoritário ao serviço da sobre-exploração das classes populares e a memória coletiva das atuações repressivas acabaram por condicionar fortemente as energias organizativas das massas urbanas. É neste contexto que se deve avaliar o papel da Igreja do Recife na organização de base e nas estratégias jurídico-políticas dos ocupantes/moradores sobretudo nos últimos dez anos. Assente numa pastoral que se pretende identificada com os interesses imediatos das classes populares, quer urbanas quer rurais, a Igreja do Recife é em 1980 uma vastíssima rede organizativa de base, envolvendo centenas de padres e freiras que vivem em contato estreito com essas classes, mobilizando-as em centenas de organizações de leigos abrangendo muitos milhares de pessoas. Tratava-se de um trabalho pastoral profundo e continuado que confere à Igreja uma credibilidade especial junto das massas urbanas.

Em todos os conflitos aqui analisados viu-se que o apoio da Igreja foi pelo menos tentado e, sempre que ele foi concedido, os párocos dos bairros e os advogados da Comissão de Justiça e Paz tiveram um papel decisivo tanto na organização comunitária dos ocupantes/moradores como na planificação e execução da estratégia defensiva. As características gerais da estratégia da Igreja do Recife nos conflitos urbanos são a resistência pacífica ativa e o privilegiamento do direito enquanto campo de luta. As marcas desta estratégia estão amplamente presentes em todos os conflitos urbanos e devem por isso ser analisadas com algum detalhe.

A Comissão de Justiça e Paz coordena em grande medida os recursos organizativos e técnicos mobilizáveis nos conflitos urbanos e têm ao seu serviço um conjunto de advogados altamente qualificados que definem em cada caso as ações jurídicas e políticas a empreender. Por aqui já se pode ver que o privilegiamento do direito enquanto instrumento e campo de luta não significa que a Igreja tenha dos conflitos uma concepção legalista. Para os advogados da CJP é evidente que, à luz da estrita legalidade (que é uma legalidade classista), e tendo também em vista o conservadorismo dos juízes brasileiros, as posições jurídicas dos ocupantes/moradores são, à partida, muito frágeis e vulneráveis. Militam contra eles não só a centralidade do direito de propriedade na ordem jurídica, como também o fato de esta reduzir os conflitos urbanos a litígios jurídicos individuais entre proprietários e cada um dos ocupantes/moradores, e não ver neles o que no plano sociológico e político surge como mais preeminente, ou seja, o serem conflitos coletivos envolvendo classes sociais com interesses antagônicos.

Sendo certo que este universo jurídico constitui um fator estruturante das práticas sociais que à partida se pretendem dentro do quadro institucional estabelecido, a estratégia das classes populares e seus aliados consiste em pressionar ao máximo estes limites estruturais de molde a criar novos espaços de articulação por onde a colectivização e a politização dos conflitos se infiltrem na sua concepção e no seu processamento jurídico. Por outro lado, dada esta sobredeterminação política no uso do direito não se exclui que a luta legal utilize ocasionalmente processos ilegais.

Apresento a seguir, em pormenor, os principais momentos desta complexa estratégia jurídico-política.

O primeiro momento consiste na *criação do fato consumado.* Consiste em produzir ou defender um dado *status quo,* quer seja legal ou ilegal. A consolidação dos bairros antigos ou a manutenção das ocupações recentes, uma vez desencadeado o conflito, é um dos recursos defensivos mais importante ao dispor dos moradores. Na Vila das Crianças, ao contrário do Skylab e da Vila Camponesa, não foi possível criar o fato consumado e isso explica em boa parte a derrota dos moradores. O fato consumado é basicamente um instrumento de negociação e pode visar, quer a legalização da ocupação, como no caso do Skylab, quer a manutenção do poder negocial até à obtenção de um novo terreno mais adequado, como no caso da Vila Camponesa.

O segundo momento consiste na *colectivização do conflito e na criação de um poder político com base nele.* O que está aqui em causa é a reconstrução social do conflito de molde a redistribuir as suas legalidades e ilegalidades em favor dos moradores. É uma fase crucial que consiste em transformar o conflito, de um litígio jurídico sobre títulos de propriedades entre indivíduos, num conflito social e político entre classes com interesses antagônicos. Esta expansão simbólica do conflito assenta, por um lado, na utilização dos meios de comunicação social, que criam imagem negativa dos proprietários e expõem as condições miseráveis de habitação das massas urbanas, e, por outro lado, na politização do conflito, que por sua vez tem um vetor descendente na organização comunitária, nas assembleias populares, nas associações de moradores e nas manifestações de protesto e um vetor ascendente na demonstração pública de solidariedade por parte de personalidades políticas, tais como parlamentares da oposição, o Arcebispo de Olinda e do Recife, ou o Prêmio Nobel da Paz, e também na mobilização em favor dos ocupantes/moradores das agências político-administrativas do Estado com competência no domínio da habitação urbana.

A lógica das práticas sociais dos moradores e seus aliados é que o desenvolvimento político e o desenvolvimento jurídico do conflito devem correr paralelos. Mas procura-se que, sempre que possível, a activação em profundidade do processamento jurídico do conflito tenha lugar depois de este estar completamente colectivizado e politizado.

Entra-se então propriamente no terceiro momento: a *mobilização política do direito e das instituições jurídicas*. Distinguirei neste momento ou fase três tácticas principais.

A primeira tática consiste na *produção e distribuição do tempo social e jurídico*. É sabido que o tempo e o ritmo das atuações é um fator decisivo no desenrolar e na decisão dos conflitos sociais e é portanto um campo de lutas de classe no interior desses conflitos. Objetivo desta tática, tal como o do princípio do fato consumado já referido, é o de inverter em benefício dos ocupantes/moradores as relações de produção do tempo social e jurídico. No caso de Vila das Crianças a empresa proprietária manteve um controle total sobre a produção do tempo jurídico. A ação judicial correu célere sem que dela tivessem conhecimento os moradores, pelo que estes foram tomados totalmente de surpresa. Este controle foi ao ponto de poder mobilizar a burocracia judicial durante o fim de semana, o que é claramente ilegal. No caso do Skylab, ao contrário, a interrupção burocrática do Estado durante o fim de semana foi apropriada pelos moradores para durante ela proceder à ocupação sem grande risco de uma intervenção imediata do Estado em favor do proprietário. Ainda neste caso, a obtenção de uma trégua de 24 horas funcionou a favor dos ocupantes e transferiu para estes o controle das iniciativas posteriores, como bem se documenta na tentativa de violação da trégua por parte dos proprietários. No caso da Vila Camponesa, os sucessivos adiamentos da ação judicial obtidos pelos advogados foram conscientemente utilizados no fortalecimento da organização interna da vila e na manutenção de pressão negocial com vista à obtenção de um novo terreno.

A segunda tática consiste na *gestão das contradições entre os momentos coletivos e individuais dos conflitos*. Na Vila das Crianças essas contradições não chegaram a existir, uma vez que a empresa proprietária monopolizou os momentos individuais (por exemplo, obteve a identificação de todos os ocupantes) e neutralizou quaisquer potenciais momentos coletivos que se lhes pudessem contrapor. No Skylab, ao contrário, a colectivização do conflito deu-se a tempo e controlou o subsequente desenvolvimento do conflito. Mesmo quando este se reindividualizou — ao resolver-se em algumas centenas de contratos individuais de arrendamento entre os proprietários e cada um dos moradores —, foi ainda a dimensão coletiva que lhe presidiu, não só porque os proprietários não teriam acedido aos contratos se a isso não tivessem sido forçados pela colectivização do conflito, como também porque a comissão de moradores continuou a gerir de fato, pelo menos durante algum tempo, o espaço urbano do Skylab.

Tem-se dito — e eu próprio já o escrevi — que a individualização jurídica dos conflitos sociais é um dos processos através dos quais o Estado desorganiza as classes populares.[15] Trata-se, porém de um processo contraditório e, por isso, não impede que, em certas circunstâncias, a individualização possa ser utilizada pelas classes populares para promover os seus interesses coletivos. Assim, no caso da Vila Camponesa, a individualização jurídica do conflito foi utilizada pelos moradores em seu benefício. Dada a sua recusa a serem identificados, a empresa proprietária só pôde accionar a administração da justiça contra uma pequena minoria de ocupantes.

A terceira tática incluída na mobilização política do direito consiste na *politização dos contextos ou instituições de decisão*. A lógica subjacente à defesa jurídica dos ocupantes/moradores é a que as

---

15. Ver o capítulo anterior.

suas ações, mesmo se ilegais, são acima de tudo ações políticas que visam denunciar uma ordem social injusta que nega à esmagadora maioria da população a garantia constitucional do direito à habitação. A estratégia dos ocupantes/moradores move-se assim num fio de navalha pois se, por um lado, aceita discutir e argumentar o conflito em termos jurídicos — no que, aliás, os advogados da CJP são exímios — por outro lado, procura politizar ao máximo o ambiente em que essa discussão e argumentação têm lugar. Assim sucedeu no caso do Skylab, não só pelo conteúdo e a forma das negociações, como pela discussão e ratificação das propostas em assembleias populares altamente participadas. No caso da Vila Camponesa, a estratégia consistiu em politizar o tribunal e a sessão do julgamento não no sentido de a cena jurídica ser substituída pela cena política, mas sim no da cena jurídica ser montada e desempenhada no interior da cena política e ambas no interior da sala de audiência. E se é verdade que o tribunal soube isolar a cena jurídica da cena política (simbolicamente e materialmente conseguido pelo desligar dos microfones), o fato é que a decisão do tribunal de recurso veio legitimar a circulação ou mesmo interpenetração entre as duas cenas e os dois desempenhos.

Torna-se evidente que as práticas sociais jurídico-políticas das classes em defesa da habitação submetem as estruturas normativas e institucionais da legalidade patrimonialista a uma forte pressão. E se essas práticas são demasiado fracas para operar transformações significativas nessas estruturas (ou, pelo menos, não são detectáveis no desenvolvimento dos conflitos analisados), são pelo menos suficientemente fortes para as paralisar em seus efeitos, pelo menos momentâneos ou pontualmente. São práticas complexas que envolvem articulações políticas e jurídicas, legais e ilegais, e que por isso pressupõem uma grande capacidade organizativa e uma grande competência institucional.

Desprovidas desses recursos, as classes populares urbanas têm encontrado na Igreja um aliado decidido. Qual o preço desta aliança? Antes de mais nada, é notória uma relativa descoincidência entre os interesses das classes populares e o interesse da Igreja, por mais que os últimos se pretendam identificados com os primeiros. Sem prejuízo das especificidades locais ou pessoais, a Igreja católica é por assim dizer uma multinacional de bens e serviços religiosos produzidos e distribuídos à escala mundial. A ação da Igreja no Recife não pode ser analisada e avaliada em separado da sua ação noutras regiões ou lutas da sociedade brasileira, em El Salvador ou na Nicarágua ou mesmo na Polônia.

É em função deste horizonte global que se adotam estratégias e privilegiam formas de luta. Por exemplo, para nos mantermos na micropolítica do Recife, as preocupações dos padres e advogados da CJP acerca dos efeitos da solução encontrada no conflito do Skylab sobre os demais conflitos ainda em curso não obteve correspondência na concepção particularística dos moradores, tão só interessados na obtenção de uma nesga de terra. Por outro lado, sendo sem dúvida o aliado principal dos ocupantes/moradores, a Igreja começa hoje a sofrer a concorrência das forças políticas que pouco a pouco vão emergindo da clandestinidade. Fomos encontrar em muitos bairros antigos militantes das ligas camponesas de Francisco Julião e das ligas urbanas que no período do Governo de Miguel Arraes, antes do golpe militar de 1964, abalaram a cidade. Depois de anos de prisão, regressam ao trabalho organizativo, alguns no interior das organizações laicas da Igreja, outros fora, incapazes de esquecer o anticomunismo e o antissocialismo militante da Igreja nessa época.

Os proprietários

Em muitos conflitos urbanos, sobretudo no que respeita aos bairros mais antigos, como são os da Ilha de Joaneiro ou dos morros da Casa Amarela, há razões fundadas para duvidar da legitimidade dos títulos de propriedade invocados pelos supostos proprietários, e é precisamente sobre essa questão jurídica que se centram os conflitos nesses casos. Quer os moradores, quer os supostos proprietários utilizam estratégias semelhantes, ainda que de sinal contrário. Trata--se de estratégias jurídico-políticas em que recursos legais se articulam com recursos ilegais e que, no caso dos proprietários consistem basicamente em mobilizar em seu favor as instâncias político-administrativas do governo estadual ou mesmo federal através de mecanismos informais próprios de um sistema de poder político clientelista e de patronagem com fundas raízes na região.

Nos conflitos decorrentes de ocupações recentes, como são os que descrevemos acima, não está em geral em causa a legalidade do título de propriedade, mas sim a exigência por parte dos ocupantes de que o Estado faça prevalecer o direito à habitação das classes populares sem casa sobre o direito de propriedade, em contraposição com a exigência por parte dos proprietários de que o Estado não vacile na defesa da propriedade privada sobre a qual assenta a ordem jurídica e o próprio Estado.

Para me limitar à história mais recente do Brasil, é um fato que a grande propriedade fundiária, quer rural, quer urbana, se habituou a ver no Estado e no direito os garantes incondicionais do direito da propriedade, recorrendo para isso, em caso de ameaça, às instâncias policiais, judiciais ou político administrativas, consoante os casos e em geral com êxito assegurado. A crescente pressão popular sobre o Estado, simultaneamente causa e efeito do processo de abertura política, tem vindo a criar algumas brechas nesta contaminação recíproca do Estado e da grande propriedade fundiária sobretudo urbana. É certo que na Vila das Crianças, as instâncias judicial e policial actuaram incondicionalmente em favor da empresa proprietária. Mas já no caso do Skylab e da Vila Camponesa, o Estado revelou-se indisponível para proceder à reconstituição rápida e eficaz do monopólio sobre os terrenos em conflito. A polícia não foi acionada prontamente, os tribunais revelaram-se pouco adequados à defesa da propriedade em situações de comportamentos ilegais de massa, e as agências político-administrativas envolveram-se em atuações contraditórias.

A relativa imprevisibilidade do Estado e o clima de desconfiança que gera no seio da burguesia fundiária condicionam de modo decisivo as estratégias jurídico-políticas desta classe. Mas as estratégias não são uniformes. Assim, uma burguesia industrial financeira multinacional, envolvida no caso da Vila das Crianças, optou pela confrontação violenta com os ocupantes, recorrendo a artifícios fraudulentos para obter a identificação dos ocupantes e certamente ao suborno para mobilizar tão eficazmente a justiça. Diferentemente, no Skylab, a burguesia industrial-financeira local, com fortes laços com a grande propriedade fundiária tradicional, na impossibilidade da mobilização da polícia, tentou várias vezes o recurso aos esquemas de dominação paternalista, cujo código linguístico acabou por dominar os termos do acordo. Procurou seduzir os ocupantes para uma relação direta com ela sem interferências dos "agitadores comunistas da CJP" e, mesmo em relação à Igreja, só desistiu depois de se ter frustrado a tentativa, também paternalista, de cooptar a Igreja mediante a cedência de terreno para uma capela no caso da desocupação ter lugar.

Os dados em análise não nos permitem contudo concluir se as diferentes práticas sociais das diferentes frações da burguesia fundiária urbana resultavam de estilos diferentes que se prendem com processos de socialização também diferentes, ou se, pelo contrário, resultavam de fatores estruturais diferentes. Enquanto o terreno da Vila das Crianças tinha um valor fundiário elevado, o terreno do Skylab tinha um valor relativamente baixo, ainda que com expectativa fundada de incremento futuro da renda diferencial. Em qualquer caso, dada a insegurança produzida pela elevada assimetria da ação do Estado, o imaginário social e político que dá coerência às práticas dos proprietários assenta na transferência simbólica da situação individual para a da coletividade, advertindo contra as consequências sociais e políticas imprevisíveis e certamente perniciosas do desgaste progressivo do direito de propriedade da terra.

O Estado

Disse acima que a economia interacional dos conflitos e a circulação entre estruturas e práticas sociais têm o seu ponto de condensação no Estado. Isto não significa obviamente que o Estado esteja acima ou equidistante das classes sociais em confronto nos conflitos urbanos do Recife. Estando o Estado capitalista em geral sujeito à lógica do capital, é de prever que a atuação estatal não transborde dos limites estruturais impostos pela salvaguarda dos interesses fundamentais da burguesia no seu conjunto. No entanto, nem estes limites estruturais são fixos, nem as diferentes classes sociais deixam de inscrever na ação do Estado a síntese das suas práticas, das suas lutas e dos seus interesses. Daí que seja incorrecto reduzir as múltiplas atuações do Estado aos desígnios e aos comandos mais ou menos conspirativos da burguesia em suas múltiplas faces.

Sendo incorrecto em geral, o é muito particularmente numa situação de agitada transformação política, em que os aparelhos do Estado são sujeitos a uma relativa desestruturação decorrente de mudanças nos padrões de legitimação política e em que por essa via criam espaços de manobra onde a lógica das atuações é, na aparência pelo menos, transclassista. Não se trata de postular, no caso, um relativo equilíbrio entre as classes dominantes e as classes dominadas com base no qual o Estado assuma uma autonomia particularmente elevada para prosseguir os seus interesses próprios como se fosse um Estado bonapartista. No caso em análise, a autonomia do Estado é menos o resultado de um conjunto de políticas planeadas e executadas com objetivos específicos do que o efeito terminal de políticas contraditórias que se neutralizam umas às outras. Trata-se de uma autonomia negativa, de um lumpenbonapartismo, por assim dizer.

De fato, o resultado mais saliente da investigação é que a atuação do Estado nos conflitos urbanos é internamente muito diferenciada, assimétrica, e por vezes contraditória. A análise revela contradições entre os vários níveis da ação estatal (municipal, estadual, federal), entre os vários aparelhos de Estado, e mesmo no seio do mesmo aparelho de Estado, de conflito para conflito, ou, no mesmo conflito, em fases diferentes do seu desenvolvimento.

A título de exemplo, refira-se que a polícia reprimiu brutalmente os ocupantes na Vila das Crianças mas seguiu táticas de separação dos contendores no Skylab depois de se ter revelado, neste caso, indisponível para uma expulsão rápida durante o fim de semana. E mesmo no Skylab, o impressionante aparato policial veio afinal a traduzir-se numa atuação relativamente moderada. Na Vila das Crianças o Tribunal seguiu uma concepção legalista de defesa estrita da propriedade, enquanto na Vila Camponesa o tribunal de primeira instância acedeu cumplicemente a sucessivos adiamentos e o tribunal superior acabou por acolher, em benefício dos ocupantes, um argumento de respeitável valor social e político mas de tênue fundamento jurídico. No Skylab, a Secretaria da Habitação começou por propor a expropriação do terreno, recuando depois para uma solução contratual que não envolvesse expulsão dos ocupantes. Enquanto os ocupantes da Vila das Crianças foram reenviados de serviço para serviço e acabaram por contentar-se com a promessa de um terreno claramente inabitável, na Vila Camponesa os ocupantes foram recebidos pelo Governador e obtiveram a promessa de um terreno satisfatório.

Pode dizer-se, em geral, que no conflito da Vila das Crianças o mecanismo de dispersão utilizado pelo Estado foi o da repressão/ exclusão (expulsando sem alternativa os ocupantes), enquanto nos conflitos do Skylab e da Vila Camponesa foram utilizados diferentes mecanismos de socialização e de integração (dando aos ocupantes o acesso a uma relação jurídica de arrendamento, ainda que de estatuto legal precário). O índice elevado de contradição e de assimetria nas atuações do Estado torna-se constitutivo das práticas sociais dos diferentes grupos sociais em conflito. Enquanto a burguesia se remete, como vimos, a uma estratégia defensiva, as classes populares procuram testar a resposta do Estado, radicalizando as ações até ao ponto em que o Estado passará a activar os mecanismos de dispersão que mais punirão os seus interesses imediatos, ou seja, os mecanismos de repressão e de exclusão.

A fragmentaridade da atuação do Estado não deixa de se adequar estruturalmente às necessidades da dominação política num período de crise institucional e até de mudança de regime. Tem assim uma lógica interna. Através da relativa imprevisibilidade das suas atuações e da sua relativa vulnerabilidade a pressões, o Estado desorienta as classes em confronto quanto à localização exacta dos limites estruturais das suas atuações, obriga-as a avanços que são recuos e assim mantém o controle do processo de transformação política em curso.

Dizer isto não significa ter uma concepção voluntarista ou instrumentalista do Estado. O fato de as atuações fragmentárias e assimétricas do Estado terem uma lógica interna não significa que estejam ao abrigo de qualquer outra lógica "externa". Pelo contrário, são detectáveis alguns dos fatores estruturantes da ação do Estado: antes de mais, a defesa da propriedade fundiária privada e, mais especificamente, o funcionamento da renda em articulação com os diferentes tipos de propriedade. Na Vila das Crianças o terreno tinha um elevado valor de mercado e pertencia a uma empresa transnacional. O Estado, através dos tribunais e da polícia, reconstituiu rápida e eficazmente o direito de propriedade, mesmo à custa da repressão brutal dos ocupantes. No Skylab o terreno tinha um valor fundiário baixo, ainda que sujeito ao incremento da renda fundiária, e pertencia à burguesia local. O Estado foi aqui muito ambíguo na defesa da propriedade. Depois de propor a expropriação, acabou por se situar numa solução negociada que garantia minimamente os interesses dos ocupantes sem desgastar demasiado o direito de propriedade. Na Vila Camponesa o terreno era público e, devido ao seu uso, o seu valor fundiário era muito baixo. Este foi também o caso em que o Estado revelou um interesse mais específico na proteção dos direitos sociais dos ocupantes.

Mas como, por outro lado, a proximidade entre a atuação do Estado e os interesses das classes populares variou na razão direta do nível de organização e de mobilização que estas conseguiram atingir em suas práticas e lutas, fica sempre por saber se o fator condicionante principal da ação do Estado foi a estrutura da propriedade ou o caráter das práticas sociais. Estamos assim devolvidos à questão da circulação entre estruturas e práticas. Não é possível responder exaustivamente a esta questão com base nos conflitos aqui analisados. Tomando em consideração todos os demais incluídos na investigação, é possível chegar à conclusão de que, uma vez que a incorporação limitada mas real das classes populares no processo político se dá numa situação de elevada carência habitacional, a grande propriedade fundiária urbana tenderá a ser progressivamente mais vulnerável às práticas sociais dessas classes em luta pela habitação. Por exemplo, num dos bairros situados em terrenos que têm hoje um elevado valor de mercado, o caso dos morros da Casa Amarela, o Estado tem vindo a aproximar-se progressivamente, e sob pressão popular, da solução de expropriação. É claro que a expropriação em si, e ao contrário do confisco, não colide com a defesa da propriedade privada, antes a pressupõe. No entanto, se a pressão popular sobre o Estado fizer com que as expropriações aumentem de número, será possível prever uma relativa deslocação, neste campo, dos limites estruturais da atuação do Estado.

Esta deslocação é a marca material de um movimento de reforma, de um movimento lento e gradual mas perceptível da dominação estatal no contexto urbano, no sentido de uma maior utilização dos mecanismos de dispersão, de socialização e de integração em detrimento dos demais. O significado deste movimento só pode ser adequadamente avaliado à luz dos restantes movimentos de dominação estatal em outras áreas da produção e da reprodução social. Bastar-nos-á pensar que, ao tempo em que se iniciou a análise dos dados, estalou na zona da mata de Pernambuco, bem perto do Recife, um movimento grevista dos assalariados rurais da indústria açucareira, os canavieiros. A repressão foi brutal. O mesmo Estado, que no contexto urbano e no âmbito da chamada reprodução social cedia de algum modo à pressão popular à custa da burguesia fundiária urbana, no contexto rural e no âmbito da chamada produção social, reprimia os interesses dos trabalhadores e opunha-lhes uma defesa inequívoca e incondicional da burguesia fundiária rural. É desta articulação de movimentos que há de resultar o perfil da transformação dos padrões da dominação política. O objetivo deste trabalho, confinado à questão urbana, é bem mais modesto. Foi, no entanto, possível chegar à averiguação de um processo gradual e complexo de deslocações dos limites estruturais da ação do Estado e das classes sociais em confronto nos conflitos urbanos. Essas deslocações são afinal a interface da circulação entre as estruturas e as práticas sociais.

CAPÍTULO 6

O Movimento dos Trabalhadores Rurais Sem Terra e as suas Estratégias Jurídico-Políticas de Acesso ao Direito e à Justiça no Brasil

Boaventura de Sousa Santos
Flavia Carlet*

Introdução

Um dia perguntaram a Mahatma Gandhi o que pensava sobre a democracia Ocidental. Ele respondeu que: "seria uma boa ideia". Se Gandhi pudesse regressar à terra para nos dizer o que pensa sobre o Estado de direito e o acesso à justiça, certamente que hoje a sua resposta não seria a mesma. De fato, na maioria dos países do mundo, se as noções de Estado de direito e acesso à justiça fossem tomadas com seriedade, ocorreria uma revolução social. Privilegiando as elites dominantes em detrimento da vasta maioria dos cidadãos, o direito

---

* Na preparação deste texto contamos com as assistentes de investigação Carolina Tokarski, Luiza de Almeida Bezerra e Raíssa Roussenq, e ainda com a colaboração de Carolina Martins Pinheiro, Livia Gimenes e João Paulo Santos.

e o sistema judicial, em particular, têm sido frequentemente usados para consolidar e legitimar regimes sociais manifestamente injustos.

Uma análise desapaixonada das políticas utilizadas pelas nações Ocidentais e pelas organizações multilaterais nos últimos trinta anos para promover o Estado de direito e o acesso à justiça mostram que estas políticas têm feito pouco ou nada para reduzir a exclusão e a desigualdade social. Seja ou não uma coincidência, a desigualdade (entre países ricos e pobres, e também entre diferentes grupos sociais em países específicos) aumentou significativamente neste período.

Contudo, o direito e os tribunais, que naturalmente refletem a sociedade e os diversos conflitos que nela se desenrolam, estão em si mesmos, plenos de contradições internas. Isto significa que, em determinadas situações muito específicas, podem ser proveitosamente utilizados pelos grupos sociais oprimidos e excluídos para fundamentar as suas pretensões. Nestes casos, o Estado de direito e o acesso à justiça podem desempenhar um papel de relevo na obtenção de uma maior justiça social (concebida como uma igualdade real, e não meramente formal entre os cidadãos).

De forma a compreender as opções disponíveis para os movimentos sociais envolvidos numa luta pelos direitos, precisamos de olhar mais atentamente para as concepções dominantes de justiça (Cappelletti e Garth, 1978). Subjacente a esta abordagem está uma concepção despolitizada da transformação social em que o direito, concebido como sistema normativo autônomo, orientado exclusivamente pelo princípio do Estado de direito, garante a redução da complexidade dos conflitos sociais e a previsibilidade das relações jurídicas individuais. A mudança social é alcançada promovendo a operacionalidade de um sistema judicial eficiente, eficaz, justo e independente, que por sua vez estará dependente da dignificação das profissões jurídicas e judiciais, da criação de novos modelos organizacionais para os tribunais, da promoção de reformas processuais e da formação de magistrados e funcionários administrativos (Sadek, 2001). Esta concepção tem presidido as políticas de reforma judicial em todo o mundo nos últimos trinta anos.

Contudo, se concebermos a mudança social como um processo político cujos objetivos são a gradual inclusão de grupos sociais marginalizados e vulneráveis e a construção de formas mais substantivas de justiça social, então o direito deve ser entendido como uma componente importante de um processo político mais amplo, capaz de refletir as contradições deste último. Deste modo terá de ser concebido como um sistema social semiautônomo, cuja função não se limita à resolução de disputas, mas inclui também a possibilidade de criação, operando tanto como um lugar de redução da complexidade social como do aumento da mesma. Isto implica uma mudança radical na forma como os tribunais encaram o seu papel na sociedade. Devem atentar a um vasto leque de injustiças (socioeconômicas, raciais, sexuais, etnoculturais, cognitivas, ambientais, históricas etc.) nas nossas sociedades, assumindo a sua cota de responsabilidade na solução dos problemas que causaram. Este fato implica também novas concepções de eficiência judicial. Por exemplo, uma justiça célere nem sempre é uma boa justiça. Uma interpretação inovadora do direito, que vá contra a rotina, mas seja socialmente responsável, pode requerer mais tempo de estudo e reflexão. Assim, do ponto de vista da revolução democrática da justiça, não basta a rapidez, deve-se lutar para que a celeridade esteja aliada a uma melhoria na qualidade da justiça (e não da quantidade de justiça), pela sua responsabilização social, tornando-se uma justiça mais cidadã.

Isto significa que embora o direito e o sistema judicial sejam instrumentos que tradicionalmente têm sido utilizados pelas classes dominantes para preservar os seus privilégios, não estão imunes às lutas sociais e por isso podem, em certas circunstâncias, ser utilizados pelas classes ou grupos sociais oprimidos ou excluídos para combater esses privilégios e lutar por maior justiça social. Sempre que tal acontece, o acesso à justiça pode ser parte importante de *"revolução democrática da justiça"* voltada à democratização do Estado e da sociedade.[1]

---

1. A ideia de uma *"Revolução Democrática da Justiça"* é desenvolvida em Santos, 2007, e também na Introdução deste volume.

Os resultados desta investigação aqui apresentados ilustram a existência de dois requisitos básicos para que tal possa ocorrer. Em primeiro lugar, os grupos excluídos precisam de se organizar social e politicamente em movimentos sociais ou organizações não governamentais, e em segundo lugar são necessárias estratégias jurídicas e sociais inovadoras na relação com os tribunais, acompanhadas de pressão política sobre os órgãos do Estado e sobre os próprios tribunais.

Neste estudo dos trabalhadores rurais sem terra no Brasil (um dos países mais injustos do mundo no que toca à distribuição da terra), mostramos como os militantes de um dos mais poderosos movimentos sociais da América Latina, o Movimento dos Trabalhadores Rurais Sem Terra (o MST), têm sido tratados pelos tribunais em diversos processos em que participaram quer como réus, quer como queixosos.

A questão da terra: resistência e luta pelo acesso ao direito e à justiça

No Brasil, uma dimensão muito importante da injustiça social está ligada à questão da concentração de terras e à distribuição das mesmas, que se tornou um palco de confrontação entre diferentes concepções de direitos humanos e de propriedade.

Existem três grupos principais que se encontram engajados na luta pela terra: o movimento indígena, cuja luta pelos seus territórios ancestrais é expressão e condição da sua autonomia cultural e política; o movimento dos quilombolas de camponeses de descendência africana, lutando por títulos coletivos de posse legal das terras ocupadas por escravos fugitivos; e o movimento dos trabalhadores rurais sem terra, lutando pela reforma agrária e pela soberania alimentar. Embora estes movimentos operem separadamente e quase sem articulação entre eles, os três tipos de luta representam diferentes dimensões da mesma questão, a questão da terra. De forma a sublinhar o

AS BIFURCAÇÕES DA ORDEM

contexto mais amplo no qual decorrem as lutas do movimento dos trabalhadores rurais sem terra, o principal foco analítico deste capítulo, apresentamos uma breve descrição das outras lutas.

A luta pela terra indígena

As terras indígenas no Brasil (TIs) somam hoje (2010) 109.641.763 hectares, o que representa 13% da extensão do território brasileiro. Desse total, 108.087.455 de hectares, ou 98,61% de todas as TIs do país, estão situados nos estados que compõem a Amazônia legal. Os hectares restantes, apenas 1,39%, se espalham entre as regiões Nordeste, Sudeste, Sul e Mato Grosso do Sul.[2]

A notória concentração das terras indígenas na Amazônia legal tem como explicação uma colonização mais antiga e intensa no restante do país, que resultou em dizimações e confinamentos dos membros sobreviventes em pequenas parcelas de terra. Este é o caso, por exemplo, dos povos Guarani, ex-habitantes de grande parte da Mata Atlântica, desde o norte do estado do Rio de Janeiro até o norte da Argentina, incluindo grande parte do sul do Brasil, do Centro-Oeste e da região oriental do Paraguai.

Talvez seja essa a explicação teórica para a importante participação de lideranças indígenas no processo constituinte, que culminou com a promulgação da Constituição Federal do Brasil, em 1988.

A resistência oferecida pelos povos indígenas no seu conjunto explica a forma como os direitos indígenas tem vindo gradualmente a merecer mais atenção em sucessivas edições da Constituição Brasileira. A Constituição de 1988 pôs fim ao projeto político-assimilacionista, pela qual os índios iriam aos poucos se integrando à sociedade nacional

---

2. Os dados foram retirados do banco de dados do Instituto Socioambiental, que realiza um trabalho de monitorização diário da demarcação das Terras Indígenas. O detalhe da situação em que cada Terra Indígena se encontra pode ser acessado numa página específica do site da organização: <http://www.socioambiental.org/pib/portugues/quonqua/ondeestao/sit_jurid.html>.

até deixarem de existir enquanto povos indígenas. Consolidou-se o paradigma da interação (e não integração) entre as diferentes culturas existentes numa sociedade marcadamente plural e multiétnica.

O artigo 231 da nova Constituição reconheceu aos indígenas o direito à sua organização social própria, costumes, línguas, crenças e tradições, e direitos históricos sobre as terras que tradicionalmente ocupam. Estipula que os territórios indígenas correspondem não só às áreas consideradas de habitação permanente (considerada equivalente à habitação da população não indígena), como também as utilizadas para suas atividades produtivas, imprescindíveis à preservação dos recursos ambientais necessários a seu bem-estar e as necessárias a sua reprodução física e cultural. Nos anos 1990, de acordo com a nova Constituição, o governo federal tinha o dever de demarcar as terras indígenas em cinco anos. O Poder Executivo, por meio da Fundação Nacional do Índio (FUNAI), Ministério da Justiça e o Presidente da República, foram os principais órgãos pressionados pelo movimento indígena e indigenista, que utilizavam as mais diversas vias (incluindo os canais jurídicos), para tentar fazer cumprir a Constituição.

Os novos critérios expressaram as vitórias do movimento indígena no processo constituinte e possibilitaram o legítimo reconhecimento de terras indígenas na Amazônia, como Yanomami,[3] Alto Rio Negro,[4] Raposa Serra do Sol[5] e Trombetas/Mapuera.[6]

Contudo, até ao momento, quase todos os processos de demarcação de terra indígena têm resultado em ações judiciais em que

---

3. O Decreto s/n de 25/05/1992 homologa a demarcação do território indígena Yanomami em 9.664.980 hectares.

4. O Decreto s/n de 14/04/1998 homologou a Terra Indígena (TI) Alto Rio Negro, com extensão de 7.999.380 hectares.

5. O Decreto s/n de 15/04/2005 homologa a demarcação da TI Raposa Serra do Sol e define o Parque Nacional Monte Roraima como bem público da União submetido à dupla afetação, destinado à preservação do meio ambiente e à realização dos direitos constitucionais dos índios.

6. A Portaria n. 1.806, de 16/09/2005 do Ministro da Justiça declara de posse permanente indígena e determina a demarcação administrativa pela FUNAI da TI Trombetas/Mapuera, cuja extensão é de 3.970.420 hectares.

particulares com títulos dominiais incidentes em terras indígenas buscam paralisar provisoriamente e anular de forma definitiva os procedimentos demarcatórios da FUNAI. Como resultado, o judiciário representa um papel importante, e neste momento é o local privilegiado das lutas pela afirmação dos princípios de diversidade cultural e acesso à justiça. Um dos processos mais publicitados sobre a demarcação de territórios indígenas, o Território Raposa Serra do Sol, está em vias de ser decidido pelo Supremo Tribunal Federal. Com 1,747 milhões de hectares, a Raposa Serra do Sol é habitada por 16 mil índios das etnias Macuxi, Tauarepang, Patamona, Ingarikó e Wapixana, distribuídos por 164 aldeias. O processo de demarcação da TI iniciou-se na década de 1980 antes da atual Constituição e perdurou durante 30 anos, até que em 2005 o atual presidente homologou seus limites, provocando fortes (e por vezes violentas) reações da parte de algumas empresas agrícolas desta área.

As terras quilombolas

A questão quilombola, como a indígena, é hoje assunto igualmente polêmico e importante. Aponta também para uma concepção não individualista da terra e pela luta de novos conceitos de direito de propriedade e formas de justiça social.

Em ambos os casos, estas lutas desafiam as injustiças históricas provocadas pelo colonialismo e pela escravatura. Os quilombolas representam fortes ícones da resistência negra no país de modo a apresentar um contraponto à crueldade com que se manifestou o empreendimento colonialista no qual a violência era a forma de interação fundamental entre senhor e escravo, e neocolonialista, que serve reservando à população negra um lugar social de exclusão e inferiorização (Melo, 2007).

Os Quilombos, as comunidades rurais criadas por escravos fugidos, surgem em todo o Brasil durante o período da escravatura.

Existindo no seio de uma sociedade baseada na escravatura, os quilombos estabeleceram uma relação com a terra baseada na posse comunitária, uma situação que se prolongou até aos nossos dias (Melo, 2007). Entretanto, muitos estudos essencialmente das décadas de 1950 e 1960 assumiram que os quilombos como um fenômeno do passado escravista, não mais existindo (Melo, 2007). Felizmente, trazido a debate pelo movimento negro a partir da década de 1970 — como parte do contexto da luta contra o preconceito racial — a questão quilombola ganhou espaço e visibilidade enfatizando os quilombos como ícones da resistência negra e apontando para necessidade de um novo ordenamento social (Melo, 2007). Embora a Constituição de 1988 tenha reconhecido as comunidades Quilombolas como legítimos proprietários das terras que ocupavam, o debate sobre como definir a comunidade Quilombola tem-se vindo a intensificar desde 1988. Inicialmente o termo era considerado por muitos como referindo-se apenas às terras ocupadas por descendentes de escravos fugidos, mas o debate subsequente revelou que estas comunidades estavam também intimamente ligadas a uma identidade étnica e territorial.

Posteriormente, com o Decreto n. 4.887, de 20 de novembro de 2003, o termo foi redefinido. A partir de então, qualquer grupo étnico-racial que se autodefina como remanescente de uma comunidade Quilombola é reconhecido como tal. O decreto também regulamentou o procedimento para identificação, reconhecimento, delimitação, demarcação e titulação das terras ocupadas por remanescentes das comunidades dos quilombos. Neste processo, foram importantes as demandas das comunidades rurais negras pela regularização fundiária. Segundo Paula Balduíno, há que se destacar que as regiões onde primeiro despontaram as articulações políticas das comunidades negras rurais são aquelas em que primeiro se avançou no processo de reconhecimento das posses dessas comunidades. Em 1996, com a constituição da Comissão Nacional de Articulação das Comunidades Negras Rurais Quilombolas (CONAQ), o movimento Quilombola ganhou maior visibilidade nacional.

De acordo com os dados fornecidos pelo Ministério do Desenvolvimento Agrário (MDA), existem 743 comunidades remanescentes de quilombos, os quais reivindicam uma área de 30 milhões de hectares (Schimitt, Turatti e Carvalho, 2002). O mesmo MDA afirma que esses números podem estar subestimados e que estimativas não oficiais admitem a existência de mais de 2.000 comunidades (Schimitt, Turatti e Carvalho, 2002). Por seu lado, os líderes da CONAQ reivindicam e existência de cerca de 5.000 comunidades quilombolas.

Os territórios destas comunidades continuam a estar expostos a tentativas constantes de expropriação por "grileiros", bem como de poderosos fazendeiros, o que não só acaba com seu modo de vida, mas também causa a dispersão e a favelização do grupo (Schimitt, Turatti e Carvalho, 2002). A lentidão do sistema judicial na decisão dos processos faz com que os movimentos quilombolas tenham de esperar anos até saberem se as suas terras lhes serão ou não concedidas (Schimitt, Turatti e Carvalho, 2002).

A luta dos trabalhadores rurais

Até meados do século XIX, os povos indígenas e as comunidades Quilombola simbolizaram a luta pelo direito à terra no meio rural brasileiro. Contudo, desde os tempos coloniais, muitas pessoas asseguravam a sua subsistência como pequenos agricultores e, ao fazê-lo, ajudavam a assegurar o abastecimento de bens alimentares ao país (sendo que os grandes produtores se limitavam estritamente à produção da cana-de-açúcar).

A pequena agricultura familiar intensificou-se no Brasil durante dois períodos subsequentes. O primeiro foi durante a corrida ao ouro do século XVIII, quando as cidades despontaram em todo o Sudoeste brasileiro, criando uma forte procura de bens alimentares. O segundo ocorreu depois da independência, quando o Brasil atravessou um período denominado pelos juristas agrícolas como o "Regime de Posses" liberto da jurisdição portuguesa, o país experimentou um vácuo legal, que resultou em apreensões de terras em todo o país. Esta situação apenas se resolveu em 1850, com a publicação da Lei 601.

Contudo, os primeiros conflitos significativos envolvendo trabalhadores rurais começam a emergir apenas na última década do século XIX. De forma progressiva, e na sequência da abolição da escravatura, a ideia de reforma da terra começa a atrair as atenções.[7] Nos anos de 1930, com o fim da Velha República, novos atores sociais surgem no meio rural brasileiro, fortemente influenciados pelo Partido Comunista. Este movimento ajudou a focar o debate nacional sobre o meio rural no tocante à questão da reforma agrária. A questão ganhou cobertura constitucional na Constituição Democrática de 1946 (Artigo 147), que forneceu o primeiro mecanismo de sanções a serem impostas sobre propriedades improdutivas, que poderiam deste modo ser expropriadas para a reforma agrária. Contudo, decorreram décadas antes que este mecanismo fosse institucionalizado em nível infraconstitucional] e posto em prática. Entretanto, outro importante movimento emergiu no meio rural — as Ligas Camponesas, que tiveram grande influência na região Nordeste do país.

Com o golpe militar de abril de 1964, os trabalhadores rurais que mantivessem algum tipo de ligação com as Ligas Camponesas foram dizimados pela ditadura.

Num curto espaço de tempo deixaram de existir organizações de trabalhadores rurais de dimensões significativas em território brasileiro. Em 1984, quando a ditadura militar chegou ao fim, o Movimento dos Trabalhadores Rurais Sem Terra (MST) emergiu

---

7. A luta pela abolição, para muitos no século XIX, era conjunta a uma luta pela reforma agrária: "Para quem estuda os fenómenos sociais, não há crime maior do que o do monopólio da terra; é o fator principal da escravidão e da servidão da gleba (...). É o produtor satânico da miséria e de todos os horrores do desespero que ora afligem o Velho e o Novo Mundo". André Rebouças, abolicionista brasileiro, em carta a Joaquim Nabuco, 12 de março de 1897.

como uma organização autônoma dedicada à luta pela reforma agrária. Desde então, este movimento passou a condensar toda a história camponesa brasileira, ganhando aspecto nacional e influenciando radicalmente a Constituição de 1988, que passou a ter em seu texto um capítulo dedicado à reforma agrária.

Hoje, já com mais de 20 anos de existência e em vista das conquistas que o movimento acumulou nas últimas décadas, tornou-se impossível falar de reforma agrária sem falar nas lutas do MST. O movimento, nesse sentido, tem mostrado acima de tudo a eficiência e a eficácia de suas estratégias políticas e jurídicas na luta por direito e justiça à urgente reforma agrária brasileira.

A luta do Movimento dos Trabalhadores Rurais Sem Terra pela reforma agrária no Brasil

O Movimento dos Trabalhadores Rurais Sem Terra (MST) começou a surgir no final da década de 1970, fruto das ocupações de terras de latifúndios que muitos trabalhadores rurais começavam a realizar, no intuito de retomar a luta pela terra, fortemente reprimida durante grande parte do período do regime militar (Singer, 2002). Segundo Cristiane Reis (2007), a história do MST pode ser dividida em três períodos distintos. O primeiro período, de 1979 a 1988, é o período em que o Movimento surge pela primeira vez, no sul do Brasil. É um período de estruturação e definição, organizado em torno do lema: *"terra para quem nela trabalha"*. A sua reivindicação principal era uma reforma agrária necessária e urgente no Brasil. Embora a luta pela reforma agrária se inicie nos anos 1950, desintegra-se no período marcado pela ditadura militar, de fato, conhece um novo fôlego apenas na década de 1980, que ficou marcada por um intenso êxodo rural e pelo consequente aumento da pobreza nas grandes cidades. Buscando uma alternativa a este processo, o movimento iniciou uma luta pela reforma agrária, reivindicando uma distribuição mais justa da terra.

No segundo período, de 1988 a 1995, o Movimento começa a fortalecer-se nacionalmente e passa a perceber a necessidade de adotar estratégias políticas de luta. O lema do MST torna-se: *"ocupar, resistir, produzir"*, passando a reivindicar não apenas a redistribuição justa de terras, mas também o crédito agrícola, a educação, o lazer, o acesso a avanços tecnológicos e científicos e à saúde, visando proporcionar aos seus membros uma vida digna (Reis, 2007). Neste período multiplicam-se as associações emergentes nos assentamentos rurais e o movimento busca organizar a produção nos mesmos através da formação de cooperativas (Singer, 2002).

Por fim, o terceiro período, que se inicia em 1995, é marcado pela proliferação e consolidação de cooperativas agrárias nos assentamentos e ainda pela percepção de que a luta pela reforma agrária encontra outros obstáculos para além do latifúndio, como as transnacionais que intensificam o agronegócio, privilegiando a produção de monoculturas, como as de soja, café, cana-de-açúcar, eucalipto, entre outras (Singer, 2002). Assim, a resposta do MST é a defesa do projeto de soberania alimentar, o qual incentiva a agricultura familiar e prioriza a comercialização nacional e local dos produtos, garantindo dessa forma a sustentabilidade dos agricultores e a alimentação da população brasileira. Esta política prevê, ainda, o respeito às comunidades locais, sejam pescadores, indígenas ou outros povos rurais. O MST também sempre manifestou interesse e cuidado com a preservação do meio ambiente. Com o aumento do desmatamento e risco do aquecimento global, o Movimento tem dado especial atenção a essa questão. Por isso, em seus assentamentos vem promovendo o cultivo de sementes rústicas, sem agrotóxicos, praticando, portanto, a chamada agroecologia. Os trabalhadores rurais desenvolvem técnicas antigas e novas, como os herbicidas naturais, o controlo biológico,[8] inseticidas

---

8. O controlo biológico consiste no emprego de um organismo (predador, parasita ou patógeno) que ataca outro que esteja a provocar danos econômicos às lavouras. Trata-se de

naturais,[9] biofertilizantes[10] e adubos ecológicos.[11] Mais recentemente, o MST tem-se mostrado contrário ao programa de biodiesel proposto pelo governo de Lula, alegando que a monocultura da cana-de-açúcar iria ocupar terras férteis que poderiam ser destinadas à reforma agrária, provocando simultaneamente danos ambientais.

As estratégias políticas do MST na luta pelo acesso à terra

As estratégias de acesso à justiça e de ação judicial por parte do MST não podem ser entendidas sem as estratégias de ação política que com elas coexistem. Aliás, como procuraremos demonstrar neste estudo, a grande novidade do acesso à justiça por parte do MST reside na combinação ou articulação entre as ações judiciais e as ações políticas. Começaremos por estas últimas.

Ao longo do tempo, o MST vem desenvolvendo e aprimorando as suas estratégias políticas, no intuito de dar visibilidade ao movimento e à sua luta. Tem vindo a pressionar os poderes públicos para a consecução dos seus objetivos, bem como sensibilizar a sociedade para a importância da reforma agrária no Brasil. Nesse sentido, destacam-se as seguintes estratégias políticas adotadas pelo movimento:

---

uma alternativa muito utilizada em sistemas agroecológicos. Disponível em: <www.planeta organico.com.br/controle.htm>. Acesso em: 29 jan. 2008.

9. São receitas naturais muito utilizadas na agricultura orgânica para combater pragas. Disponível em: <www.jardimdeflores.com.br/DICAS/A04dica>. Acesso em: 29 jan. 2008.

10. Elaboração feita a partir de produtos e subprodutos da produção agrícola de fácil obtenção. Os ingredientes mais utilizados na produção dos biofertilizantes incluem caldo de cana e o leite. No que diz respeito à sustentabilidade e responsabilidade com o planeta, os biofertilizantes não agridem o ecossistema onde estão inseridas as unidades de produção de alimentos, o que permite preservar as fontes naturais de água. Disponível em: <www.sitio geranium.com.br/ts/biofertilizantes.php>.

11. O adubo verde é um tipo especial de adubo orgânico que consiste em cultivar plantas que depois serão fragmentadas, servindo como cobertura até serem decompostas. Disponível em: <http:wikipedia.org/wiki/>.

Ocupações coletivas

Atualmente, a forma mais forte e importante de estratégica política adoptada pelo movimento são as *ocupações coletivas*. Estas consistem em ocupar espaços rurais, como latifúndios improdutivos que falham a prossecução da sua função social. Deste modo, o MST procura pressionar os poderes executivo legislativo e judicial de forma a expropriar áreas para a reforma agrária, a realojar famílias sem terra e a investir na agricultura familiar. Com o mesmo objetivo, espaços urbanos, como sejam edifícios públicos, tribunais, bancos e autoestradas, também têm sido ocupadas.

As ocupações ocorrem essencialmente através dos *acampamentos* erguidos pelos próprios acampados, por meio de barracos de lonas preta. O tamanho dos acampamentos varia de acordo com o número de famílias, podendo atingir um número de 3 mil pessoas.

As famílias organizam-se por meio de núcleos, onde cada qual é responsável por uma determinada tarefa, como alimentação, saúde, educação, finanças, entre outros. Em cada núcleo há lideranças que controlam e planeiam as atividades. Há também uma coordenação geral do acampamento, que é responsável não só pela união de todos os núcleos, mas também pelo diálogo com o governo e com a sociedade. Dentro desta coordenação geral, encontra-se a *assembleia geral* do acampamento (órgão supremo de decisões); os *líderes dos núcleos*; e a *coordenação do acampamento* (eleita pelos acampados).

Existem dois tipos de acampamento: o provisório e o permanente. O acampamento provisório tem como objetivo chamar a atenção das autoridades, poder público e da sociedade acerca das reivindicações do Movimento. Atingida a finalidade que o moveu, é dissolvido. Já o acampamento permanente, só se desfaz quando todos os acampados forem assentados. Ao longo da existência deste acampamento, o MST promove diversas atividades sociopolíticas, entre as quais a educação de crianças e adultos, organizando também eventos destinados a sensibilizar a opinião pública e a exercer pressão sobre as autoridades.

Marchas

As marchas constituem outra estratégia política do Movimento, realizada para pressionar o governo e para conquistar adeptos a sua causa. Também têm como objetivo chamar a atenção da sociedade e das instituições governamentais para os problemas enfrentados no campo.

Essas marchas acontecem ao longo de autoestradas ou nas cidades. Participam das marchas, os militantes do movimento, incluindo homens, mulheres e crianças, e simpatizantes dos mesmos.

Jejuns e greves de fome

Os jejuns e as greves de fome são as formas mais extremas de ação política. Tem a intenção de denunciar a falta de alimentação e habitação e as dificuldades no campo que os trabalhadores rurais enfrentam. Normalmente realizadas em frente a edifícios públicos tem o propósito de alertar o governo, para as reivindicações do Movimento. A greve de fome é mantida por tempo indeterminado, até à cedência governamental. É também uma importante forma de sensibilização do público em geral para as causas do Movimento.

Vigílias

São manifestações de prazo mais curto, porém são constantes, ou seja, permanecem 24 horas por dia em frente a algum órgão público, a uma prisão, ou a uma esquadra de polícia, sempre procurando lutar pelos seus direitos (Morissawa, 2001). Por exemplo, no dia 8 de março de 2007 (Dia Internacional da Mulher), ocorreu uma vigília, realizada exclusivamente pelas mulheres do Movimento Sem Terra, em frente à empresa brasileira de produtos agroquímicos Nortox, no Paraná, em protesto contra o avanço do agronegócio, a produção de transgênicos e agrotóxicos.[12] O protesto, cujo lema foi *"Mulheres Sem Terra em Defesa da Vida, da Água, da Biodiversidade e da Soberania Alimentar"*, envolveu mais de 700 militantes.[13]

Manifestações públicas nas grandes cidades

As manifestações públicas são uma forma pacífica de chamar a atenção do público, dando visibilidade ao Movimento e à sua luta. Os trabalhadores sem terra deslocam-se para as cidades, organizando uma passeata ou manifestação pública. Todos vestem camisetas, bonés e carregam bandeiras. Porém, mesmo sendo de caráter pacífico, durante as manifestações é comum haver repressão policial, causando, inclusive, mortes de trabalhadores sem terra (Morissawa, 2001).

Estratégias jurídicas: o papel dos "advogados populares"

Ao longo de mais de vinte anos de existência, as estratégias políticas empreendidas pelos integrantes do MST, além de provocarem um forte impacto nos poderes públicos, na sociedade e na mídia, acabam quase sempre por envolver o sistema judicial brasileiro. Conforme veremos mais adiante, o sistema judicial tem sido utilizado, por meio de ações judiciais cíveis e penais, para atingir membros e líderes do Movimento como reação às suas estratégias ques-

---

12. "Mulheres realizam vigília em frente à Nortox no Paraná". Disponível em: <http://www.mst.org.br/mst>.

13. Idem.

tionadoras na concepção liberal e individualista dos direitos de propriedade em vigor no Brasil.

O judiciário brasileiro por sua vez, via de regra, tem-se posicionado de forma favorável a estas ações, mostrando-se ainda bastante conservador quanto ao direito de propriedade e contrário às reivindicações do movimento.

No entanto, a este respeito o sistema jurídico é algo contraditório uma vez que a Constituição de 1988 estabelece no seu artigo 5º, parágrafo XXIII, que a propriedade da terra só é constitucionalmente protegida na medida em que é produtiva e cumpre a sua função social. Em boa parte, é nesta disposição constitucional que as estratégias judiciais do MST se têm apoiado.

O Movimento é representado por advogados populares. Os seus esforços são dirigidos à criação e aplicação de estratégias jurídicas não judiciais para reforçar as estratégias políticas do Movimento. Isto implica fazer uso não apenas dos instrumentos jurídicos disponíveis, mas também a construção de interpretações alternativas da lei numa tentativa de criar uma jurisprudência de soluções favoráveis à luta pela terra e pela justiça social.

Na seção seguinte mapeamos algumas destas principais estratégias jurídicas. Em seguida analisaremos a sua interlocução com as estratégias políticas do MST e os possíveis impactos positivos desta ligação no âmbito das decisões judiciais.[14]

Estratégias judiciais

As estratégias judiciais aqui analisadas representam as que mais comumente são adotadas pelos assessores jurídicos do MST, no

---

14. Esta parte da nossa análise baseia-se em entrevistas longas e semiestruturadas com quatro advogados populares integrantes da Rede Nacional de Advogados e Advogadas Populares (RENAP).

âmbito das ações processuais em que estão envolvidos à luz dos resultados favoráveis que produziram no passado.

Estas estratégias incluem: o Recurso de Agravo de Instrumento; reinterpretações da lei constitucional e processual; argumentos baseados na prevalência dos direitos humanos sobre os direitos de propriedade; ações jurídicas coletivas e extensão da aplicabilidade da legislação pertinente; exigência de cumprimento da função social da propriedade; comprovação do exercício da posse por parte do proprietário; sensibilização e articulação com o poder judiciário e litigação levada à última instância.

O recurso de Agravo de Instrumento

Trata-se de um recurso processual civil muito utilizado a favor do MST no âmbito das ações de reintegração de posse. Assim, quando o poder judiciário concede uma injunção preliminar ao proprietário, em detrimento das famílias sem terra, cabe à defesa destas apelar para um tribunal superior pedindo a suspensão da injunção. Este apelo é pensado para permitir que as famílias sem terra permaneçam em áreas ocupadas e intensifiquem a pressão política sobre o Estado para que exproprie as terras, para subsequente assentamento das famílias.

A primeira coisa a referir é que o MST não possui personalidade jurídica, isto é, legitimidade para avançar com o recurso de agravo conforme exige a legislação processual. Assim, via de regra, o recurso é ajuizado por um ou dois membros do movimento, escolhidos prévia e coletivamente, que figurarão como *agravantes* durante o processo. Assim, é possível garantir a defesa jurídica de todas as famílias, mas com a exposição de identificação de apenas alguns poucos ocupantes.

Além de servir para suspender o despejo das famílias pela via da injunção preliminar, o Agravo de Instrumento tem servido como uma importante ferramenta de recurso para que os advogados do movimento procedam à sustentação de suas teses jurídicas (processuais e não processuais) na defesa da luta pela terra e implementação da reforma agrária. Essas teses, inclusive, podem acabar por se repercutir positivamente na decisão dos Tribunais, agregando assim uma importante função ao uso do recurso de agravo.

Foi o que sucedeu em 1998, no caso da Fazenda Primavera, no Rio Grande do Sul. Centenas de famílias sem terra ocuparam a área, exigindo a sua expropriação em nome da reforma agrária. O proprietário apresentou um processo de reapropriação com uma moção para injunção preliminar. O juiz local concedeu a moção e ordenou a expulsão dos ocupantes. Os advogados do movimento apelaram contra esta ordem argumentando que os proprietários se tinham revelado incapazes de cumprir a função social da sua propriedade; que o Instituto Nacional de Colonização e Reforma Agrária (INCRA) estava interessado na expropriação da propriedade para a reforma agrária; que havia necessidade de reinterpretar e reajustar a lei (i.e. que se tratava de um conflito de direitos, e não de invasão); e que o caso deveria ser julgado por um tribunal federal, e não pelo tribunal do estado. Os argumentos foram bem recebidos pelo juiz que ordenou a suspensão das ordens de expulsão. Quando chegaram a julgamento, os argumentos do Movimento foram aceitos.

Reinterpretações da lei constitucional e processual

Outra importante estratégia na defesa legal dos trabalhadores sem terra é a utilização de argumentos baseados na reinterpretação da lei constitucional e processual, numa abordagem que também contribui para ampliar os debates sobre a reforma agrária e a justiça social.

Devido à escassa doutrina e jurisprudência em defesa dos direitos humanos dos trabalhadores sem terra, em contraste com a abundante legislação em defesa dos direitos de propriedade, e ao número crescente de processos contra os trabalhadores sem terra, os advogados populares vêm, ao longo dos anos, construindo teses capazes de realizar uma defesa jurídica mais sofisticada a favor dos trabalhadores rurais.

Muitas destas teses são rechaçadas pelos magistrados, outras vem sendo bem recebidas, e outras ainda estimularam a criação de novas teses, criadas dentro do próprio judiciário. De todo modo, este tipo de estratégia tem representado um importante papel na contraposição ao senso comum teórico dos juristas e na politização do judiciário brasileiro.

Prevalência dos direitos humanos sobre os direitos de propriedade

Esta tese sustenta que havendo conflito entre direitos humanos fundamentais e direitos de propriedade, são estes últimos que devem ser sacrificados. No caso das ações possessórias envolvendo o MST, este conflito é bastante nítido. A situação que se apresenta é de conflito entre uma coletividade de pessoas procurando satisfazer as necessidades humanas de casa e comida e grandes proprietários tentando fazer prevalecer seu direito de propriedade independentemente do uso que fazem dela, do cumprimento ou não da sua função social. Foi no acórdão proferido pela 19ª Câmara Cível do TJRS, no caso da Fazenda Primavera, que esta tese foi emblematicamente sustentada, repercutindo-se em várias peças processuais em defesa das ocupações do MST. Referiu o acórdão:

"Em suma, para decidir, ter-se-á, obrigatoriamente, de optar entre duas alternativas: 1ª) o prejuízo patrimonial que a invasão certamente causará (ou até já está causando) a empresa arrendatária das terras ocupadas; 2ª) a ofensa aos direitos fundamentais (ou a negativa do mínimo social) das 600 famílias dos 'sem terra' que, sendo retirados de lá literalmente não tem para onde ir. (...) Os doutrinadores afirmam que, havendo a necessidade de sacrificar o direito de uma das partes, sacrifica-se o patrimonial, garantindo-se os direitos fundamentais, se a outra opção for esta. Não bastasse a doutrina apontar esta solução, o bom senso impõe tal posicionamento. Tentando, tanto quanto possível, ficar dentro dos estritos limites do Agravo de Instrumento que examina o pedido liminar de uma ação de reintegração de posse, no meu modesto entender, sobram razões para, por ora, indeferir a reintegração pretendida pela empresa Agravada" (*Cadernos Renap*, 2005).

Exigência de cumprimento da função social da propriedade

Esta tese vem sendo defendida e sustentada há muitos anos, desde a promulgação da Constituição Federal de 1988, que obrigou a propriedade a cumprir a sua função social através do artigo 5°, parágrafo XXIII. Entretanto, muitos tribunais ainda não reconhecem a eficácia deste princípio constitucional, contribuindo para a prevalência do direito privado patrimonialista e para a exacerbação dos conflitos sociais relacionados com o acesso à terra. Outros tribunais têm-se mostrado mais receptivos, dando apoio à demanda pelo cumprimento da função social. Foi o que aconteceu em 1998, com o tribunal de Rio Grande do Sul, no caso supracitado da Fazenda Primavera. Um dos juízes declarou que a lei brasileira defende o valor social acima do valor individual e que, portanto, o direito de posse somente deve ser protegido e garantido quando atender à função social, prevista no artigo 5°, parágrafo XXIII da Constituição Federal. Refere o juiz que: "não basta afirmar na petição inicial como 'fundamento jurídico' apenas a propriedade, pois 'jurídico' é o 'fundamento' que — de acordo com a Constituição Federal — se assenta também na função social da propriedade".

Este posicionamento posteriormente foi muito estudado e analisado por diversos juristas, sendo objeto de artigos comentados e publicações sobre o tema.[15] Este acórdão teve repercussões em diversos tribunais brasileiros, fortalecendo os argumentos jurídicos na defesa da luta pela terra.

Comprovação do exercício da posse por parte do proprietário

Segundo dispõe o Código de Processo Civil, art. 927, para que o proprietário seja reintegrado na posse da área, tem a obrigação de comprovar o exercício da posse da mesma, ou seja, seu uso efetivo. Ocorre que, via de regra, é apresentado como prova da posse, o título de propriedade como se este equivalesse ao referido exercício. Assim, a tese da necessidade de comprovação da posse pelo proprietário tem por objetivo "lembrar" o judiciário que *posse* e *propriedade* são coisas distintas. Isto é, o proprietário deve comprovar que exerce aquela posse, que não é apenas detentor do título de propriedade, mas que a exerce efetivamente desenvolvendo-a economicamente, respeitando seus aspectos ambientais e trabalhistas.

Sensibilização e articulação com o poder judiciário

Esta estratégia, destinada a fortalecer os argumentos dos advogados em tribunal, constitui-se numa das que mais atenção tem recebido tanto dos advogados como dos militantes do MST. Para o advogado Elmano Freitas,[16] a sensibilização do juiz deve ser sempre

---

15. Estas incluem: RENAP. *Cadernos Renap*, 2001, e Alfonsin, 2003.

16. Entrevistado para esta investigação em 16 jan. 2008.

revestida de um debate jurídico, compreendendo basicamente dois aspectos: o primeiro está relacionado com o conhecimento da realidade, o conhecimento da situação concreta em questão. Sensibilizar o juiz, assim, pressupõe que esta realidade seja exposta por alguém que tenha credibilidade, conhecimento de causa, de forma a apresentar uma linha de argumentação credível. A personalidade ou figura de autoridade em questão deve ser um membro do parlamento, um padre, um bispo, um acadêmico, um artista famoso, um político local, um mediador de conflitos agrícolas, ou mesmo um advogado capaz de apresentar uma análise complexa da situação que possa influenciar a decisão do juiz. O segundo aspecto levantado por Freitas refere-se à importância de alertar o juiz para as consequências políticas e sociais da sua decisão. Agregar ao debate jurídico o debate político é uma tarefa a ser desempenhada na audiência com o magistrado e que pode contribuir para uma decisão favorável ao movimento.

Litigação levada aos tribunais de instância superior

Esta estratégia é usada especialmente no âmbito de ações penais em que líderes do MST figuram como réus. Nasce da percepção de que os juízes locais, bem como os Tribunais Estaduais, têm uma ligação muito estreita com as elites da região, seja ideologicamente, ou por razões econômicas e sociais, aplicando sentenças condenatórias aos sem terra. Nesse sentido, a estratégia processual adotada pelos advogados do Movimento é a utilização da interposição de recursos processuais, buscando reverter a sentença. Para tanto, os advogados atuam até a última instância, isto é, até ao Supremo Tribunal de Justiça.

De fato, com frequência tem-se constatado diferenças importantes nas decisões das instâncias superiores se comparadas às inferiores. No entendimento de Elmano Freitas,[17] isso ocorre porque os tribunais superiores têm tradicionalmente julgado casos penais envolvendo pessoas pertencentes às classes médias e ricas da sociedade. Assim, a elaboração teórica dessas decisões tem-se pautado pela proteção das garantias individuais do cidadão (privilegiado). Como estes Tribunais possuem a função de uniformização da jurisprudência, acabam por julgar o caso dos trabalhadores pobres sem terra aplicando as mesmas teses de garantia dos direitos individuais anteriormente elaboradas para conceder a liberdade dos membros das elites.

De acordo com Elmano Freitas, o MST foi bem-sucedido em todos os casos envolvendo trabalhadores sem terra que tramitaram para o Supremo Tribunal de Justiça e para o Supremo Tribunal Federal. Por esta razão, uma estratégia muito utilizada pelos advogados populares para a defesa de um trabalhador criminalizado é levar o processo até as últimas instâncias.

Estratégias jurídicas não judiciais

Tão importantes quanto as estratégias judiciais são as estratégias não judiciais. Enquanto as primeiras servem para a defesa processual jurídica do MST no âmbito das ações judiciais, as últimas encontram-se fora do contexto destas ações. Dizem respeito às políticas do MST no tocante à reforma dos sistemas legal e judicial. O seu objetivo principal é promover a proximidade entre o MST e os magistrados, e sensibilizar os agentes da justiça, presentes e futuros, para as pretensões do Movimento. É importante realçar que as estratégias não judiciais são implementadas em conexão com as políticas e judiciais.

---

17. Entrevistado para esta investigação em 16 jan. 2008.

Dentro das diversas estratégias não judiciais utilizadas, este estudo incide nas experiências mais inovadoras adotadas pelo Movimento e pelos advogados populares. São elas: a treino técnico e político dos advogados e atuação coletiva; parcerias com Universidades e incentivo à criação de Assessorias Jurídicas Populares Universitárias.

Formação técnica e política para advogados e ação coletiva

Uma das estratégias extrajudiciais utilizada é a formação técnica e política dos advogados, e o seu envolvimento em ações conjuntas na luta pela terra. Vale referir que não se trata de uma estratégia utilizada apenas pelo MST, mas de uma característica mais ampla do trabalho da advocacia popular: o princípio de que o envolvimento legal com o tribunal e o envolvimento político com a luta social de cada caso são instâncias que caminham a par.

Devido à intensa criminalização do MST, especialmente por parte do judiciário e da mídia, bem como do grande número de ações de reintegração de posse e outras práticas jurídico-processuais adotadas pelos latifundiários para impedir a realização das desapropriações de terra, os advogados que atuam junto do movimento necessitam uma permanente requalificação no âmbito jurídico-processual.

Esta qualificação pode ocorrer de várias formas. A primeira, relacionada com uma qualificação técnica individual, na qual o advogado por iniciativa própria realiza cursos de pós-graduação *latu sensu* nas áreas cível ou penal, ou ainda a partir da pós-graduação em mestrado ou doutoramento. A segunda forma, e a mais comum adotada por muitos advogados populares, relaciona-se com uma qualificação coletiva, de caráter não apenas técnico processual, mas também político. Realiza-se através da iniciativa dos próprios advogados que atuam em prol do MST, e que organizam conferências, seminários ou cursos sobre determinado tema, especialmente na área cível ou penal, a fim de aprofundarem estas áreas, estabelecerem trocas de experiências e estratégias jurídico-processuais sobre as mesmas. Em razão de se encontrarem diretamente envolvidos nas lutas coletivas pelo acesso à terra, os advogados na sua prática diária também se qualificam politicamente, expandindo a sua visão e adotando uma postura crítica sobre a conjuntura política e social do país.

Parcerias com universidades e incentivos para a criação de Assessorias Jurídicas Populares Universitárias

Muitos obstáculos enfrentados pelo Movimento dos Trabalhadores Sem Terra resultam da formação positivista tradicionalmente ministrada aos membros do judiciário nas escolas de direito. Para contrariar este efeito, o Movimento tem acolhido parcerias com diversas universidades brasileiras, visando influenciar a formação ministrada aos profissionais do direito, de forma a torná-los mais sensíveis e compreensivos em relação à questão agrária.

O estreitamento da relação com os Núcleos de Assessoria Jurídica Popular, os NAJUPs, e com os Serviços de Assessoria Jurídica Universitárias, SAJUs, tem sido um dos caminhos para a sensibilização dos futuros profissionais do direito. As Assessorias Jurídicas Universitárias desenvolvem ações que articulam estudantes, professores e comunidade local em torno de problemas relativos à efetivação dos direitos humanos, tais como a ausência de habitação digna para as classes populares, a violência, o desrespeito aos direitos das mulheres e a precariedade do sistema prisional. Em várias Faculdades de Direito têm sido criados projetos que articulam os estudantes de direito com a realidade agrária do país. Nesses projetos são desenvolvidos ciclos de debates sobre a questão

AS BIFURCAÇÕES DA ORDEM

agrária, exposições fotográficas, participação em vivências com assentados e acampados vinculados ao movimento. Os estudantes têm a possibilidade de viver até 10 dias com as famílias rurais. Antes e depois da experiência, tomam parte de atividades coletivas, *workshops*, debates sobre questões sociais (especialmente a questão agrária) com líderes do MST e outros movimentos sociais, bem como intelectuais e académicos.

Outra estratégia de formação de operadores do direito comprometidos com a Reforma Agrária foi a criação da primeira turma especial de graduação em Direito da Universidade Federal de Goiás (UFG) exclusivamente para os filhos de famílias rurais pobres. O curso é resultado da articulação do MST, outros movimentos camponeses, Instituto Nacional de Colonização e Reforma Agrária — INCRA, Ministério do Desenvolvimento Agrário — MDA e Universidade Federal de Goiás — UFG.

Impacto das estratégias políticas e judiciais: análise de alguns casos de tribunal

Analisadas as diferentes estratégias jurídicas e políticas de acesso ao direito e à justiça adotadas pelo MST e seus advogados, procuramos identificar e compreender o impacto destas no âmbito do poder judiciário por meio do mapeamento de 34 (trinta e quatro) decisões, das cinco regiões do país julgadas entre 1996 a 2005, favoráveis ao Movimento Sem Terra. Do total, 11 (onze) decisões foram proferidas no âmbito de ações cíveis e 23 (vinte e três) decisões no âmbito de ações penais.[18]

1. A primeira observação a ser feita está relacionada ao fato de que, no âmbito das 34 ações judiciais, os integrantes do MST, sobre-

---

18. Uma tabela completa destes casos pode ser consultada em: <http://www.lexisnexis. com/documents/pdf/20080924043058_large.pdf>.

tudo os seus líderes, figuram em todas elas como réus; em outras palavras, podemos afirmar que o Movimento estabeleceu contato com o sistema judiciário por meio da condição de "demandado" nas ações interpostas contra ele. Os queixosos nestes casos foram indivíduos particulares (proprietários das terras ocupadas) em processos cíveis e o Ministério Público Estatal nas ações penais.

Isto explica o porquê de as pessoas e famílias envolvidas no movimento terem de lutar para ultrapassar os preconceitos inerentes a um judiciário, que, ao longo dos 200 anos da sua existência, se opôs sistematicamente à luta pela reforma agrária no país, e cujas regras, nas últimas duas décadas de existência da democracia, têm sido marcadas pelo conservadorismo e tradicionalismo.

Contudo, ao longo dos anos, e à medida que foram sendo proferidas decisões favoráveis aos sem terra, o MST passou a dar mais credibilidade à luta jurídica e judicial, embora sempre integrada na luta política mais ampla da luta pela terra. Não pode ser negado o fato de que hoje existirem diversas decisões judiciais favoráveis, em diferentes regiões do país, o que revela um importante impacto no sistema judicial. De fato, podemos dizer que o MST conseguiu galvanizar um consenso amplo no seio da mais teimosamente conservadora das instituições — o Judiciário — quanto à legitimidade das suas estratégias para assegurar o cumprimento da Constituição.

2. A segunda análise diz respeito aos tipos de ações envolvendo o MST. Assim, verifica-se que o movimento figura como réu em ações cíveis de natureza possessória, e em ações penais com pedido de prisão preventiva. Isto demonstra que os processos não se destinam a acabar com as ocupações, mas sim, a criminalizar o movimento sem terra.

3. Com base na análise dos dados apresentados nas decisões judiciais analisadas, verifica-se que as estratégias *jurídicas-judiciais* acima mencionadas, estiveram presentes tanto nos processos cíveis quanto nos criminais. Estas estratégias foram usadas em combinação com a estratégia política de ocupação, usada como instrumento de pressão política para que os direitos à terra e à habitação fossem

levados a sério. Deste modo, tanto as estratégias jurídicas como as políticas eram destinadas a um objetivo final único. Apesar das ações visarem a criminalização dos sem terra, muitos juízes têm vindo a aderir a novos entendimentos e teses interpretativas, não raro criadas e invocadas pelos advogados do MST, revelando um compromisso do Estado-juiz em exercer um papel para além da clássica atuação do Judiciário, aplicando as novas exigências e valores constitucionais.

4. Nas decisões favoráveis ao Movimento dos Trabalhadores Sem Terra, os argumentos judiciais formaram-se na medida em que os magistrados se descolaram do Código Civil e das concepções estritamente "civilistas" ou "privativistas" sobre a propriedade e passaram a dialogar com a Constituição Federal e os Direitos Fundamentais. Verifica-se, assim, que das 11 decisões cíveis analisadas, 10 apresentaram argumentos baseados na Constituição Federal e nos Direitos Fundamentais para a construção da fundamentação legal favorável ao Movimento. Já dentre as decisões na área penal esse número é menor, mas expressivo: de 23 decisões, mais de um terço delas é fundamentada a partir da Constituição e dos direitos humanos. Estes números revelam como a compreensão da luta do MST exige que o Judiciário abandone suas concepções individualistas e privatistas e se abra para uma concepção de Estado de Direito no qual os direitos sociais e coletivos sejam efetivamente realizados.

5. A eficácia da estratégia de apelar aos tribunais superiores de modo a reverter sentenças criminais e apelar à libertação temporária dos sem terra em casos criminais está inteiramente comprovada: das 23 decisões favoráveis analisadas, 14 delas foram proferidas pelo Superior Tribunal de Justiça (STJ).

6. Os advogados populares (especialmente a Rede Nacional de Advogados Populares, RENAP) contribuíram decisivamente para as lutas políticas e jurídicas do MST e para a criação de um novo senso comum da legalidade (Santos, 2002b) no que se refere à tensão entre a propriedade da terra e à justiça social. Criada em 1985, a RENAP advoga uma nova forma de mobilização no contexto político, marcada por um aprofundamento do projeto neoliberal e por

fortes conflitos no meio rural, envolvendo em especial o Movimento do Trabalhadores Rurais Sem Terra (só em 1995, registaram-se cerca de 440 conflitos nas áreas rurais.

Desde a sua criação, a RENAP tem por objetivo dar suporte e otimizar a prestação de assessoria jurídica aos movimentos sociais urbanos e rurais, nomeadamente ao MST (*Cadernos Renap*, 2005). A experiência política, prática e teórica dos advogados populares junto às demandas do Movimento, todavia, tem contribuído para além da defesa das ações coletivas no âmbito do sistema judicial, propiciando a emergência de uma nova cultura legal muito mais empenhada nas necessidades e aspirações dos grupos socialmente excluídos e muito mais na linha da revolução democrática da justiça que temos vindo a defender. Os advogados populares tiveram um papel central na sincronização dos movimentos sociais (MST e outros) com o campo legal (Houtzager, 2003).

O MST, em particular, nos seus primeiros anos de existência, não acreditava no direito como um espaço de emancipação ou conquista de reivindicações, e interagia apenas com apenas alguns (poucos) advogados mais progressistas.

O raciocínio era algo como: "o direito é um instrumento da burguesia e das classes oligárquicas, e sempre funcionou a favor delas; se o direito só nos vê como réus e para nos punir, para que utilizar o direito?" (Santos, 2007). O diálogo que os advogados gradualmente começaram a promover entre os campos jurídicos e políticos de ação do MST "contribuiu notavelmente a superar a resistência deste a entrar no campo jurídico e a construir relações de confiança entre o Movimento e outros protagonistas do campo jurídico, como as redes informais de juízes comprometidos com a justiça social" (Houtzager, 2003). A RENAP tem estado fortemente comprometida com o processo de constitucionalização dentro do campo jurídico, ajudando a propagar as novas bases doutrinárias nas quais se argumentam os casos que afetam o MST.

A RENAP também tem contribuído para a aproximação entre as universidades, especialmente os estudantes de direito, e o MST.

AS BIFURCAÇÕES DA ORDEM

Considerada também como uma iniciativa inovadora, esta estratégia é realizada de modo conjunto por ambos. Por um lado, os advogados estabelecem os contatos acadêmicos nas faculdades; por outro, os integrantes do MST abrem seus acampamentos e assentamentos para receberem os estudantes interessados e até mesmo curiosos em conhecer o movimento e suas lutas. Inicia-se, assim, um processo importante de sensibilização dos futuros operadores do direito e um imprescindível debate acerca do papel do Direito e seu ensino no enfrentamento às desigualdades e injustiças sociais. O resultado positivo desta estratégia está demonstrado no fato de que, por iniciativa dos próprios estudantes, dezenas de Assessorias Jurídicas Populares (AJPs) no âmbito das Universidades estão surgindo, muitas inspiradas nos primeiros contatos que tiveram com MST.[19] De fato, muitos dos advogados que hoje atuam na RENAP são oriundos destas experiências.

Panorama dos argumentos jurídicos do judiciário contra e a favor do MST

Como vimos anteriormente, tanto na esfera cível quanto na esfera criminal, já existem argumentos favoráveis ao MST manifestados reiteradamente pelo Poder Judiciário brasileiro, resultantes da combinação das estratégias jurídicas e políticas adotadas pelo Movimento e seus advogados.

Na *esfera cível*, tratando-se de litígio possessório, merecem destaque os seguintes argumentos capazes de sustentar a permanência das famílias sem terra nas áreas ocupadas e contribuir na luta pela

---

19. É o caso do Núcleo de Assessoria Jurídica Popular do Rio Grande do Sul (NAJUP/ RS). Nascido em 2002, o grupo já realizou diversas atividades em acampamentos e marchas do MST. Recentemente o grupo recebeu o II Prêmio Roberto Lyra Filho pelo projeto que desenvolve sobre o direito à habitação junto a uma ocupação urbana em Porto Alegre/RS.

implementação da reforma agrária: 1) aplicação do princípio constitucional da função social da propriedade (art. 5º, XXII e XXIII, da Constituição Federal); 2) aplicação da Lei de Introdução ao Código Civil a qual refere que *na aplicação da lei, o juiz atenderá aos fins sociais a que ela se dirige e às exigências do bem comum*; 3) aplicação do Código de Processo Civil (art. 927), o qual obriga o proprietário a comprovar o exercício da posse; 4) aplicação do Pacto Internacional dos Direitos Econômicos Sociais e Culturais (art. 11) ratificado pelo Brasil, o qual refere o direito de toda pessoa à alimentação e moradia adequadas; 5) legitimidade da ocupação em razão do estado de necessidade de uma coletividade; 6) prevalência dos direitos humanos fundamentais das famílias ocupantes em detrimento do direito puramente patrimonial; 7) a proteção da propriedade privada deve estar vinculada a assegurar a todos uma existência digna e à solidariedade social; 8) a propriedade privada não possui caráter absoluto.

Na *esfera penal*, tratando-se de ações penais com pedidos de prisão preventiva de lideranças do MST, resultante das ocupações de terras, destacam-se os seguintes argumentos favoráveis a estas: 1) aplicação do art. 5º, LXVI, da Constituição Federal, o qual refere *que ninguém será levado à prisão ou nela mantido, quando a lei admitir a liberdade provisória, com ou sem fiança*; 2) aplicação do princípio constitucional da presunção da inocência (art. 5º, LVII), o qual refere que ninguém será considerado culpado até o trânsito em julgado de sentença penal condenatória; 3) movimento popular visando implantar a reforma agrária não caracteriza crime contra o patrimônio, configura direito coletivo, expressão da cidadania; 4) ocupação praticada por trabalhadores rurais carentes de abrigo caracteriza estado de necessidade e não esbulho possessório; 5) ausência de fundamentação concreta e vinculada que exija a prisão preventiva; 6) prisão preventiva é medida excepcional; 7) impossível manter decreto de prisão preventiva que apresenta motivação genérica, sem demonstrar as razões concretas da necessidade da rigorosa medida; 8) ausência de demonstração do risco que a liberdade do paciente oferece à "ordem pública e à paz social".

Por outro lado, são inúmeros os argumentos desfavoráveis ao MST advindos dos magistrados, tanto na esfera cível quanto penal. Nesse sentido, na esfera cível destacam-se: 1) aplicação do art. 5º, XXII, da Constituição Federal, o qual propaga que é garantido o direito de propriedade; 2) aplicação do art. 5º, LIV, da Constituição Federal, o qual refere que *ninguém será privado da liberdade ou de seus bens sem o devido processo legal*; 3) aplicação do Código de Processo Civil (art. 926), o qual inscreve que o *possuidor tem direito a ser mantido na posse em caso de turbação e reintegrado no de esbulho*; 4) as ocupações de terra revelam-se contrárias ao Direito porquanto buscam, de modo autoritário e violento, constranger o Poder Público para promover a reforma agrária; 5) as ocupações de terras configuram violação possessória, impregnadas de ilícito civil.

Já na esfera penal, sustentam os magistrados: 1) aplicação do Código Penal, art. 161, II (esbulho possessório), art. 288 (formação de quadrilha ou bando); art. 163 (crime de dano), art. 155 (furto) com o objetivo de enquadrar criminalmente as lideranças do MST; 2) aplicação do Código de Processo Penal (art. 312), o qual prevê a decretação da prisão preventiva *para garantia da ordem pública ou para assegurar a aplicação da lei penal, quando houver prova da existência do crime e indício suficiente de autoria*; 3) ocupação de terra configura esbulho possessório, impregnada de ilícito penal.

Saliente-se que as ações penais intentadas no Poder Judiciário contra lideranças do MST são da autoria do Ministério Público. Nesse sentido, vale a pena registrar que o Conselho Superior do Ministério Público do Estado do Rio Grande do Sul aprovou, em dezembro de 2007, o relatório n. 1124-100-PM2-2007, elaborado pelo Promotor Gilberto Thums. Dentre as principais recomendações do documento encontram-se "*a necessária providência em promover uma Ação Civil Pública com vista à dissolução do MST e à declaração de sua ilegalidade*", bem como medidas cabíveis com vista à "*suspensão das marchas, colunas ou outros deslocamentos e ainda investigar os integrantes do MST pela prática de crime organizado*". Este relatório seguramente contribuirá para potencializar a criminalização do MST no âmbito do Poder Judiciário.

Conclusões

Este estudo procura identificar e analisar as principais estratégias jurídicas e políticas adotadas pelo Movimento dos Trabalhadores Rurais Sem Terra na luta pelo acesso ao direito e à justiça no Brasil. Buscou-se ainda verificar e compreender como estas estratégias se encontram hoje combinadas e em que medida podem contribuir para uma maior permeabilidade do direito e do sistema judicial às reivindicações e lutas sociais, notadamente àquelas relacionadas com a questão da terra.

Vimos que o acesso ao direito e à justiça pressupõe um processo político amplo de transformações sociais, no qual se inclui a criação de formas mais substantivas de justiça social e a compreensão de que o direito é dotado de contradições, ora podendo servir aos interesses das classes dominantes, ora aos dos grupos socialmente excluídos. Os movimentos sociais que lutam pela reforma da terra, como o MST, apenas há poucas décadas tomaram consciência deste fato, mas este conhecimento possibilitou a complementação das suas estratégias políticas (como as ocupações massivas de terras) com estratégias judiciais e jurídicas inovadoras. A articulação resultante entre iniciativas jurídicas e políticas fortaleceu consideravelmente os objetivos do movimento, sobretudo graças à intervenção dos advogados populares, que criaram uma ligação entre o sistema legal do Estado e o movimento social.

No decurso deste processo, o direito hegemônico em vigor foi posto à prova. Um novo senso comum começa a desenvolver-se no direito, com novas atitudes a serem assumidas pelo Judiciário, e o surgimento de um novo paradigma, dentro do qual a lei é interpretada de acordo com o valor e a qualidade da justiça.

Essas constatações puderam também ser observadas com base na análise de decisões judiciais cíveis e penais favoráveis ao MST, que revelaram receptividade às teses interpretativas baseadas nos princípios constitucionais de prevalência dos direitos humanos, função social da propriedade e do respeito à dignidade humana e à solidariedade social.

A combinação criativa de novas práticas jurídicas e políticas permitiram que instituições hegemônicas (como o direito e os tribunais) fossem utilizadas de maneira não hegemônica (Santos, 2002b, p. 466). À luz destas experiências, parece ser possível uma resposta afirmativa à questão sobre se o direito pode ser emancipatório.[20] Em determinadas circunstâncias, como aquelas que ilustram este capítulo, é de fato possível reinventar o direito, levando-o para além do modelo liberal em direção a um novo paradigma legal e jurídico. Isto implica necessariamente uma concepção do acesso ao direito e à justiça firmemente comprometida com os valores da justiça social, ou seja, a uma igualdade entre os cidadãos substancial, e não meramente formal.

---

20. Ver a Introdução neste volume.

Parte 3

O Direito da Indignação

CAPÍTULO 7

Para uma Teoria Sociojurídica da Indignação: É possível ocupar o direito?

Neste capítulo, apresento uma proposta preliminar para uma teoria sociojurídica do direito à luz da novíssima onda de protestos sociais que tiveram lugar entre 2011 e 2013 em diferentes países e regiões do mundo. A sua intensidade e dispersão atingiu uma magnitude que levou Christopher Chase-Dunn (2013) a caracterizar este período como a "Revolução Mundial de 2011", uma data equivalente a outros importantes momentos de mobilização popular e protesto, tais como 1789 (revolução francesa), 1791-1804 (revolução haitiana), 1848 (revoluções burguesas que atravessaram vários países europeus), 1911 (revolução chinesa), 1917 (revolução russa), 1959 (revolução cubana), 1968 (movimento estudantil), e 1989 (queda do muro de Berlim), que conduziram a mudanças estruturais em todo o mundo. Parece-me exagerada uma tal caracterização das revoltas da indignação, sobretudo tendo em mente as mudanças, muito desiguais de país para país, a que deram azo. Aponta, no entanto, para o significado da simultaneidade dos processos, da semelhança dos modos de convocação e da convergência das narrativas da transformação.

As revoltas da indignação

Os protestos que tenho em mente são a Primavera Árabe no Norte de África e no Próximo Oriente,[1] o movimento Occupy Wall Street, que subsequentemente se expandiu para outras cidades americanas,[2] o movimento dos *indignados* na Europa do Sul,[3] o movimento estudantil chileno de 2012,[4] o movimento #Yosoy132 contra a fraude eleitoral no México,[5] e por fim, em junho de 2013, os protestos maciços no Brasil contra os transportes públicos e os serviços públicos em geral.[6] Isto para não falar de outros contextos de luta com menor visibilidade midiática, mas não menos importantes, como, por exemplo, a África do Sul, que em 2012 assistiu a mais protestos sociais que qualquer outro lugar do mundo.[7] Ou da Índia,[8] onde se

---

1. Ver Bradley (2012a) e (2012b). Ver também Noueihed, & Warren (2012); Pollack (2011); Seigneurie (2012, p. 484-509); Weyland (2012, p. 917-34); Tanoukhi & Mazrui, (2011, p. 148-62) e Kuhn (2012, p. 649-83).

2. Ver Pickerill & Krinsky (2012, p. 279-87); Hedges (2013); Greene & Kuswa (2012, p. 271-88); Edelman (2013, p. 99-118); Calhoun (2013, p. 27-38); Gitlin (2012, 2013a, p. 3-25, 2013b, p. 39-43); Harcourt (2012, p. 33-55); Byrne, (org.) (2012); Gessen *et al.* (orgs.) (2011); van Gelder (org.) (2011); Writers for the 99% (2012); Roberts (2012, p. 754-62); Mitchell (2012, p. 8-32); Taussig (2012, p. 56-88); Nixon (2012, p. 3-25); Pickerill & Krinsky (2012, p. 279-87).

3. Sobre os protestos e mobilizações em Espanha, Portugal e na Grécia, ver SuNotissima *et al.* (2012); Castañeda (2012, p. 1-11); Calle Collado (2011 e 2012, p. 61-9); Charnock & Ribera-Fumaz (2014); Cruells & Ibarra (orgs.) (2013); Fuster Morell (2012, p. 386-92); Gámez Fuentes (2015, p. 1-7); González-Bailón *et al.* (2013, p. 943-65); Kornetis (2014, p. 1-16); La Parra Pérez (2014, p. 1-19); Peña-López, Congosto & Aragón (2013, p. 359-86); Taibo, Carlos (2013, p. 155-58); Viñas Viejo (2012, p. 123-56); Mendes (2013); Theodossopoulos (2013, p. 200-21); Feixa & Juris (2009, p. 421-42); Monedero (2013); Nuño de la Rosa (2014, p. 111-25); Aguirre Rojas (2012). Ver também Fominaya Flesher (2014a, p. 1-22, 2014b e 2014c).

4. Sobre este movimento, ver Oyarzún Serrano (2012, p. 227-8); Espinoza & González (2012, p. 1-2); Rifo (2013, p. 223-40); Martín, Muñoz & Solís (2013, p. 1-17).

5. Ver Meneses (2015); Sancho (2013) e "Manifesto del #YoSoy132 al pueblo de México". Disponível em: <http://www.yosoy132media.org/asambleas-2/asambleas-metropolitanas/discurso-frente-a-televisa/>.

6. Ver Arantes (2013); Vainer (2013); Weissheimer (2013); Porto-Gonçalves & Soares (2013) e Oliveira (2013); Vainer *et al.* (2013); Peschansky & Moraes (2013, p. 111-24).

7. Ver Holdt *et al.* (2011); Alexander; Lekgowa; Mmope, (2012); Friedman (2012); Zuern (2013, p. 175-80) e (2015, p. 477-486); Clark, (2014); Nyamnjoh (2016).

8. Para o caso da Índia, ver Sharma, (2012); Kunnath (2012); Levien (2012, p. 933-69); Lerche; Shah; Harriss-White (2013, p. 337-50); Baka (2013, p. 409-28); Sampat (2015, p. 765-90).

desenrola uma tremenda luta dos camponeses contra a pilhagem dos seus recursos naturais, a mesma que enfrentam também os camponeses moçambicanos[9] e tantos outros em distintas partes do mundo.[10] Apesar de não abordar aqui de modo específico estas lutas, não quis deixar de lhes fazer referência pela sua importância no contexto em questão.

Não é meu propósito apresentar aqui uma caracterização plena das diferentes revoltas e protestos, do seu contexto histórico, composição social, orientação política, formas de mobilização, discursos e narrativas de resistência e alternativa. Limito-me a algumas observações analíticas que podem ajudar a fundamentar o argumento principal deste capítulo. Nos últimos quarenta anos, as teorias ocidentalocêntricas dos movimentos sociais têm vindo a propor uma distinção chave entre novos e velhos movimentos sociais.[11] Embora discordando em muitas questões, estas teorias tendem a concordar com a classificação do movimento laboral como velho, e dos movimentos que emergiram (ou se fortaleceram) nos finais dos anos 1960, em resultado do movimento estudantil, como novos, tal como os movimentos feministas, indígenas, ecológicos, antirracistas, pacifistas, gays e lésbicas. Segundo estas teorias, os movimentos velhos surgiram das contradições da sociedade industrial. São mobilizações das classes trabalhadoras e incidem sobre questões econômicas ou materiais (direitos laborais). Procuram ter impacto nas políticas públicas e, portanto, também no Estado. Por sua vez, os novos movimentos sociais resultam das contradições da sociedade pós-industrial, que afetam sobretudo a velha e a nova classe média; veem-se como emanações da sociedade civil, só marginalmente se interessam

---

9. Sobre Moçambique, ver Mosca & Selemane (2011); Human Rights Watch (2013); Brito *et al.* (2014); Castel-Branco (2014); Mosse (2014); Via Campesina (2015); Mimbire (2016).

10. Para uma visão geral dos protestos, ver Werbner, Webb & Spellman-Poots (orgs.) (2014).

11. Ver McAdam; McCarthy, & Zald (orgs.) (1996); McAdam; Tarrow & Tilly (2001); Habermas (1981); Touraine (1985, p. 749-87); Laclau (1985); Mouffe (1984, p. 139-43); Melucci (1980, p. 199-226).

pela política partidária e a sua ação é dirigida a questões culturais, de estilo de vida e identitárias. Embora organizados de acordo com diferentes lógicas, tanto os velhos como os novos movimentos sociais possuem algum grau de institucionalização, embora os novos movimentos sociais tendam a resistir à burocratização. Embora possam organizar protestos e outras formas de ação direta, a sua atividade não se centra neles.

Critico, em outro lugar, algumas das linhas analíticas e conceituais que fundamentam estas caracterizações.[12] Aqui, refiro apenas o caráter duplamente ocidentalocêntrico destas teorias. Embora os dois tipos de movimentos possam coexistir num dado país num determinado momento, as categorias usadas ('velho' e 'novo') apontam para uma sequência histórica. De fato, esta sequência pode corresponder às realidades sociológicas e políticas do Norte global (Europa e América do Norte), mas tem muito pouco que ver com as condições sociais de outras regiões do mundo. No Sul global — a maior parte do qual esteve sob o domínio colonial europeu até meados do século passado e mesmo finais do século, no caso dos países sujeitos ao colonialismo português — e mesmo nos países da Europa do Sul que estiveram sujeitos a regimes ditatoriais ao longo de muitas décadas, movimentos sociais velhos e novos emergiram virtualmente em simultâneo. Além disso, a distinção entre questões materialistas e não materialistas é altamente problemática fora do Norte global.[13] Existem muitos movimentos que, superficialmente, pela sua temática e tipologia de organização, poderiam ser classifi-

---

12. Ver Santos, 2006b.

13. Referindo-se especificamente ao caso do Brasil, Reiter (2011, p. 153-68) afirma que o conceito de "novos movimentos sociais" caracterizado pela incidência na identidade não pode ser linearmente transferido para o contexto latino-americano. A América Latina nunca vivenciou o viés pós-materialista que levou os movimentos sociais europeus a serem denominados "novos". Mais ainda, como o caso das organizações negras no Brasil demonstra, os movimentos sociais latino-americanos baseados na identidade são muito mais antigos do que a literatura sugere. O que constituiu de fato uma novidade latino-americana dos anos de 1980 foi a emergência massiva de organizações não governamentais (ONGs). No caso do Brasil, estas organizações surgiram como resposta às novas oportunidades financeiras proporcionadas por

cados como novos movimentos; no entanto, de fato encontram-se envolvidos em questões políticas e econômicas, de produção e distribuição, que confrontam directamente o Estado capitalista. Por exemplo, os movimentos ecológicos em todo o Sul global que lutam contra megaprojetos, roubo de terras, deflorestação, e a sobre-exploração dos recursos naturais procuram defender os seus direitos ancestrais à água, terra e território. Trata-se de um "ecologismo dos pobres", como lhe chamou Joan Martinez Alier,[14] que envolve questões materiais e econômicas, assim como questões culturais, identitárias ou de estilo ou modo de vida.

Na última década, e seguindo a mesma sequência lógica, surgiu uma terceira categoria de movimentos sociais, os "novíssimos movimentos sociais",[15] ou *novos* novos movimentos sociais".[16] Richard Day (2005, p. 1-15) defende que o novo ativismo radical que surgiu nos finais da década de 1990 e nos inícios de 2000 representa um novo tipo de ações coletivas caracterizadas pelo seu posicionamento radical, embora as suas raízes recuem até aos novos movimentos sociais dos anos de 1960 — feminismos, movimento americano pelos direitos civis, Poder Vermelho (movimentos dos índios norte-americanos), anticolonialismo, lutas gay e lésbicas — e, recuando ainda mais no tempo, até às "velhas" tradições do marxismo e do socialismo anarquista. Para Day, o novo ativismo radical emerge com os protestos de Seattle em 1999 contra a Organização Mundial do Co-

---

doadores internacionais e ao caráter patrimonialista e autoritário do Estado, uma realidade que o conceito de novos movimentos sociais é incapaz de captar.

14. Ver Alier (2003).

15. Tenho usado esta categoria no meu trabalho, embora de um modo desviante ou heterodoxo. Insatisfeito com a viragem cultural da teoria crítica nos anos 1980, e particularmente com o foco excessivo na sociedade civil (um conceito muito problemático do meu ponto de vista, ver Santos, 2002b, p. 457), e o correspondente abandono da problemática estatal, transformada num tópico privilegiado do pensamento conservador, escrevi sobre o "Estado como novíssimo movimento social" com o objetivo de orientar a teoria crítica e as políticas de esquerda no sentido de "repensar" e "refundar o Estado". Ver também Santos e Exeni, (orgs.) (2012b) e Santos e Grijalva (orgs.) (2012c).

16. Ver Feixa, Pereira & Juris (2009).

mércio (OMC) durante a reunião dos países do G8, que, segundo este autor, marcam o momento em que uma nova militância irrompe na superfície daquilo que de outro modo seria uma serena política democrática liberal. Na década seguinte foram sucedidos por muitas mobilizações de tipologia similar ou não, mas sempre guiados por repertórios de luta autônomos e anarquistas.

Falando de um modo geral, estas mobilizações são de um tipo semelhante àquelas que inspiraram o uso do conceito de "multitude" por Toni Negri e Michael Hardt (2000) em *Empire*. Mas Day (2005, p. 5) rejeita este conceito porque, do seu ponto de vista, "parece muito difícil reconciliar o proletariado global com as críticas pós-marxistas das políticas que dão centralidade às lutas da classe operária, ou com os apelos do feminismo antirracista por uma descolonização da teoria e o exercício da solidariedade em todos os eixos da opressão". Segundo Day (2005, p. 5), o "ativismo radical contemporâneo" não busca um retorno à teoria e à prática da Velha Esquerda do século XIX e inícios do século XX, nem à Nova Esquerda dos anos de 1960 a 1980. O que se passa aqui é uma outra coisa, distinta, que tento por vezes identificar com o termo *novíssimos movimentos sociais* de modo a descrever as correntes que mais me interessam.

Day argumenta, ainda, que os *novíssimos movimentos sociais* são radicais naquilo que consideram ser mudanças fundamentais. Não se referem apenas ao *conteúdo* dos modos de dominação e exploração atuais, mas também às *formas* que lhes deram origem. Assim, por exemplo, as políticas radicais indígenas, em vez de defender o autogoverno no seio do Estado colonial, desafiam a noção europeia de soberania sobre a qual assentam os sistemas estatais. Deste modo, o ativismo radical contemporâneo vai para além das possibilidades e limites da reforma liberal, sem pôr de lado completamente as tentativas de mudança do *status quo*. Rejeita quaisquer políticas de integração ou inclusão nas estruturas políticas e sociais existentes e, portanto, qualquer tentativa de reformar ou transformar o Estado. Incide sobre experiências de pequena escala na construção de modelos alternativos de organização social, política e econômica por oferecerem um modo de evitar tanto uma espera eterna pela chegada da revolução como a perpetuação das estruturas existentes por via de reivindicaçõess reformistas.

"Ao recusar apresentar reivindicações vão para além do ciclo em que pedidos de 'liberdade' ou 'direitos' são usados para justificar uma intensificação do controlo e disciplina nas sociedades" (Day, 2005, p. 15). Day ecoa o manifesto de John Holloway (2002) de mudar o mundo sem tomar o poder, inspirado nos neozapatistas. Enfatiza que mais do que o envolvimento com o poder político, os novos ativistas radicais lutam para recuperar, estabelecer e aumentar a sua capacidade de determinar as condições da *sua própria* existência, encorajando outros a fazer o mesmo.[17]

Esta análise tem sido objeto de críticas diversas.[18] Embora capte bem a natureza autônoma e neoanarquista de algumas das ações coletivas das décadas recentes, não oferece uma imagem adequada do ativismo contemporâneo como um todo, uma crítica que se aplica igualmente às análises de Negri e Hart em *Empire*. No meu trabalho sobre lutas sociais e políticas e mobilizações contemporâneas, tenho optado por uma abordagem mais ampla, epistemologicamente refletida e empiricamente fundamentada, enfatizando a diversidade e a heterogeneidade das diferentes formas de ação coletiva (Santos, 2006b). De fato, se nos concentrarmos nos movimentos sociais e nas lutas que tem decorrido no Sul global, muitas das categorias analíticas (materialismo *versus* cultura; velho *versus* novo *versus* novíssimo; Estado *versus* sociedade civil; autônomas *versus* orientadas para tomar o poder) são inadequadas ou totalmente irrelevantes. Afinal, é a epistemologia que conduz a análise que deve ser sujeita ao escrutínio crítico. É o que tenho feito com a minha proposta das "epistemologias do Sul" (Santos, 2014a). Neste sentido

---

17. Para outras análises seguindo a mesma linha, ver, para além de Holloway (2002), Thompson (2008, p. 24-49).

18. Ver, por exemplo, a crítica de Patnaik (2008, p. 25-7) à crítica do conceito gramsciano de hegemonia retomado por Day. Ver, também, Reitan (2007, p. 445-60).

tento demonstrar na minha análise do Fórum Social Mundial, e dos movimentos e organizações que nele convergem, que a celebração da diversidade não impede a emergência de algumas formas de convergência e articulação, embora limitadas (Santos, 2006b).

Para os objetivos analíticos deste texto, é importante levantar as seguintes questões. Primeiro, de forma a fazer justiça às diferentes formas de ação coletiva que ocorrem tanto no Norte como no Sul global, devemos compreender que a sua contemporaneidade se reduz ao fato trivial de ocorrerem em simultâneo. Em um nível mais profundo, cada uma destas ações é contemporânea apenas com o seu contexto histórico, social e político, mesmo quando este contexto se relaciona de formas complexas com outros contextos. Diferentes histórias não podem encaixar confortavelmente num modo único de ser aqui e agora. Uma concepção densa de contemporaneidade deve reconhecer a coexistência de diferentes formas de ser contemporâneo. As categorias usadas para descrever ações coletivas provenientes de diferentes contextos devem ser utilizadas com alguma precaução. A advertência de Edward Said sobre a viagem das teorias aplica-se igualmente às categorias analíticas (1983, p. 226-47). Estas também viajam, e, se não prestarmos atenção às condições da viagem, podem conduzir-nos a análises reducionistas; a sobrecarga metodológica ou conceitual não conseguirá ocultar a pobreza do entendimento empírico. Se o presente de diferentes ações coletivas responde a diferentes passados (e provavelmente apela a futuros também distintos), devemos estar particularmente atentos às diferenças entre elas mesmo quando são significativas as semelhanças superficiais. Uma análise irrefletida de um determinado tipo de ação coletiva orientada para a identidade pode ignorar que a identidade tem diferentes significados em diferentes contextos e para diferentes grupos sociais, e que, por isso, a economia política pode ser um fundamento identitário tão importante como a cultura e ou a religião.

A segunda questão é que devemos distinguir entre protestos e mobilizações, por um lado, e movimentos e organizações, por outro. Os protestos e revoltas a que me refiro neste texto dificilmente podem ser concebidos como *movimentos* sociais, por, em geral, se apresentarem desprovidos de uma institucionalização mínima capaz de garantir a sustentabilidade das suas ações ao longo do tempo. Obviamente, movimentos, associações e organizações podem estar por trás dos protestos (sejam eles a Irmandade Muçulmana na Primavera Árabe do Egito, ou diferentes 'colectivos de barrio' no movimento dos indignados em Espanha). Além disso, os protestos e mobilizações podem dar origem a novos movimentos, associações ou organizações. Algumas das iniciativas autônomo-anarquistas mencionadas por Day emergiram dos protestos e mobilizações dos inícios de 2000 ou foram fortalecidas por eles. Algumas destas associações e movimentos autônomos representam um dos caminhos da resistência contra o capitalismo, colonialismo e patriarcado, mas estão longe de representar a totalidade do "ativismo radical contemporâneo". Em termos de ativismo social (ou ausência de ativismo social, dependendo das expectativas e frustrações), o nosso tempo é um palimpsesto em que diferentes experiências sociais têm sido sobrepostas em camadas sucessivas; as novas ou mesmo novíssimas experiências revelam ou escondem os vestígios de antigas experiências, seja pelo recurso seletivo a elas, seja pelas promessas, tantas vezes irrealistas, de ruptura e inovação. Uma tal acumulação de experiências sobrepostas deve preparar-nos para sermos confrontados, quer com uma surpreendente ressurreição dos mortos, quer com a morte prematura das possibilidades que pareciam até agora promissoras.

Aos protestos e mobilizações que tiveram lugar em diferentes regiões do mundo em 2011-2013, atribuí a denominação genérica de "revoltas da indignação". Concebo-as como *presenças coletivas*,[19] e não como movimentos, sublinhando deste modo os diferentes traços que as caracterizam: o seu caráter extrainstitucional, organização minimalista, surgimento inesperado, espontaneidade real ou aparente de agregação, volatilidade (uma imensa capacidade de se mover de demandas limitadas ou locais para demandas amplas e

---

19. Ver Santos (2014a, p. 192) e Santos (2015b, p. 17-36).

nacionais) e, em geral, presença efêmera. As palavras "dignidade", "indignação" e "indignidade" foram amplamente utilizadas nos protestos. No sentido que aqui lhe atribuo, "indignação" não se refere exclusivamente ao movimento dos indignados da Europa do Sul. Trata-se, antes, de uma designação genérica que abrange todos os protestos ocorridos entre 2011 e 2013, e que pode ser usada para expressar a revolta contra um estado de coisas extremamente injusto ("indignação") ou para caracterizar um estado de coisas que priva um indivíduo ou um grupo da dignidade humana mais básica ("indignidade"). Para Espinosa,[20] a indignação está ligada à revolta da multitude contra a injustiça das leis. A indignação é a raiva que se produz em cada um contra o mal que é feito a nós ou ao outro; não existe indignação sem a convicção de que alguém sofreu um dano injusto.[21] O registro é ético e mobiliza as razões e paixões

---

20. Ver Espinosa (2000).

21. Dada a frequência com que a ideia de indignação surge nos protestos e nos debates políticos correntes, pode ser útil analisar o conceito tal como ele é entendido por Espinosa, um dos filósofos da modernidade ocidental que mais atenção dedicou às questões éticas e políticas. Embora a indignação (*indignatio*) seja referida apenas nove vezes nos escritos de Espinosa (na *Ética* e *Tratado político*, ver Giancotti, 1970), trata-se de um conceito central da filosofia espinosiana. Ver Stolze (2000); Macherey (1994); e Matheron (1988, 1994, p. 153-65). Segundo Espinosa, a indignação é uma paixão que consiste em "um ódio por alguém que fez mal a outrem" (Espinosa, 1993), sendo uma tristeza atribuída a uma causa externa. Sempre que os tiranos, ou os regimes opressivos em geral, agem de um modo tal que incita à indignação geral, esta pode conduzir à revolta e à consequente destabilização do regime. Se não fosse pela indignação, os tiranos poderiam continuar a cometer excessos sentindo-se seguros, enquanto que os sujeitos continuariam a se sentir cada vez mais receosos e isolados. Como Stolze enfatiza, a indignação é responsável tanto pela queda como pela ascensão de Estados. Assim, a indignação está intimamente ligada tanto ao medo como à esperança. Sendo uma paixão, afecto ou emoção negativa, a indignação só pode ser convertida num sentimento ativo quando submetida àquilo a que Espinosa na Ética denominou de "terapia cognitiva". Dado que as paixões contêm elementos de percepção e crença, é possível transformá-las, através da razão, em percepções e crenças mais positivas e enriquecedoras. Stolze especula sobre o modo como esta terapia cognitiva poderia funcionar no caso da indignação: "Não se trataria de eliminarmos o efeito de indignação mas antes de usarmos a razão para reconstruir imaginativamente as causas subjacentes à indignação. Esta reconstrução teria um duplo efeito (a) transformar a indignação, de uma influência triste, numa influência feliz e (b) aumentar o nosso poder para compreender, agir, ou talvez mesmo eliminar a fonte da indignação" (Stolze, 2000, p. 14). Isto pode parecer demasiado otimista, dados os limites do conhecimento racional em Espinosa. Devemos recordar que a forma mais elevada de conhecimento

AS BIFURCAÇÕES DA ORDEM

que abundam nestes protestos.[22] A ênfase é colocada na ação coletiva e na rejeição radical de um determinado *status quo*, e não na imaginação de uma sociedade futura melhor. Apela à rebelião ou à revolta mais do que à revolução ou à reforma. Esta negatividade constitui o cerne de uma concepção de direito implícita em muitos dos protestos, embora as diferenças significativas entre eles convidem a uma maior especificação.

Em geral, podemos identificar nos protestos, com maior ou menor primazia ou intensidade, as seguintes características. Primeiro, a indignação resulta da extrema desigualdade social das sociedades capitalistas contemporâneas. A intensidade da denúncia é expressa na polarização entre os 1% da sociedade e os 99% da sociedade. De fato, esta denúncia é já muito antiga. Consideremos a seguinte citação: "Se uma pessoa não soubesse nada acerca da vida do povo deste nosso mundo cristão e lhe fosse perguntado 'há um certo povo que organiza o modo de vida de tal forma que a esmagadora maioria das pessoas, noventa e nove por cento delas, vive de trabalho físico sem descanso e sujeita a necessidades opressivas, enquanto um por cento da população vive na ociosidade e na opulência. Se o tal um por cento da população professar uma religião, uma ciência e uma arte, que religião, arte e ciência serão essas?' A resposta não poderá deixar

---

para Espinosa era o "terceiro tipo de conhecimento", o conhecimento intuitivo das nossas emoções. Sobre os limites do pensamento racional em Espinosa, ver DeDijn, Herman (2004, p. 37-56). Para uma análise psicológica da indignação, ver por exemplo Kahneman, Daniel & Sunstein, Cass (2007).

22. Tenho defendido que a racionalidade que subjaz às ações tanto das sociedades como dos indivíduos é composta de duas correntes, a corrente fria e a corrente quente. A corrente fria é a corrente do conhecimento dos obstáculos e das condições da transformação. A corrente quente é a corrente da vontade refletida de agir, de transformar, de vencer os obstáculos. A corrente fria impede-nos de sermos enganados; conhecendo as condições e os obstáculos, mais dificilmente nos deixamos condicionar. A corrente quente, por sua vez, impede-nos de nos desiludirmos facilmente; a vontade do desafio sustenta o desafio da vontade. O medo exagerado de sermos enganados acarreta o risco de transformar as condições em obstáculos incontornáveis e, com isso, conduzir ao quietismo e ao conformismo. Por sua vez, o medo exagerado de nos desiludirmos cria uma aversão total a tudo o que não é visível nem palpável e, por esta outra via, conduz igualmente ao quietismo e ao conformismo (Santos, 2006a, p. 118-9).

de ser: 'uma religião, uma ciência e uma arte pervertidas'". Dir-se-á que se trata de um extrato dos manifestos do Movimento Occupy ou do Movimentos dos Indignados do início da presente década. Nada disso. Trata-se de uma entrada do diário de Leão Tolstoy no dia 17 de março de 1917, pouco tempo antes de morrer (Tolstoy, 1934). Segundo, a indignação surge contra a emergência ou endurecimento da ditadura, seja sob a forma de uma ditadura pessoal (na Primavera Árabe) ou de uma ditadura impessoal (disfarçada de democracia) dos mercados financeiros e do capital financeiro global (Occupy e movimentos dos *indignados*). Domina um imaginário democrático (não socialista), baseado na distinção entre o ideal de democracia (ou "democracia real") e as democracias de baixa intensidade da realidade política do nosso tempo.

Terceiro, a desconfiança nas instituições estatais e não estatais justifica a preferência por formas de luta extrainstitucionais. Os indignados nas sociedades democráticas partem do princípio que as instituições democráticas foram "ocupadas" pelos grupos ou interesses não democráticos dominantes. As instituições estão vigentes, mas não desempenham as funções para que foram criadas. Estamos a entrar numa época pós-institucional, na qual a desobediência política mais do que a desobediência civil se justifica. Os indignados tomaram as ruas e as praças por estes serem os únicos espaços públicos que não foram ocupados pelo capital financeiro. Além disso, as deliberações que forem tomadas durante o processo de protesto e resistência devem idealmente sê-lo por meio de democracia direta, assembleia democrática, desconfiando de líderes e porta-vozes.

Quarto, os protestos são, na esmagadora maioria dos casos, pacíficos, mesmo quando confrontados com a brutalidade policial. Finalmente, as redes sociais do ciberespaço constituíram o elemento chave para a agregação e articulação desta resistência.

Apesar destas características gerais comuns, são significativas as diferenças entre os protestos e mobilizações de 2011 e 2013. Distingo três genealogias: a Primavera Árabe; a indignação no Sul da Europa e no Brasil; e os movimentos Occupy nos Estados Unidos.

A Primavera Árabe (que agrega protestos e mobilizações muito distintas) emergiu das ruínas do nacionalismo árabe, uma espécie de nacionalismo populista cujo líder mais destacado foi Gamal Abdel Nasser, Presidente do Egito entre 1958 e 1970. No mundo ocidental, dominado pela islamofobia, a exigência de democracia por parte dos protestos e das associações que os apoiavam constituiu uma surpresa reconfortante. Os movimentos dos *indignados* na Europa do Sul resultaram da profunda crise da social-democracia europeia. Os direitos sociais e econômicos, que pareciam parte do ADN da política europeia pós-segunda Guerra Mundial, começaram a ser questionados, especialmente depois da crise financeira de 2008. Em poucos anos, deixaram de ser vistos como uma conquista social irreversível e passaram a ser considerados um luxo insustentável, deixando a velha e nova classe média à beira da pobreza, e os seus filhos, a maioria dos quais com muitos anos de escolaridade, sem perspetivas de um futuro digno. No Brasil, os protestos estavam inicialmente também relacionados com as crises dos direitos sociais e econômicos próprios da social-democracia. Mas enquanto a social-democracia europeia era antiga e baseada em pressupostos universais, no Brasil a social-democracia tinha dez anos de idade e estava baseada em políticas compensatórias massivas (benefícios de diferentes tipos indexados aos recursos econômicos). Graças a elas, cerca de 50 milhões de brasileiros puderam aceder à sociedade de consumo. Na maioria dos casos, os protestos e mobilizações resultaram da contradição entre o acesso fácil a produtos de consumo e a inacessibilidade ou deficiente qualidade dos serviços públicos (saúde, educação, transportes). Nos Estados Unidos da América, os protestos e mobilizações representaram a bancarrota social e ideológica do neoliberalismo. Dentre todos os protestos e mobilizações, o movimento Occupy foi aquele em que as políticas negativas de indignação alcançaram a sua formulação mais intensa. A denúncia radical da extrema desigualdade e da degeneração da democracia em plutocracia, se não em cleptocracia, retirava sentido a qualquer reivindicação perante o Estado. Podemos perguntar-nos se, de um modo insidioso, o neoliberalismo não estaria presente nos protestos na forma veemente com que se denunciava o Estado predador, assim como na defesa da autonomia individual e coletiva, como um valor fundamental.

O Direito e as revoltas da indignação

Como seria de esperar, os manifestantes não estavam minimamente interessados em desenvolver uma reflexão sobre o direito e o seu papel na sociedade. Uma vez que o direito simboliza, melhor que qualquer outro atributo do Estado moderno, a ideia de instituição e de institucionalização (o direito e a ordem), seria de esperar que os movimentos dos indignados tivessem muito pouco a dizer sobre o direito, mesmo quando tiveram muito a dizer sobre direitos humanos[23] ou de cidadania. Afinal, a maior parte dos protestos foi declarada ilegal e, desde o primeiro momento, ocorreram diversas tentativas de os banir. O recurso dos manifestantes à ação direta de ocupação sublinha o impulso anti-institucional ou extrainstitucional subjacente aos protestos. Além disso, a justificação para o recurso à ação direta, especialmente em contextos democráticos, foi a de que as instituições estatais, supostamente ao serviço dos cidadãos e encarregadas da salvaguarda dos seus direitos de cidadania, não estavam a desempenhar as funções para que tinham sido criadas. Tinham sido tomadas de assalto pela classe política ou pela elite no poder, de modo a servir os seus interesses particulares.

Em face da ausência de uma reflexão autóctone sobre o papel do direito na sociedade, proponho aqui é uma reconstrução hipotética. Se as revoltas da indignação tivessem tido tempo ou interesse para desenvolver a teoria crítica do direito subjacente às suas lutas,

---

23. Para uma visão do meu trabalho mais recente sobre os direitos humanos, ver Santos, 2013c.

qual teria sido o seu perfil? Como conceberiam o direito? Qual seria, segundo elas, o papel do direito na sociedade? Qual o conceito de direito subjacente à sua ação coletiva? O meu interesse nestas questões é simultaneamente político e analítico. Participei em algumas destas mobilizações em Coimbra, Lisboa e Madrid, e demonstrei a minha solidariedade para com os manifestantes por vários meios ao meu alcance, inclusive escrevendo artigos para a imprensa, participando em debates e dando entrevistas na rádio e na televisão. Partilhei muitas das suas preocupações e lutas e pelas mesmas razões experimentei um sentimento similarmente intenso de indignação. No tocante à teoria crítica do direito e às questões que formulei acima, o meu interesse analítico era específico. As revoltas da indignação pareciam contradizer a teoria sociológica do direito que tenho vindo a desenvolver ao longo dos anos. Uma das características principais desta teoria é a ideia de que, em determinadas condições, o direito pode ser usado para promover a transformação social progressista, aquilo que tenho vindo a designar por uso contra-hegemônico do direito. Este tema está tratado na introdução deste livro, em que me interrogo sobre a possibilidade de o direito ser emancipatório.[24] A esta questão, a resposta das revoltas da indignação parece ser um redundante "não". Lendo ou ouvindo as suas declarações, senti-me confrontado com a ideia de estar a alimentar uma fantasia reformista liberal sem qualquer importância para a vida real. Se eles estavam certos, estaria eu errado?

Em face das diferenças entre os três tipos de revoltas e mobilizações indicados acima, é de supor que não lhes subjaza uma concepção monolítica de direito. Existem, contudo, algumas "afinidades eletivas"[25] entre diversos elementos implicitamente presentes em todas elas, embora com diferentes intensidades. Crucial para a concepção de

---

24. Ver também Santos, 2007 e 2009.

25. O conhecido título do romance de Goethe, posteriormente adotado por Max Weber para analisar as afinidades eletivas entre a emergência do capitalismo e a ética protestante (Weber, 1930).

direito subjacente às revoltas da indignação é a configuração das relações de poder predominantes na sociedade. O direito estatal constitui uma componente central desta configuração. O direito não é de modo algum independente em relação às relações de poder que dominam a sociedade. Direito é política por outros meios. Mas o profundo enraizamento do direito nas relações de poder e na política (e vice-versa) podem ser vistos de três perspectivas distintas. De modo a identificá-las, distingo entre três tipos de direito: direito configurativo, direito reconfigurativo, e direito prefigurativo. *Direito configurativo* é um direito que reflete uma determinada configuração das relações de poder. Se estas relações de poder forem desiguais e destinadas a produzir injustiça e opressão, o direito será igualmente injusto e opressivo. *Direito reconfigurativo* é um direito em processo de ser utilizado de modo a alterar as relações de poder e a reconfigurar a correlação de forças na sociedade. O *direito reconfigurativo* é o que está subjacente àquilo que tenho vindo a denominar o uso contra-hegemônico do direito, analisado detalhadamente na Introdução. *Direito prefigurativo* é um direito expressivo ou performativo, um direito que expressa, na prática, a antecipação de uma sociedade diferente, baseada num conjunto de relações de poder totalmente distinta. Em seguida refiro cada um deles separadamente.

Direito configurativo: a dualidade abissal do direito[26]

Segundo as revoltas da indignação, nas sociedades capitalistas de hoje existe uma dualidade abissal do direito, uma espécie de

---

26. O pensamento moderno ocidental é um pensamento abissal. Consiste num sistema de distinções visíveis e invisíveis, sendo que estas últimas fundamentam as primeiras. As distinções invisíveis são estabelecidas por meio de linhas radicais que dividem a realidade social em dois mundos distintos: o mundo "deste lado da linha" (modos de sociabilidade metropolitana) e o mundo "do outro lado da linha" (modos de sociabilidade colonial). A

pluralismo legal não reconhecido pelos estudiosos do direito. Mais do que uma dualidade entre o direito estatal e não estatal, trata-se de uma dualidade arraigada ao âmago do direito estatal capitalista. Concebê-lo como uma discrepância entre o direito nos livros e o direito na prática, ao estilo da sociologia do direito convencional, implica enfrentar um desvio contingente e a possibilidade desta discrepância poder ser superada. Para os indignados, ambas as premissas estão erradas. O direito estatal oficial foi pré-ocupado pelas elites no poder, pelos opressores. Esta pré-ocupação opera através de uma divisão radical entre dois sistemas jurídicos: o direito dos 1% e o direito dos 99%, o direito dos opressores e o direito dos oprimidos. Esta divisão é tão radical quanto invisível. Os dois tipos de direito coexistem no mesmo espaço geopolítico e a articulação entre eles é intrínseca apesar de invisível. De fato, são produzidos pelo mesmo poder legislativo e adjudicados pelo mesmo sistema judicial. E, no entanto, são incomensuráveis. Ambos operam através de desvios sistemáticos aos princípios que era suposto defenderem. A discrepância entre o direito nos livros e o direito na prática, mais do que um desvio ou aberração, é constitutiva deste tipo de "ocupação prévia" do direito pelos opressores. Ao negar o caráter constitutivo da discrepância entre o direito nos livros e o direito na prática e ao proclamar a unidade, neutralidade, autonomia e universalidade do direito, a ideologia político-jurídica dominante e o conhecimento jurídico especializado não conseguem imaginar a coexistência dos

---

divisão é de tal modo radical que "o outro lado da linha" desaparece como realidade, é produzido como inexistente. Inexistência significa não existir de um modo que possa ser socialmente relevante ou compreensível. Tudo aquilo que é produzido como inexistente é excluído de forma radical, não chega a ser sequer reconhecido como excluído. A característica fundamental do pensamento abissal é a impossibilidade da copresença dos dois lados da linha. O mundo "deste lado da linha" é considerado universal na medida em que esgota o campo da realidade relevante: para além da linha há apenas inexistência, invisibilidade e ausência não dialética. No interior do mundo "deste lado da linha" também há exclusões, mas não são radicais ou abissais como as que o separam do mundo "do outro lado da linha". O pensamento jurídico moderno dominante é igualmente um pensamento abissal. Ver Santos, em Santos e Meneses (orgs.), 2010, p. 45-89, e Santos, 2014a, p. 118-35.

dois sistemas jurídicos. Qualquer tentativa por parte dos excluídos do poder — os oprimidos, de longe a grande maioria da população — de encontrar formas alternativas de "ocupar" o direito é imediatamente neutralizada, considerada perigosa ou mesmo ininteligível.

Contudo, a invisibilidade desta dualidade do direito não é um produto exclusivo da hegemonia ainda dominante do direito liberal. Resulta também do chamado "viés de normalidade" e tem sido fortemente reforçado pela mídia corporativa.[27] Consiste na tendência humana para subestimar os sinais da aproximação de um grande desastre por nunca o terem vivenciado e terem, por isso, dificuldade em calcular a magnitude das suas consequências. Intoxicadas com promessas de progresso infinito, as pessoas tendem a tomar como irreversíveis quaisquer melhorias que obtenham ao longo da sua história de vida.[28] Tendem a interpretar o mais otimisticamente possível quaisquer avisos de que a reversibilidade pode estar no horizonte ou de que está já em curso. Contra as provas em contrário, continuam a acreditar que o direito representa um projeto soberano e que defende o bem comum através do governo democrático.

No que toca à dualidade entre o direito dos 1% e o direito dos 99%, as pessoas tendem a interpretar as mudanças que ocorrem (sobretudo a concentração de riqueza e a "pré-ocupação" do Estado e do seu direito por parte de interesses minoritários poderosos) como fatores que não comprometem a unidade fundamental do direito. De

---

27. O conceito de "viés de normalidade" foi desenvolvido pelas teorias do risco e desastre. O viés de normalidade refere-se ao estado mental que se desencadeia em pessoas confrontadas com um desastre. O viés da normalidade leva as pessoas mesmo informadas e esclarecidas a subestimar a possibilidade de um desastre e suas consequências — é uma tendência do comportamento humano para acreditar que algo que nunca aconteceu jamais acontecerá. Também faz com que as pessoas sejam incapazes de lidar com o desastre quando ocorre. Faz com que subestimem tanto a possibilidade da ocorrência do desastre como os seus possíveis efeitos, tendendo a interpretar os avisos do modo mais otimista possível, aproveitando quaisquer ambiguidades para inferir uma situação de menor gravidade. Para um exemplo trágico do viés de normalidade em ação, ver o caso do ciclone de 1991 no Bangladesh que custou a vida a 140.000 pessoas (Matsuda, 1993, p. 319-25).

28. Como espero que seja facilmente compreendido, neste ponto efetuo uma reconstrução do discurso implícito dos indignados sobre estas questões.

fato, o viés de normalidade leva o cidadão comum a acreditar que, apesar de todas as suas deficiências, a democracia continua a funcionar para benefício de todos os cidadãos, e o direito ainda está do lado de David sempre que Golias tenta impor a sua força. Esta crença é reforçada por uma outra, que designo de "viés do dano preventivo": trata-se da ideia de que maiores males e desastres mais graves serão evitados no futuro, se as pessoas concordarem em suportar no presente um dano comparativamente menor ao seu bem-estar.

A linha abissal que divide os dois sistemas jurídicos possui algumas similaridades com a que dividiu o direito metropolitano e o direito colonial durante o período histórico do colonialismo, excetuando o fato de ambos os direitos serem agora exercidos num mesmo território geográfico. No jogo de espelhos jurídicos prevalecente na sociedade, não existe nenhum meio de o direito se refletir em sua totalidade fraturada pela linha abissal. Permanece assim invisível o fato que o direito e a ordem são o outro lado da desordem, que o primado do direito vai de par com o primado da ilegalidade. Por outras palavras, permanece invisível o fato de o "direito e ordem 1" serem o outro lado do "direito e ordem 2" (o que os 99% consideram ser a desordem que lhes é imposta pelos 1%), e que nas nossas sociedades o "Estado de direito 1" vai de mãos dadas com o "Estado de direito 2" (que 99% consideram uma ilegalidade que lhes é imposta pelos 1%).

Segundo os indignados, a linha abissal que divide o coração do direito nas sociedades capitalistas nunca foi tão radical e destrutiva para a vasta maioria das nossas sociedades como é hoje. É o resultado da contrarrevolução que os 1% empreenderam nos últimos trinta anos contra as conquistas sociais que os 99% obtiveram nas décadas anteriores através das lutas levadas a cabo dentro dos limites do processo democrático liberal. Estas lutas permitiram alcançar alguma medida de redistribuição social, em parte devido à expansão dos direitos sociais e econômicos. As relações de poder dominantes foram assim alteradas nos países centrais do sistema mundo; a expressão acabada desta mudança foi a social-democracia europeia e o Estado providência. Nos últimos trinta anos, as elites do poder, impulsadas pelo capital financeiro global, conseguiram reverter este processo histórico, sequestrando a democracia e colocando-a ao serviço dos seus interesses exclusivos. O resultado é vivermos hoje em sociedades politicamente democráticas mas socialmente fascistas.[29] Esta cisão política espelha a cisão jurídica.

O funcionamento do direito dual

Examinemos mais detalhadamente a dualidade entre o direito dos 1% e o direito dos 99%. De partida é importante notar que esta cisão, apesar da sua natureza radical, foi alcançada sem qualquer suspensão da Constituição, e sem qualquer declaração de estado de emergência.

O direito dos 1% é um direito estatutário, um direito pessoal no sentido weberiano.[30] O direito dos 99% é um direito territorial; é o modo de atuação do direito quando se dirige às necessidades e aspirações dos 99%. O direito dos 1% é concebido pelos poderosos como exclusivamente seu, como pertencendo ao seu estatuto social privilegiado; como consequência, a aplicação do direito é regida pela ideia "de quem faz o que contra quem", em vez da ideia "do que é

---

29. O fascismo a que me refiro não é um regime político, mas antes um regime social e civilizacional. Em vez de sacrificar a democracia às exigências do capitalismo, ele trivializa a democracia a ponto de se tornar desnecessário, ou sequer vantajoso, sacrificá-la para promover o capitalismo. É um tipo de fascismo pluralista, produzido pela sociedade e não pelo Estado. Este comporta-se, aqui, como mera testemunha complacente, se não mesmo como cúmplice ativo. Estamos a entrar num período em que os Estados democráticos coexistem com formas de sociabilidade fascizantes. Trata-se, por conseguinte, de uma forma nova de fascismo. Ver a Introdução deste volume e também Santos (2013b).

30. Referindo-se à codificação monárquica patrimonial da Europa Central, Max Weber escreveu: "constituído essencialmente pelo mero direito estatutário de um pequeno estrato de privilegiados e deixando intocadas as instituições especiais dos outros estratos, especialmente os camponeses, i.e., a grande maioria dos sujeitos" (1978, p. 858).

feito contra não importa quem". Segundo a concepção do direito dos indignados, a articulação equilibrada dos três elementos estruturais do direito moderno — retórica, burocracia e violência[31] — encontra-se hoje completamente ausente, se é que alguma vez existiu. Pelo contrário, existe agora um desequilíbrio estrutural entre os três componentes. O direito dos 1% opera quase exclusivamente pela retórica. Nos últimos anos, a proliferação do direito *soft* e de formas de governação baseadas na observância voluntária demonstrou de modo dramático a prevalência da retórica no direito dos 1%.[32] Por outro lado, o direito dos 99% opera através da burocracia e da violência, e, em muitos contextos recentes, mais pela violência que pela burocracia, fato ilustrado na criminalização do protesto social.[33] A retórica é quando muito usada como indutor de resignação para aqueles que se confrontam com o uso excessivo da força burocrática do Estado[34] ou com a violência física da polícia.

Duas ilegalidades

Do mesmo modo que existem dois direitos, existem também duas ilegalidades: a ilegalidade dos poderosos e a ilegalidade dos

---

31. Sobre as três componentes estruturais do direito estatal moderno, ver Santos, 1995, p. 430.

32. Ver, a propósito, Santos e Rodriguez-Garavito, 2005, p. 29-64.

33. Nos últimos quinze anos muitos países promulgaram leis antiterrorismo que têm sido frequentemente usadas para reprimir e punir protestos sociais pacíficos. Por exemplo, em toda a América Latina, os povos indígenas têm sido punidos à luz de severas leis antiterrorismo por bloquearem estradas em protesto contra as corporações transnacionais, impedindo assim os caminhões das companhias de mineração ou de madeira de penetrarem nos seus territórios ancestrais. Sobre a criminalização do protesto social, ver, entre outros, Gupta (2000, p. 1066-71); Medina e Ortega Breña (2011, p. 88-101); Aguirre (2007, p. 65-75); Daibert (2014).

34. Tal como sucedeu com o uso da retórica da "guerra contra o terror" como justificação para leis secretas, castigos desproporcionados, restrição dos direitos dos réus, campos de detenção secretos, Guantánamo etc.

impotentes. A ilegalidade dos poderosos atua de dois modos: primeiro, pela impunidade ou em alguns casos, pelo recurso à concessão de imunidade, e, segundo, pela promoção de alterações na lei por processos políticos fraudulentos de modo a servir os seus interesses. No primeiro caso, recorrem aos seus amplos recursos interpessoais, financeiros e organizacionais para distorcer a adjudicação jurídica de modo que lhes seja vantajoso; no segundo, manipulam o processo legislativo quer através de envolvimento em corrupção ilegal (subornos, abuso de poder, tráfico de influências) ou em corrupção "legal" (*lobbying*). A ilegalidade só é tratada de acordo com o princípio da igualdade perante a lei quando uma ilegalidade cometida por um indivíduo ou grupo poderoso afecta os interesses de outros indivíduos ou grupos poderosos. Ao invés, a ilegalidade dos poderosos cometida contra os impotentes fica em larga medida impune, por exemplo, o roubo de salário,[35] corte de salários e pensões violando contratos e acordos em nome de supostamente necessárias medidas de austeridade, comissões de crédito excessivas, despejos ilegais, ou penas de prisão demasiado longas por ofensas econômicas menores.

Em contraste, o direito dos 99% trata a ilegalidade dos impotentes com uma dureza excessiva. Pequenas violações do direito criminal, civil ou administrativo tendem a ser duramente punidas. O exemplo mais significativo dos últimos anos foi a criminalização do protesto social. A aplicação de severas leis antiterrorismo contra dissidentes políticos ou ativistas sociais tornou-se a norma, envolvendo não só duras punições por ligeiros distúrbios na ordem pública, mas também brutalidade policial, e a grotesca violação de privacidade através das formas mais invasivas de vigilância.

Além disso, em muitos casos, os indignados agem em autodefesa, resistindo contra os atos ilegais dos poderosos, que o direito dos 1% deixa impunes. Este quadro é particularmente dramático no

---

35. São hoje muitos os estudos nos EUA sobre o roubo de salário (*wage theft*). Ver, por exemplo, Bobo (2009) e Meixell e Eisenbrey (2014).

AS BIFURCAÇÕES DA ORDEM

caso dos camponeses e povos indígenas que bloqueiam as estradas para evitar a devastação das suas florestas pelo agronegócio ou pelas indústrias da madeira, ou resistem à expulsão das suas terras e territórios por promotores de mineração em larga escala, agricultura industrial, barragens ou outros megaprojetos levados a cabo sem o seu consentimento ou consulta, a que o direito internacional obriga, e, na maioria dos casos, com a cumplicidade de governos corruptos.

O legal, o ilegal, e o alegal

O direito configurativo tem também uma propensão para o compromisso com formas de controle social que não cabem na dicotomia convencional legal/ilegal. Para estas formas de controle social, o único comportamento eficaz é um comportamento discricionário quase ilimitado e, de fato, considerado tanto mais eficiente quanto mais arbitrário. É o campo da alegalidade. Apenas dois exemplos de diferentes áreas de controle social. Enquanto geria a crise financeira e orçamental, a elite no poder pôde recorrer a medidas de emergência de legalidade constitucional duvidosa, impondo sacrifícios imensos aos 99%, e poupando os 1%, embora um pequeno sacrifício por partes destes últimos tivesse diminuído consideravelmente os efeitos negativos da crise em geral.[36] Outro exemplo vem da chamada guerra contra o terror.[37] Neste caso, o controle social induzido em seu nome torna-se tão arbitrário que considerá-lo ilegal não capta a sua real dimensão, o fato de estar totalmente

---

36. Isto foi particularmente visível no caso das "medidas de austeridade" impostas pelos governos conservadores da Grécia, Portugal e Espanha desde 2011. Ver Santos (2012).

37. Existe uma imensa bibliografia sobre este tópico. Ver, por exemplo, Garlinger (2009, p. 1105-47); Herman (2006, p. 67-132); Besar (2012, p. 121-35); Rubel (2007, p. 119-59); Fenster (2014, p. 309-62); Sall (2013, p. 1147-1170).

para além dos mais básicos limites jurídicos. É o caso de leis secretas e de interpretações secretas do direito que resultam em acusações perante um tribunal secreto, não sendo permitido ao réu (ou ao seu advogado) conhecer as leis com base nas quais ele ou ela são acusados e eventualmente condenados.[38] Os serviços secretos têm a capacidade de aceder à maior parte das comunicações eletrônicas da maioria das pessoas, quer sejam suspeitos de quaisquer atos criminosos ou não, tal como foi exposto por Edward Snowden. O ciberespaço, Guantánamo, e as áreas de trânsito dos aeroportos internacionais parecem ser locais e espaços privilegiados de alegalidade, zonas cinzentas para além da dicotomia legal/ilegal que fundamenta os princípios do direito moderno. Estes espaços e linhas de ação estão destinados a expandir-se à medida que a democracia se esvazia, o estado de exceção se normaliza, e a cidadania desliza para a servidão.

Direito internacional e relações internacionais

No campo das relações internacionais, o direito dos 1% é o direito da pilhagem e da apropriação violenta. O direito internacional é a mais estrondosa e violenta instância da divisão abissal entre o direito dos 1% e o direito dos 99%. No que respeita ao direito internacional, o direito dos 1% é o direito que protege em nível transnacional os interesses das elites no poder nos países centrais e das elites-satélites da periferia e semiperiferia do sistema mundial. Este direito opera segundo os modos de acumulação de capital a que Marx chamou acumulação primitiva.[39] Segundo Marx, estas formas de acumulação de capital eram particularmente violentas e ilegais,

---

38. A lei Patriot Act, que foi promulgada nos EUA em seguida ao ataque às Torres Gêmeas, tem sido objeto de interpretações secretas, ver Rudesill (2016).

39. Ver Marx (1970, VIII).

consistindo em ações, tais como apropriação de terras comunitárias seguida da expulsão dos camponeses de modo a expandir a indústria têxtil do século XIX em Inglaterra. A acumulação primitiva visava criar as condições para uma reprodução mais normal, pacífica, legal e sustentável das relações econômicas capitalistas. Por isso, Marx concebia-as como constitutivas da fase inicial do capitalismo.

Contudo, torna-se agora evidente que esta acumulação primitiva, mais do que uma mera fase, é uma característica constante do capitalismo quando analisado à escala global, e continua hoje sob diferentes formas.[40] Primeiro, e mais importante, o neocolonialismo e a guerra imperialista continuam, como no passado, a garantir o acesso aos recursos naturais. Segundo, a apropriação massiva e indevida de terras em África e na América Latina, e a expulsão massiva de camponeses e povos indígenas das terras que cultivam há gerações, abre caminho a uma exploração sem precedentes (tanto em escala como em intensidade) dos recursos naturais. Trata-se de projetos de megainfraestruturas (grandes barragens ou autoestradas), mineração a céu aberto em grande escala, e agricultura industrial de plantações destinadas a agrocombustíveis ou rações para animais. Terceiro, através do roubo de salários e pensões, corte nos benefícios sociais e o despejo de pessoas das suas casas hipotecadas, existe hoje uma transferência de riqueza sem precedentes das classes médias empobrecidas para os 1%, tudo em nome da "resolução" da crise financeira, resgatando bancos e remunerando especuladores, os mesmos que desencadearam a crise com o seu comportamento irresponsável, se não mesmo criminoso.

Da perspectiva dos indignados, o direito é basicamente direito configurativo; o direito dividiu-se em dois com o propósito de oprimir as maiorias em nome do bem comum, que, em termos reais, é o bem exclusivo dos 1%. O direito configurativo é, por isso, um terreno intrinsecamente hostil para os indignados, os quais não têm

---

40. Este argumento foi inicialmente apresentado por Rosa Luxemburg (1951 [1913]) sendo recentemente retomado por Harvey (2006).

qualquer ilusão quanto à possibilidade de a ele recorrerem para sustentar as suas causas.

Direito prefigurativo

As revoltas da indignação geraram o direito prefigurativo, um direito de ocupação dos espaços públicos, que é autoatribuído e por isso não imposto. Trata-se de um direito de baixo para cima que surge do próprio exercício da ocupação quando esta se mantém por um tempo mínimo.[41] A ocupação de espaços públicos implica a criação de uma concepção alternativa desse lugar, por um certo período de tempo e para um considerável número de pessoas. Esta ocupação exige a adoção de algum tipo de ordem e regulamentação, regras capazes de recompensar comportamentos legítimos e punir os ilegítimos, bem como algum tipo de mecanismo de cumprimento da lei de modo a garantir a aplicação destas normas. Por terem implicado ocupações e resistência continuada, as revoltas da indignação tenderam a gerar estas normas através de formas de participação e deliberação baseadas em assembleias[42] e alcançadas por consenso. Contudo, de modo a prevenir que a dissidência de pequenas minorias se transforme em poder de veto, alguns movimentos

---

41. Inspirado por Hermann Kantorowicz (1958), tenho vindo a defender no meu trabalho uma ampla concepção do direito (primeiras formulações em Santos, 1974, e Santos, 1977). Ver também os textos incluídos no primeiro volume desta coleção (Santos, 2014b). Referindo-se a um período mais recente, Glenn (2003), Santos (1995, 2002b), Tamanaha (1997, 2001, 2004) e Twining (2000, 2001, 2009) avançaram com argumentos a favor de concepções mais amplas do direito que incluem pelo menos alguns exemplos de "direito não estatal". E acertadamente acrescentam: "isto, como seria de esperar, encontrou alguma resistência".

42. A ideia do caráter de assembleia parece ser a única característica eurocêntrica que continua vigente. Não o socialismo, nem o comunismo, nem a democracia liberal, mas o anarquismo, o que não deixa de ser interessante se recordarmos que Gandhi, quando visitou a Europa em 1904, referiu que se tivesse que optar por alguma ideologia europeia, possivelmente seria o anarquismo não violento.

adotaram a regra da maioria e mesmo do voto secreto. Estas regras e a sua regulamentação são o contrato social fundacional da ocupação. Tal como o direito dos 1%, também o direito da ocupação é autoatribuído — é uma autorregulamentação — e opera com base na retórica; sendo quase destituído de burocracia e violência.

Este direito é prefigurativo no sentido em que, tanto na sua concepção como no seu exercício, testemunha uma antevisão ou antecipação real de uma sociedade alternativa numa sociedade alternativa em que a democracia, a justiça e a igualdade sejam verdadeiramente vividas.[43] Trata-se da única forma de pluralismo jurídico a que o movimento dos indignados reconhece algum valor positivo. Apesar da sua aparência precária, incipiente e embrionária, este direito prefigurativo pertence ao mesmo tipo de direito prefigurativo que existiu em algumas zonas libertadas durante o movimento de libertação anticolonial[44] e que, desde alguns anos, está em vigor nos territórios autônomos dos neozapatistas.[45]

Direito reconfigurativo: pode o direito ser emancipatório?

Tal como o fiz em trabalhos anteriores, defendo na Introdução[46] que o uso contra-hegemônico do direito por parte das classes populares e de grupos sociais oprimidos pressupõe, entre outras condições,

---

43. Esta ideia de uma real previsão ou antecipação é semelhante ao conceito de utopia concreta ou de zonas libertadas do capitalismo que tenho vindo a teorizar em tempos mais recentes. Ver a propósito a minha aula magistral "É possível ser utópico hoje? A utopia do futuro ou o futuro da utopia". Disponível em: <https://www.youtube.com/embed/OViEBnkJQAc>. É também semelhante ao conceito de utopia real avançado por Wright (2010) para se referir a práticas reais existentes que se desviam de forma fundamental dos modos convencionais ou hegemônicos de conceber a economia ou a política.

44. Para o caso das zonas libertadas da Guiné-Bissau na luta contra o colonialismo português conduzida por Amílcar Cabral, ver Santos, 2015a.

45. Para o caso dos neozapatistas, ver Subcomandante Marcos, 2001 e 2004.

46. Ver a introdução deste volume e também Santos, 1995 e 2007.

que a mobilização jurídica seja parte de uma mobilização política mais ampla. A mobilização jurídica proativa envolve (1) o recurso aos tribunais para apresentar queixas e reivindicações, em vez de o fazer apenas para se defender contra acusações criminais; (2) a pressão sobre a burocracia estatal encarregada da aplicação efectiva dos direitos; (3) a mobilização para alterações legislativas que favoreçam os interesses destes grupos socialmente vulneráveis. A mobilização política pode implicar diferentes tipos de ativismo político pacífico, incluindo ação direta para forçar a entrada de reivindicações na agenda política.

As revoltas da indignação parecem dizer-nos que as condições para a mobilização jurídica emancipatória não existem, ou que se estão a deteriorar de tal modo que a mobilização política deve deixar de se articular com a mobilização jurídica. Para os indignados, a impossibilidade de uma mobilização jurídica resulta da emergência de um novo tipo de autoritarismo no seio de sociedades politicamente democráticas, que assenta no extrainstitucionalismo de cima para baixo ou na desinstitucionalização, simultaneamente tornado possível e invisibilizado pela divisão abissal entre o direito dos 1% e o direito dos 99%. O resultado é que sob as presentes condições do capitalismo global, não é possível a transformação social pela via do ativismo jurídico e judicial.

Para os indignados, as condições para um uso contra-hegemônico do direito, se é que alguma vez existiram, deterioraram-se ao ponto de delas restar apenas uma triste fantasia liberal, uma esperança vã. A democracia liberal provou ser impotente na neutralização dos impulsos do capitalismo neoliberal para a acumulação infinita de riqueza e para um poder político antidemocrático. Mesmo nos países centrais do sistema mundo, a cidadania e os direitos humanos estão a ser erodidos; a vigilância destrói a privacidade para além da nossa imaginação; governos eleitos respondem perante agências de *rating* e os mercados financeiros, e não perante os cidadãos; a corrupção parece endêmica; as transferências de riqueza dos pobres para os ricos alcançaram níveis escandalosos que anteriormente se pensava só serem possíveis em regimes ditatoriais; e as

AS BIFURCAÇÕES DA ORDEM

guerras imperialistas são sucessivamente reinventadas. Tudo isto decorre sem que ocorra uma suspensão formal das normas e garantias constitucionais. Sob tais condições, não é possível qualquer reconfiguração significativa do direito.

O direito só pode ser recuperado como instrumento emancipatório se a democracia for refundada e, de certo modo, reinventada. Assim se explica a importância dos apelos para uma "democracia real"[47] no movimento dos indignados.[48] Essencialmente, a 'democracia real' designa um regime político que efetivamente promove a igualdade política, social e econômica e o respeito pela igualdade na diferença, transformando relações de poder desigual em relações de autoridade partilhada na sociedade como um todo e não apenas no domínio político. Por outras palavras, sem uma reconfiguração profunda das relações de poder num sentido mais equitativo e democrático, não é possível reconfigurar o direito. Deste modo, o apelo não é dirigido, como de costume, à legislação constitucional, mas antes a uma democracia radical e a uma profunda reforma do Estado impulsionada de baixo para cima através de um processo político, participativo, no qual os 99% exerçam um forte poder constituinte. Tenho designado este processo de "constitucionalismo transformador", tendo em mente alguns processos constitucionais recentes em países da América latina, como o Equador e a Bolívia.[49]

---

47. Se recuarmos cem anos ninguém poderia então imaginar que as revoltas populares pudessem reclamar uma democracia real porque ao tempo a democracia era um privilégio das elites, excluindo a grande maioria da população que não tinha sequer direito de voto.

48. Segundo a *Carta por la Democracia* (Carta pela Democracia), o enquadramento proposto pelas políticas de austeridade não pode ser aceito. Nunca tanta riqueza esteve tão mal distribuída e de acordo com critérios tão antidemocráticos e injustos. É por isso que uma completa reconsideração do papel das economias políticas é necessária de forma a estabelecer o princípio do bem-estar das populações acima dos interesses privados, financeiros e corporativos. O que está em jogo é o reconhecimento real, e não apenas formal, de que as leis do mercado devem ser subordinadas ao papel social da economia. Ver a propósito, Objetivos Políticos del 15M Barrio del Pilar (Madrid). Disponível em: <https://barriodelpilar15m.wordpress.com/2014/06/28/objetivos-politicos-del-15m>.

49. Ver Santos e Exeni (orgs.), 2012b, e Santos e Grijalva (orgs.) 2012c, bem como a bibliografia aí citada.

Conclusão

Tenho vindo a defender nos últimos anos que precisamos não de alternativas ao *status quo*, mas antes de um pensamento alternativo de alternativas.[50] Se isto é verdade, devemos contemplar formas de ultrapassar as velhas distinções entre reforma e revolução, ou entre transformação social paradigmática e subparadigmática. Como mostram os protestos de 2011-2013, as lutas sociais estão a tornar-se mais voláteis e menos estruturadas em termos de organização, objetivos e formas de luta. Podem combinar objetivos reformistas limitados e objetivos revolucionários amplos, e podem mover-se rapidamente entre ambos. Além disso, embora extrainstitucionais no seu impulso inicial e formas de mobilização, algumas mobilizações de protesto evoluíram para formas de ação política institucional. Isto é particularmente visível no caso do partido político *Podemos*, formado por alguns grupos do movimento dos *indignados* em Espanha, considerado como um dos partidos mais bem-sucedidos deste país, como as eleições gerais de dezembro de 2015 viriam a confirmar.[51] Tanto nos meus estudos empíricos mais recentes[52] como no meu trabalho teórico (desenvolvido em grande detalhe na Introdução deste volume), tento dar conta das possibilidades de transformação social progressista, embora esteja cada vez mais cético em relação às transformações do direito de pequena escala, reformistas e subparadigmáticas. Alguém que viveu uma parte da sua vida sob ditadura nunca deixa de reconhecer que, dependendo das circunstâncias, os

---

50. Ver Santos 2014a, p. 42.

51. No rescaldo das eleições gerais de 20 de dezembro de 2015, o secretário-geral do *Podemos*, Pablo Iglesias, afirmou

"Hoje nasceu uma nova Espanha. Inaugura-se uma nova etapa política no país. As forças da mudança obtiveram mais de 20 por cento dos votos, mais de 5 milhões de votos em todo o país", recordando também que o Podemos foi a força mais votada na Catalunha e no País Basco e a segunda mais votada em comunidades como Madrid e Galiza (em ambos os casos atrás do PP).

52. Ver o capítulo 6 neste volume.

movimentos reformistas mais limitados podem necessitar de energia revolucionária e correr o risco de comportamento ilegal, de modo a serem bem-sucedidos.[53] Diferentes contextos históricos podem também explicar por que na Primavera Árabe os indignados lutavam por uma democracia de tipo ocidental, enquanto os indignados do sul da Europa e, em especial, os do movimento Occupy, consideravam a prática deste tipo de democracia como irremediavelmente corrupta e inutilizável para propósitos progressistas.

Retornando à minha concepção do uso contra-hegemônico do direito, não concebo as revoltas da indignação como provas de uma total refutação da minha teoria, mas antes como uma chamada de atenção para a necessidade de uma revisão crítica: sem uma mudança profunda dos sistemas políticos e da dimensão mais política do direito — o direito constitucional, fundacional tanto para o Estado como para o sistema político — não são expectáveis quaisquer transformações sociais progressistas através do direito. Afinal, as revoltas da indignação, em lugar de sustentarem um uso contra-hegemônico do direito em geral, incidem as suas lutas especificamente no uso contra-hegemônico de uma vertente particular do direito: o direito constitucional. O propósito do constitucionalismo transformador assenta na premissa deste uso contra-hegemônico. Apenas um direito constitucional reconfigurativo, combinado com a pressão contínua de baixo para cima, poderá reinstalar na sociedade a possibilidade de um uso contra-hegemônico do direito.

---

53. Vivi parte da minha vida adulta em Portugal sob a ditadura de Salazar, que durou 48 anos e terminou apenas em 1974, na sequência da revolução dos Cravos. Ver a propósito os capítulos 1, 2 e 3 na primeira parte deste volume.

REFERÊNCIAS

A CAPITAL. Liberdade condicional para José Diogo: tribunal popular vai fornecer veredicto à assembleia do MFA, 25 de julho, ano VIII, 2594, p. 4, 1975.

ABRAMS, Charles. O uso da terra nas cidades. In: DAVIS, Kingsley et al. *Cidades:* a urbanização da humanidade. Rio de Janeiro: Zahar, 1972.

AEPPA. *Liberdade para José Diogo*. Lisboa: Edições Afrodite, 1975.

AGUIRRE ROJAS, Carlos Antonio. Las revueltas populares de 2011 en perspectiva histórica, *Rebelión*, 2012. Disponível em: <http://www.rebelion.org/docs/146953.pdf>. Acesso em: 10 jun. 2016.

ALEXANDER, Peter; LEKGOWA, Thapelo; MMOPE, Botsang. *Marikana: A View from the Mountain and a Case to Answer.* Johannesburg: Jacana Media, 2012.

ALFONSIN, Jacques Távora. *O acesso à terra como conteúdo de direitos humanos fundamentais à alimentação e à moradia*. Porto Alegre: Sergio Fabris, 2003.

ALIER, Joan Martinez. *The Environmentalism of the Poor: A Study of Ecological Conflicts and Valuation*. Cheltenham: Edward Elgar Publishing Limited, 2003.

ALLENDE, Pascal; CHEETHAM, Price. Politique du Logement et lutte de classes au Chili (1970-1975), *International Journal of Urban and Regional Research* 1, 474, 1977.

ALMEIDA, J. Ferreira. Sobre a monografia rural, *Análise social* 52, 789, 1977.

_____. Quem faz o arraial é o povo, *Análise social* 64, 679, 1980.

ALTVATER, E. Zu einigen Problemen des Staatsinterventionismus, *Prokla* 3, p. 1-53, 1972.

ANA MARIA. Discurso inaugural de la mayor Ana María en el Encuentro Intercontinental por la humanidad y contra el neoliberalismo, *Chiapas*, 3, p. 102-103, 1996.

ANDERSON, Perry. *Lineages of the Absolutist State*. London: Verso, 1974.

ANDRADE, Manoel Correia. *Recife:* problemática de uma metrópole de região subdesenvolvida. Recife: Editora Universitária da Universidade Federal de Pernambuco, 1979.

ANNER, Mark. Local and Transnational Campaigns to End Sweatshop Labor. In: GORDON, M.; TURNER, L. (Orgs.). *Transnational Cooperation Among Unions*. Ithaca: Cornell University Press, 2001. p. 238-255.

ANWEILER, O. *Die Rätebewegung in Russland 1905-1921*. Leiden: Brill, 1958.

ARANTES, Pedro Fiori. Da (anti) reforma urbana brasileira a um novo ciclo de lutas nas cidades. *Correio da cidadania*, 2013. Disponível em: <http://www.correiocidadania.com.br/index.php?option=com_content&view=article&id=9047%3Asubmanchete091113&catid=72%3Aimagens-rolantes&>. Acesso em: 10 jun. 2016.

ARNOLD, Joseph. *The New Deal in the Suburbs:* A History of the Greenbelt Town Program 1935-1954. Ohio: Ohio State University Press, 1971.

BAHRO, Rudolf. *Die Alternative — Zur Kritik des realexistierenden Sozialismus*. Frankfurt: Europaische Verlagsanstalt, 1977.

BAKA, Jennifer. The Political Construction of Wasteland: Governmentality, Land Acquisition and Social Inequality. In: SOUTH INDIA, *Development and Change*, v. 44, n. 2, p. 409-428, 2013.

BALL, Michael. Differential rent and the role of the landed property, *International Journal of Urban and Regional Research* 1, p. 380, 1977.

BAPTISTA, Oliveira. Transformação do aparelho de Estado: o caso do Ministério da Agricultura. In: COLÓQUIO SOBRE ADMINISTRAÇÃO PÚBLICA E DEMOCRACIA, Lisboa, Centro de Estudos Socialistas e Reflexão e Acção Socialistas, 1984.

BECK, Ulrich. *World Risk Society.* London: Blackwell, 1999.

_____. *The Brave New World of Work.* London: Blackwell, 2000.

BECK, Ulrich; GIDDENS, Anthony; LASH, Scott. *Reflexive Modernization:* Politics, Tradition and Aesthetics in the Modern Social Order. Cambridge: Polity Press, 1994.

BENTIVEGNA, Vincenzo. La questione della rendita urbana nella teoria marxista contemporanea, *Critica Marxista* 4, p. 145, 1980.

BERNSTEIN, Eduard. *Die Voraussetzungen des Sozialismus und die Aufgaben der Sozialdemokratie.* Stuttgart: J. H. W. Dietz, Nachf, 1899.

_____. *Zur Geschichte und Theorie des Sozialismus.* Verlag: J. Edelheim, 1901.

BESAR, X.; CROWNE, Emir. Privacy & Terrorism Review: Where Have We Come In 10 Years? *Journal of International Commercial Law and Technology,* v. 7, n. 2, p. 121-135, 2012.

BHOWMIK, Sharit. As cooperativas e a emancipação dos marginalizados: estudos de caso de duas cidades na Índia. In: SANTOS, Boaventura de Sousa (Org.). *Produzir para viver: os caminhos da produção não capitalista.* Rio de Janeiro: Civilização Brasileira, 2002c. p. 369-400.

BLUMANN, Claude. *Droit de L'Urbanisme.* Paris: Dalloz, 1979.

BOBO, Kimberley. *Wage Theft in America:* Why Millions of Working Americans Are Not Getting Paid. And What We Can Do about It. New York: New Press, 2009.

BORJA, Jordi. Movimientos urbanos de las clases populares. Movimiento reivindicativo, movimiento democratico, dualidad de poder, *Papers* 3, p. 39, 1974.

BRADLEY, John R. *After the Arab Spring:* How Islamists Hijacked the Middle East Revolts. New York: Palgrave Macmillan, 2012a.

_____. *The New Arab Revolt:* What Happened, What It Means, and What Comes Next. New York: The Council on Foreign Relations, 2012b.

BRADY, Meixall; EISENBREY, Ross. *An Epidemic of Wage Theft is Costing Workers Hundreds of Millions of Dollars a Year*, 2014. Disponível em: <http://

www.epi.org/publication/epidemic-wage-theft-costing-workers-hundreds>. Acesso em: 10 jun. 2016.

BRANDES, Volkhard et al. (Orgs.). *Handbuch 5. Staat.* Frankfurt: Europäische *Verlagsanstalt.*

BRECKENRIDGE, Carol A. et al. *Cosmopolitanism.* Durham, N.C.: Duke University Press, 2002.

BRITO, Luís de; CHAIMITE, Egídio; PEREIRA, Crescêncio; POSSE, Lúcio; SAMBO, Michael; SHANKLAND, Alex. Hunger Revolts and Citizen Strikes: Popular Protests in Mozambique, 2008-2012, *Food Riots and Food Rights project report.* Brighton/Maputo: Institute of Development Studies/Instituto de Estudos Sociais e Económicos, 2014.

BROUÉ, Pierre. *Révolution en Allemagne (1917-1923).* Paris: Les Editions de Minuit, 1971.

BROUÉ, Pierre; TÉMIME, Émile. *La Révolution et la Guerre d'Espagne.* Paris: Les Editions de Minuit, 1961.

BRUSH, Stephen B.; STABINSKY, Doreen. *Valuing Local Knowledge Indigenous People and Intellectual Property Rights.* Washington, DC.: Island, 1996.

BYRNE, Janet (Org.). *The Occupy Handbook.* New York: Back Bay Books, 2012.

CADERNOS RENAP. *O que é e como funciona a rede nacional dos advogados populares — Renap.* Cadernos RENAP, n. 6. São Paulo: Maxprint, 105, 2005.

CAIN, Maureen; HUNT, Alan. *Marx and Engels on Law.* London: Academic Press, 1979.

CALDEIRA, Teresa. *City of Walls. Crime, Segregation and Citizenship in São Paulo.* Berkeley: University of California Press, 2000.

CALHOUN, Craig. Occupy Wall Street in perspective, *British Journal of Sociology* 64 (1), p. 27-38, 2013.

CALLE COLLADO, Ángel. Las naturalezas (ya no tan subterráneas) del 15M, *Viento Sur* 123, p. 61-69, 2012.

_____ (Org.). *Democracia radical. Entre vínculos y utopías.* Barcelona: Icaria, 2011.

CANAUX, J. Le sol n'est pas la terre, remarques pour une politique foncière, *La Vie Urbaine*, 129, abril-junho 1951.

CAPPELLETI, Mauro; GARTH, Bryant (Orgs.). *Access to Justice*. 4 v. Alphenaandenrijn: Sijthoff and Noordhoff, 1978-1979.

CARDOSO, António Lopes *et al*. *Mesas redondas: Economia*. Lisboa: Expresso, 1974.

CARDOSO, F. Henrique. *Autoritarismo e democratização*. Rio de Janeiro: Paz e Terra, 1975.

_____. *O modelo político brasileiro*. Rio de Janeiro: Difel, 1977.

CARVALHO, Daniel Proença de. *Cinco casos de injustiça revolucionária*. S.L.: Edições de Autor, 1976.

CARVALHO, Horácio Martins de. A emancipação do movimento no movimento de emancipação social continuada (resposta a Zander Navarro). In: SANTOS (Org.). (2002c). p. 233-260.

CASTAÑEDA, Ernesto. The Indignados of Spain: A Precedent to Occupy Wall Street, *Social Movement Studies: Journal of Social, Cultural and Political Protest* 11(3-4), p. 1-11, 2012.

CASTEL-BRANCO, Carlos Nuno. Growth, capital accumulation and economic porosity in Mozambique: social losses, private gains, *Review of African Political Economy* 41, S26-S48, 2014.

CASTELLS, Manuel. *La Question Urbaine*. Paris: Maspero, 1973.

_____. *Movimientos Sociales Urbanos*. Madrid: Siglo XXI, 1977.

_____. *Cidade, democracia e socialismo*. Rio de Janeiro: Paz e Terra, 1980.

CASTELLS, Manuel; CHERKI, E.; GODARD, F.; MEHL, D. *Crise du Logement et Mouvements Sociaux Urbains*. Paris: Mouton, 1978.

CASTELLS, Manuel; GODARD, Francis. *Monopolville, l'Entreprise, l'Etat, l'Urbain*. Paris: Mouton, 1974.

CASTRO, Josué. *Fontes de localização da cidade do Recife*. Rio de Janeiro: Imprensa Nacional, 1945.

CECEÑA, Ana Esther. De cómo se construye la esperanza, *Chiapas* 6, p. 135-147, 1998.

_____. La resistencia como espacio de construcción del nuevo mundo, *Chiapas* 7, p. 93-114, 1999.

_____. Por la humanidad y contra el neoliberalismo. Líneas centrales del discurso zapatista, *Observatorio Social de América Latina* 3, p. 25-30, 2001.

CERRONI, Umberto. *Marx e il diritto moderno.* Roma: Editori Riuniti, 1962.

CHARNOCK, G.; PURCELL, T.; RIBERA-FUMAZ, R. *The Limits to Capital in Spain: Crisis and Revolt in the European South.* New York: Palgrave Macmillan, 2014.

CHASE-DUNN, Christopher. The World Revolution of 2011: Assembling a United Front of the New Global Left, *IROWS,* Working Paper #82, 2013. Disponível em: <http://irows.ucr.edu/papers/irows82/irows82.htm>. Acesso em: 28 abr. 2016.

CHAYANOV, A. V. Peasant Farm Organization. In: THORNER; KERBLAY; SMITH (Orgs.). *The Theory of Peasant Economy.* Homewood, Ill.: R. Irwin, 1966.

CLARK, Michael. *An Anatomy of Dissent and Repression: The Criminal Justice System and the 2011Thembelihle Protest.* Johannesburg: SERI (Socio Economic Rights Institute), 2014.

CLAVAL, Paul. *La Logique des Villes.* Paris: Litec, 1981.

COELHO, João Paulo Borges. Estado, comunidades e calamidades naturais no Moçambique rural. In: SANTOS (Org.). (2003a). p. 217-245.

COHEN, Jean-Louis. O urbanismo nas condições socialistas. URSS e países do leste europeu. In: FORTI, R. (Org.). *Marxismo e urbanismo capitalista.* São Paulo: LECH, 1979. p. 153.

COLLIER, David. *Squatters and Oligarchs, Authoritarian Rule and Policy Change in Peru.* Baltimore: Johns Hopkins University Press, 1976.

COMPA, Lance; DIAMOND, Stephen (Orgs.). *Human Rights, Labor Rights, and International Trade.* Philadelphia: University of Pennsylvania Press, 1996.

CONAIE 2010. Ecuador Indigenous Leaders Charged with Terrorism and Sabotage Correa Administration Seeks to Criminalize Dissent and

Peaceful Protest Amazon Watch. Disponível em: <http://amazonwatch. org/news/2010/0701-ecuador-indigenous-leaders-charged-with-terrorism-and-sabotage>. Acesso em: 2 abr. 2016.

CONAIE 2014. Pakistan protest leaders charged under anti-terror act World Watch. Disponível em: <http://www.worldbulletin.net/nawaz-sharif/ 143513/pakistan-protest-leaders-charged-under-anti-terror-act>. Acesso em: 2 abr. 2016.

CORREA, Carlos M. *Intellectual Property Rights, The WTO and developing countries: the TRIPS agreement and policy options*. London: Zed Books, 2000.

COSTA, C. Lencastre. Desenvolvimento rural integrado: uma estratégia para a pequena agricultura. *Revista Crítica de Ciências Sociais* 7/8, p. 247, 1981.

COULOMB, Pierre. Propriété foncière et mode de production capitaliste, *Études Rurales* 51, p. 27, 1973.

CRUELLS, Marta; IBARRA, Pedro (Orgs.). *La democracia del futuro: del 15M a la emergencia de una sociedad civil viva*. Barcelona: Icaria, 2013.

DAIBERT, Paula. To Protect or Punish: New Anti-Terrorism Law Proposed. In: Brazil Could Curb Right To Protest, *Witness*, 2014. Disponível em: <http://blog.witness.org/2014/06/proposed-anti-terrorism-law-brazil/>.

DAY, Richard. *Gramsci is Dead: Anarchist Currents in the Newest Social Movements*. London: Pluto Press, 2005.

DEBRAY, Regis. *Strategy for Revolution*. New York: Monthly Review Press, 1967.

DEDIJN, Herman. Ethics IV: the ladder, not the top. The provisional morals of the philosopher. In: YOVEL, Yirmiyahu; SEGAL, Gideon (Orgs.). *Ethics IV: Spinoza on Reason and the 'Free Man'. Papers Presented at the Fourth Jerusalem Conference*. New York: Little Room Press, 2004. p. 37-56.

DENMAN, D. R.; PRODANO, S. *Land Use: An Introduction to Proprietary Land Use Analysis*. London: Allen e Unwin, 1972.

DE SOTO, Hernando. *The Other Path*: The Invisible Revolution in the Third World. London: I. B. Tauris, 1989.

DIÁRIO DE LISBOA. Processo José Diogo: o povo exigiu justiça popular e o tribunal burguês tremeu, 26 de julho, ano 55, 18825, p. 1 e 4, 1975.

DIÁRIO DE NOTÍCIAS. Tribunal popular absolve a ocupante de uma casa, 5 de novembro, ano 111, 39312, p. 4, 1975.

DIAS, Nelson (Org.). *Esperança democrática: 25 anos de orçamentos participativos no mundo*. S. Brás de Alportel: In-Loco, 2013.

DORNER, Peter (Org.). *Land Reform in Latin America: Issues and Cases*. Madison: Land Economics, 1971.

DUPRAT, Deborah. O papel do judiciário, *Povos indígenas do Brasil: 2001-2005*. São Paulo: Instituto Socioambiental, 2006.

EDELMAN, Lee. Occupy Wall Street: "Bartleby" Against the Humanities, *History of the Present* 3/1, p. 99-118, 2013.

ESCOBAR, Arturo; PARDO, Mauricio. Movimentos sociais e biodiversidade no Pacífico Colombiano. In: SANTOS (Org.). (2003b). p. 341-374.

ESPINOZA, Oscar; GONZÁLEZ, Luis Eduardo. Las protestas estudiantiles y sus implicancias para la gestión universitaria en Chile, *Centro de Investigación en Educación de la Universidad CINF*, Santiago de Chile, 1-2, 2012.

EXPRESSO. Primeiro tribunal popular julgou ontem José Diogo, 26 de julho, n. 134, p. 4, 1975.

FACHIN, Luiz Edson. *A justiça dos conflitos no Brasil*. In: STROZAKE, Juvelino José (Org.). *A questão agrária e a justiça*. São Paulo: RT, 2000. p. 277-291.

FALCÃO, Joaquim de Arruda. Justiça social e Justiça legal: Conflitos de propriedade no Recife. In: FALCÃO, J. de Arruda (Org.). *Conflito de direito de propriedade: invasões urbanas*. Rio de Janeiro: Forense, 79, 1984.

FARIA, C. Vieira de. *Novo fenómeno urbano, aglomeração de Setúbal*. Lisboa: Assirio e Alvim, 1981.

FEIXA, Carles; PEREIRA, Inês; JURIS, Jeffrey S. Global citizenship and the "New, New" social movements Iberian connections, *Young November* 2 (17), 2009. p. 421-442.

FENSTER, Mark. The Implausibility of Secrecy, *Hastings Law Journal* 65 (2), 2014. p. 309-362.

FERREIRA, V. Matias. *Movimentos sociais urbanos e intervenção política*. Porto: Afrontamento, 1975.

FERREIRA, V. Matias. Os movimentos urbanos e o SAAL: a ambiguidade e os equívocos, *A Ideia*, 24-25, 17, 1982.

_____. A Lisboa do Império e o Portugal dos pequeninos, Lisboa, *Análise Social* 19, 1983. p. 693-735.

FERRO, Marc. *La révolution de 1917*. Paris: Aubier, 1697.

FLORES AGUIRRE, Xavier. Criminalización de la Libertad de Expresión: Protesta Social y Administración Local en Guayaquil, *Iconos. Revista de Ciencias Sociales*, 27, 2007. p. 65-75.

FLÓREZ ALONSO, Margarita. Protecção do conhecimento tradicional? In: SANTOS (Org.). (2003b). p. 287-317.

FOMINAYA FLESHER, Cristina. Debunking Spontaneity: Spain's 15-M/ Indignados as Autonomous Movement, *Social Movement Studies: Journal of Social, Cultural and Political Protest* 14 (2), p. 1-22, 2014a.

_____. *Social Movements and Globalization: How Protests, Occupations and Uprisings are Changing the World* Basingstoke: Palgrave Macmillan, 2014b.

_____. España es diferente: Podemos y el 15-MPart, *Público*, 2014c. Disponível em: <http://blogs.publico.es/el-cuarto-poder-en-red/2014/06/09/espana-es-diferente-podemos-y-el-15-m/>.

FREITAS, Eduardo de; ALMEIDA, F. de; CABRAL, V. *Modalidades de penetração do capitalismo na agricultura*. Lisboa: Presença, 1976.

FRENCH, R.; HAMILTON, F. E. (Orgs.). *The Socialist City: Spatial Structure and Urban Policy*. Chichester: J. Willey, 1979.

FREYRE, Gilberto. *Sobrados e mocambos*. Rio de Janeiro: José Olympio Editora, 1951.

FRIEDLAND, R.; PIVEN, F. F.; ARFORD, R. Political conflict, urban structure and the fiscal crisis, *International Journal of Urban and Regional Research* 1, p. 447- 471, 1977.

FRIEDMAN, Steven. Whose Liberation? A Partly-Forgotten Left Critique of ANC Strategy and Its Contemporary Implications, *Journal of Asian and African Studies* 47 (1), p. 18-32, 2012.

FUNG, Archon *et al. Can We Put an End to Sweatshops?* Boston: Beacon Press, 2001.

FUSTER MORELL, Mayo. The Free Culture and 15M Movements in Spain: Composition, Social Networks and Synergies, *Social Movement Studies: Journal of Social, Cultural and Political Protest* 11(3-4), p. 386-392, 2012.

GAMA, A.; SANTOS, G.; PIRES, I. Análise espacial de uma transformação da agricultura, *Revista Crítica de Ciências Sociais* 7/8, 535, 1981.

GÁMEZ FUENTES, María José. Feminisms and the 15M Movement in Spain: Between Frames of Recognition and Contexts of Action, *Social Movement Studies: Journal of Social, Cultural and Political Protest* 1, p. 1-7, 2015.

GARLINGER, Patrick P. Privacy, Free Speech, and the Patriot Act: First and Fourth Amendment Limits on National Security Letters, *New York University Law Review* 84 (4), p. 1105-1147, 2009.

GASPAR, J; BOURA, I. Estrutura agrária e inovação na Cova da Beira, *Revista Crítica de Ciências Sociais* 7/8, p. 513, 1981.

GESSEN, Keith; LEONARD, Sarah; BLUMENKRANZ, Carla; GREIF, Mark; TAYLOR, Astra; RESNICK, Sarah; SAVAL, Nikil; SCHMITT, Eli (Orgs.). *Occupy! Scenes from Occupied America.* New York: Verso, 2011.

GIANCOTTI, Emilia. *Lexicon Spinozanum.* The Hague: Martinus Nijhoff, 1970.

GIDDENS, Anthony. *The Third Way: The Renewal of Social Democracy.* Cambridge: Polity Press, 1998.

GITLIN, Todd. *Occupy Nation, the Roots: The Spirit and the Promise of Occupy Wall Street.* New York: Harper Collins Publishers, 2012.

_____. Occupy's Predicament: The Moment and the Prospect for the Movement, *British Journal of Sociology* 64 (1), p. 3-25, 2013a.

_____. Reply to Craig Calhoun, *The British Journal of Sociology* 64(1), p. 39-43, 2013b.

GLENN, H. Patrick. A Transnational Concept of Law in Cane and Tushnet, *The Oxford Handbook of Legal Studies* 839, 2003.

GONZÁLEZ-BAILÓN, Sandra *et al.* Broadcasters and Hidden Influentials. In: Online Protest Diffusion, *American Behavioral Scientist* 57 (7), 2013. p. 943-965.

GORDON, Michael E.; TURNER, Lowell (Orgs.). *Transnational Cooperation among Labor Unions*. Ithaca: Cornell University Press, 2000.

GRANELLE, Jean-Jacques. *Espace Urbain et Prix du Sol*. Paris: Sirey, 1970.

GREENE, Ronald Walter; KUSWA, Kevin Douglas. From the Arab Spring to Athens, From Occupy Wall Street to Moscow: Regional Accents and the Rhetorical Cartography of Power, *Rhetoric Society Quarterly* 42(3), p. 271-288, 2012.

GUIMARÃES, Paulo Machado. Proteção das terras indígenas. In: LARANJEIRA, Raimundo (Org.). *Direito agrário brasileiro*. Em homenagem à memória de Fernando Pereira Sodero. São Paulo: LTR, 1999. p. 541-542.

GUPTA, Anirudha. TADA: Hard Law for Soft State, *Economic and Political Weekly* 35 (13), p. 1066-1071, 2000.

GUTIÉRREZ SANÍN, Francisco; JARAMILLO, Ana María. Pactos paradoxais. In: SANTOS (Org.). (2003a). p. 249-288.

HABERMAS, J. New Social Movements, *Telos* 49, p. 33-37, 1981.

HALL, Stuart. Who Needs Identity? In: HALL, Stuart; DU GAY, Paul (Orgs.). *Questions of Cultural Identity*. London: Sage, 1996. p. 1-17.

HARCOURT, Bernard. Political Disobedience, *Critical Inquiry* 39 (1), p. 33-55, 2012.

HARDT, Michael; NEGRI, Antonio. *Empire*. Cambridge, MA: Harvard University Press, 2000.

HARVEY, David. *Urbanismo y desigualdad social*. Madrid: Siglo XXI, 1977.

_____. *The Limits to Capital*. London/New York: Verso, 2006.

_____. *A Companion to Marx's Capital*. London/New York: Verso, 2010.

HEDGES, Chris. The Revolutionaries in Our Midst, *Truthdig*, 2013. Disponível em: <http://www.truthdig.com/report/item/the_revolutionaries_in_our_midst_20131110. Acesso em: 2 abr. 2016.

HELLER, Agnès. *The Theory of Need in Marx*. London: Allison Busby, 1976.

_____. A Theory of Needs Revisited, *Thesis Eleven* 35, 1993. p. 18-35.

HERMAN, Susan. The USA Patriot Act and the Submajoritarian Fourth Amendment, *Harvard Civil Rights-Civil Liberties Law Review* 41(1), p. 67-132, 2006.

HESPANHA, Pedro. A pequena agricultura, o preço da terra e as políticas fundiárias, *Revista Crítica de Ciências Sociais* 7/8, p. 467, 1981.

HIRSCH, Joachim. *Staatsapparat und Reproduktion des Kapitals*. Frankfurt: Suhrkamp, 1974.

HOLDT, Karl von; LANGA, Malose; MOLAPO, Sepetla; MOGAPI, Nomfundo; NGUBENI, Kindiza; DLAMINI, Jacob; KIRSTEN, Adele. *The smoke that calls: Insurgent citizenship, collective violence and the struggle for a place in the new South Africa*. Johannesburg: Centre for the Study of Violence and Reconciliation, Society, Work and Development Institute, 2011.

HOLLOWAY, J.; PELÁEZ, E. (Eds.). *Reinventing revolution in Mexico*. London: Pluto Press. Lorenzano, 1998.

HOLLOWAY, J.; PICCIOTTO, S. *State and Capital. A Marxist Debate*. London: Edward Arnold (Publishers) Ltd., 1978.

HOLLOWAY, John. *Change the World without Taking Power: The Meaning of Revolution Today*. London/Sterling, VA: Pluto Books, 2002.

HOUTZAGER, P. *The Movement of the Landless (MST) and the juridical field in Brazil*. IDS Working Paper 248, 2003.

HUMAN RIGHTS WATCH. What is a House without Food? Mozambique's Coal Mining Boom and Resettlements, *Human Rights Watch*, maio, 2013. Disponível em: <http://www.hrw.org/reports/2013/05/23/what-house-without-food>. Acesso em: 10 jun. 2016.

IANNI, Octávio. *Ditadura e agricultura*. Rio de Janeiro: Civilização Brasileira, 1979.

JÚNIOR FERRAZ; SAMPAIO, Tercio. O oficial e o inoficial. In: FALCÃO, J. de Arruda (Org.). *Conflito de direito de propriedade: invasões urbanas*. Rio de Janeiro: Forense, 103, 1984.

KAHNEMAN, Daniel; SUNSTEIN, Cass. Indignation: Psychology, Politics, Law. *John M. Olin Program in Law and Economics Working Paper* 346, 2007.

KANTOROWICZ, Hermann. *The Definition of Law*. Cambridge: Cambridge University Press, 1958.

KAUTSKY, Karl. *Der Parlamentarismus, die Volksgesetzgebung und die Sozialdemokratie*. Stuttgart: Dietz, 1893.

_____. *Patriotismus und Sozialdemokratie*. Leipzig: Verlag der Leipziger Buchdruckerei Aktiengesellschaft, 1907.

_____. *Nationalität und Internationalität*. Stuttgart: Paul Singer, 1908.

_____. *Nationalstaat. Imperialistischer Staat und Staatenbund*. Nürnberg: Fränkische Verlagsanstalt, 1915.

_____. *Von der Demokratie zur Staats-Sklaverei; eine Auseinandersetzung mit Trotzki*. Berlim: Verlagsgenossenschaft Freiheit, 1921.

KING, Anthony (Org.). *Buildings and Society*. London: Routledge, 1980.

KLUG, Heinz. *Accidental Outcomes? The Contradictory Impact of Multiple Spheres of Politics on the Definition of Global Rules*. Paper presented at the Law and Society Association 2000 Annual Meeting, Miami, 2000.

KLUG, Heinz. From Floor to Ceiling? South Africa, Brazil, and the Impact of the HIV/AIDS Crisis on the Interpretations of TRIPS, *Socio-Legal Newsletter* 34, p. 4-5, 2001a.

_____. WTO Puts Public Health Before Patents — But..., *Socio-Legal Newsletter* 35, p. 14, 2001b.

_____. Access to Health care: Judging Implementation in the Context of AIDS, *South African Journal of Human Rights*, p. 114-117, 2002a.

_____. Comunidade, propriedade e garantias na África do Sul rural: oportunidades emancipatórias ou estratégias de sobrevivência marginalizadas? In: SANTOS (Org.). (2002c). p. 159-188.

KORNETIS, Kostis. Is there a future in this past? Analyzing 15M's intricate relation to the transición, *Journal of Spanish Cultural Studies*, 2014. p. 1-16.

KORSCH, Karl. *Was ist Sozialisierung?* Hannover: Freies Deutschland Verlagsgesellschaft, 1919.

_____. *Arbeitsrecht für Betriebsräte*. Berlin: Vereinigung Internationaler Verlagsanstalten, 1922a.

KORSCH, Karl. *Quintessence des Marxismus*. Berlim-Leipzig: Jane, 1922b.

_____. *Marxismus und Philosophie*. Leipzig: C. L. Hirschfeld, 1923.

_____. *Der Weg der Komintern*. Berlim: Schlagewerth, 1926.

_____. *Die Materialistische Geschichtsauffassung: Eine Auseinandersetsuns mil Karl Kautsky*. Leipzig: Quelle & Meyer, 1929.

KOTHARI, Ashish. Biodiversity and Intellectual Property Rights: Can the two Co-Exist?, *Linkages* 4(2), 1999. Disponível em: <http://www.iisd.ca/linkages/journal/kothari.html>. Acesso em: 26 mar. 2016.

KUHN, Randall. On the Role of Human Development in the Arab Spring, *Population and Development Review* 38(4), p. 649-683, 2012.

KUNNATH, George J. *Rebels from the Mud Houses: Dalits and the Making of the Maoist Revolution in Bihar*. New Delhi: Social Science Press, 2012.

LA PARRA PÉREZ, Pablo. Revueltas lógicas: el ciclo de movilización del 15M y la práctica de la democracia radical. *Journal of Spanish Cultural Studies*, 2014. p. 1-19.

LACERDA, Rosane. *Diferença não é incapacidade: gênese e trajetória histórica da concepção da incapacidade indígena e sua insustentabilidade nos marcos do protagonismo dos povos indígenas e do texto constitucional de 1988*. Dissertação de Mestrado — Universidade de Brasília. Brasília, 2007. v. II.

LACLAU, Ernesto. New Social Movements and the Plurality of the Social. In: SLATER, David (Org.). *New Social Movements and the State in Latin America*. Amsterdam: CEDLA, 1985.

LARSON, Jane E. Informality, Illegality, and Inequality, *Yale Law and Policy Review* 20, p. 137-182, 2002.

LASH, Scott; URRY, John. *Economies of Signs and Space*. London: Sage, 1996.

LEFEBVRE, Henry. *La Production de l'Espace*. Paris: Anthropos, 1974.

LEFÉVRE, Rodrigo. Notas sobre o papel dos preços de terrenos em negócios imobiliários de apartamentos e escritórios na cidade de São Paulo. In: MARICATO, E. (Org.). *A produção capitalista da casa (e da cidade) no Brasil industrial*. São Paulo: Alfa-Omega, 1979. p. 95.

LEIBNIZ, Gottfried Wilhelm. *Theodicy: Essays on the Goodness of God, the Freedom of Man, and the Origin of Evil*. La Salle, Ill.: Open Court, 1985.

LENINE, Vladimir. *Selected Works in Three Volumes*. Moscow: Progress Publishers, 1970. v. 2.

_____. *Obras escolhidas*. Lisboa: Editorial Avante, 1978. v. 2.

LERCHE, Jens; SHAH, Alpa; HARRISS-WHITE, Barbara. Agrarian questions and Left politics in India, *Journal of Agrarian Change* 13(3), p. 337-350, 2013.

LEVIEN, Michael. The Land Question: special economic zones and the political economy of dispossession in India, *Journal of Peasant Studies* 39 (3-4), p. 933-969, 2012.

LEVITSKY, Sandra R. *Narrow, But Not Straight: Professionalized Rights Strategies in the Chicago GLBT Movement*. Thesis (MS) in Sociology, University of Wisconsin — Madison, 2001.

LIPIETZ, Alain. *Le Tribut Foncier Urbain*. Paris: Maspero, 1974.

LISBOA. Decreto-Lei 155/75, de 25 de março. *Diário da República*, nº 71/75 — I Série. Ministério da Justiça — Gabinete do Ministro.

LISBOA. Decreto-lei 198-A/75, de 14 de abril. *Diário da Republica*, nº 87/75. Ministério do Equipamento Social e do Ambiente.

_____. Decreto-lei 217/74, de 27 de maio. *Diário da República*, nº 123/1974 — I Série. Presidência do Conselho de Ministros.

_____. Decreto-lei 445/74, de 12 de setembro. *Diário da República*, nº 213/74 — I Série. Ministério do Equipamento Social e do Ambiente.

LOJKINE, Jean. *O estado capitalista e a questão urbana*. São Paulo: Martins Fontes, 1981.

LOPES, João Marcos de Almeida. O dorso da cidade: os sem-terra e a concepção de uma outra cidade. In: SANTOS (Org.). (2002b). p. 288-326.

LUXEMBURG, Rosa. *Gesammelte Werke* 5 v. Berlim: Dietz, 1972.

MACHEREY, Pierre. *Introduction à l'Ethique de Spinoza, La cinquième partie: les voies de la liberation*. Paris: Presses Universitaires de France, 1994.

MANIFESTO del #YoSoy132 al pueblo de México. Disponível em: <http://www.yosoy132media.org/asambleas-2/asambleas-metropolitanas/discurso-frente-a-televisa/>. Acesso em: 20 jul. 2016.

MARCELLONI, M. Analisi delle lotte sociali in Italia, *Papers* 3, 231, 1974.

MARTÍN, A.; MUÑOZ, J. P.; SOLÍS, F. El movimiento estudiantil entre 2005 y 2013: Las lecciones de la calle, *Revista Bella Público*, maio de 2013. Disponível em: <http://www.bellopublico.cl/el-movimiento-estudiantil-entre-2005-y-2013-las-lecciones-de-la- calle/>. Acesso em: 20 jul. 2016.

MARX, Karl. *Capital*, v. I. New York: International Publishers, 1970.

_____. *Capital* v. II. New York: International Publishers, 1970.

_____ *Capital* v. III. New York: International Publishers, 1970.

MASSEY, Doreen. The analysis of capitalist landownership: an investigation of the case of Great Britain, *International Journal of Urban and Regional Research* 1, 1977, 404.

MATHERON, Alexandre. *Individu et communauté chez Spinoza*. Paris: Minuit, 1988.

MATHERON, Alexandre. L'indignation et le conatus de l'état spinoziste. In: REVAULT, Myriam; RIZK, Hadi (Orgs.). *Spinoza: Puissance et Ontology*. Paris: Kimé, 1994. p. 153-165.

MATSUDA, Iware. Loss of Human Lives Induced by the Cyclone of 29-30 April, 1991. In: BANGLADESH, *GeoJournal* 31(4), p. 319-325, 1993.

MCADAM, Doug; McCARTHY, John; ZALD, Mayer N. (Orgs.). *Comparative Perspectives on Social Movements Political Opportunities, Mobilizing Structures, and Cultural Framings*. New York: Cambridge University Press, 1996.

MCADAM, Doug; TARROW, Sidney; TILLY, Charles. Dynamics of Contention. New York: Cambridge University Press, 2001.

MEDINA, Paula Abal; ORTEGA BREÑA, Mariana. Thoughts on the Visual Aspect of the Neoliberal Order and the Piquetero Movement. In: ARGENTINA, *Latin American Perspectives*, 38 (1), p. 88-101, 2011.

MELO, Paula Balduíno de. *Análise da mobilização política das comunidades remanescentes de quilombos*, 2007. Disponível em: <http://www.uff.br>. Acesso em: 24 mar. 2016.

MELUCCI, Alberto. The New Social Movements: A Theoretical Approach, *Social Science Information* 19, p. 199-226, 1980.

MENDES, José Manuel. Movimentos sociais e cidadania crítica em Portugal: da reelitização à emancipação social?, *Le Monde Diplomatique*, Portuguese Edition, August, 2013.

MENESES, Maria Paula. Quando não há problemas, estamos de boa saúde, sem azar nem nada: para uma concepção emancipatória da saúde e das medicinas. In: SANTOS (Org.). (2005a). p. 429-458.

MESZAROS, George. The MST and the Rule of Law in Brazil, *Law, Social Justice & Global Development Journal*, 2007. Disponível em: <http//www.go.warnick.ac.uk/elj/2007/meszaros>. Acesso em: 25 mar. 2016.

MIGNOLO, Walter D. *Local Histories/Global Designs*: Coloniality, Subaltern Knowledges and Border Thinking. Princeton: Princeton University Press, 2000.

MILIBAND, Ralph. *The State in Capitalist Society*. London: Quartet Books, 1973.

MIMBIRE, Fátima. *Num contexto de crise das commodities: desafios de um país potencialmente rico em recursos minerais. Estabelecendo as bases para evitar a "maldição dos recursos" em Moçambique no novo "super-ciclo" dos preços das matérias-primas*. Maputo: CIP, 2016.

MITCHELL, W. J. T. Image, Space, Revolution: The Arts of Occupation, *Critical Inquiry* 39, p. 8-32, 2012.

MOISES, J. A.; Stolcke, V. Urban Transport and Popular Violence: the Case of Brazil, *Past and Present* 86, p. 174, 1980.

MONCAYO, V.; ROJAS, F. *Producción Campesina y Capitalismo*. Bogotá: CINEP, 1979.

MONEDERO, Juan Carlos. ¿A dónde va el 15M? Viento en las velas del movimiento, *Comiendo Tierra*, 2013. Disponível em: <http://www.comiendotierra.es/2013/05/15/a-donde-va-el-15m-viento-en-las-velas-del-movimiento/>. Acesso em: 25 fev. 2016.

MONTAÑO, Jorge. *Los pobres de la ciudad en los asentamientos espontaneos.* México: Siglo XXI, 1976.

MOODY, Kim. *Workers in a Lean World: Unions in the International Economy.* New York: Verso, 1997.

MORISSAWA, Mitsue. *A história da luta pela terra e o MST.* São Paulo: Expressão Popular, 2001.

MORSE, Richard. A Framework for Latin American Urban History. In: HARDOY, J. (Org.). *Urbanization in Latin America: Approaches and Issues.* Garden City: Anchor Press, 1975. p. 57.

MOSCA, João; SELEMANE, Tomás. *El dorado Tete: os mega projectos de mineração.* Maputo: Centro de Integridade Pública, 2011. Disponível em: <www.cip.org.mz/cipdoc/106_EL%20DORADO%20TETE_Mosca%20e%20 Selemane_CIP_2011.pdf>. Acesso em: 10 jun. 2016.

MOSSE, Marcelo. Anadarko: um gigante americano com rabo de palha?, *Savana* 1064, p. 9-10, 2014.

MOUFFE, Chantal. Towards a theoretical interpretation of New Social Movements. In: HANNINEN, S.; PALDÁN, L. (Orgs.). *Rethinking Marx.* Berlim: Argument-Sonderband, 1984. p. 139-143.

NAVARRO, Zander. Mobilização sem emancipação — as lutas sociais dos sem-terra no Brasil. In: SANTOS (Org.). (2002c). p. 189-232.

NEGRI, Antoni. *La Forma Stato: per la critica dell'economia politica della Costituzione.* Milão: Feltrinelli Editore, 1977.

NIXON, Mignon. Anatomic Explosion on Wall Street, *October* 142, p. 3-25, 2012.

NOUEIHED, Lynn; WARREN, Alex. *The Battle for the Arab Spring: Revolution, Counter-Revolution and the Making of a New Era.* New Haven: Yale University Press, 2012.

NUÑO DE LA ROSA, Julia. Movimientos sociales y democracia al otro lado del espejo: entrevista a Antoni Aguiló, *Oxímora* 4, p. 111-125, 2014.

NYAMNJOH, Francis B. *#RhodesMustFall: Nibbling at resiliente colonialism in South Africa.* Mankon: Langaa Research & Publishing, 2016.

O SÉCULO. Ontem na boa hora. Tribunal popular absolveu ocupante de casa clandestina, 5 de novembro, ano 95, 33519, p. 1 e 2, 1975.

O'CONNOR, James. *The Fiscal Crisis of the State*. New York: St. Martin's Press, 1973.

OFFE, Claus. *Strukturprobleme des kapitalistischen Staates*. Frankfurt: Suhrkamp, 1972.

OLIVEIRA, Denílson Araújo. Algumas palavras sobre as manifestações e conflitos sociais no Rio de Janeiro a partir de junho de 2013, *Ensaios de Geografia* 2 (3), p. 32-51, 2013.

OYARZÚN SERRANO, L. *Desarrollo es acceso a la educación: las movilizaciones estudiantiles en Chile*, 2012. Disponível em: <http://www.ceipaz.org/images/contenido/12.LorenaOyarz%C3%BAn.pdf>. Acesso em: 25 jul. 2016.

PASHUKANIS, Eugeny. *Law and marxism: a general theory*. London: Ink Links, 1978.

PATNAIK, Arun Kumar. Gramsci is Dead But Resurrected, *Economic and Political Review* 13, p. 25-27, 2008.

PEÑA-LÓPEZ, I.; CONGOSTO, M.; ARAGÓN, P. Spanish Indignados and the evolution of 15M: towards networked para-institutions. In: BALCELLS, J.; CERRILLO y MARTÍNEZ, A.; PEGUERA, M.; PEÑA-LÓPEZ, I.; PIFARRÉ DE MONER, M. J.; VILASAU, M. (Orgs.). *Big Data: Challenges and Opportunities* Proceedings of the 9th International Conference on Internet, Law & Politics. Universitat Oberta de Catalunya Barcelona: UOC-Huygens Editorial, 2013. p. 359-386.

PEREIRA, L. Teotónio. Uma perspectiva sobre a questão das casas baratas e salubres 1881-1910. Trabalho apresentado no curso de História Contemporânea de Portugal da Faculdade de Letras. Lisboa, 1981.

PESCHANSKY, J. A.; MORAES, R. Os protestos de junho e a agenda propositiva: um argumento teórico. *Lutas Sociais* (PUC-SP) 31, p. 111-124, 2013.

PICKERILL, Jenny; KRINSKY, John. Why Does Occupy Matter?, *Social Movement Studies: Journal of Social, Cultural and Political Protest* 11 (3-4), 2012. p. 279-287.

PICKVANCE, C. G. On the Study of Urban Social Movements, *Papers* 3, p. 343, 1974.

PINTO, J. Madureira. A etnologia e a sociologia na análise de colectividades rurais, *Análise Social*, 52, 1977.

_____. Solidariedade de vizinhança e oposições de classe nas colectividades rurais, *Análise Social*, 66, p. 199, 1981a.

_____. O espaço social rural: especificidade, funções, transformações, *Revista Crítica de Ciências Sociais* 7/8, p. 327, 1981b.

POLLACK, Kenneth M. *The Arab Awakening: America and the Transformation of the Middle East*. New York: Brookings Institution Press, 2011.

PORTO-GONÇALVES, Carlos; SOARES, Fernando Luís Monteiro. Sejamos realistas, exijamos... que se vayan todos... Pela reinvenção da política, *Contrapunto* Montevideo: Centro de Formación Popular del Oeste de Montevideo Comisión Sectorial de Extensión y Actividades en el Médio Universidad de la República, 2013.

POSEY, Darrell Addison (Org.). *Cultural and Spiritual Values of Biodiversity*. London: Intermediate Technology, 1999.

POULANTZAS, Nicos. *Pouvoir politique et classes sociales de l'Etat capitaliste*. Paris: F. Maspéro, 1968.

POULANTZAS, Nicos. Towards a Democratic Socialism, *New Left Review* 75, 1978.

PRATT, Mary Louise. *Imperial Eyes: Travel Writing and Transculturation*. New York: Routledge, 1992.

PRIGOGINE, I. *From Being to Becoming*. São Francisco: Freeman, 1980.

_____. *The End of Certainty*: Time, Chaos, and the New Laws of Nature. New York: Free Press, 1997.

PRIGOGINE, I.; STENGERS, I. *La nouvelle alliance: métamorphose de la science*. Paris: Galimard, 1979.

PUIG, J. Olives. La Conflictualidad urbana: algunas reflexiones sobre el reciente movimiento de barrios en Barcelona, *Papers* 3, p. 275, 1974.

QUEIROZ, M. I. Pereira de. *O campesinato brasileiro*. Petrópolis: Vozes, 1976.

RANDERIA, Shalini. Pluralismo jurídico, soberania fracturada e direitos de cidadania diferenciais: instituições internacionais, movimentos sociais e o estado pós-colonial na Índia. In: SANTOS (Org.). (2003a). p. 463-512.

REBOUD, Louis. Aspects économiques et sociaux de la proprieté urbaine. In: BOUCHER, J.; MOREL, A. (Orgs.). *Le Droit de Vie Economique-Sociale*. Montreal: Les Presses de l'Université de Montreal 61, 1970.

REIS, Cristiane de Souza. O MST e sua estratégia de luta emancipatória face ao modelo de globalização hegemônica: quem tem medo do cosmopolitismo Subalterno?, *Âmbito jurídico* 53, 2008.

REIS, José. A economia agrária e a pequena agricultura, *Revista Crítica de Ciências Sociais* 7/8, p. 149, 1981.

REITAN, Ruth. Review Essay. A Global Civil Society in a World Polity, or Angels and Nomads Against Empire?, *Global Governance* 13 (3), p. 445-460, 2007.

REITER, Bernd. What's New in Brazil's New Social Movements?, *Latin American Perspectives* 38 (1), p. 153-168, 2011.

RENNER, Karl. *The Institutions of Private Law and Their Social Functions*. London: Routledge and Kegan Paul, 1949.

REPÚBLICA. José Diogo libertado. Um passo em frente na justiça popular, 26 de julho, ano 64, 15758, p. 1 e 5, 1975.

REPÚBLICA. Liberdade para José Diogo, 25 de julho, ano 64, 15757, p. 1, 3 e 8, 1975.

REVISTA MEXICANA DE SOCIOLOGÍA. 1/77, janeiro-março, 1977.

_____. 2/77, abril-junho, 1977.

REY, Pierre-Philippe. *As alianças de classes*. Coimbra: Centelha, 1979.

RIBEIRO, J. J. Teixeira. *Teoria económica dos monopólios*. Coimbra: Coimbra Editora, 1934.

RIFO, Mauricio. Movimiento estudiantil, sistema educativo y crisis política actual en Chile. *Polis (Santiago)*, v. 12, n. 36, p. 223-240, 2013. Disponível em: <http://www.scielo.cl/scielo.php?script=sci_arttext&pid=S0718-65682013000300010&lng=es&tlng=es>. Acesso em: 25 jul. 2016.

ROBERTS, Alasdair. Why the Occupy Movement Failed, *Public Administration Review*, 2012. p. 754-762.

RODRÍGUEZ, César A. À procura de alternativas econômicas em tempos de globalização: o caso das cooperativas de recicladores de lixo na Colômbia. In: SANTOS (Org.). (2002c). p. 329-367.

LUXEMBURG, Rosa. *The Accumulation of Capital*. London: Routledge and Kegan Paul, 1951 [1913].

ROSAS, Fernando; BRITO, J. M. Brandão de. (Orgs.). *Dicionário de história do estado novo*. Lisboa: Círculo de Leitores, 1996. v. II.

ROSS, Andrew (Org.). *No Sweat. Fashion, Free Trade and the Rights of Garment Workers*. New York: Verso, 1997.

RUBEL, Alan. Privacy and the USA Patriot Act: Rights, the Value of Rights, and Autonomy, *Law and Philosophy* 26 (2), p. 119-159, 2007.

RUBINOWITZ, L. *Low-Income Housing: Suburban Strategies*. Cambridge Mass.: Ballinger, 1974.

RUDESILL, Dakota. Coming to Terms With Secret Law, *Harvard National Security Journal* 7 (1), p. 1-145, 2016.

SADEK, Maria Tereza (Org.). *Experiências de acesso à justiça. Acesso à Justiça*. Konrad-Adenauer-Stiftung, Pesquisas, nº 23, São Paulo, 2001.

SAID, Edward. *Traveling Theory The World, the Text, and the Critic*. Cambridge, Mass.: Harvard University Press, 1983.

SALL, Michael. Classified Opinions: Habeas at Guantanamo and the Creation of Secret Law, *Georgetown Law Journal* 101(4), p. 1147-1170, 2013.

SAMPAT, Preeti. The Goan Impasse: land rights and resistance to SEZs. In: GOA, India. *The Journal of Peasant Studies* 42 (3-4), p. 765-790, 2015.

SANCHO, Guiomar Rovira. México, #YoSoy132. ¡No había nadie haciendo el movimiento más que nosotros!. In: AGUILAR, S. (Ed.). *Anuari de conflicte social 2012*, Universitat de Barcelona, 2013.

SANTOS, Boaventura de Sousa. La Loi Contre La Loi, *Esprit* 7/8, 67, 1973.

_____. *Law against Law: Legal Reasoning in Pasargada*. Cuernavaca, México: Centro Intercultural de Documentación, 1974.

_____. The Law of the Oppressed: The Construction and Reproduction of Legality. In: Pasárgada Law, *Law and Society Review* 12, p. 5-126, 1977.

_____. Da sociologia da ciência à política científica, *Revista Crítica de Ciências Sociais* 1, p. 11, 1978.

_____. Popular Justice, Dual Power and Socialist Strategy. In: FINE, Bob *et al.* (Orgs.). *Capitalism and the rule of Law*. London: Hutchinson, 1979.

_____. Science and Politics: Doing Research in Rio's Squatter. In: LUCKHAM, R. (Org.). *Law and Social Enquiry: Case Studies of Research*. Upsala, Scandinavian Institute of African Studies, 261, 1981a.

_____. A questão do socialismo. *Revista Crítica de Ciências de Sociais* 6, p. 149, 1981b.

_____. Law and Community: The Changing Nature of State in Power in Late Capitalism, *International Journal of Sociology of Law* 8, p. 379, 1982.

_____. Os conflitos urbanos no recife: o caso do Skylab. *Revista Crítica de Ciências Sociais* 11, p. 9, 1983.

_____. O estado, o direito e a questão urbana. In: FALCÃO, J. de Arruda (Org.). *Conflito de direito de propriedade: invasões urbanas*. Rio de Janeiro: Forense, 1984. p. 1-78.

SANTOS, Boaventura de Sousa. Uma cartografia simbólica das representações sociais: o caso do direito. *Revista Crítica de Ciências Sociais*, 24, p. 139-172, 1988.

_____. *Estado e sociedade em Portugal (1974-1988)*. Porto: Afrontamento, 1990.

_____. *Toward a New Common Sense: Law, Science and Politics in the Paradigmatic Transition*. New York: Routledge, 1995.

_____. *Reinventar a democracia*. Lisboa: Gradiva, 1998a.

_____. Oppositional Postmodernism and Globalizations. *Law and Social Inquiry* 23, p. 121-39, 1998b.

SANTOS, Boaventura de Sousa. *Crítica da razão indolente: contra o desperdício da experiência*. Porto: Afrontamento, 2000.

_____. *Democracia e participação: o caso do orçamento participativo de Porto Alegre*. Porto: Afrontamento, 2002a.

_____. *Toward a New Legal Common Sense*. London: Butterworths, 2002b.

_____. *Um discurso sobre as ciências*. São Paulo: Cortez, 2003.

_____. *A fita do tempo da revolução: a noite que mudou Portugal*. Porto: Afrontamento, 2004.

_____. *Fórum social mundial: manual de uso*. São Paulo: Cortez, 2005.

_____. *A gramática do tempo: para uma nova cultura política*. São Paulo: Cortez, 2006a.

_____. *The Rise of the Global Left*. London: Zed Books, 2006b.

_____. *Para uma revolução democrática da justiça*. São Paulo: Cortez, 2007.

_____. *Sociología jurídica crítica: para un nuevo sentido común en el derecho*. Madrid: Editorial Trotta, 2009.

_____. *Portugal: ensaio contra a autoflagelação*. São Paulo: Cortez, 2012.

_____. *Pela mão de Alice: o social e o político na pós-modernidade*. 14ª edição revista e aumentada. São Paulo: Cortez, 2013a.

_____. Prefácio. In: MENESES, Maria Paula; MARTINS, B. S. (Orgs.). *As guerras de libertação e os sonhos coloniais: alianças secretas, mapas imaginados*. Coimbra: Almedina, 2013b. p. 9-13.

_____. *Se Deus fosse um activista dos direitos humanos*. São Paulo: Cortez, 2013c.

_____. *Epistemologies of the South. Justice against Epistemicide*. Boulder/London: Paradigm Publishers, 2014a.

_____. *O direito dos oprimidos*. São Paulo: Cortez, 2014b.

_____. *A justiça popular em Cabo Verde*. Coimbra: Almedina, 2015a.

_____. *Revueltas de indignación y otras conversas*. La Paz: OXFAM; CIDES-UMSA; Ministerio de Autonomías, 2015b.

SANTOS, Boaventura de Sousa (Org.). A *globalização e as ciências sociais*. São Paulo: Cortez, 2002a.

_____ (Org.). *Democratizar a democracia: os caminhos da democracia participativa*. Rio de Janeiro: Civilização Brasileira, 2002b.

_____ (Org.). *Produzir para viver: os caminhos da produção não capitalista*. Rio de Janeiro: Civilização Brasileira, 2002c.

_____ (Org.). *Reconhecer para libertar: os caminhos do cosmopolitismo multicultural*. Rio de Janeiro: Civilização Brasileira, 2003a.

_____ (Org.). *Semear outras soluções: os caminhos da biodiversidade e dos conhecimentos rivais*. Rio de Janeiro: Civilização Brasileira, 2005a.

_____ (Org.). *Trabalhar o mundo: os caminhos do novo internacionalismo operário*. Rio de Janeiro: Civilização Brasileira, 2005b.

_____ (Org.). *Democratizzare la democracia. I percorsi della Democrazia Partecipativa*. Troina: Città Aperta Edizioni, 2003b.

_____ (Org.). *Democratizar la democracia: los caminos de la democracia participativa*. México: Fondo de Cultura Económica, 2004.

_____ (Org.). *Democratizing Democracy. Beyond the Liberal Democratic Canon*. London: Verso, 2005c.

_____ (Org.). *Produrre per vivere. Le vie della produzione non capitalista*. Troina: Città Aperta Edizioni, 2005d.

_____ (Org.). *Another Production is Possible. Beyond the Capitalist Canon*. London: Verso, 2006.

_____ (Org.). *Another Knowledge is Possible. Beyond Northern Epistemologies*. London: Verso, 2007.

_____ (Org.). *As vozes do mundo*. Rio de Janeiro: Civilização Brasileira, 2009.

_____ (Org.). *Voices of the World*. London: Verso, 2010.

_____ (Org.). *Producir para vivir: los caminos de la producción no capitalista*. México: Fondo de Cultura Económica, 2011.

SANTOS, Boaventura de Sousa; CRUZEIRO, Maria Manuela; COIMBRA, Maria Natércia. *O pulsar da revolução: cronologia da revolução de 25 de abril*

(1973-1976). Centro de Documentação 25 de abril da Universidade de Coimbra. Porto: Afrontamento, 1997.

SANTOS, Boaventura de Sousa; EXENI, José Luis (Orgs.). *Justicia Indígena, Plurinacionalidad e Interculturalidad en Bolivia.* Quito: Ediciones Abya Yala y Fundación Rosa Luxemburg, 2012b.

SANTOS, Boaventura de Sousa; GARCÍA-VILLEGAS, Mauricio (Orgs.). *El caleidoscopio de las justicias en Colombia.* 2 v. Bogotá: Colciencias-Uniandes--CES-Universidad Nacional-Siglo del Hombre, 2001.

SANTOS, Boaventura de Sousa; GRIJALVA, Agustin (Orgs.). *Justicia indígena, plurinacionalidad e interculturalidad en Ecuador.* Quito: Ediciones Abya Yala y Fundación Rosa Luxemburg, 2012c.

SANTOS, Boaventura de Sousa; MENESES, Maria Paula (Orgs.). *Epistemologias do Sul.* São Paulo: Cortez, 2010.

SANTOS, Boaventura de Sousa; RODRÍGUEZ-GARAVITO, César A. (Orgs.). *Law and Globalization from Below. Towards a Cosmopolitan Legality.* Cambridge: Cambridge University Press, 2005.

SANTOS, Boaventura de Sousa; RODRÍGUEZ-GARAVITO, César. Para ampliar o cânone da produção. In: SANTOS, Boaventura de Sousa (Org.). *Produzir para viver. Os caminhos da produção não capitalista.* Rio de Janeiro: Civilização Brasileira, 2002c.

SANTOS, Boaventura de Sousa; TRINDADE, João Carlos (Orgs.). *Conflito e transformação social: uma paisagem das justiças em Moçambique.* Porto: Afrontamento, 2002. 2. v.

SANTOS, Boaventura de Sousa; VAN-DÚNEM, José Octávio Serra (Orgs.). *Sociedade e estado em construção: desafios do direito e da democracia em Angola. Luanda e justiça: pluralismo jurídico numa sociedade em transformação.* Coimbra: Almedina, 2012a. v. I.

SANTOS, Laymert Garcia dos. Predação high-tech, biodiversidade e erosão cultural: o caso do Brasil. In: SANTOS (Org.). (2003b).

SANTOS, Milton. *L'Espace Partage. Les deux circuits de l'économie urbaine des pays sous-développées.* Paris: Génin, 1975.

SANTOS, Wanderley. *Cidadania e justiça*. Rio de Janeiro: Campus, 1979.

SASSEN, Saskia. *The Global City: New York, London, Tokyo*. Princeton: Princeton University Press, 1991.

_____. *Guests and Aliens*. New York: The New Press, 1999.

SCHMITT, Alessandra; TURATTI, Maria Cecília Manzoli; CARVALHO, Maria Celina Pereira de. *A atualização do conceito de quilombo: identidade e território nas definições teóricas*, 2008. Disponível em: <http://www.scielo.br/pdf/asoc/.pdf>.

SEDES. *Portugal para onde vais?* Lisboa, 1974.

SEIGNEURIE, K. Discourses of the 2011 Arab Revolutions, *Journal of Arabic Literature* 43, 2012. p. 484-509.

SHARMA, Supriya. *Guns and Protests: Media coverage of the conflicts in the Indian state of Chhattisgarh*. Oxford: Reuters Institute Fellowship Paper, 2012.

SHIVA, Vandana. *Biopiracy*. Boston: South End Press, 1997.

SILVA, José Afonso da. Terras tradicionalmente ocupadas pelos índios. In: SANTILLI, Juliana (Org.). *Os direitos indígenas e a constituição*. Porto Alegre: Sérgio Fabris, 1993.

SINGER, Paul. O uso do solo urbano na economia capitalista. In: MARICATO, E. (Org.). *A produção capitalista da casa (e da cidade) no Brasil industrial*. São Paulo: Alfa-Omega, 21, 1979.

_____. A recente ressurreição da economia solidária no Brasil. In: SANTOS (Org.). (2002c). p. 81-129.

SOBOUL, Albert. *Les Sans-Culottes Parisiens en l'An II. Mouvement Populaire et Gouvernement Revolutionaire, 2 Juin 1793-9. Thermidor An II*. Paris: Librarie Clavrueil, 1958.

SOGAME, Maurício. *Populações tradicionais e territorialidades em disputa: diferentes formas de territorialização das comunidades quilombolas do estado do Espírito Santo*, 2007. Disponível em: <http//www.uff.br/posgeo/mauricio>. Acesso em: 12 mar. 2016.

SOTO, Hernando de. *The Other Path. The Invisible Revolution in the Third World*. New York: Harper and Row Publishers, 1989.

SOUSA JÚNIOR, José Geraldo. *Sociologia jurídica: condições sociais e possibilidades teóricas*. Porto Alegre: Fabris, 2002.

_____. O acesso ao direito e à justiça, os direitos humanos e o pluralismo jurídico. *International Conference of law and Justice in the 21st Century*, Coimbra, 2003.

_____. Responsabilidade social das instituições de ensino superior. In: *OAB ensino jurídico — o futuro da universidade e os cursos de direito: novos caminhos para a formação profissional*. Brasília: OAB, 2006.

SPÍNOLA, António. *Portugal e o futuro*. Lisboa: Arcádia, 1974.

SPINOZA, Benedictus de. *Ethics, and Treatise on the Correction of the Intellect*. London: J. M. Dent, 1993.

STEFANIC, Jean. Latino and Latina Critical Theory: An Annotated Bibliography, *La Raza Law Journal* 10, p. 1509-1584, 1998.

STOLZE, Ted. Indignation: Spinoza on the Desire to Revolt. *Marxism 2000* University of Massachusetts: Amherst, 2000.

SUBCOMANDANTE MARCOS. *Nuestra arma es nuestra palabra: escritos selectos*. New York: Seven Stories Press, 2001.

_____ *Ya Basta!: Ten Years of the Zapatista Uprising: Writings of Subcomandante Insurgente Marcos*. Oakland, CA: AK Press, 2004.

SUNOTISSIMA; QUODLIBETAT; AXEBRA; ARNAUMONTY; TAKETHESQUARE; ALCAZAN; TORET; LEVI, Simona. *Tecnopolítica, Internet y R-Evoluciones. Sobre la Centralidad de Redes Digitales en el #15M* Barcelona: Icaria, 2012.

TAIBO, Carlos. The Spanish *Indignados*: A Movement with Two Souls, *European Urban and Regional Studies* 20, p. 155-158, 2013.

TAMANAHA, Brian. *Realistic Socio-Legal Theory: Pragmatism and a Social Theory of Law*. Oxford: Oxford University Press, 1997.

_____. *A General Jurisprudence of Law and Society*. Oxford: Oxford University Press, 2001.

_____. *On the rule of law: history, politics, theory*. Cambridge: Cambridge UP, 2004.

TANOUKHI, Nirvana; MAZRUI, Ali. Arab Spring and the Future of Leadership in North Africa, *Transition*, 2011. p. 148-162.

TAUSSIG, Michael. I'm so Angry I Made a Sign, *Critical Inquiry* 39, p. 56-88, 2012.

THE CRUCIBLE GROUP. *People, Plants and Patents: the Impact of Property on Trade, Plant Biodiversity, and Rural Society*. Ottawa: IRDS, 1994.

THEODOSSOPOULOS, Dimitrios. Infuriated with the Infuriated? Blaming Tactics and Discontent about the Greek Financial Crisis. *Current Anthropology* 54 (2), p. 200-221, 2013.

THERBORN, Göran. *What Does the Ruling Class do When it Rules?* London: Verso, 1978a.

_____. *The Travail of Latin American Democracy*. New Left Review 113-114, p. 71-109. 1978b.

THOMPSON, A. K. You Can't Do Gender in a Riot: Violence and Post--Representational Politics, *Berkeley Journal of Sociology* 52, p. 24-49, 2008.

TOCQUEVILLE, Alexis de. *Democracy in America*. New York: Vintage Books, 1954. v. 1.

TOLSTOY, L. *Obras completas em 90 volumes, edição de aniversário académico*. Moscou-Leningrado: OCR, 1934. v. 58. Disponível em: <http://az.lib.ru/t/tolstoj_lew_nikolaewich/text_1050.shtml>. Acesso em: 13 abr. 2016.

TOPALOV, Christian. *Les Promoteurs Immobiliers. Contribution à l'analyse de la production capitaliste du logement en France*. Paris: Mouton, 1974.

TOPALOV, Christian. Surprofits et rentes foncières dans la ville capitaliste, *International Journal of Urban and Regional Research* 1, p. 425, 1977.

TOURAINE, Alain. An Introduction to the Study of Social Movements, *Social Research* 52 (4), p. 749-787, 1985.

TRIBUNAL DE OURIQUE. Despacho de 20 de março de 1975. Liberdade para José Diogo! *Sub-Judice, Justiça e Sociedade. Revista Trimestral* 30/31, p. 171-172, 2005.

TROTSKY, Leon. *L'histoire de la Révolution Russe*. Fevrier, Paris: Seuil, 1967. v. 1.

TROTSKY, Leon. *The Basic Writings of Trotsky*. New York: Random House, 1963.

TWINING, William. Comparative Law and Legal Theory: The Country and Western Tradition. In: EDGE, I. (2000). p. 21.

_____. A cosmopolitan discipline? Some implications of globalisation for legal education. *International Journal Legal Profession* 23, 2001.

_____. *General Jurisprudence: Understanding Law from a Global Perspective* Cambridge: Cambridge University Press, 2009.

UNAC. *Pronunciamento da UNAC sobre o programa PROSAVANA*, 2012. Disponível em: <http://www.unac.org.mz/index.php/7-blog/39-pronunciamento-da-unac-sobre-o-programa-prosavana>. Acesso em: 10 jun. 2016.

URIBE DE H., Maria Teresa. Emancipação social em um contexto de guerra prolongada: o caso da comunidade de paz de San José de Apartadó, Colombia. In: SANTOS (Org.). (2002b). p. 217-253.

VAINER, Carlos. Mega-eventos, mega-negócios, mega-protestos: uma contribuição ao debate sobre as grandes manifestações e as perspectivas políticas. *ETTERN*, 2013. Disponível em: <http://www.ettern.ippur.ufrj.br/ultimas-noticias/196/mega-eventos-mega-negocios-mega-protestos>.

VAINER, Carlos *et al.* *Cidades rebeldes: passe livre e as manifestações que tomaram as ruas do Brasil*. São Paulo: Boitempo/Carta Maior, 2013.

VALLADARES, Lúcia. Quebra-quebras na construção civil: o caso dos operários do metrô do Rio de Janeiro. *Comunicação apresentada à 30ª reunião da Sociedade Brasileira para o Progresso da Ciência*. São Paulo, 1978.

VALLADARES, Lúcia; Mónica Silva. Habitação no Brasil: uma introdução à literatura recente, *Boletim Informativo e Bibliográfico de Ciências Sociais* 11, p. 25, 1981.

VAN GELDER, Sarah (Org.). *This Changes Everything: Occupy Wall Street and the 99% Movement* San Francisco: Berrett-Koehler, 2011.

VAN PARIJS, Philippe. *Arguing for Basic Income: Ethical Foundations for a Radical Reform*. London: Verso, 1992.

VIA CAMPESINA. Seed laws that criminalise farmers: resistance and fightback. *GRAIN*, 2015. Disponível em: <https://www.grain.org/article/entries/5142-seed-laws-that-criminalise-farmers-resistance-and-fightback>. Acesso em: 10 jun. 2016.

VIEJO VIÑAS, Raimundo. Indignación. Política de movimiento, nueva ola de movilizaciones y crisis de representación. In: RIVAS PRATS, Fermín E., MASCOTT SÁNCHEZ, María de los Ángeles; ARELLANO TREJO, Efrén (Orgs.). *La actuación del legislativo en los tiempos de crisis*. México: CESOP, 2012. p. 123-156.

VISVANATHAN, Shiv. *A Carnival of Science: Essays on Science, Technology and Development*. Oxford: Oxford University Press, 1997.

VOZ DO POVO. José Diogo, um exemplo de justiça popular, 5 de novembro, ano 1, 14, p. 9, 1974.

_____. Liberdade para José Diogo!, 25 de julho de 1975, ano 1, 51 (n⁰ especial), p. 2, 1975.

_____ Todos ao julgamento de José Diogo! Todos a tomar dia 25!, 22 de julho, ano 1, 50, p. 3, 1975.

_____. Todos ao julgamento de José Diogo, 1 de julho, ano 1, 48, p. 3 e 9, 1975.

WALLERSTEIN, Immanuel. *The Politics of the World-Economy*. Cambridge, Cambridge University Press, 1984.

_____. *The End of the World as We Know It: Social Science for the Twenty-First Century*. Minneapolis: University of Minnesota Press, 1999.

WARDE, Alan. *Consumption, Food and Taste: Culinary Antinomies and Commodity Culture*. London: Thousand Oaks, 1997.

WEBER, Max. *The Protestant Ethic and the Spirit of Capitalism*. London & Boston: Unwin Hyman, 1930.

_____. *Economy and Society. An Outline of Interpretive Sociology*. Berkeley: University of California Press, 1978.

WEFFORT, Francisco. *O populismo na política brasileira*. Rio de Janeiro: Paz e Terra, 1980.

WEISSHEIMER, Marco. Não há um "movimento" em disputa, mas uma multidão sequestrada por fascistas, *Carta Maior*, 2013. Disponível em: <http://cartamaior.com.br/?/Coluna/Nao-ha-um-'movimento'-em-disputa-mas-uma-multidao-sequestrada-por-fascistas/28748>. Acesso em: 21 jun. 2013.

WERBNER, Pnina; WEBB, Martin; SPELLMAN-POOTS, Kathryn (Orgs.). *The Political Aesthetics of Global Protest: The Arab Spring and Beyond*. Edimburgo: Edinburgh Univerity Press, 2014.

WEYLAND, Kurt. The Arab Spring: Why the Surprising Similarities with the Revolutionary Wave of 1848?, *Perspectives on Politics* 10(4), p. 917-934, 2012.

WILSON, William J. *The Truly Disadvantaged. The Inner City, the Underclass, and the Public Policy*. Chicago: University of Chicago Press, 1987.

WRIGHT, Eric Olin. *Class, Crisis and the State*. London: New Left Books, 1978.

WRITERS FOR THE 99%. *Occupying Wall Street: The Inside Story of an Action That Changed America*. New York: O/R Books, 2012.

XABA, Thokozani. Prática médica marginalizada: a marginalização e transformação das medicinas indígenas na África do Sul, 2003. In: SANTOS (Org.). (2003b). p. 377-421.

ZAVALETA MERCADO, René. *El poder dual en América Latina*. México: Siglo XXI, 1974.

ZUERN, Elke. Why Protests Are Growing in South Africa, *Current History* 112 (754), p. 175-180, 2013.

_____. South Africa at a Turning Point?, *The Journal of Modern African Studies* 53, p. 477-486, 2015.

LEIA TAMBÉM

O DIREITO DOS OPRIMIDOS

coleção
SOCIOLOGIA CRÍTICA DO DIREITO 1

BOAVENTURA DE SOUSA SANTOS

1ª ed. / 1ª reimp. (2015)

456 páginas

ISBN 978-85-249-2206-0

Neste livro Boaventura publica um resumo muito alargado da sua tese de doutoramento pela Universidade de Yale (1973). O trabalho de campo foi realizado numa favela do Rio de Janeiro, a que dá o nome fictício de Pasárgada, para proteger a identidade dos interlocutores, uma vez que o trabalho ocorreu durante a ditadura militar brasileira, num contexto de perseguição política a todo o ativismo social e político não alinhado com o regime.

GRÁFICA PAYM
Tel. [11] 4392-3344
paym@graficapaym.com.br